经济追赶与技术跨越

韩国的发展路径与宏观经济稳定

［韩］李根（Keun Lee）◎著

安　芳　李贵卿◎译

著作权合同登记号　图字：01-2018-0489

图书在版编目（CIP）数据

经济追赶与技术跨越：韩国的发展路径与宏观经济稳定/（韩）李根著；安芳，李贵卿译. —北京：北京大学出版社，2022.1
ISBN 978-7-301-32643-5

Ⅰ.①经… Ⅱ.①李…②安…③李… Ⅲ.①经济发展—研究—韩国②宏观经济—经济稳定—研究—韩国 Ⅳ.①F131.264

中国版本图书馆 CIP 数据核字（2021）第 208203 号

Original edition，entitled **Economic Catch-up and Technological Leapfrogging：The Path to Development and Macroeconomic Stability in Korea**，by **Keun Lee**，published by Edward Elgar Publishing Limited，2016. Copyright © Keun Lee 2016.

书　　　名	经济追赶与技术跨越：韩国的发展路径与宏观经济稳定
	JINGJI ZHUIGAN YU JISHU KUAYUE：HANGUO DE FAZHAN LUJING YU HONGGUAN JINGJI WENDING
著作责任者	〔韩〕李根（Keun Lee）　著　安芳　李贵卿　译
责 任 编 辑	张　燕
标 准 书 号	ISBN 978-7-301-32643-5
出 版 发 行	北京大学出版社
地　　　址	北京市海淀区成府路 205 号　100871
网　　　址	http：//www.pup.cn
电 子 信 箱	em@pup.cn
新 浪 微 博	@北京大学出版社　@北京大学出版社经管图书
电　　　话	邮购部 010-62752015　发行部 010-62750672　编辑部 010-62752926
印 刷 者	涿州市星河印刷有限公司
经 销 者	新华书店
	730 毫米×1020 毫米　16 开本　19 印张　362 千字
	2022 年 1 月第 1 版　2022 年 1 月第 1 次印刷
定　　　价	68.00 元

未经许可，不得以任何方式复制或抄袭本书之部分或全部内容。

版权所有，侵权必究

举报电话：010-62752024　电子信箱：fd@pup.pku.edu.cn

图书如有印装质量问题，请与出版部联系，电话：010-62756370

译者序

2020年，中国人均GDP（国内生产总值）达到10 503.2美元，已经非常接近世界银行界定的高收入国家的标准。中国只有成功跨越"中等收入陷阱"，走出一条从追赶到超越的"跨越"之路，才能进入高收入国家行列，实现国家的富强繁荣，最终实现"两个一百年"奋斗目标。"他山之石，可以攻玉。"韩国与中国同属儒家文化圈，韩国创造了现代后发国家经济增长的奇迹，成功从低收入国家步入高收入国家行列，其经验值得我们参考借鉴。

《经济追赶与技术跨越：韩国的发展路径与宏观经济稳定》一书收录了韩国首尔国立大学李根教授及其经济追赶研究团队关于韩国成功实现经济追赶（economic catch-up，有时也译为"经济赶超"）的研究成果。该书通过对国家宏观经济层面、行业层面、企业层面实现追赶与跨越的分析，系统总结了韩国作为后发国家成功追赶先发国家的理论与实践。

本书以"跨越"这一概念为焦点，认为后发国家并不是简单地追随先发国家的道路，而是可以跳过某些发展阶段，走出一条与先发国家不同的新路。该书进而提出韩国企业的三种不同追赶模式：路径跟随式追赶、阶段跳跃式追赶和路径创造式追赶。韩国先采取路径跟随式追赶的安全模式，经历了能力建设的过程，然后才转向快速的阶段跳跃式或路径创造式追赶。也就是说，韩国在能力（尤其是技术能力）建设和升级的基础上，通过跨越式发展，成功实现了（在收入水平方面）的经济追赶。

在宏观经济层面的追赶与跨越方面，本书认为，韩国是儒家思想浓厚、奉行中庸之道的国家，由社会精英组成的政府机构能够调动私有资源、激励民众，并实施精心设计的产业政策。韩国取得的成就中最重要的是政府致力于企业能力建设，这种能力建设与高等教育机构和私人的研发投入有关，仅靠低工资或单纯的价格竞争，经济发展将是短暂或不可持续的。知识产权制度在韩国技术追赶中也起到了重要的作用：起初，韩国的知识产权制度主要保护韩国国内居民的小发明或改进的发明；后期，随着技术能力的提高以及经济全球化，对国际技术转让的需求以及国内市场对技术的需求都增加了，因此需要对国内外的知识产权同时提供保护。在实现跨越式发展时，还需要应对全球金融危机。为了构建具有危机恢复能力的宏观金融体系，该书提出了一个可称之为"中间制度"的宏观政策框架，该框架既允许资本流动又能实行资本管制。该书也解释了这种"中间制度"的合理性。

在行业层面的追赶与跨越方面，该书主要构建了技术追赶和市场追赶模型。该模型将技术能力界定为技术努力和现有知识库共同作用的结果。作为技术努力的决定因素，企业的技术体制（如技术发展的累积性、技术轨迹的流动性和知识库的特性）至关重要。该模型也可以用于解释韩国的不同行业是如何实现路径跟随式追赶、阶段跳跃式追赶和路径创造式追赶的。该书通过分析韩国数字电视行业和手机行业成功实现追赶的案例，认为韩国企业抓住了从模拟技术向数字技术转变的机会窗口，进入技术生命周期较短的领域（在这类领域，先行企业的垄断力量被迅速削弱，从而降低了后发企业的进入成本），并实现了数字技术领域的追赶。而资本品行业要想实现追赶，首先要通过生产企业和客户企业之间的相互作用而积累隐性知识，其次要应对在位企业以掠夺性定价实施的排挤行为，最后要有效处理在位企业的专利侵权诉讼等问题。

在企业层面的追赶与国际化方面，该书通过分析三星集团的案例认为，垂直整合能力是韩国企业集团成功实现国际化的关键。此外，该书还研究了后发中小型企业如何通过从OEM（原始设备制造）向OBM（原始品牌制造）的转型，实现在地区或全球市场份额上的显著追赶。在国际化过程中，韩国企业采取了一种新的"循序国际化"模式，其核心概念是母公司和子公司之间在价值活动上的分工，其分工模式可能会随着时间的推移，依据企业资源在东道国的循序投入而改变。企业通过采取因势利导的基于产品、基于价值链和基于市场的分工，实现追赶与国际化。

本书的翻译受作者李根教授和北京大学出版社的委托，由我和安芳老师共同完成。安芳老师和张燕编辑对译文反复修改、字斟句酌、力求完美，她们精益求精的态度令人感动；译文校订过程中也得到了李根教授的大力支持；林毅夫教授欣然同意为本书撰写推荐语。在此一并表示感谢！作为研究经济追赶与企业创新的学者，我郑重将本书推荐给为实现"两个一百年"奋斗目标和中华民族伟大复兴而努力的学界和业界人士，推荐给广大的高校师生、企业管理者和大众读者。希望大家能够从阅读这本书中得到收获和启示，共同推进中国的经济追赶和企业创新，推动中国企业进一步迈向国际化。也希望中国早日跨越"中等收入陷阱"，走出属于自己的从追赶到超越的"跨越"之路。

李贵卿
2021年10月于成都信息工程大学

致 谢

由于本书是在已发表文章的基础上改写的,所以各章的修改、重写和更新程度不一。第2章在原文的基础上进行了大量的改写,第3章则是对原文的进一步扩展,增加了一个小节,探讨专业化和作为韩国发展模式重要方面的跨越式发展。第4章和第6章在原文的基础上精简了篇幅,以面向更广泛的读者。第5章、第7章和第8章则以内容更新为主。其他章节所基于的文章是近几年写的,仅需稍作修改。总之,尽管笔者努力更新各章节的内容,但一些数据或信息还是难免会过时。

本书各章内容是在李根(Keun Lee)已发表的以下文章(独著或合著)的基础上改写而成的,在此向文章的合著者及出版机构表示感谢。

第2章:Keun Lee and H. Y. Lee (1992), "States, Markets, and Economic Development in East Asian Capitalism and Socialism," *Development Policy Review*, 10 (2): 107-130.

第3章:Keun Lee (2013), "How Can Korea Be a Role Model for Catch-up Development? A Capability-based View," in A. K. Fosu (ed.), *Achieving Development Success*, Oxford: Oxford University Press.

第4章:Keun Lee and Y. K. Kim (2010), "IPR and Technological Catch-up in Korea," in H. Odagiri, A. Goto, A. Sunami, and R. R. Nelson (eds.), *Intellectual Property Rights, Development, and Catch-up*, Oxford: Oxford University Press.

第5章:Keun Lee and C. Lee (2008), "Miracle to Crisis and the Mirage of the Post-crisis Reform in Korea: Assessment after 10 Years," *Journal of Asian Economics*, 19 (5-6): 425-437.

第6章:Keun Lee, G. Kim, H. Kim, and H. S. Song (2010), "New Macro-financial System for a Stable and Crisis-resilient Growth in Korea," *Seoul Journal of Economics*, 23 (2):

145-186.

第7章：Keun Lee, B. Y. Kim, and I. Lee (2009), "Possibility of Reform in North Korea," *Journal of Contemporary Asia*, 39 (2): 279-294.

第8章：Keun Lee and C. Lim (2001), "Technological Regimes, Catch-up and Leapfrogging: Findings from the Korean Industries," *Research Policy*, 30 (3): 459-483.

第9章：Keun Lee, C. Lim, and W. Song (2005), "Emerging Digital Technology as a Window of Opportunity and Technological Leapfrogging: Catch-up in Digital TV by the Korean Firms," *International Journal of Technology Management*, 29 (1/2): 40-63.

第10章：Y. Kim and Keun Lee (2008), "Sectoral Innovation System and a Technological Catch-up: The case of the capital goods industry in Korea," *Global Economic Review*, 37 (2): 135-155.

第11章：Keun Lee and X. He (2009), "The Capability of the Samsung Group in Project Execution and Vertical Integration Capability of Business Groups: Created in Korea, Replicated in China," *Asian Business and Management*, 8 (3): 277-299.

第12章：Keun Lee and M. Jung (2015), "Overseas Factories, Domestic Employment, and Technological Hollowing Out: A Case Study of Samsung's Mobile Phone Business," *Review of World Economics*, 151 (3): 461-475.

第13章：Keun Lee, J. Kwak, and J. Song (2015), "An Exploratory Study on the Transition from OEM to OBM: Case Studies of SMEs in Korea," *Industry and Innovation*, 22 (5): 423-442.

第14章：H. Lee, Keun Lee, and J. Kwak (2013), "Sequential Internationalization of the Small-and Medium-sized Enterprises from Newly Industrializing Economies: The Korean Experience in China," *Asian Business and Management*, 12 (1): 61-84.

缩 略 语

ACATS	Advisory Committee on Advanced Television Services（高级电视业务顾问委员会）
ADB	Asian Development Bank（亚洲开发银行）
AMAT	Applied Material，Inc.（应用材料公司）
AML	Advanced Media Lab（先进媒体实验室）
ASIC	application-specific integrated circuit（专用集成电路）
ATSC	Advanced Television System Committee（美国高级电视系统委员会）
BBC	basket，band，and crawl（篮子、区间和爬行）
BIS	Bank of International Settlements（国际清算银行）
BLT	Build，Lease，and Transfer（建设—租赁—移交）
BOT	Build，Operate，and Transfer（建设—运营—移交）
BRICS	Brazil，Russia，India，China，and South Africa（金砖国家）
CAD	computer-aided design（计算机辅助设计）
CAM	computer-aided manufacturing（计算机辅助制造）
CANEM	computerized automatic needlework sewing machine（全自动电脑缝纫机）
CCS	cross-currency swap（交叉货币互换）
CDMA	code division multiple access（码分多址）
CDO	collateralized debt obligations（担保债务凭证）
CDT	color display tube（彩色显像管）
CEA	Consumer Electronics Association（美国消费电子协会）
CEO	Chief Executive Officer（首席执行官）
CES	Consumer Electronics Show（国际消费类电子产品展览会）
CNC	computerized numerical control（计算机数控）
CPT	color picture tube（彩色电视机显像管）

CPTF	Chungwha Picture Tubes Fuzhou 中华映管（福州）有限公司
CPU	central processing unit（中央处理器）
CRT	cathode ray tube（阴极射线管）
CTO	Chief Technology Officer（首席技术官）
CVD	Chemical Vapor Deposition（化学气相沉积）
DfX	Design for Excellence（卓越设计）
D-RAM	dynamic random-access memory（动态随机存储器）
DSEM	Dongguan SEM Co.，Ltd.（东莞三星电机有限公司）
ECLAC	Economic Commission for Latin America and the Caribbean（拉丁美洲和加勒比经济委员会，简称"拉加经委会"）
ETRI	Electronics and Telecommunications Research Institute（韩国电子通信研究院）
FCC	Federal Communications Commission（美国联邦通信委员会）
FDA	Food and Drug Administration（美国食品药品监督管理局）
FDI	foreign direct investment（外商直接投资）
FKI	Federation of Korean Industries（韩国工业联合会）
FKTU	Federation of Korean Trade Unions（韩国工会联合会）
FSB	Financial Stability Board（金融稳定理事会）
FSC	Financial Supervisory Commission（金融监督管理委员会，简称"金管会"）
FSF	Financial Stability Forum（金融稳定论坛）
FSS	Korean Financial Supervisory Service（韩国金融监管服务局）
FX	foreign exchange（外汇）
GAAP	Generally Accepted Accounting Practices（公认会计原则）
GDP	gross domestic product（国内生产总值）
GI	General Instrument（通用仪器公司）
GM	General Motors（通用汽车公司）
GMTC	Global Manufacturing Technology Center（全球制造技术中心）
GNI	gross national income（国民总收入）
GNP	gross national product（国民生产总值）
GRI	government research institute（政府研究机构）
GSCM	Global Supply Chain Management（全球供应链管理）
GSM	Global System for Mobile Communications（全球移动通信系统）
HD	high definition（高清）
HDD	hard disk drive（硬盘驱动器）
HSG	global hemispherical grain（半球形硅晶粒）
IC	integrated circuit（集成电路）
ICT	information and communication technology（信息与通信技术）

IDA	International Development Association（国际开发协会）
IMF	International Monetary Fund（国际货币基金组织）
IPR	intellectual property rights（知识产权）
ITC	International Trade Commission（美国国际贸易委员会）
ITO	Indium tin oxide（铟锡氧化物）
JV	joint venture（合资企业）
KAIS	Korea Advanced Institute of Science（韩国高等科学院）
KAIST	Korea Advanced Institute of Science and Technology（韩国高等科学技术学院）
KAMCO	Korea Asset Management Corporation（韩国资产管理公司）
KCTU	Korean Confederation of Trade Unions（韩国民主工会联合会）
KDIC	Korea Deposit Insurance Corporation（韩国存款保险公司）
KETI	Korea Electronics Technology Institute（韩国电子技术研究院）
KFSB	Korean Federation of Small and Medium Business（韩国中小型企业联合会）
KIPA	Korea Invention Promotion Association（韩国发明促进协会）
KIPO	Korean Intellectual Property Office（韩国知识产权局）
KITA	Korea Industrial Techonology Association（韩国产业技术振兴协会）
KTST	Korea Institute of Science and Technology（韩国科学技术研究院）
KPA	Korea Patent Association（韩国专利协会）
KPFOC	Korean Public Fund Oversight Committee（韩国公共基金监督委员会）
KTC	Korean Trade Commission（韩国贸易委员会）
LCD	Liquid Crystal Displays（液晶显示器）
LE	large-sized enterprise（大型企业）
LP CVD	Low Pressure Chemical Vapor Deposition（低压化学气相沉积）
LSU	laserbeam scanning unit（激光束扫描单元）
M&A	mergers and acquisition（兼并与收购，简称"并购"）
MBS	mortgage backed securities（抵押支持债券）
MIC	Ministry of Information and Communication（韩国信息通信部）
MITI	Ministry of International Trade and Investment（日本通商产业省）
MNC	multinational corporation（跨国公司）
MNE	multinational enterprise（跨国企业）
MPEG	Moving Picture Experts Group（动态图像专家组）
MSM	Mobile Station Modem（移动站调制解调器）
NAFTA	North American Free Trade Area（北美自由贸易区）
NC	numerically controlled（数控）
NDF	non-deliverable forward（无本金交割远期外汇交易）
NIE	newly industrialized economy（新兴工业化经济体）

NPL	nonperforming loan（不良贷款）
OBM	original brand manufacturing（原始品牌制造）
ODA	overseas development aid（海外发展援助）
ODM	original design manufacturing（原始设计制造）
OECD	Organisation for Economic Co-operation and Development（经济合作与发展组织，简称"经合组织"）
OEM	original equipment manufacturing（原始设备制造）
OLI	ownership, location, and internalization（所有权、区位和内部化）
OS	operating system（操作系统）
PC	personal computer（个人电脑）
PCB	printed circuit board（印制电路板）
PDP	plasma display panel（等离子显示器）
PECVD	Plasma Enhanced Chemical Vapor Deposition（等离子体增强化学气相沉积）
PEF	private equity funds（私募股权基金）
PLC	programmable logic controller（可编程逻辑控制器）
QRS	Quick Registration System（快速注册系统）
R&D	research and development（研发）
RBV	resource-based view（资源本位观）
ROA	returns on assets（资产收益率）
ROE	returns on equity（股本回报率）
SC	Samsung Corning（三星康宁）
SCM	Samsung Corning (M) Sdn Bhd（马来西亚三星康宁有限公司）
SDMA	Samsung Electronics Display (M) Sdn Bhd（马来西亚三星电子显示器有限公司）
SEC	Samsung Electronics（三星电子公司）
SEDM	Samsung Electron Devices (M) Sdn Bhd（马来西亚三星电子设备有限公司）
SEHZ	Samsung Electronics Huizhou（惠州三星电子有限公司）
SEM	Samsung Electro-Mechanics（三星电机公司）
SERI	Sustainable Electronics Recycling International（国际可持续电子回收组织）
SEZ	special economic zone（经济特区）
SITC	Standard International Trade Classification（国际贸易标准分类）
SKD	semi knocked down（半散装件）
SME	small and medium-sized enterprise（中小型企业）
SOC	social overhead capital（社会间接资本）
SPS	Samsung Production System（三星生产系统）
S-RAM	static random-access memory（静态随机存储器）
SSDI	Shenzhen Samsung SDI（深圳三星视界有限公司）

SSG	Shenzhen SEG Samsung Glass Co., Ltd.（深圳赛格三星股份有限公司）
TC	Tripartite Commission（三方委员会）
TDMA	time-division multiple access（时分多址）
TDX	time-division exchange（时分交换机）
TFT	thin-film transistor（薄膜晶体管）
TIA	Telecommunications Industry Association（美国通信工业协会）
TSDI	Tianjin Samsung SDI（天津三星视界有限公司）
TSED	Tianjin-Samsung Electronics Display Co. Ltd.（天津三星电子显示器有限公司）
TSEM	Tianjin Samsung Electro-Mechanics（天津三星电机有限公司）
TSSC	Tianjin Samsung Corning, Co.（天津三星康宁有限公司）
TTSEC	Tianjin Tongguang Samsung Electronics Co.（天津通广三星电子有限公司）
TVE	township and village enterprise（乡镇企业）
USPTO	United States Patent and Trademark Office（美国专利商标局）
VCR	video cassette recorder（盒式磁带录像机）
VI	vertical integration（垂直整合）
VSB	vestigial sideband（残留边带）
WIPO	World Intellectual Property Organization（世界知识产权组织）
WTO	World Trade Organization（世界贸易组织）

目 录

第1章 绪论 ·· 1
  1.1 引言 ·· 1
  1.2 宏观经济层面的追赶与跨越 ·· 3
  1.3 行业层面的追赶与跨越 ·· 7
  1.4 大型和中小型企业的追赶与国际化 ······································· 8

第一部分　宏观经济层面的追赶与跨越

第2章 经济追赶的历史渊源与初始条件 ·· 13
  2.1 引言 ··· 13
  2.2 关于东亚地区政府积极主义程度的历史性反思 ······················ 14
  2.3 高度儒学化政府的领导力与自治力 ······································ 16
  2.4 韩国政府积极主义的本质 ·· 18
  2.5 经济追赶体制综述 ·· 22

第3章 韩国的追赶式发展模式："能力观" ······································· 25
  3.1 引言 ··· 25
  3.2 韩国模式的精髓：能力建设与持续升级 ································ 26
  3.3 追赶过程概述 ·· 32
  3.4 能力建设与学习方面的追赶过程概述 ··································· 37
  3.5 部门专业化的标准与跨越式发展 ··· 39
  3.6 韩国模式的可移植性与启示 ··· 42

第4章　韩国知识产权及技术追赶 45
4.1　引言 45
4.2　用知识产权变量发现追赶的规律性：三个事实及四个阶段 46
4.3　韩国知识产权制度的演进及追赶：20世纪60年代至今 49
4.4　知识产权对企业层面追赶的影响 57
4.5　总结与结束语 66

第5章　从奇迹到危机及危机后改革的幻象 69
5.1　引言 69
5.2　危机前的局部改革（1980—1996） 71
5.3　危机后韩国的改革措施与成效 72
5.4　全球标准、本国特色与利益集团政治 85
5.5　最后的反思 87

第6章　维持韩国宏观经济稳定，实现危机后的弹性增长 89
6.1　引言 89
6.2　理论框架和危机解读 90
6.3　金融稳定改革在宏观层面的问题 96
6.4　金融稳定改革在微观层面的问题 105
6.5　总结与结束语 110

第7章　在朝鲜进行跨越式改革可行吗？ 114
7.1　引言 114
7.2　跨越式改革模式 115
7.3　朝鲜实现跨越的可能性评估 119
7.4　利用FDI实现跨越 124
7.5　结束语 126

第二部分　行业层面的追赶与跨越

第8章　20世纪80—90年代六大领域的经济追赶与跨越 131
8.1　引言 131
8.2　技术追赶和市场追赶模型 132
8.3　韩国各行业的市场追赶趋势与技术特征 137
8.4　追赶过程中的成败案例 142
8.5　与政策有关的若干问题 154

8.6　结束语 ………………………………………………………………… 158

第9章　数字技术作为跨越式发展的机会窗口：显示器产业 ……………… 161
　　9.1　引言 …………………………………………………………………… 161
　　9.2　文献和理论框架 ……………………………………………………… 162
　　9.3　数字电视行业的技术体制和韩国企业的初始资源基础 …………… 164
　　9.4　追赶过程：克服不利因素 …………………………………………… 168
　　9.5　综合与比较 …………………………………………………………… 175
　　9.6　结束语与政策含义 …………………………………………………… 177

第10章　资本品行业的技术追赶 ……………………………………………… 181
　　10.1　引言 …………………………………………………………………… 181
　　10.2　资本品行业的重要性与韩国的经验 ……………………………… 182
　　10.3　产业创新体系和机床行业 ………………………………………… 184
　　10.4　资本品行业实现追赶的三大障碍 ………………………………… 187
　　10.5　追赶的机遇 ………………………………………………………… 190
　　10.6　总结与结束语 ……………………………………………………… 192

第三部分　大型和中小型企业的追赶与国际化

第11章　三星——从韩国起家，在海外扩张 ……………………………… 197
　　11.1　引言 …………………………………………………………………… 197
　　11.2　企业集团的能力：理论考量 ……………………………………… 198
　　11.3　在韩国开创垂直整合模式：三星在电子产业的子公司 ………… 202
　　11.4　在墨西哥和马来西亚复制垂直整合模式 ………………………… 203
　　11.5　在中国复制垂直整合模式 ………………………………………… 204
　　11.6　在显示器市场中的垂直整合能力 ………………………………… 210
　　11.7　结论 ………………………………………………………………… 213

第12章　将工厂转移到海外及其对国内就业的影响：以三星为例 ……… 215
　　12.1　引言 …………………………………………………………………… 215
　　12.2　三星手机业务及其海外工厂的崛起 ……………………………… 217
　　12.3　对国内就业规模和就业结构的影响 ……………………………… 221
　　12.4　应对可能的"技术空心化" ……………………………………… 222
　　12.5　总结与结束语 ……………………………………………………… 224

第 13 章　中小型企业的追赶与路径创造：从 OEM 到 OBM ………… 227
　13.1　引言 ……………………………………………………………… 227
　13.2　文献综述与研究问题 …………………………………………… 229
　13.3　研究设计与案例简介 …………………………………………… 230
　13.4　动态追赶过程：OEM—ODM—OBM ………………………… 233
　13.5　综合：后发中小型企业的动态路径 …………………………… 240
　13.6　结束语 …………………………………………………………… 242

第 14 章　在华韩国中小型企业的循序国际化 …………………………… 245
　14.1　引言 ……………………………………………………………… 245
　14.2　现有理论回顾与新理论的提出 ………………………………… 247
　14.3　中小型企业循序国际化模型 …………………………………… 249
　14.4　研究设计与样本企业概况 ……………………………………… 252
　14.5　解释国际化过程 ………………………………………………… 259
　14.6　总结与结束语 …………………………………………………… 262

参考文献 ……………………………………………………………………… 263

第1章 绪论

1.1 引言

数十年来,韩国一直是经济快速发展的象征。这一成就是以成功"追赶"为特征的,因为韩国避开了"中等收入陷阱",稳步弥合了与日本或美国在人均收入上的差距,比如,在21世纪前10年,韩国人均收入达到了日本人均收入的95%。鉴于日本(尤其是日本的产业政策)是韩国效仿的榜样,一些早期文献的重点是在追赶过程中政府与市场的作用(Amsden,1989;Chang,1994;World Bank,1993)。后来又有了其他观点,如技术导向观(technology-oriented view)(OECD,1992;L. Kim,1997a),该观点重在解释像韩国这样的后发经济体是如何通过吸收并改进先发经济体相对陈旧的技术,实现对先发经济体的追赶的。根据这一观点,追赶不过是沿着固定的轨道或跑道赛跑,只是相对速度不同而已。然而Lee和Lim(2001)指出,后发经济体并不是简单地追随先发经济体的发展路径,而是常常会跳过某些发展阶段,甚至走出一条与先发经济体不同的新路。这一观点与跨越式理论一致,后者自从由新熊彼特学派首次提出后,就成为一个颇有影响力的概念。Perez和Soete(1988)认为,技术-经济范式的转变能为后发经济体提供一个机会窗口,使之跳过对现有陈旧技术的投资,直接跨入对新兴技术的投资。

本书以"跨越"这一概念为焦点,来解释韩国企业和经济的追赶。韩国在产业层面实现跨越式发展的一个重要的机会窗口是数字技术的兴起。韩国企业迅速采用数字技术来生产电子产品,日本企业却陷入继续生产模拟技术产品的"在位者陷阱"。因此,本书的重点章节是第8章和第9章。第8章分析了20世纪80年代至90年代韩国某些行业的演变,并发现了韩国企业在全球市场份额方面的三种不同追赶模式,即路径创造式追赶(如手机行业)、阶段跳跃式追赶[如D-RAM(动态随机存储器)和汽车行业]和路径跟随式追赶[如音频设备、PC(个人电脑)和机床行业]。第9章详细阐述了韩国企业在数字电视领域的跨越式发展,相比之下,日本企业却继续生产基于模拟技术的高清电视。

然而，并非每个后发经济体都敢于尝试跨越式发展，因为各种风险也会随之而来。后发企业和行业在开始跨越式发展前，必须进行一定程度的能力建设。韩国的情况就是如此。从20世纪60年代至80年代，韩国先采取路径跟随式这一安全的追赶模式，经历了能力建设的过程，然后才转向路径创造式等快速的追赶模式。与其他发展中经济体相仿，韩国以前专门生产供出口的劳动密集型产品。20世纪60年代至70年代，韩国的工资水平较低，持续出现贸易逆差。与日本的收入水平相比，这20年是韩国"发展迅速但追赶缓慢"的时期。当时日本经济发展迅速，因此两个经济体之间的差距并未弥合。直到20世纪80年代以后，韩国才开始发生真正的追赶。那时韩国转向生产由私营企业内部研发的高端产品。我们认为20世纪80年代中期是一个转折点，因为当时韩国的研发支出占国内生产总值（GDP）的比重超过1%，私营企业在研发支出总额中的比重超过50%。而且，研发支出的增加和教育水平的提高为通过产业结构升级实现可持续的追赶奠定了基础。这种技术能力的升级使韩国自脱离日本殖民统治获得独立以来，首次实现了贸易顺差。因此，能力建设与升级是本书中的又一个核心概念，可借此塑造韩国作为经济追赶典范的形象，并揭示韩国政策与典型的"华盛顿共识"型政策之间的差异。

总之，本书就韩国企业和经济提出了一个新的观点，将韩国漫长而曲折的发展之路描述为"在能力（尤其是技术能力）建设和升级的基础上，通过跨越式发展，成功实现了（在收入水平方面的）经济追赶"。因此，尽管本书是在作者已发表文章的基础上改写而成，但"能力"和"跨越"却是贯穿本书始终的主题。

本书分为三大部分。第一部分（第1—7章）解释了宏观经济层面的追赶与跨越，并对经济追赶的历史渊源与初始条件进行了回顾（第2章）。第二部分（第8—10章）讲述了行业层面实现追赶与跨越的实例。第三部分（第11—14章）分析了韩国大型和中小型企业成功实现追赶与国际化的案例。

在第一部分中，第3章是核心章节，因为本章提出能力建设和升级过程是韩国追赶模式的精髓。本章着重探讨部门内和部门间的升级与多样化，如在同一部门内升级至高端市场和通过进入新兴高端领域实现升级。第4章根据不断完善的知识产权制度发挥的作用，对这种升级过程进行了详细阐述，将其分为四个阶段。第一部分探讨的另一议题是如何维护宏观金融稳定以避免危机（韩国在1997年和2008年分别经历了两次经济危机）。因此，第5章讨论1997年经济危机的由来和危机后的改革，第6章则讨论2008年的又一场危机以及宏观金融体系改革。第7章是第一部分的最后一章，探讨朝鲜能否在短期内实现跨越，以弥合与韩国之间的差距。

在第二部分中，第 8 章剖析了韩国特定行业的经验，试图找出技术能力建设过程中的典型事实，并由此筛选出促使追赶发生的条件；第 9 章用韩国企业在数字电视行业的追赶案例来研究跨越式发展这一命题，说明了范式转变能为后发者提供一个机会窗口，同时使先行者处于不利地位；第 10 章探讨了通常由中小型企业引领的资本品行业为何更难实现追赶的问题。

虽然第三部分主要涉及作为韩国经济追赶先锋的大型企业（财阀），但是第 13 章和第 14 章仍沿用跨越式发展观来论述中小型企业的崛起。尤其是第 13 章讨论了后发中小型企业是如何在韩国这样的新兴经济体中成功实现追赶的。例如，从属或分包企业如何升级为独立的 OBM 企业，并实现全球市场份额方面的大幅度追赶。这些中小型企业并没有追随先行企业，而是创造了自己的路径。这些路径既不是全新的，也不是对（大型企业的）跨越式路径的跟随，而是对现有路径的重新组合。

第三部分的其他章节（第 11 章和第 12 章）讨论了象征韩国经济崛起的三星集团的案例。第 11 章详述了韩国三星电子的发展及其以在境外设立子公司为特征的国际化过程。第 12 章以三星手机业务为例来分析企业国际化对国内就业的影响，并与苹果公司的案例进行对比。

总之，本书具有以下特色：

第一，本书以追赶理论的视角，审视韩国企业和经济的动态发展，其核心前提是：后发经济体可以通过创造新路径或技术跨越，而不是简单地跟随先发经济体的路径，来实现可持续的追赶。鉴于此，"追赶观"有别于强调市场作用（如"华盛顿共识"）或政府作用（如中央集权主义者或发展主义者）的传统观点。我们也运用这一理论框架对朝鲜经济进行了分析。

第二，本书全面描述了韩国经济的微观层面与宏观层面的变化、企业层面与经济层面的变化，同样也论及了企业层面和国家层面的能力，以及保持宏观经济稳定以克服金融危机的议题。

第三，本书既涉及大型企业，也关乎中小型企业。本书详细探讨了大型企业的崛起和升级，如已经成为韩国经济发展之象征的三星集团，重点探讨了其创新能力、多元化、国际化和对就业的创造效应；也讨论了中小型企业在全球的崛起。

下文将对本书三个部分的各章节进行概述。

1.2 宏观经济层面的追赶与跨越

第 2 章讨论东亚经济体（尤其是韩国）追赶体制的历史渊源。就经济发展而言，初始条件与政策选择孰轻孰重一直是学界讨论的重点。对于"亚洲四小龙"的经济快速增长，争论的焦点在于它们的成功是归因于外向型出口促进战略，而非起初由拉丁美洲经济体采用的内向型进口替代战略，还是归因于更优越的初始条件，比如东亚各经济体政府更强的领导力与自治力、更高级的人力资本形成、更平等的阶级结构等。我们认为，初始条件起着更重要的作用，因为基于政策选择的观点无法解释一些现象，例如，为何出口导向型战略在东亚地区得以采用并取得了良好效果（Lee and Lee，1992）。在众多初始条件中，政府的领导力与自治力是最重要的条件之一，亦是本章的主题。

因此，我们首先将东亚地区高度儒学化政府的传统视为初始条件。东亚经济体儒家思想浓厚，奉行中庸之道，拥有大量独立于党派利益的精英。政治领导层将经济发展视为当务之急，并使人们相信强大的现代化经济是一种将使全民受益的公共品（尽管在现实中，可能已经以牺牲多数人的利益为代价为少数人创造了不平等的机会）。就能力和自治力而言，韩国的独裁政权非常强大，足以抵制来自社会力量的党派压力，并使民众相信经济发展的公共品属性。由社会精英组成的政府机构能够调动私有资源、激励民众，并实施精心设计的产业政策。政治稳定也有利于私营企业家延长投资期限，有助于长期企划和投资。

除了有一个强有力的、致力于经济发展的政治领导层和为实现经济目标而达成的全国共识，我们的研究还明确了构成该追赶体制的三大要素。第一，韩国独裁政权中的政府积极主义并不只是单纯地建立在国家政治权力之上，更重要的是建立在真正的经济实力之上，这种经济实力源自国家对银行或可贷资金的所有权，政府对大型企业的经济控制有着高度的自由裁量权和本质上不同的控制工具，而这在最小化政府中是不存在的。第二，企业受制于双重约束机制：一是市场约束，尤其是外部世界市场的约束；二是顺应市场的关系网约束，这种约束建立在政府机构和企业之间的长期密切关系之上。第三，政府积极主义并不是在面向小企业的私营部门发挥作用，而是仅在私营与公营界限模糊或没有界限的特定战略性部门和大型企业发挥作用。上述三个要素可以说是构成韩国经济追赶体制的主要基石。该体制建立在市场化运作和企业私有制的基础上（国有银行、少数垄断性或战略性产业除外），具有鲜明的外向型经济特征，并由有能力的政府官员和有胆识的企业家共同管理。显然，这一体制既不是最小化政府的自由市场经济体制，也不是政府干预程度最高的社会主义计划经济体制，也不同于 Lange（1937）对市场社会主义（market socialism）的传统描述。

第 3 章就韩国在追赶式发展中积累的经验，提出"能力观"。这一观点可以看作"技术观"的延伸，但因其具有更稳固的微观经济基础，因此又不同于政府与市场二分法。我们之所以持这一观点，是因为韩国取得的成就中真正值得借鉴的不是政府在经济发展中扮演的角色，而是政府致力于企业能力建设，由此实现了数十年经济持续增长的事实。这并非易事。宏观改革使经济迅速复苏，但好景不长，最终经济又陷入新一轮的危机，这样的例子不胜枚举。决定一国能否实现持续增长的最根本因素是，是否进行本国的能力建设。我们认为，如果没有一定的关键能力，仅靠降低工资或单纯的价格竞争，经济增长将会是短暂的或不可持续的。

本章的论述表明，自 20 世纪 80 年代中期以来的技术能力建设为韩国实现从中上等收入国家向高收入国家的转变奠定了基础。在 20 世纪 80 年代中期，研发支出占 GDP 的比重超过 1%，私人研发所占份额超过一半，达到 70% 左右，企业专利所占份额超过了个人专利所占份额。正是以这些能力为基础，韩国才能从中上等收入国家变成高收入国家。1980 年韩国的人均名义 GDP 为 1 673 美元左右，按 2000 年美元计价为 3 223 美元，到 2000 年则达到 10 890 美元（Lee and Kim, 2009：表 1）。高等院校招生率由 1980 年的 10% 左右上升至 1985 年的 30% 以上，并最终在 2000 年超过了 70%（Lee, 2006：表 5）。1980 年研发支出占 GDP 的比重约为 0.7%，1985 年升至 1.5%，到 2000 年接近 2%。相比之下，1980 年贸易额占 GDP 的比重已经达到 70%，到 2000 年仍保持同样水平。这些数据清楚地表明，韩国实现从中上等收入国家到高收入国家的转变，靠的不是扩大对外开放，而是与高等教育和私人研发相关的能力建设。本章的最后一节讨论了韩国模式的可移植性，着重探讨政府的职能、在世界贸易组织（WTO）规则下实行政府积极主义的可能性以及本地企业的作用。

第 4 章研究知识产权（intellectual property right，IPR）制度在韩国技术追赶中的作用。通过详细回顾韩国的知识产权制度，我们可以看出韩国知识产权政策的动态变化。在早期，韩国的知识产权主要授予国内居民的小发明或改进的发明，而国外知识产权获得国内认可的需求则较少。然而到了后期，随着技术能力的提高，对国际技术转让的需求以及国内市场对技术的需求也随之增加，因此需要对国内外的知识产权同时提供保护。自 20 世纪 80 年代末起，韩国大幅提高了知识产权保护力度，扩大了专利权主体的范围。如今，在专利权主体范围方面，包括对生物技术发明和商业模式创新等最新的知识产权的保护方面，韩国已经达到最高水平。此后，随着大型企业走向科技前沿，韩国政府政策的重点转向如下方面：鼓励中小型企业获取更多的知识产权，鼓励知识产权的商业化运用而非知识产权的授予，利用研发能力并发挥大学的作用。

在韩国的追赶过程中，我们也在若干知识产权变量的变化趋势中发现了一些耐人寻味的事实。第一，在追赶初期，韩国人申请的小专利（实用新型）居多，常规专利（发明专利）很少。只有到了后期，发明专利的份额才开始超过实用新型。第二，在追赶初期，专利申请者主要是个人发明人，企业申请者只占很小一部分。后来，企业申请者的份额开始增长并超过个人发明人。第三，韩国的国内和国外专利的相对份额呈现出更加动态的格局。早期，外国发明人对韩国知识产权不感兴趣，很少申请专利，导致国内专利占主导地位。到了一定时期，随着外国发明人申请的专利数量的增加，这种情况发生了逆转。但是，最终随着国内发明人（通常是企业）能力的提高，国内发明人的份额增加，其申请的专利数量又超过了外国发明人。以上三个事实表明，直到 20 世纪 80 年代中期，韩国企业才真正认识到专利和知识产权的重要性。在此之前，韩国一直在积累其吸收技术的能力，以申请实用新型为重点。只有从 20 世纪 80 年代中期起，韩国才开始积极加大国内自主研发的投资力度，从而使本土研发能力迅速增强。

本章还发现，韩国的知识产权制度与日本的知识产权制度相似。在经济发展初期对知识产权的严格保护可能会对技术发展产生负面影响，但是日本和韩国的知识产权制度中共有的特点解决了这一困境。第一，两国都倾向于将知识产权授予狭义技术领域内的发明人（Rahn，1983）。第二，日本的知识产权常常被授予小发明，韩国也如法炮制。日本的实用新型制度将知识产权授予不具备获得专利权资质的小发明，以及有实用价值但技术水平较低的小发明（Institute of Intellectual Property，2000）。

第 5 章讨论 1997—1998 年金融危机的演变和危机后的改革及影响。此次危机促使韩国政府在金融、公司治理和劳动力市场方面进行了多项改革。本章分析了改革的动态过程，评估了此次旨在引入盎格鲁-撒克逊经济模式的改革的成效。本章认为，改革成效取决于本国特色条件与利益集团政治的交互作用，此次改革更注重构建市场导向型经济，而不是提高经济的长期发展潜力和竞争力。

第 6 章从结构主义宏观经济学的视角，解读韩国近年来的两次金融危机，并提出一个新的理论框架和若干改革措施，以期在韩国构建具有危机恢复能力的宏观金融体系。本章聚焦于所谓的"弗伦克尔-内夫特"循环（"Frenkel-Neftci" cycle）（Taylor，1998）以及"两种利差"，即利率差和资本利得差，这也是最初吸引外商对新兴经济体进行金融投资的因素。为构建具有危机恢复能力的宏观金融体系，本章提出了一个新的、可称之为"中间制度"的宏观政策框架，该框架既允许资本流动又能实行资本管制，实施有弹性的"篮子、区间和爬行"（BBC）汇率制度，实现货币政策制定上的相对独立性，并在利率和汇率目标之间取得新的平衡。在标准的（正统的）开放宏观经济政策环境下，要避免"两种利差"同时发生并不容易，因此本章解释了这种"中间制度"的合理性。

第7章认为，在经历了数十年的经济孤立和停滞之后，朝鲜若能试着采取特定的经济开放政策，以可持续的方式将重点放在外贸与投资上，就能实现经济追赶，并将其与中国福建省做了类比。该省能实现经济追赶，主要得益于来自中国台湾地区的投资。为实现这一潜力，本章认为朝鲜应将来自韩国的外商直接投资（FDI）视同国内投资。本章还根据朝鲜自身的能力（吸收和管理能力）、外国投资者之间可能产生的竞争、对市场结构（垄断或更激烈的竞争）的影响、目标技术或设施的性质、学习与转让的机会等，讨论了可为之所用的利用外资的多样化方式。最后，本章讨论了实现经济追赶的经济和政治前提。

1.3　行业层面的追赶与跨越

第8章剖析了韩国特定行业的经验，试图找出技术能力建设过程中的典型事实，并由此筛选出促使追赶发生的条件。为解释这一过程，我们构建了一个技术追赶和市场追赶模型。我们着重讨论了韩国特定行业中是否有实现跨越式发展的案例，如果有，促使其发生的条件是什么。在这一框架中，我们首先以世界市场占有率来衡量追赶的程度；接着关注技术能力上的追赶，以解释韩国企业在市场占有率追赶中的不同经历和发展前景。该模型将技术能力界定为技术努力和现有知识库共同作用的结果。作为技术努力的决定因素，我们研究了企业的技术体制，如技术发展的累积性、技术轨迹的流动性（可预测性）和知识库的特性。

我们用该模型解释了在20世纪80年代至90年代，韩国某些行业不同的技术演进过程，这些行业包括D-RAM、汽车、手机、消费类电子产品、PC和机床行业。我们发现了三种追赶模式，即路径创造式追赶〔如CDMA（码分多址）手机行业〕、阶段跳跃式追赶（如D-RAM和汽车行业）和路径跟随式追赶（如消费类电子产品、PC和机床行业）。我们认为前两种追赶是"跨越式"的。与Perez和Soete（1988）的论点不同，我们发现重大研发项目都是公私合作的（汽车行业除外，该行业只有私人研发）；新进入行为不是由内生的知识和技能驱动的，而是由与外国企业的合作驱动的。

第9章用韩国企业在数字电视行业的追赶案例来研究跨越式发展这一命

题。尽管数字电视技术体系本身存在劣势，新进入者也面临着选择发展轨迹和市场形成初始阶段的各种风险，但韩国企业仍实现了路径创造式追赶，因为它们选择了一条不同于日本先行企业的道路。它们一直密切关注技术发展趋势和标准制定过程，选错技术轨迹的风险也因此而降低。此外，虽然能力不足、核心知识库匮乏，但是韩国企业有一些互补性资产，例如在生产模拟电视机上的经验；由于能通过海外研发站获取国外的新知识并收购了一家外国公司，得以生产数字电视原型和专用集成电路（ASIC）芯片。为获得初始市场规模，韩国企业从一开始就瞄准了美国市场，其竞争优势源于在初期就迅速建立了大批量生产的生产系统。日本企业初期遭遇的失败和韩国企业的成功表明，范式转变（比如从模拟技术转向数字技术）能为后发者提供一个机会窗口，同时使先行者处于不利地位。

第 10 章探讨了通常由中小型企业引领的资本品行业为何更难实现追赶的问题，并以产业创新体系（Malerba，2004）作为分析的理论框架。本章的研究结果表明，资本品行业（尤其是机床行业）在追赶过程中面临着三大难题：第一，资本品行业中的小企业往往是消费品行业或其他行业中负责最终产品装配的大型企业的专门供应商，因此生产企业和客户企业之间相互作用而积累的隐性知识是非常重要的，而由于本地生产的资本品质量差、精度低，本地客户企业不愿使用，由此产生了一个难题。第二，在位的外国企业常常会以掠夺性定价排挤后发企业在本地生产的资本品，由此产生了又一个典型难题。第三，如果追赶型企业能克服上述障碍，则在位企业接下来就会使出起诉后发企业侵犯其专利权的招数。

尽管存在这些固有的难题，但韩国企业依然以缓慢而渐进的方式，在资本品行业实现了追赶。本章认为这一成就可归因于几个要素，包括政府付出的巨大努力、通用机床的利基市场、新兴经济体的市场机遇以及在机床产业越来越多地引进并采用信息技术或数字技术。此外，追赶过程中的三大障碍之源表明，任何想要成功实现追赶的后发企业在踏上追赶道路之初，就必须将这些障碍牢记在心。我们发现，后发企业只有能生产出比发达国家在位企业更物美价廉的产品，才能成功实现追赶。在初获成功之后，后发企业还应谨防在位企业可能或最终将以掠夺性定价和知识产权侵权指控的方式发起攻击。

1.4　大型和中小型企业的追赶与国际化

第 11 章使用不同的企业集团所具有的"项目执行能力"这一概念（由此引

出各子公司所具有的另一战略能力,称为"垂直整合"或"纵向一体化"能力),解释韩国企业集团虽然进入中国市场的时间较晚,但仍获得成功的原因。我们以三星电子在华业务作为项目实施过程中资源共享和子公司协作的绝佳案例,尽管其进入新市场的时间较晚。本章发现,20世纪70年代初韩国率先使用了垂直整合网络,自此便被世界多国(如墨西哥、马来西亚以及中国)纷纷效仿。垂直整合网络分为三层:三星电子作为最终装配企业位于上游,三星电机和三星SDI位于中游,三星康宁则位于下游。在日新月异的显示器市场上,三星各子公司之间稳定的元器件采购起到了关键作用,使之能以较低的价格开发新产品,以满足不断变化的市场需求。该案例表明,企业集团可以提升自身的能力,而不是随着市场机制的成熟而失去自身的优势。

第12章使用三星电子手机业务的案例分析在海外建厂对国内就业的影响以及"技术空心化"问题。研究发现,三星将手机组装业务离岸外包给中国、印度、巴西和越南并未导致韩国国内就业机会的减少。相反,三星的国内就业人数从2002年的5 950人增至2012年的20 491人。就业人数的增长主要反映了高薪岗位(如研发、工程、设计和市场营销岗位)数量的净增长,而低薪岗位的数量依然停滞不变。为应对可能的"技术空心化"问题,无论是减少国内流水线还是建立国外流水线,三星都不会解雇核心工程师/技术人员,而是把他们留在一个特殊部门,即所谓的"全球制造技术中心"(GMTC)。该部门人员从2006年的82人增至2011年的1 103人。这些员工到海外工厂视察,从事维护、监督、流程重组和自动化等活动。在企业战略方面,三星从事离岸外包(offshoring)而非外包(outsourcing)业务。这一做法与苹果公司不同。苹果公司与富士康公司签约,同时从事离岸外包和外包业务。

第13章研究后发中小型企业如何通过由从属或分包性的OEM企业转型为独立的OBM企业,实现在地区或全球市场份额上的显著追赶。考虑到中小型企业极少能实现这种转型,我们对八家韩国中小型企业进行了案例研究,详细阐述了这一动态过程。这些中小型企业没有跟随先行企业的路径,而是开辟了自己的路径。这些路径既不是全新的,也不是跨越式的,而是对现有路径的重新组合。我们发现后发中小型企业面临来自在位中小型企业的若干风险因素,如反击和知识产权诉讼。此外,我们还强调了通过不断参与试错式的内部试验来培育企业专有知识的重要性。

第14章构建了一个新的国际化理论框架,以解释充满活力的新兴经济体中的中小型企业的国际化过程,并使用该理论框架来分析韩国母公司和子公司之间的分工是如何演化的。我们发现,企业的国际化是一个循序的过程,与大型企业相比，中小型企业的行动更谨慎，面临的资源限制也更多。它们从基于生产的分工过渡到基于价值链的分工，最终发展到母公司和子公司之间基于市场的分工。在第一阶段，韩国中小型企业在中国设立生产子公司，制造低端商品再出口。在第二阶段，子公司扩大生产范围，也生产高端商品，母公司则从事研发、市场营销和某些高端商品的生产。在第三阶段，随着本国消费者购买力的提高，中国市场变得日益重要，子公司便将市场营销和面向本地市场的研发与现有的价值链整合起来。

第一部分

宏观经济层面的追赶与跨越

第 2 章 经济追赶的历史渊源与初始条件
(与 H. Y. Lee 合著)

2.1 引言

就经济发展而言，初始条件与政策选择孰轻孰重一直是学界讨论的重点。对于"亚洲四小龙"的经济快速增长，争论的焦点在于它们的成功是归因于外向型出口促进战略，而非起初由拉丁美洲经济体采用的内向型进口替代战略，还是归因于更优越的初始条件，比如东亚各经济体政府更强的领导力与自治力、更高级的人力资本形成、更平等的阶级结构等。我们认为，初始条件起着更重要的作用，因为基于政策选择的观点无法解释一些现象，例如，为何出口导向型战略在东亚地区得以采用并取得了良好效果（Lee and Lee，1992）。在众多初始条件中，政府的领导力与自治力是最重要的条件之一，亦是本章的主题。

因此，我们首先将东亚地区高度儒学化政府的传统视为初始条件。本章将指出：东亚地区的政府是高度儒学化政府，由独立于党派利益的精英组成（Lee and Lee，1992）。随后，本章探讨东亚地区（尤其是韩国）政府积极主义的本质。虽然在市场失灵的条件下，政府对经济的干预具有合法性，但问题的关键在于政府应如何干预。这个问题十分棘手，因为无论是实行资本主义制度的发展中经济体还是实行社会主义计划经济体制的发展中经济体，都有着不计其数的政府干预失败的案例。鉴于此，20 世纪 60 年代至 70 年代期间韩国在高度政府干预下实现的经济快速增长是令人瞩目的。因此，本章旨在考察韩国政府积极主义的基本特质。韩国资本主义的发展有着一些独特的因素，包括一个国有或国有控股的银行部门、早期数量相对较多的国有生产企业，以及（或）国家对私人企业经营的直接干预。因此，韩国当时被认为处于从纯资本主义市场经济到社会主义计划经济的过渡阶段。

考虑到本章的最终目标是深入研究政府积极主义的本质，我们首先将政府定义为一个目标导向型机构，作为一个在既定历史、经济、政治和自然条件与经济结果之间的中间变量。[1] 显然，这些因素相互关联、相互作用。任何机构（包括本质上是一种历史产物的政府）的表现都取决于诸多因素，包括文化背景。政府活动的可接受范围在很大程度上取决于统治者与被统治者由文化和传统所形成的预期。市场同样是在现有政治和文化制度的特定背景下运行的。

本章从理论探讨开始，以强干预型政府与弱干预型政府、最小化政府与最大化政府的对比为重点，探讨政府的本质。随后，在2.3节中，我们将进一步讨论东亚各国政府的历史角色、人才引进能力以及内部和外部自治情况。第2.4节从三个角度讨论政府积极主义的本质：(1) 政府调控的本质；(2) 公共目标和私营企业的融合；(3) 约束机制。第2.5节对本章内容进行了小结，指出东亚经济追赶体制建立在市场化运作和企业私有制的基础上（国有银行、少数垄断性或战略性产业除外），具有鲜明的外向型特征，并由有能力的政府官员与有胆识的企业家共同管理。

2.2　关于东亚地区政府积极主义程度的历史性反思

广义上来讲，有三种方法促使社会之中具有利己主义与个人主义思想的人类相互合作：权力强制、共同信仰说服和利益交换（Lindblom，1977）。政治活动大多涉及权力关系，利用强迫和自愿主义的结合（取决于其合法程度）以达到命令人们服从的目的；与此相反，经济活动从根本上是由交换关系驱动的，只要该交换能满足交换参与者的效用意图，这种交换关系便是自愿的。

政府可以运用权力与交换关系的多样化组合来规范各种具体制度中的政治和经济活动。最小化政府对经济的干预仅限于纠正狭义上的市场失灵，例如提供公共品。[2]因此，经济活动独立于政治权力。在最大化政府中，权力关系在政体与经济中均占主导地位；因此，权力关系代替了以个人利益为基础的自愿交换关系。在社会主义最大化政府中，政府在经济中的政治权力通过生产资料的国有制得以强化。在不干涉主义程度最低与最高的国家之间，有多种形式的中度干预型政府存在。换言之，任何一个不符合以上两种极端类型的政府，都可被视为中度干预型政府。中度干预型政府的干预措施不仅仅是纠正市场失灵或是简单地设定游戏规则；与此同时，该类型政府不允许政治权力对经济的绝对管控。日本和韩国政府可被视作资本主义中度干预型政府。从我们的研究计划来看，中度干预型政府这一模糊定义在本阶段能够满足我们的研究需要。任何试图更加精准地定义中度积极主义政府的行为都可能导致关键因素的遗漏或疏忽。最后，我们对东亚地区中度干预型政府的调查将指出中度干预型政府对经济进行干预的一些重要因素。

将强干预型政府与弱干预型政府区分开来同样有助于本项研究。强干预型政府独立于社会团体的党派利益和外国利益,然而弱干预型政府并非如此。[3]如果说独立于党派利益是强干预型政府定义中的消极含义,那么它的积极含义可以定义为政府准备好对所有社会阶层的民众施加一种义务,并要求其严格履行义务;在此,强制力具有战略性意义。[4]在弱干预型政府中,正如 Myrdal(1968:277)提到的,南亚社会中的社会纪律水平低,因为领导层不愿对民众施加义务。

通过将最小化政府、中等政府、最大化政府与强干预型和弱干预型政府进行组合,我们可以得出不同的政府类型。各个政府类型的相对有效性可以通过其完成不同任务(如发展、战争、战后重建等)的能力来衡量。[5]对于一个以在经济发展中实现"追赶"为目标的经济体而言,由于发展进程需要全国范围内的协调配合,因此一个强干预型政府是必备条件之一。弱干预型政府对实现这一目标缺乏足够的效力,因为它几乎不对个人施加义务以增进社会利益,同时也避免采取有损于社会利益的举措。此外,发展型政府应该非常强大,足以抵抗来自社会群体和党派利益的压力,因为这些"分利联盟"会引起机构瘫痪,从而降低社会的革新能力及适应能力(Olson,1982)。

政府干预的强弱很重要,因为政府独立于任何特定社会阶层或群体而实现的内部自治以及政府不受国外利益牵制而获得的外部自治,决定了政府能否促进经济增长和造福民众。

简单来讲,如果我们将政府积极主义的程度设定为右侧最低、左侧最高,那么最佳发展型政府必定处于两者之间。考虑到各项初始条件,我们认为日本和韩国实现了最佳均衡,而中国则偏向左侧。日本的历史证明了探索政府积极主义的最佳程度是何等困难。[6]

韩国在寻找最佳政府干预机制的过程中有些许不同的经历。在1948年韩国独立后及20世纪50年代朝鲜战争后,李承晚执政时期的韩国政府与20世纪60年代以来军事现代化的朴正熙执政时期的韩国政府相比规模更小,且更为弱势。李承晚政府专注于如何建立其政治支持,无暇顾及调动人力及物质资源用于经济发展(Lim,1985:48-49)。该政府的软弱本质从其在土地改革中的妥协亦可见一斑。

与李承晚执政下的韩国相比,金日成领导下的朝鲜采用了强干预型的最大化政府策略。20世纪50年代,朝鲜与韩国相比有着公认的卓越表现,证实了强干预型的最大化政府是完成初期动员和战后重建任务的明智选择这一观点。中国的历史经验同样证实了这一观点。到1957年,中国宣布完成第一个五年计划,并奠定了社会主义工业化的初步基础,在此期间其强干预型的最大化政府被视为最佳选择。日本昭和政府在1935年至1955年间同样扮演了类似的最大化政府的角色。在这一时期之后，日本的政府积极主义的程度转回右侧，进入高速发展时期。相比之下，中国的最大化政府一直延续至今。

回到最初的主题，在韩国存在着一个普遍的初始条件，就是高度儒学化政府的传统。在下一节中，我们将探讨东亚地区儒学化政府的领导力与自治力，以为进一步研究韩国政府的特殊作用奠定基础。

2.3 高度儒学化政府的领导力与自治力

东亚各国政府的领导力与自治力取决于若干因素。这些因素包括政府的历史角色、政府不受国内党派利益牵制的自治力，以及政府不受外国利益牵制的外部自治力。

长期以来，政府作为一种组织机构对社会所具有的支配作用，已经成为东亚地区的思想和文化的一个组成部分。在东亚地区，不论政府的定义如何，其起源都可以追溯到社会的产生。自从约两千年前秦朝建立了中央集权制的政府以来，中国政府、韩国政府和中央集权程度相对较低的日本政府就建立起了复杂精细的体制，拥有绝对（或标志性）的皇权和复杂的官僚机构，对社会行使政治、文化和经济权力。历史上，东亚人民一直希望政府成为军事革新、理念独特、经济成效显著的政府。东亚人民期望政府促进经济增长，在造福民众的同时，也为国家积聚军事实力。

东亚政权的能力取决于强有力的精英导向，使得儒学化的家长式政府配备了受过最好教育的精英。日本和韩国遵循中国的传统，通过竞争性的公务员考试从受过最好教育的民众中选拔公务员。国家考试制度为有才能、有抱负的个人提供了从政的渠道。该传统使得一个训练有素的官僚机构得以存在，而该官僚机构独立于社会的自主性，通常从官员被聘用前所处的社会阶层以及上任后与支配阶层的个人关系两个方面来探讨。[7]尽管在现代社会，私营部门的就业机会不断扩大，但这些国家中最有能力和才华的年轻人仍倾向于通过公务员考试成为政府工作人员，他们被视为集体利益的守护者。

在东亚地区，对政府角色产生影响的另一要素是近代东亚各国政府与西方大国的接触和一些备受屈辱的经历。由于无法抵御外来势力，中国和韩国的旧式封建制度分崩离析，国家沦为半殖民地或殖民地。当认识到由于自身的落后才遭受西方帝国主义侵略的事实后，东亚人民开始相信，他们需要一个强大的政府，用其压倒性的政治力量及时解决当下的问题。日本迫于西方压力而实行对外开放，使得部分德川统治阶层的精英通过斗争夺取政权。在明治维新"自上而下的革命"取得成功后，日本成为亚洲第一个与西方列强地位相当的国家。[8]

与西方列强接触的经历塑造了东亚人民的某些倾向：其一，将现有国际市场视为经济发展的强有力推手——即使在理想的自由贸易体制方面，西方列强也比经济落后国家有更多的选择。其二，认为权力关系对经济上的比较优势有至关重要的影响。因此，从一开始，东亚各国政府就倾向于表现出强烈的民族主义态度。极端的情况是，中国和朝鲜曾采取自力更生的发展战略，将本国经济隔绝于任何外来影响之外。即便是外向型发展战略的支持者，如韩国，自力更生和经济独立也有着极大的吸引力，外向型发展战略只不过是为了实现自力更生这一目标而采取的一种手段。

事实上，尽管韩国对全球市场的经济依赖程度日益加深，但其仍设法保持相对于国际资本的自主性。随着韩国经济在全球市场上的竞争力与日俱增，它成功抵御了跨国公司对本国经济的过度冲击。在某种程度上，这一成功可归因于它的强干预型政府与民族主义的文化传统。这两个因素及其他因素阻止了国内资本家勾结国外利益团体以对抗中央政府。因此，是中央政府而不是国外资本决定了跨国资本在国内劳动分工中的角色。[9]当然，民族主义支撑了日本在战前时期的崛起，使其成为亚太地区后起的资本主义国家。日本的民族主义一直持续到战后时期，尽管后来其经济民族主义的意味更浓。事实上，据日本通商产业省（MITI）官员称，日本的产业政策是经济民族主义的反映，而民族主义意味着优先考虑本国利益（Johnson，1982：26）。

尽管东亚国家在当代同外国势力打交道的经历中已经形成了强烈的民族主义倾向，但近年来其动荡不安的社会政治经历又进一步加强了政府的内部自治。与西欧国家相比，东亚国家支配阶层的政治影响力较小，这也使得政府有了更强的自主性。

在中国，社会主义革命推翻了中华人民共和国成立前的阶级结构。土地改革终结了地主阶级的政治影响。农业集体化将农民对经济资源的管控权转移到政府手中。同样，产业国有化将资产阶级对经济资源的管控权转移到政府手中。由此，中国的社会主义政府在考虑工人阶级利益的基础上实现了完全自治。

在韩国，尽管日本的殖民主义政策是拉拢而不是摧毁韩国传统统治阶层，但传统统治阶层的合法性仍被大幅削弱。虽然本质上进行了妥协，但解放后的土地改革仍然削弱了韩国地主阶级的政治影响力（Lim，1985：47）。此后，政府凭借其对国内和外来进口资源的支配权，包括以前在日本拥有的财产，创造了一个新的资产阶级。因此，尽管最近有限的政治民主化使资产阶级对政府的政治影响力有所增强，但政府仍然对资产阶级保持着强大的牵制力。

日本的案例较为复杂，尽管美国占领日本后，基本保留了战前的日本政府结构，但通过解散战前财阀和军事机器削弱了其统治阶层的政治影响力（Johnson，1982）。

因此，在韩国的独裁政权中，由军方支持的强大领导人不允许任何挑战国家权威的行为；同时，他们试图使大多数人不参与政治。强调政治稳定和社会秩序被作为经济增长的初始条件；独裁政权试图防止"分利联盟"的形成，因为这往往不利于经济增长。战后日本的政治环境略有不同，其"柔性独裁主义"（Johnson，1982）允许强大而相对无监管的政府（一党制长达三十余年）来调解社会冲突，以实现经济发展目标。

总之，由儒家文化传统和强烈的民族主义孕育的强干预型政府，使韩国将政府视为经济发展这一目标的驱动者，而经济发展被认为符合所有人的共同利益。尽管此类政府在现实中经常运用强制的手段，但儒家传统通过强调集体利益和统治者有处理被统治者诉求的义务，使政治权力的使用合理化，并在一定程度上符合道德准则。此外，某些儒家价值观必定对推动经济发展进程起到了积极作用。例如，儒家传统所宣扬的世俗成就、吃苦耐劳、勤俭节约、遵纪守法、重视教育等品质，同时也是马克斯·韦伯（Max Weber）在新教伦理中发现的品质。这些品质在西方资本主义的发展过程中起到了决定性作用。[10]

2.4 韩国政府积极主义的本质

高度儒学化的民族主义政府的传统使韩国政府成为实现社会共同目标的动员力量。政治领导层将经济发展视为国家的当务之急，并使人们相信强大的现代化经济是一种将使全民受益的公共品（尽管在现实中，可能已经以牺牲多数人的利益为代价为少数人创造了不平等的机会）。无论是以劝诱或强制的手段达成共识，还是切实建立在共同信念的基础上，这种建立在基本目标之上的共识是政府干预取得成功最重要的条件之一（Eads and Yamamura，1987）。

就领导力与自治力而言，韩国的独裁政权自20世纪60年代起就非常强大，足以抵制来自社会力量的党派压力，并使民众相信经济发展的公共品属性。由社会精英组成的政府机构能够调动私有资源、激励民众，并实施精心设计的产业政策。政治稳定也有利于私营企业家延长投资期限，有助于长期企划和投资。

在下文中，我们将探讨政府积极主义在经济中所扮演角色的本质。我们分析的重点是：（1）政府调控的本质；（2）公共目标与私营企业的融合；（3）约束机制，并试图从中概括出韩国在追赶阶段经济体系的特征——既不是资本主义自由市场经济，也不是社会主义计划经济或社会主义市场经济。

2.4.1 金融管控

在韩国，资金的严重匮乏迫使企业在留存收益之外，主要依赖信贷来融资。[11] 由于缺乏有效的资本市场，政府便对银行系统进行调控，将国内外存款引向特定的行业或企业。在 20 世纪 80 年代中期以前，韩国的银行基本上都是公营的。尽管自 80 年代起，许多银行已实现私营化，但韩国政府依然是银行最大的股东，或通过人事政策继续对银行机构实行有效的管控。只要各银行同意中央银行的贷款分配条件，就能从中央银行获得高额贷款。

在韩国，政府通过对信贷的管控，对私营部门实施近乎直接的管控。[12] 因此，如果说政府对大型企业的干预是有效的，那么政府也能间接地影响私营部门的投资决策。对有效的政府积极主义来说，政府的金融管控能力至关重要。人们往往注意不到政府通过信贷分配实行金融管控与其他管控手段（如关税、进口配额、税收激励、准入或贸易许可证）之间的重大差别。首先，金融管控意味着更大的自由度。通过信贷分配，政府不仅能控制企业的融资能力，还能让企业在其他方面服从政府。其次，一个质的区别是政府的金融管控是建立在经济实力（以对银行或资金的所有权为支撑）而不是政治权力（以立法或规章制度为支撑）的基础上，而其他管控手段则建立在政治权力的基础上。最后，除授权许可外，其他多数管控手段是针对特定行业或部门的，所以只对企业有间接影响，而金融管控是直接针对各个企业的。基于上述三个原因，韩国的金融管控在本质上类似于社会主义国家的管控机制，这种管控是基于所有权的直接管控。

对此，我们需要指出一个简单却重要的事实：由于企业有提高业绩的强烈动机，且认为信贷供给非常重要，政府可以通过金融杠杆来对企业进行管控。在韩国，企业的成功动力源于私有制以及企业将从自身的出色业绩中获益的信念。所以，即使大型企业会因与政府机构的特殊关系而受制于所谓的预算软约束，也并不一定会导致动机弱化和低效率，而是会产生截然相反的行为，即过度的冒险行为。

2.4.2 公共目标与私营企业的融合

在东亚地区，"产业政策"常常是政府干预的代名词，旨在有选择地对特定行业施加影响。产业合理化政策甚至包括政府采取措施，强行对个体企业的具体运作进行干预，以提高企业的经营水平（Johnson，1982）。这种政府干预的目的是对商业活动施加影响，为公共目标服务。因为私营企业用以决策的盈利信号并不一定能促进国家的经济利益,有人认为私人在消费与储蓄、工作与闲暇以及投资资金在部门之间的分配方面的决策可能不符合国家优先发展事项。

这种观点使韩国政府直接对一些大型私营企业进行干预,使中国台湾地区当局对由许多公营企业构成的大型公共部门进行干预。在中国台湾地区,当局能直接控制生产活动和投资类型。在韩国,公私部门之间的界限并不像西方资本主义国家那样严格。公营企业和私营企业长期保持紧密的合作关系,政府几乎像商业伙伴一样参与企业决策。C. Lee(1992)用"准内部组织"(quasi-internal organization)的概念来描述韩国政府与大型企业之间的密切关系,这与 Williamson(1975)的交易成本经济学一脉相承。在日本,政府和大型企业之间也有类似的关系网。所谓的行政指导是指政府部门以书面形式为主、间或以口头形式进行的无法律约束力的指导,是建立在多层面的长期紧密合作关系之上的(Eads and Yamamura,1987)。

可以说,韩国的政府直接干预是成功的,因为它对某些经济战略性产业的投资率产生了显著的影响,也让私营企业有所作为(如果没有政府干预,情况就不同了),甚至还催生了积极主动的新参与者(Amsden,1989;Wade,1990;Johnson,1982)。这些情况说明,作为实施机制,政府与市场相比具有相对优势。C. Lee(1992)以交易成本经济学为依据,认为在实现必需的发展目标时,准内部组织的"内部实施"可能比"市场实施"更有效。非市场的等级分配有助于解决不完全市场和政策实施中存在的问题,因为这种关系网结构能使决策专业化,节省沟通成本,并通过协调相互依存的部门之间的决策来应对不可预测的突发事件,减少不确定性。

对比中国台湾地区和韩国在 20 世纪 70 年代实施出口替代战略、发展重工业和技术产业的经验,即可看出市场实施与内部实施之间的差别。在中国台湾地区,私营企业家没有能力也不愿对回报周期长的项目进行大额资本投资(Park,1990)。因此,当局只得依靠公营企业进行投资,其结果有成也有败。相形之下,有野心勃勃的政府规划作为后盾的韩国财阀(大型企业集团)则无所顾忌地仓促采取行动,导致过度重复投资。此例说明内部实施可以迅速取得切实的成效,但并不一定在经济上有效率。Eads 和 Yamamura(1987:447-448)举了几个在日本通商产业省的指导和协助下企业却遭到失败的案例,提醒人们不要盲目相信政府的产业政策具有毋庸置疑的创造竞争优势的能力。关键在于:产业政策不能完全取代深层次的经济条件,而要在现有经济条件的框架内施行。

还有一个问题是:为什么政府对商业活动的直接介入总体来讲是有效的,并不会导致官僚体制的僵化无能?除了使经济保持基本活力的大量中小型私营企业的存在，我们还应注意到其独特的约束机制。

2.4.3　市场与网络的双重约束

尽管政府干预在某种程度上反映出其对市场和利己的个体经济参与者的怀疑态度，但是韩国的政府干预并未忽略市场。这种政府干预是"市场拓展型"干预，因为它减少了商业中的不确定因素，降低了风险，制造并传播了关于机会的信息，使人们产生外拓心理。而与之相反的"市场抑制型"干预则导致市场日益分裂或寻租机会盛行（Lim，1981：4-8）。韩国政府提高市场竞争力的努力表明，政府尊重市场的约束功能，愿意接受市场竞争的结果。

市场组织最主要的功能是使相关经济参与者得到一定程度的回报（payoff，收益或损失）。干预程度最高的最大化政府以切断绩效与回报之间的联系为代价，用中央计划代替市场配置资源的功能，造成激励效果不佳。人们从中汲取的教训是：无论政府干预采取怎样的形式，都不应该阻断市场最重要的功能，即对浪费资源的生产者进行约束。韩国的政府干预并未使市场丧失约束功能，也没有在政府干预削弱市场约束力时，用新的有效约束机制来加以代替。

在日本，生产者在相对较大的国内市场中，参与部分由政府制造的寡头竞争，通过严格的约束机制来拓展业务（Hadley，1970）。韩国的国内市场较小，使某些产业的垄断性更高。不过，韩国政府积极鼓励这些行业的新公司尽快开展出口业务（Westphal，1982），使之直接参与国际竞争。

上述事实在一定程度上回答了一个理论问题：为什么外向型发展战略是有效的发展战略？除了显而易见的好处（如能获得实现规模经济必不可少的投入、技术、资本和市场），对外贸易还能带来什么好处呢？自然，参与世界市场意味着经济将受制于外部条件，政府在政策选择上也会受到限制。然而，相对于从中获得的好处，这些限制并不一定会造成损失。出口导向能施加某种市场约束（国内市场则无法对受保护的生产者施加这种约束），由此对国内经济政策制定者产生一系列的限制，使之无法采取与发展背道而驰的措施（C. Lee，1992）。由外部因素决定的世界市场价格迫使出口导向型企业和政治领导层提高政治和经济效率。换言之，世界市场的竞争可以弥补国内经济和政治竞争的缺乏。正因如此，韩国的财阀才能在政府保护下，仍然保持高效率和竞争力。相比之下，缺乏这种约束力的内向型经济更容易造成资源浪费和寻租行为（Srinivasan，1985）。

除了国内市场和世界市场的约束，行政干预也能以更直接、更日常的约束力对市场约束进行补充。政府的日常约束功能是有效的，因为政府机构与大型企业之间存在着紧密的关系网。作为信贷的供应者，政府迫切地想要对企业的状况有充分的了解。一般情况下，业绩欠佳或缺乏谨慎的商业考量的企业就得不到后续贷款。致力于实现目标的政府和独特的政商关系相结合，使受保护的生产者也要承受巨大的压力，使其具有提高效率的激励（C. Lee，1992；Jones and Sakong，1980）。

不过，必须指出的是，这种网络式组织要发挥效力，需要有一个致力于发展的强硬的政治领导层，也需要得到市场的验证；必须能够遏制官商勾结和不合理的长期保护可能导致的串通一气和效率低下的行为。[13] 总的来说，上述条件在韩国得到了满足。

2.5 经济追赶体制综述

至于是否可以依靠政府来趋利避害的问题，如果不将其放在某个具体的情境下，就无法回答。韩国是强干预型的政府积极主义的一个案例。韩国的经历表明，在该国经济中存在着某种政府积极主义机制，这对实现追赶式经济发展目标是有效的；有效的机制因各国国情不同而有所不同。在韩国的中度干预型政府中，这些机制与政府干预程度最高的社会主义政府或无政府干预的最小化政府中的机制都不相同。

除了有一个强有力的、致力于经济发展的政治领导层和为实现经济目标而达成的全国共识，我们的研究还明确了构成该追赶体制的三大要素。第一，韩国独裁政权中的政府积极主义并不只是单纯地建立在政治权力之上，更重要的是建立在真正的经济实力之上，这种经济实力源自国家对银行或可贷资金的所有权，政府对大型企业的经济控制有着高度的自由裁量权和本质上不同的控制工具，而这在最小化政府中是不存在的。第二，企业受制于双重约束机制：一是市场约束，尤其是来自外部世界市场的约束；二是顺应市场的关系网约束，这种约束建立在消息灵通的政府机构和企业之间的长期密切关系之上。第三，政府积极主义并不是在面向小企业的私营部门发挥作用，而是仅在私营与公营界限模糊或没有界限的特定战略性部门和大型企业发挥作用。

上述三个要素可以说是构成韩国经济追赶体制的主要基石。该体制建立在市场化运作和企业私有制的基础上（国有银行、少数垄断性或战略性产业除外），具有鲜明的外向型经济特征，并由有能力的政府官员和有胆识的企业家共同管理。显然，这一体制既不是最小化政府的自由市场经济体制，也不是政府干预程度最高的社会主义计划经济体制，也不同于 Lange（1937）对市场社会主义的传统描述。

当然，从东亚各经济体以往的经验中可以看出，这一体制的运行情况还取决于其他因素。在韩国，一个重要的初始条件是历史延续下来的高度儒学化政府。其专制政权非常强大，足以抵制来自社会力量的党派压力，并使民众相信经济发展的公共品属性。由社会精英组成的政府机构能够调动私有资源、激励民众，并实施精心设计的产业政策。与此同时，这种体制能调动个人的积极性，而其政治稳定性又延长了私营企业家的投资期限。因此，韩国的模式可定义为：在儒家思想与民族主义传统的基础上，由强有力的官僚机构通过周密的产业政策（包括选择性保护政策和外向型发展政策）进行的后发资本主义国家建设。

注释

1. 本章中的"国家"和"政府"两个词是可以互换的，尽管前者通常比后者涵盖的范围更广。

2. 除了提供公共品，最小化政府进行干预的主要原因是实现宏观经济稳定，以控制失业率和通货膨胀率。

3. 在某种程度上，政府有可能内生于社会的既得利益群体，这一认识是新古典政治经济学与传统新古典福利经济学的区别（Colander，1984；Srinivasan，1985）。

4. 这里所谓的强干预型政府的对立面是南亚的弱干预型政府（Myrdal，1968：66-67）。Jones 和 Sakong（1980）也使用了"强干预型政府"这一术语。

5. Johnson（1982：19-20）区分了"发展型政府"和"监管型政府"。监管型或市场理性的政府关注的是形式和程序而非实质问题。与之相反，发展型或计划理性的政府的一个突出特点是制定社会与经济的实质目标。

6. 1868 年至 19 世纪 80 年代初的现代日本过度偏向左侧，由国家直接经营经济型企业。明治时期的日本开始转向右侧，以纠正早期的失败。但是，即使昭和时期的日本于 1925 年成立了通商产业省，政府干预程度也是多变的。

7. 参见 H. Lee（1991）对中国政治精英的形成和转变的论述。

8. 关于日本明治时代的早期历史，参见 Livingston、Moores 和 Oldfather（1973）。

9. 参见 Mardon（1990）关于韩国民族主义政府如何打造利用外资促进国内企业发展壮大的模式的论述。

10. 当然，有些儒家价值观显然与资本主义伦理背道而驰。确实，一些学者认为儒家思想的某些特点是造成东亚地区早期经济发展不稳定的因素。

11. 根据 Zysman（1983）的定义，东亚经济体盛行基于信贷的金融体系，与英美盛行的基于资本市场的金融体系相对。韩国和中国台湾地区的企业比其他多数发展中经济体的企业更加依赖于银行信贷（Wade，1988：132）。

12. 相比之下，考虑到个人储蓄率相对较高，中国台湾地区的私营部门不那么依赖公有制银行的信贷融资。

13. 关于韩国财阀对信贷的使用，普通韩国民众认为信贷转移数量很大，财阀由此赚取了大量财富。因此，我们不是试图说明信贷转移为数不多，而是说明信贷转移有助于财阀的资本积累，使之能够投资于高风险的新行业。

第3章 韩国的追赶式发展模式："能力观"

3.1 引言

韩国实现了经济的迅速发展，跻身高收入国家行列，成为最成功的后发经济体之一。尽管韩国常常被当作其他发展中国家效仿的典范，但仍有人持怀疑态度。这种怀疑态度似乎源于如下观念，即政府积极主义在韩国模式中占的分量相当大，包括对某些产业或企业进行有针对性的政策保护，而这种干预在当今的国际环境中或WTO体制下是不被接受的。这一观念似乎受到那些倾向于关注在追赶式发展中政府与市场作用的早期研究的影响（Amsden，1989；Chang，1994；World Bank，1993）。但是另一派观点，即"技术观"（如OECD，1992；Hobday，1995b；L. Kim，1997a；Dahlman，Westphal and Kim，1985），则认为韩国和其他新兴工业化经济体（NIE）通过吸收并改进发达国家相对陈旧的技术，试图实现追赶（Vernon，1966；Utterback and Abernathy，1975）。

本章旨在就韩国和其他东亚经济体在追赶过程中的经验，提出"能力观"。这一观点可以看作"技术观"的延伸，但因其具有更稳固的微观经济基础，因此又不同于政府与市场二分法。我们之所以持这一观点，是因为韩国取得的成就中真正值得借鉴的不是政府在经济发展中扮演的角色，而是政府致力于企业能力建设，由此实现了数十年的经济持续增长的事实。

实现长期的经济增长并非易事。宏观改革使经济迅速复苏，但好景不长，最终经济又陷入新一轮的危机，这样的例子不胜枚举。决定一国能否实现持续增长的最根本因素是，是否进行本国的能力建设。我们认为，如果没有一定的关键能力，仅靠降低工资或单纯的价格竞争，经济增长将会是短暂或不可持续的。韩国的成功建立在能力建设的基础上。自20世纪80年代中期以来，韩国加强了在私营部门的内部研发，使全社会研发投入占GDP的比重达到1%的阈值，并最终达到2.5%乃至更高。

发达国家与发展中国家之间最显著的差别在于人均GDP。但是造成收入水平差距的原因是什么？是各国的能力不同，包括长期生产和销售具有国际竞争力的产品的能力。韩国模式中的核心要素之一是致力于能力建设,使本国经济在同一产业内不断实现升级的同时,也相继进入前景良好的新产业(另一种形式的升级)。

但是提高能力并非易事。主流经济学往往强调宏观经济稳定和贸易自由化,但这些与能力建设就算有关系,也关系不大。经济学中的这一偏见归根于主流经济学固有的局限性,当时在主流经济学中还没有"能力"(暗含"学习"之意)这个词。主流经济学提倡资源配置的优化,但其隐含的假设是所有资源(投入或能力)都已存在,唯一要做的就是找到最有效的利用方法。但是在现实中,多数发展中国家不用担心如何实现资源(能力)的最优化使用,因为这些资源根本就不存在。对这些国家来说,更关键的问题是如何建设并强化这些能力。

在随后的第3.2节,我们提出能力建设与持续升级是韩国模式的精髓,然后讨论韩国如何克服后发国家在能力建设方面的劣势。第3.3节详细阐述了能力建设过程中的四个阶段。第3.4节概述了能力建设的各个阶段,强调20世纪80年代上半期是这一过程中的关键时期。第3.5节探讨了产业升级中的部门专业化问题。第3.6节探讨了韩国模式能否移植到其他国家。

3.2 韩国模式的精髓:能力建设与持续升级

3.2.1 发展:一个能力建设过程

对外开放和促进出口被普遍认为是发展中国家政策的重要组成部分。因此,许多国家简单地诉诸货币贬值或标准的贸易自由化,从而产生由价格效应和贸易平衡改善带来的贸易繁荣。然而,宏观改革虽然能使经济迅速复苏,但好景不长,最终经济又陷入新一轮的危机,这样的例子不胜枚举。例如,印度尼西亚的三次改革(分别发生于1983—1991年、1994—1997年和1998年后)表明,宏观改革立竿见影,但若没有微观改革为后盾,往往很快就会出现经济衰退,并引发新一轮的国际收支危机。20世纪90年代尼泊尔的改革也重复了同样的模式(Lee,2006)。

在20世纪60年代至70年代的第一个20年工业化时期,韩国也处于和其他发展中国家一样的困境,面临着长期的国际收支失衡和持续的贸易逆差。然而,从20世纪70年代起,政府通过公开资助并开展研究,把重点放在科技发展上。政府与私营企业分享成果,以税收激励政策促进私人研发,并在20世纪80年代建立了一个公私联盟,从事更大的高风险项目。加大研发经费投入和重视高等教育为知识驱动型增长奠定了基础。这从韩国申请的美国专利数量的增长上即可看出。20世纪80年代初，韩国提交的美国专利申请大约为50项，与拉美国家的情况差不多。东亚经济体和拉美国家的研发占GDP的比重也很相似，约为0.5%。但到了2000年，韩国每年在美国的专利申请量超过了5 000项，研发占GDP的比重为2.65%（见表3.1）。相形之下，多数拉美国家的研发占GDP的比重依然在0.5%~1.0%左右，没有一个拉美国家每年的专利申请量超过1 000项。

表3.1 部分经济体的研发占GDP的比重（%）

	20世纪60—70年代	20世纪70—80年代	2000年
韩国	0.5（1965年）	0.56（1980年）	2.65
中国台湾	—	0.71（1980年）	2.05
菲律宾	0.2（1965年）	0.2（1980年）	—
泰国	0.3（1969年）	0.3（1985年）	0.25
马来西亚		0.10（1988年）	0.49
中国大陆		0.68（1985年）	1.00
印度	0.4（1968年）	0.7（1982年）	0.85
巴西	0.3（1974年）	0.6（1982年）	1.04
阿根廷	0.2（1969年）	0.5	0.44
智利	—	0.4	0.53
墨西哥	0.1（1970年）	0.6（1984年）	0.37
加纳	0.2（1966年）	0.9（1976年）	—
尼日利亚	0.5（1969年）	0.3（1977年）	—
南非		0.89（1985年）	0.62*

*1988年和2002年的平均数。
资料来源：参见Lee和Kim（2009）以及Lee（2006）论文附录中，作者对数据库的解释说明。

这一常常被忽略的政策动机成功促进了韩国制造业的发展，后者成为20世纪80年代末韩国现代史上首次实现贸易顺差的一个重要因素。自此以后，韩国得以跨越国际收支持续失衡的陷阱，或克服危机与改革的交替循环。奉行"华盛顿共识"、侧重宏观经济稳定和贸易自由化的国家的经济状况有所改善，但往往都是昙花一现。当最初的宏观改革势头减缓，经济开始出现危机或衰退的迹象时，这些国家就会在下一轮尝试更大胆的经济改革，包括金融自由化或资本市场自由化，这会使市场面临动荡不定的短期金融资本的冲击。如果金融自由化缺乏合理的设计与管理，往往会引发海外借贷热潮、投机主义、金融泡沫，并最终导致另一场金融危机。尽管Rodrik（1996b）认识到了东亚经济体采用"华盛顿共识"的10条政策建议的重要性，他却忽略了一个事实，即从20世纪80年代中期以来,东亚经济体在深度市场化之前,就已经具备了更高的能力。

需要指出的是,韩国获得成功的最重要因素之一是重视能力建设和科技发展,从而整合了私营企业的出口和研发能力。不提高研发能力,就无法实现出口持续增长。亚洲各经济体之所以取得不同程度的成功,区别就在于是否优先发展科技和高等教育以提高长期增长潜力。而这些是"华盛顿共识"中没有的,尽管它们可以被视为东亚发展模式所独有的核心要素。

最近,世界银行对20世纪90年代的十年改革作出评价,承认经济增长不仅要有效地利用资源,而且需要增长驱动型行为,如技术追赶或为实现快速积累而鼓励冒险(World Bank,2005a)。另外,拉丁美洲和加勒比经济委员会(ECLAC)对拉美改革的最新研究发现,宏观经济稳定并不是保证长期增长的充分条件,后者与生产结构的动态变化之间的关系更为紧密。而且,一个运行良好的、更广阔的制度背景和完善的基础设施也必不可少,不过这些一般不会对扭转发展势头起到直接的作用(Ocampo,2005)。我们的观点是,微观经济干预应该与增强能力的要素(技术和教育)结合起来,这样由增长产生的新的租金就可以抵消经济扭曲的代价(寻租)。

我们将追赶式发展视为一个能力建设过程时,考虑的是私营企业的能力。后发经济体培育有活力的私营企业的能力是决定经济发展(或增长)成败的最重要的根本标准。如果私人资本(民间资本)的风险过高,最初可能会从发展国有企业开始,但是应该将它们引向私有制(例如,通过首次公开募股的方式)。很少有人明确指出这一点,所以我们将其作为韩国模式的主要内容加以强调。

在各方面的能力中,需要特别强调技术,因为如果没有技术,就无法实现可持续增长。在开放的市场竞争时代,私营企业无法通过生产廉价产品保持发展势头,而必须通过不断的产品升级和技术创新生产具有更高附加值的产品。而且,只要有可能,私营企业(包括本地管理的合资企业)就应该成为"本地"企业而不是受控于跨国公司(MNC)的子公司。跨国公司在世界各地不断流动,寻找更低的工资和更大的市场,不能指望它们在特定的地域或国家促进可持续增长。不过,跨国公司是知识转让和学习的有效渠道。

3.2.2 能力持续升级与进入新产业

一些学者,如Hobday(2000)和Teece(2000),强调基于OEM的外向型经济的增长潜力,而我们关注的是当跨国公司决定是否迁移到低工资的新兴经济体时,这些增长型战略表现出的局限性。

仔细研究成功的追赶型经济体(如韩国)可以发现,同一产业内的提升或不断进入前景良好的新产业（另一种形式的升级）是在产业发展的过程中演进的。我们认为，没有这两种升级形式的发展，成功追赶的可能性就会变小。其原因有两个：一是对后发国家的影响；二是对先发国家的影响（Lee and Mathews，2012）。

一方面，就后发国家而言，成功的OEM战略往往能相应地提高工资率，但是事实是新的更廉价的劳动力市场在发展层级更低的国家不断涌现，并改变了后发国家在全球价值链中的地位。这就产生了在能接受高工资率的产业内向附加值更高的活动发展的趋势，或向发展层级更低的国家无法竞争的部门发展的趋势。

另一方面，就先发国家而言，这些国家的创新者往往能催生与高附加值相应的新产业，而先发国家也会外包业务给后发国家。随着创新（新产品和新产业）的发展，旧产业趋于成熟，逐渐被淘汰，并降级为低附加值的活动，迫使企业从新兴的高附加值产业中寻找机会。企业被迫走上这条或自我更新或被后来者赶超的道路。

这两种形式的升级是必然的，部分是由于国际产业生命周期。在这一生命周期中，新产业往往诞生于发达国家，一旦产业发展成熟、产品实现标准化之后，后发国家和后发企业就会加以继承。考虑到这一生命周期，成功追赶的一个重要特点是能够（在附加值更高时）较早地进入该周期，而这只能靠更强的吸收能力才能实现；否则，就只有低收入的活动或行业可选，获得长远成功的机会就有限了。

这种动态地看待产业变革的观点显然与强调静态比较优势的主流观点相对立。如果不加批判地运用产业变革观，则可能以一种停滞的眼光看待世界，即发达国家更擅长生产高附加值或高端产品，而发展中国家则只能生产低附加值或低端产品。此外，主流观点也没有对如何实现从边际利润生产转向高附加值生产给予指导，使升级式发展的前景不明。

韩国的出口结构曾发生过巨大的变革，从最初的劳动密集型商品（服装）逐渐转向汽车和电子产品。在20世纪60年代初或工业的起飞初期，韩国的商品出口额在GDP中的占比不足2%，到70年代初和80年代中期则分别达到10%和30%。最初是劳动密集型商品（如服装和鞋类）拉动出口增长。这些商品出口额在出口总额中的占比在20世纪60年代至70年代增长迅速，到1965年达到10%，到70年代初接近30%。此后，服装和鞋类被其他附加值更高的商品（如电器、电子产品和汽车）所取代，其在出口总额中的占比到1990年降至10%左右，到2000年则降至不足3%。而替代商品的占比到20世纪70年代中期升至10%左右，90年代中期升至20%，最终到2005年升至接近30%。

出口结构变革的背后是企业能力的不断提升，从 OEM 企业升级为 ODM（原始设计制造）企业再到 OBM 企业（Mathews and Cho, 2000; Hobday, 2000; Lee, 2005a）。这一升级过程是必要的，因为先发供应商企业往往会把 OEM 订单转让给工资更低的地区，而后发企业需要获得附加值更高的订单。在东亚地区有很多在同一行业内部升级的例子。例如，韩国和中国台湾地区的半导体公司从集成电路（IC）封装或测试（低附加值活动）做起，然后转向 IC 制造，并最终转向 IC 设计（高附加值活动）（Mathews, 2005, 2006）。

在韩国，也有很多逐步进入更高附加值产业的例子。三星集团在其 60 年的发展历史中，就以不断汇聚新产业而闻名。Lee 和 Mathews（2012）已经探讨过，三星的发展始于轻工制造业（纺织品），然后扩展到消费类电子产品，随后进入半导体和电信业，最终涵盖平板显示器等领域。在这一过程中，韩国政府通过开展联合研发和技术转让以及对较新行业的税收减免和信贷优惠，在提供制度支持上发挥了重要作用。

这些企业升级与市场进入的例证表明，这两个过程是相互联系的：后发企业只有先在某一产业内获得升级必需的设计能力之后，才能逐步进入市场。换言之，为克服与 OEM 型增长相关的问题，后发企业首先必须获得必要的设计能力，有了设计能力，才能成为新兴产业的后入者（虽然是步人后尘）。任何产业中的后发企业都不能停滞不前，因为旧产业不断发展变化，常常会走向衰落，而先行企业会主动创建新兴产业以获取更高额的利润。

在这方面，一个显著的特点是：发达国家的新兴产业往往是由独树一帜的新企业创建的，而在后发国家，新兴产业往往是由同类企业发展起来的，这些企业扩大了经营范围，但可能会采用不同的市场进入模式。例如，韩国企业（三星或 LG）通过进入众多的消费类商品生产领域，实现了高度多元化经营。

尽管在没有政府干预的情况下，具有比较优势的产业也会逐步发生上述动态变革，但是政府机构的协调能加快这一进程或者提高成功率。

3.2.3 发展机构和确定产业目标的作用

伟大的经济历史学家 Gerschenkron 分析了德国和俄罗斯的工业化，并于 20 世纪 50 年代和 60 年代提出了"后发效应"（latecomer effect）的概念（Lee and Mathews, 2012）。

Gerschenkron（1962）指出，经济的相对落后性在激发后发国家寻找相应的替代物，以弥补工业化发展所需的先决条件方面具有积极的作用，并认为，为了弥补这种先决条件的缺乏，政府干预是必要的。他指出，作为工业革命的发祥地，英国能沿着亚当·斯密（Adam Smith）提出的路径，在自由市场的引导下向前发展；而起步较晚的法国则需要更强的政府干预来弥补其局限性；德国的主要创新之处是创办大银行，为工业革命提供所需的资金；而更加落后的俄罗斯需要政府发挥更大、更直接的弥补性作用。

如今的发展中国家比当初的德国或俄罗斯面临的形势更加严峻，因为这些国家中很多都比当初的德国或俄罗斯更落后于先发国家。因此不难理解，发展中国家需要寻求特殊的或更激进的方式以弥补后发缺陷。

所以，既然发展的终极目标是提高本地私营企业的能力，那就需要领航机构来引导并协调整个过程。之所以有这种需要，是因为核心资源稀缺，应当用最大外部效应调动这些资源为部门或项目所用。正如 Gerschenkron 所言，后发机构——如大型国有投资银行——是德国和俄罗斯发展的引擎，力求实现工业化的国家只有凭借这些机构才能缩小与他国之间的差距。

东亚各国都成立了专门的政府机构，它们在引导工业化进程中发挥了作用。在 20 世纪 60 年代朴正熙执政期间，韩国设立的机构包括制定经济计划的经济计划委员会、支持产业政策与出口的贸易与工业部、为经济计划提供资金的财政部。这些政府机构在促进韩国的关键产业和技术的发展方面非常重要，下文将对此作出解释。

发展过程关系到成长中的产业，在这些产业中企业能够茁壮成长并增强自身的能力。但是对这些产业的选择不能是随机的或任由跨国公司摆布。后发国家要增强私营企业的能力，就要保障其初始租金（利润）和学习机会，直到它们发展成熟，能成功参与全球市场竞争。确保此类机会的一个有效途径是选择特定的产业或技术，比如在个人收益与社会收益的差距方面显示出外部性或市场失灵的产业或技术。主流经济学只关注这类产业或技术，我们则更进一步，认为在追赶型经济背景下还有更适当的目标产业或技术。

有人对选定目标产业或技术的做法持否定态度，因为不确定该如何选择恰当的产业或技术。比如，在某一国家哪些产业或技术将表现突出，这是无法预测的。不过，在发达国家，企业走在科技的前沿，面对的不确定性更大，这种担忧似乎更能理解。后发国家则有更适当的目标产业或技术，即从国外引进的或以外国企业的垄断价格购买的产业或技术。在这种情况下，选定的进口替代产业将租金从外国企业转移到本地企业。通过实行有针对性的进口替代战略，本地企业面对的不确定性或风险得以降低，因为选定的技术往往是成熟的发明创造，通过本地的研发中心集中力量是可以模仿并超越的。在这方面，东亚地区有很多成功的例子，比如 20 世纪 80 年代初韩国 TDX（时分交换机）研发联盟的发展（Lee，

Mani and Mu，2012）。

20世纪70年代至80年代，韩国的电话服务行业遭遇了发展瓶颈。在70年代末之前，韩国既没有自己的电信设备制造业，也没有相关的研发计划，大部分设备和相关技术都是进口的，韩国的技术人员只需要把国外的交换系统安装到国内的电话网络上。20世纪70年代末，随着工商业的迅速发展和人口的剧增（达到将近3600万），韩国的电信服务供给远远落后于需求。经过慎重考虑，韩国决定打造先进的数字电话交换系统所需的制造能力和研发基础设施。

1981—1983年，韩国财阀和韩国电子通信研究院（ETRI）与国内的交换系统制造商和经销商通力协作，开发了一个专用数字交换系统，即TDX系列。就这样，韩国的交换系统经历了人工交换、步进制交换，跳过了纵横制交换，跨越到模拟电子交换和数字电子交换。该本土产品占领了此前由进口商品和跨国公司主导的市场。韩国数十年来积累和强化的经验提升了20世纪90年代无线电行业的本土能力。在2000年左右，韩国本土企业三星和LG又抢占了摩托罗拉的手机市场（Lee和Lim，2001）。

这些案例表明了韩国企业如何在政府的支持下，成功抢占了此前由跨国公司或合资企业占据的市场而成为出口方。对新产业的筹备和培育需要大量机构在政府引导下提供各种支持，如为指定产业内的企业收购土地、获取技术、提供包括信贷配给在内的资金保障、采取税收减免和研发补贴等培育策略、在初期控制过度竞争以使企业有充足的时间开发产品和市场，以及阶段性的对外开放直至全面参与国际竞争。不过，到了后期阶段，这种政府积极主义应逐步淡出，因为大量生产所带来的动态学习效应将会降低本地的生产成本和进入新市场的风险。

3.3 追赶过程概述

3.3.1 早期的追赶努力（20世纪60年代至70年代中期）[1]

3.3.1.1 技术能力低与经许可的技术引进

20世纪60年代，韩国开始以出口驱动现代化时，人力资本基础非常薄弱：1965年，小学入学率为29.6%，中学入学率为10.9%，大学入学率仅为2.6%（World Bank，2005b）。这一时期韩国的追赶努力主要依靠基于"交钥匙"工程的引进技术，能根据现场说明书或手册操作进口设备的技术人员严重匮乏。因此，这一阶段的重点在于提高人力资本的总体水平。到20世纪70年代，韩国的人力资本水平与60年代相比有了大幅提高。1975年，小学入学率为106.86%，中学和大学入学率分别为56.35%和6.9%（World Bank, 2005b）。

20世纪60年代末，韩国政府也认识到必须对科学家和工程师进行高级培训，为发展本土科技做准备。1972年，政府成立了一所新的工程与应用科学研究生院，即"韩国高等科学院"（KAIS），后更名为"韩国高等科学技术学院"（KAIST）。作为一所重要的科技学院，KAIS以其充裕的研究资金，为韩国最优秀的人才提供了精英教育。

韩国企业的技术能力也很薄弱，出口商品是以组装或加工进口零部件和原材料为主的OEM代工生产。技术投资水平极低：研发支出占GDP的比重在1965年仅为0.26%，在60年代至70年代从未超过0.5%。尽管如此，韩国企业必须努力克服技术能力薄弱的缺点，在学习发达国家先进技术（包括组装技术和封装技术）上加大投入，如"交钥匙"工厂。韩国企业主要通过非正式渠道（如购买资本品或逆向工程）获取运营技术来进一步深入学习（L. Kim, 1997a）。如表3.2所示，1967—1971年间，韩国资本品（机械设备）的进口额达13.87亿美元；相比之下，同期技术引进[2]额仅为2 040万美元。

表3.2 韩国的技术引进情况（1962—1993）

	技术引进（TI）		外商直接投资（FDI）		比率（TI/FDI）		机械设备进口[a]	
	支付额（百万美元）(A)	数量（例）(B)	金额（百万美元）(C)	数量（例）(D)	A/C (%)	B/D (%)	金额（百万美元）(E)	E/进口总额(%)
1962—1966	0.8	33	47.4	39	1.7	85	255	9.94
1967—1971	20.4	285	218.6	350	9.3	81	1387	16.02
1972—1976	96.5	434	879.4	851	11.0	51	3 543	11.94
1977—1981	451.4	1 225	720.5	244	62.7	502	12 335	13.05
1982—1986	1 184.9	2 078	1 767.5	565	67.0	368	16 988	11.81
1987—1991	4 359.4	3 471	5 634.7	1 622	77.4	214	52 503	17.18
1992—1993	1 797.0	1 240	1 938.8	506	92.7	245	94 718	17.12
总额	7 910.4	8 766	11 206.9	4 177	70.6	210	181 729	15.97

a. 基于《国际贸易标准分类（第一次修订版）》。
资料来源：技术引进和外商直接投资数据分别来自韩国产业技术振兴协会（KITA）和韩国银行，引自经合组织（OECD, 1996: 83）；机械设备进口数据来自联合国商品贸易统计数据库（http://comtrade.un.org）。

3.3.1.2 刺激技术引进的科技政策

尽管技术引进额很低，韩国政府却制定了刺激国外技术引进的政策，实施了关于资本品进口、外国贷款和技术引进的法律，包括1966年的《外资引进法》（Foreign Capital Inducement Act）。为有效控制技术，韩国政府还于1968年发布了一系列指导原则，优先考虑能促进出口、发展中间品和资本品行业或具有提高认识水平的效果的技术。专利使用费的上限为3%，期限为5年。然而，在1970年和1978年，为鼓励技术引进，政府对相关政策进行了修改，允许支付更高的专利使用费（L. Kim, 1997a）。1972年韩国出台了《科技发展法》（Technology Development Act）以刺激技术引进，一年后修订了《外资引进法》以放宽审批标准，简化技术引进手续（OECD, 1996）。此外，韩国还成立了建设科技基础设施的重要机构，例如1966年成立的韩国科学技术研究院（Korea Institute of Science and Technology）（韩国第一所多学科的政府研究机构）和1967年成立的科学技术局（Bureau of Science and Technology）。

《外资引进法》确实对吸引外商直接投资作出了贡献，因为它简化了外国企业的进出口手续。以电子产业为例，仙童半导体公司（Fairchild Semiconductors）、西格尼蒂克公司（Signetics）和摩托罗拉公司（Motorala）在韩国实现了100%的资本化率，开始生产晶体管和集成电路。1969年，东芝韩国公司成立，日本东芝占其总股本的70%（Bae, 1995）。然而，这些外商直接投资企业建立的目的是利用韩国的低工资，因为它们全都使用包括晶体管在内的进口中间商品。的确，韩国当时并没指望获取如设计或晶片加工之类的核心技术。韩国半导体公司（后来被三星收购）的成立使该产业出现了转机，该公司的目标是晶片加工。该公司成立于1974年1月，由韩国工程制造公司（Korea Engineering and Manufacturing Company, KEMCO）和KEMCO的美国子公司——国际集成电路公司（Integrated Circuit International, Inc.）合资。韩国半导体公司利用自己享有产权的技术开发了晶体管，对本土的技术基地建设作出了贡献，且在被三星收购后得到了进一步发展。

3.3.2 追赶阶段初期（20世纪70年代中期至80年代中期）

这一阶段的特点是：韩国企业为模仿创新而积极引进国外技术（L. Kim, 1997a）。从20世纪70年代中期起，随着韩国经济向重化工业倾斜和大型企业的涌现，形成了被称为"财阀"的企业集团，韩国企业在学习外国技术方面加大投资，以期在技术密集型产业中赢得市场份额。为刺激实现重工业现代化所需的技术流入，韩国不得不大幅放宽进口标准，例如，1984年以技术引进自动审批制度取代了之前的申报制度，放宽了进口标准（OECD, 1996）。

韩国当时引进的技术是未打包技术，如零部件组装和运营技术。正式的学习渠道（如技术许可）对于获取先进技术日益重要。如表 3.2 所示，1982—1986 年间，韩国的技术引进总额为 11.849 亿美元，是 10 年前相应时期（1972—1976 年）的 12.3 倍。

自 20 世纪 80 年代初起，外国企业越来越不愿意将技术许可授予韩国企业，因为韩国企业正试图进入以发达国家为主导的技术密集型市场。所以，增大研发投入势在必行，这不仅是为了吸收先进技术，也是为了提升韩国自身的技术能力。因此，韩国的研发支出从 1975 年的 427 亿韩元增至 1985 年的 12 371 亿韩元，即研发支出占 GDP 的比重从 0.42% 增至 1.41%。这是韩国自 1983 年以来该比重首次超过 1%。

此外，韩国政府还颁布了《科技促进法》，为各种科技促进措施提供法律依据。1982 年韩国政府启动了国家特殊研发计划（Special National R&D Program），总投资 3 340 亿韩元，其中政府投资 1 940 亿韩元，私营部门投资 1 400 亿韩元（Branscomb and Choi，1996）。总的来说，在这一时期，政府比私营部门发挥了更大的作用。

3.3.3　快速追赶期（20 世纪 80 年代中期至 90 年代中期）

第三个阶段（20 世纪 80 年代中期到 90 年代中期）是由韩国大型企业引领的快速追赶时期。企业加大了电子、汽车和机械工程等主要制造业中知识密集型产品的生产。大型企业实现了国际化，将投资向外扩展到工资更低的东南亚地区，投资规模逐步扩大，进入成为跨国公司的初期阶段。在积累了改善流程的能力之后，企业开始进行产品创新（OECD，1996）。国内企业引进了与材料、控制、设计以及高品质产品技术相关的技术（OECD，1996）。出口商品中既有 OEM 代工生产的商品，也有自主品牌的商品，其中品牌商品的出口变得更加普遍（OECD，1996）。

从 20 世纪 80 年代中期起，韩国企业意识到技术许可和物化技术转让（embodied technology transfer）的局限性，开始成立自己的内部研发中心（OECD，1996）。研发经费支出激增，在 GNP 中所占的比重从 1985 年的 1.4% 增至 1994 年的 2.32%。为鼓励私营企业开展研发活动，韩国政府放宽了此前成立研发机构所需的审批标准，创建了大量研发机构。1981 年首次实行私人研究机构注册制时，政府对私人研究机构减免税款，对研究人员豁免兵役，对进口研究设备豁免关税（OECD，1996）。1985 年，为鼓励小企业设立研究机构，政府将规定的研究人员数量从 10 人降至 5 人（OECD，1996）。国内大型企业终于开始认识到内部研发对于积累技术发展能力的重要性（该能力是在技术密集型产业中获得市场份额所必需的),并于20世纪70年代末至80年代初纷纷建立研发中心,使韩国的企业研发中心的数量从65所增加到1985年的183所。为获得国外知识、了解最新技术发展,韩国大型企业还建立了私人研发机构的海外分支机构。到1994年,已有51所韩国企业的海外研发中心成立(OECD,1996)。

积极从事私人研发活动最终使韩国吸收了新兴技术。最好的例子是移动数字通信技术CDMA。虽然模拟移动通信技术在最发达国家依然占据主导地位,但韩国却先行一步,于1989年开始了数字移动通信系统的研发。有了政府和私人研究机构研发奠定的基础,国内企业和政府研究机构得以通过与美国高通公司(Qualcomm)合作,吸收关于数字移动通信系统的知识(Lee and Lim,2001)。以吸收新兴技术为主的研发与以商业化为目的的研发联系起来。

3.3.4 追赶阶段成熟期(20世纪90年代中期至今)

在这一时期,韩国跻身发达国家的俱乐部,即经济合作与发展组织(Organisation for Economic Co-operation and Development),简称经合组织(OECD)。但与此同时,韩国也遭受了金融危机,面临国际货币基金组织(IMF)施加的全面经济改革的压力。

1993年,韩国总统金泳三同意加入OECD的计划,定于1996年12月加入该组织,部分原因是他想在韩国现代史上留下永久的印迹。作为一个实体部门长期靠银行补贴维持生存、劳动力市场僵化、公司治理结构不透明的国家(Lee et al.,2008),在没有对就业、金融和财阀进行严肃改革的情况下,韩国与无边界的全球资本市场迎面相遇。1997年,即加入OECD刚满一年后,韩国就遭遇了一场金融危机。

韩国的危机后改革方案是经历了重大危机的所有国家中所采取的最全面、最果断的改革方案之一。韩国成了几乎全面开放的国家,包括资本市场自由化、FDI和国外商品进口。结果,FDI大量涌入,从1997年的69.71亿美元增长到1998年的88.52亿美元和1999年的155.41亿美元。毫无疑问,FDI的涌入与1998年11月17日实施的新《外资促进法》有关,该法案通过为外国投资者提供更好的支持服务和实施更多的激励政策来吸引外资。

10年后,随着对改革利弊的认识日益深入,不少观察者担心这场改革危及了经济增长的长期可持续性(Lee and Lee,2008)。虽然这场改革为韩国企业营造了更稳定、透明的营商环境,但主要经济指标却不那么强健,总投资占GDP的比重下降了5个百分点。一些批评家,如Chang和Shin(2002)认为,这是向盎格鲁-撒克逊经济模式转变必须付出的代价,而这种模式并不适合刚刚进入发达状态的国家。

韩国政府对财阀进行了大刀阔斧的改革，因为批评者认为财阀及其过度投资和对外借款是导致危机的重要原因之一。因为排名前30的财阀有三分之一左右都破产了，所以彻底的重组势在必行。Choo等（2009）认为，投资低效是20世纪90年代或危机前期生产低效的一个重要因素，而幸存的财阀能在危机后复苏，原因在于对低效现象的正本清源。但是更重要的是，本研究证明，技术能力作为一个重要因素，能解释幸存的财阀何以在危机后表现出色。这表明，只有能力建设达到一定程度的企业才能挺过危机。通过危机后重组，幸存的财阀重获新生，成为负债率很低而外资持股比例很高、具有吸引力的全球性盈利企业。

3.4 能力建设与学习方面的追赶过程概述

3.4.1 能力建设的各个阶段

我们认为发展是学习和能力建设的过程。因此，获取现有知识决定了追赶的成败，因为后发企业能力不足，无法自主生成知识。尽管知识存量的大部分由发达经济体创造，欠发达经济体则努力加以利用，但是后者会因知识扩散的渠道有限、吸收和改进新知识的能力不足而受到制约。这样，来自发达经济体的知识就具有促进追赶型经济体技术发展的作用。所以，知识从发达经济体扩散到发展中经济体各部门的程度是追赶过程中的一个关键因素。Lee和Lim（2001）及Mu和Lee（2005）进行的产业个案研究以及Park和Lee（2006）进行的计量经济学研究证实了获取外部知识的重要性，而如果闭门造车式地自主发展这些技术，则失败的可能性很大。

在筹划获取知识、增加学习国外知识的机会时，必须要注意，知识扩散的途径多种多样，而这些途径在不同产业或经济发展的不同阶段也有所不同。备选渠道包括非正式学习、通过OEM学习、技术许可、FDI、战略联盟、联合开发等。韩国经验让我们看到了国外知识获取途径演变的顺序模式。

在能力建设的最初阶段（韩国是在20世纪60年代至70年代初），学习的主渠道是来自国外的OEM客户的技术指导或通过FDI企业工作来学习。核心技术包含在引进的机械设备中，后发企业基本上是以"干中学"（learning-by-doing）的形式来学习，既没有生产能力，也无意发展技术。

在第二阶段，后发企业认识到有必要更系统地学习并发展技术，这些企业往往会诉诸技术许可（这是韩国在20世纪70年代中期和80年代获得国外技术的主要形式），或积极从 FDI 合作伙伴处寻求技术转让。在这一阶段，后发企业的吸收能力是有效学习的关键因素，这一能力也取决于韩国的教育体制和国家创新体系的其他要素。

在第三阶段（韩国是在 20 世纪 80 年代中期），后发企业的内部研发能力达到了一定程度，非常清楚该做什么、有多少资源可以分配。

第四阶段是技术许可或向国外合作伙伴学习达到极限的时期。这时，后发企业应该依靠公私研发联盟、研究现有文献、建立海外研发站、与国外研发或技术专家公司签订联合开发合同以及（或）进行跨国并购。也正是从 20 世纪 90 年代初开始，少数韩国企业开始建立海外研发站，主要是为了更快捷地获取难以通过许可获得的国外技术。这些海外研发站也成为观察技术发展新趋势的窗口（OECD，1996）。

最后一个阶段（韩国是在 20 世纪 90 年代末）是在互补性资产的基础上，建立横向合作或联盟的时期。一些企业（如三星）已经抵达这一阶段，正开始与英特尔、索尼、东芝和微软建立各种形式的联盟。

3.4.2 关键时期：20 世纪 80 年代上半期

Rodrik（2006：974）认为，尽管支持者和怀疑论者汲取的教训可能有所不同，但是公平地说，没有人再对"华盛顿共识"深信不疑了；问题并不是这一共识是否存在，而是什么将会取而代之。"华盛顿共识"的可信性消退之后，就被一长串所谓的"第二代"改革所填补，而这些改革在本质上具有浓厚的体制色彩（Rodrik，2006）。此外，美国增长与发展委员会也公布了一份重要报告，在对政府积极主义和产业政策的重要性表示认可的同时，也告诫人们要慎重对待草率的自由主义和私有化。

然而，引人注目的是，改革的增补列表和 2008 年美国增长与发展委员会的报告都依然认为私营企业的技术能力建设是一个无足轻重的问题。在我们看来，东亚地区的例子表明，能力建设是可持续发展的一个真正的制约因素。Rodrik（2006）指出了制约因素的重要性，却没有试着找出这些制约因素究竟是什么。Lee 和 Kim（2009）用全球经济衰退现象证明，对于中等收入经济体来说，有限的研发和高等教育成为长期经济增长的障碍，而对于低收入经济体来说，障碍则在于缺乏基本的政治制度和中小学教育。

到目前为止的讨论表明，从 20 世纪 80 年代初期到中期，韩国在增强技术能力的基础上，实现了由中等收入经济体向高收入经济体的转变。当时，研发支出占 GDP 的比重接近 1% 的临界值，在研发支出中私人研发所占份额超过 70%，在专利申请中公司专利所占份额超过了个人申请的专利。在这些能力的基础上，韩国变成高收入经济体，人均名义 GDP 从 20 世纪 80 年代的约 1 673 美元（按 2000 年美元计价为 3 223 美元）增长到 2000 年的 10 890 美元（Lee and Kim，2009：表 1）。

大学入学率从 1980 年的 10% 左右迅速提高到 1985 年的 30% 以上，并最终在 2000 年超过 70%（Lee，2006：表 5）。1980 年研发支出占 GDP 的比重约为 0.7%，1985 年为 1.5%，2000 年达到将近 2%。相比之下，贸易占 GDP 的比重在 1980 年已达到 70%，到 2000 年仍基本保持在这一水平。这些数据清楚地表明，韩国的以上转变之所以成为可能，并不是借助更好的机会，而是凭借与高等教育和私人研发相关的能力建设。

3.5 部门专业化的标准与跨越式发展

对发展中经济体来说，除创新能力建设外，一个棘手的问题是如何选择恰当的部门或行业，这是因为能力建设并不是在真空中进行的，而是在具体的商业机构和产业领域进行的。产业部门专业化的实质和标准历来是经济学中的一个经典问题，尤其是对非均衡增长理论而言。对低收入群体来说，既定的答案是初始资源禀赋型专业化，如劳动力和自然资源或与资源禀赋相关的比较优势（Lin，2012）。这些产业通常在全球分工中生产低附加值或低端商品，也就是说，它们在本质上类似于贸易型专业化。

一个更耐人寻味的问题是：如何确定专业化的标准，并将这一标准应用于中等收入经济体中力求实现产业结构升级、从低附加值向高附加值转变的群体。人均附加值或劳动生产率也许能作为标准，但是这一标准太宽泛，不同的产业部门劳动生产率相似的太多，这一标准并不怎么适用。林毅夫（Lin，2012）的新结构经济学指出了动态比较优势的必要性，建议后发经济体选择有潜在比较优势的产业或比自身稍微领先的经济体中的成熟产业。不过，尽管这个建议有很好的实践指导意义，但是对于试图动用新的科技政策工具的中等收入经济体来说，仍然需要一个更有理论基础或更具体、更能体现差异的标准。

例如，假设某个经济体准备成立一个公私研发联盟来开发某些技术或产品。这时，一个具有挑战性的问题是：将哪些技术或产品确定为目标。Greenwald 和 Stiglitz（2014）也提出了专业化问题，并建议该经济体应选择最具学习可能性和能力的产业部门，但没有进一步提供具体的做法。一些学者，如 Hausmann、Hwang 和 Rodrik（2007）认为，发展中经济体应实现出口产品多元化，向更先进精细的产品发展,这也是确保可持续发展的一个方法。Hausmann、Hwang 和 Rodrik（2007）用收入水平作为加权系数,制定了衡量可贸易品精细程度的方法。但是,该定义使这种方法显得有点同义反复。也就是说,该方法认为,如果某经济体想富裕起来,就得转向生产更富裕经济体正在生产的产品。换言之,多元化的渐进性让人不禁要问：应该最先在哪些产业部门实现多元化？其他学者提出的另一个标准是技术机会,由每个领域内专利数量的增长率来衡量。Meliciani（2002）在其著作中将这种机会变量作为技术专业化的"良好"指标,却未能证实这种专业化与经济增长之间的密切联系。Lee（2013：第 4 章）以韩国和中国台湾地区为例,也证实了技术机会变量与技术追赶之间并没有明显的关系。对后发经济体来说,高机会部门的专业化是理想的,但是要冒更大的风险,因为这些部门中老牌企业更多。

作为上述方法的一个备选方案,本章提出将技术周期的长短作为中等收入经济体专业化的标准。在概念上,技术周期的长短是指技术随时间的推移而变化或过时,从而使新技术得以涌现的速度。技术周期越长,表明一个领域的旧知识越重要,后发经济体也就更需要学习这些知识,如医学、药品和机械领域。当某领域内的知识迅速变化（即技术周期短）时,典型的例如 IT 产品,后发经济体面临的不利因素或许没那么大。所以,有条件的后发经济体瞄准并专攻这些产业部门就会占优势。

技术周期短的产业部门有两个关键的特征：（1）该部门较少依赖现有技术；（2）新技术不断涌现的机会更大。新机会预示着更大的发展前景,而较少依赖现有技术可能会加快知识创造机制本地化的速度。此外,这个标准满足了具有切实可行的盈利能力和竞争力的条件,因为它的准入门槛较低,且因与发达经济体的技术冲突较少、专利权使用费较低、存在先动（或快动）优势或产品差异化优势,从而盈利能力可能会更强。

Lee（2013）曾在企业、行业和国家层面,进行了全面的计量经济学分析,由此证明了上述论点和专业化标准的有效性。Lee 的这部著作表明,韩国曾一度与其他典型的发展中经济体一样,专营低端、长周期的产业部门（如服装业）,但从 20 世纪 80 年代中期起,为寻找自己的、不同于在位高收入经济体的利基市场,就越来越转向周期更短的技术产业（如 IT 业）。Lee（2013）的表 3.7 显示,五国集团（G5）成员国和亚洲的两个后发经济体（韩国和中国台湾地区）申请美国专利数量最多的前十大科技领域没有任何重叠之处,表明这两个经济体的专业化领域完全不同；反倒是 G5 成员国和其他中等收入经济体有几处重叠。直到进入 21 世纪后,这两个追赶型经济体才试图进入与发达经济体类似的、周期长的产业部门，包括偏硬科技的产业部门，如生物和医药。图 3.1 对这个漫长的征途或 Lee（2013）所谓的"迂回绕道"作了说明。

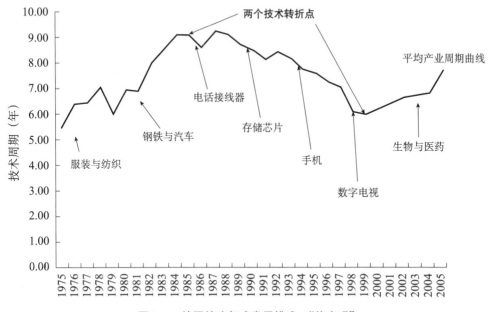

图 3.1　韩国的追赶式发展模式："能力观"

注：纵轴上的数字表示技术周期，以韩国人拥有的美国专利的平均向后引用时滞（mean backward citation lag）来衡量。例如，纵轴上的数字"9"表示平均 9 年后某领域的专利不再被引用或已经无用了。沿韩国平均技术周期曲线分布的各行业名称，大致是按照韩国进入这些行业的时间顺序排列，依次为长周期低端行业（服装与纺织）、中周期行业（钢铁与汽车）、短周期行业（IT 产品），最后是长周期高端行业（生物与医药）。第一个转折点出现在 20 世纪 80 年代中期，表明当时韩国开始果断转向周期较短的技术型行业。第二个转折点出现于 21 世纪初，表明韩国产业日益成熟，或与发达国家的产业更加趋同，也表明韩国正试图进入偏硬科技的长周期行业。详细解释可参见 Lee（2013）中的第 1 章、第 6 章和第 9 章。

该领域内的典型研究（如关于多元化的命题）侧重于发展中经济体的经济活动向发达经济体的经济活动趋同时的速度快慢。例如，学者们已经指出，发达经济体的产业结构多元化程度高，于是建议发展中经济体也应该努力实现多元化。然而，这些研究并未解释后发经济体应如何保持竞争力并胜过同一产业中的在位经济体，也未谈及后发经济体应如何实现多元化或者首先应该朝哪个方向努力。我们则建议后发经济体不要急于仿效发达经济体，也不要直接与之展开市场竞争。相反，后发经济体应该在技术周期短的产业部门寻找自己的商机，这样才能有一定的盈利。总之，我们并不建议发展中经济体更趋同于发达经济体，恰恰相反：发展中经济体的转型战略应该是进入技术周期短的产业部门，而不是已为发达经济体占据的、技术周期长的产业部门。

由于短周期产业部门的专业化和多元化是同时进行的,不能确定二者哪个是"因",哪个是"果"。技术周期的长短是一个更好的政策导向变量,因为它指明了一个经济体该朝哪个方向实现多元化。换言之,发展中经济体应该通过进入技术周期短的产业来实现多元化。

最后要指出的是,在短周期技术上的专业化并不意味着只发展那些一成不变的技术。相反,技术周期短的产业意味着新技术不断涌现并取代现有技术。换句话说,技术专业化的标准与准入壁垒的关系更大,与周期长短本身的关系较小,因此后发经济体应选择不那么依赖那些已被在位经济体主导的现有技术的产业部门。此外,新技术的不断涌现为新进入者提供了新机会,使其不受制于占主导地位的旧技术。这一观点与 Vernon(1966)的产品生命周期理论截然相反,后者认为后发经济体只是继承在位经济体的旧产业或成熟产业(或者其细分行业)。

迄今为止,我们常常将韩国企业和产业作为成功追赶的典范,这给我们留下了一个耐人寻味的问题:这些经济体的政策制定者在规划经济发展时,是否考虑过以技术周期短为标准?虽然答案是否定的,但事实上他们总是会自问:"接下来发展哪个产业?"他们热切地关注在不久的将来可能出现的产业或行业,并慎重考虑如何进入新兴产业。新兴产业或行业不太依赖现有技术,技术周期往往很短。因此,政策制定者虽然没有刻意为之,事实上却总是追随着技术周期短的产业。

按照林毅夫的理论框架,如果政策制定者选择以某产业(对后发经济体来说是新产业,对先发经济体来说则是成熟产业)为目标,该产业必须具有潜在比较优势(Lin, 2012)。在后发经济体已经积累了一定的技术能力之后,就能以另一个对后发和先发经济体来说都是新产业的产业为目标。这是为跨越式发展而作出的努力。中国已经在各行各业将其付诸实践了,尤其是开发太阳能和风能方面。韩国也在20世纪90年代成功实现了手机和数字电视领域的跨越式发展,而在这方面韩国曾一度落后于人,缺乏实际经验和知识(见本书第8章和第9章)。总之,在技术范式的转变期或形成期,实施跨越式发展战略的成功率更高(Perez and Soete, 1988),而这种转变在技术周期短的产业部门发生得更频繁。

3.6 韩国模式的可移植性与启示

如果我们将能力建设视为韩国模式的核心,那么随之而来的问题就是其他经济体能否沿用类似的模式。乍一看,答案似乎是肯定的。其他后发经济体或拉美经济体首先要做的是:采取措施来增加创新支出,包括提升研发支出占GDP的比重和大学入学率，这些经济体在这两项指标上都比较落后。当然，只有同时对其他经济政策和制度环境（包括政府的领导力与自治力）进行重大变革，才有可能实现有效的改进和提升。

第一个问题是转变对政府职能的认识。我们都清楚"看得见的脚"或政府失灵的代价，它往往会导致寻租行为。在韩国模式中，有两个因素能抑制寻租的可能性。其一是出口导向，使任何资源的优化配置都要基于出口市场的表现。如前文所述，出口导向能施加市场约束（而这是国内市场无法向受保护的生产者提供的），从而对国内经济政策产生一系列的约束（C. Lee，1992）。其二是韩国模式在拿走原本为外企享有的租金的同时，显著倾向于促生新的增长来源和新的租金，这些往往能减轻潜在的负担。换言之，游戏规则与其说是在国内代理商之间重新分配租金，不如说是创造并生成新租金。例如，韩国让优先选定的公私研发联盟开发数字电话交换器的目的，是为与外国商品竞争的本地产品创造新的租金来源。

第二个问题是关于总体的全球贸易条件以及 WTO 规则所营造的新环境，例如知识产权保护方面的新规则、与贸易有关的投资措施协定、服务贸易总协定等。这些规则使发展中经济体的权利受到了严格的限制，使韩国不能有效利用自身的体制和政策环境，如对幼稚产业的保护性关税以及对 FDI 和外汇的限制。

但是锐意进取的经济体可以找到绕开这些限制的方法，尤其是在创新领域而非贸易或发展领域。众所周知，WTO 规则在政府对研发的补贴方面留有相当大的空间。美国以国防相关研究的名义，在政府领导下开展了大量的研发活动。富有创新精神的发展中经济体也可以加以效仿。发展中经济体可以更多地关注"国家创新体系"，不仅因为政府研究机构开展的研发活动对于国内技术能力的发展很重要，还因为它能提供一条绕开 WTO 规则和限制的路径。WTO 在支持中小型企业发展和环保科技开发的政策，以及人均收入很低的最不发达经济体对以国内市场为导向的生产活动的补贴和出口补贴方面，都留有一定的自由裁量余地（Lee et al.，2014）。

第三个问题是，鉴于我们强调将促进私营企业发展作为经济增长的引擎，有人也许要问：几乎完全独立的本地企业对成功实现追赶是否必要？依赖跨国公司或 FDI 是否可行？我们知道，在本地企业不断努力向全球价值链中的高附加值活动跃升时，跨国公司是学习的场所和知识扩散的来源。但是需要指出的是，跨国公司参与较多的战略若要取得成功，除了提高整体教育水平，韩国模式中还有几个要素是必需的，包括：建立并依靠政府机构来引导工业化，发展（进口替代型和出口导向型）的目标产业或技术，改变拿走外企租金的做法，以及为获得动态比较优势而连续升级。这些要素综合起来，就意味着政府要发挥积极作用。正如 Amsden 和 Chu（2003）所指出的，东亚某些地区的中小型企业在成立之初是跨国公司或合资企业的供应商，但是越来越多的中小型企业最终发展成为拥有更多的本地所有权和控制权的企业。这是可以实现的，因为在政府更积极的干预下，企业能克服"规模小"的劣势（Mathews，2002b）。尤其是那些资本要求更高或风险更大的部门内的中小型企业，得到了政府研究机构的帮助，后者以合营研发联盟和（或）新的衍生企业的形式，提供新知识的来源。

在专业化战略方面，对资源丰富的发展中经济体来说，一个可行的政策是：利用以资源为基础的发展模式，跨入融可再生能源、纳米技术、生物电子工程和新材料于一体的新兴科技领域。拉美的创新研究专家，如 Perez（2008），也认为以资源为基础的发展模式可以提供一个短暂的机会窗口。这种发展也能为以自筹资金跃升至新兴产业奠定基础。Perez（2008）将东亚地区和拉美地区做了如下的类比："亚洲四小龙"于 20 世纪 60 年代至 70 年代在制造业获得了初始能力，并利用这种能力使自己在 20 世纪 90 年代新兴的信息与通信技术产业范式中处于优势地位。同样，拉美经济体也可以将目前的资源性出口产品当作融资平台和资金来源，并以此增强自身能力，为投身下一次技术革命做好准备。

除了以制造业为基础的跨越式发展，信息技术服务业也是其他发展中经济体可以考虑的一个很有前景的行业（因为该行业也依赖于短周期技术），并可以由此越过制造业而直接跨入服务业。印度在促进信息技术服务业发展的过程中，已经利用了该行业的优势（如准入门槛低等），成为一个越过制造业而实现跨越式发展的实例（Lee，2013：第 8 章）。而且，在拉美地区已经有公私合作获得成功的案例，如乌拉圭的软件公司 ARTech Consultores（Sabel et al.，2012：第 10 章）。

注　释

1. 本小节的部分内容来自 Lee 和 Kim（2010）。
2. "技术引进"是指通过技术许可或技术援助（用于培训本地工程师以经营"交钥匙"工厂）方式引进的技术。

第4章 韩国知识产权及技术追赶
(与 Y. K. Kim 合著)

4.1 引言

韩国经济的迅速增长与各种因素相关，比如政府与市场二分法、出口贸易与FDI等。也有一些研究着重探讨了韩国经济增长过程中技术能力的提升（L. Kim，1997a；Lee, Bae and Choi，1988；OECD，1996；Lee and Lim，2001）。根据美国登记的数据，韩国人拥有美国专利的数量从1982年的7项上升到1999年的3558项；韩国人拥有美国专利的比重因此从0.01%上升到2.09%。从美国1999年授予的专利数量来看，韩国位列第6名，落后于美国、日本、德国、英国以及中国台湾地区，但领先于法国（位列第7名）。韩国作为新型工业化经济体之一，已经建立了极为先进的知识产权体系。这样，从知识产权在科技发展中的作用来审视韩国的经验就很有意义。作为对关于韩国的研究著述，如Lee、Park 和 Lim（2003）的《世界知识产权组织（WIPO）报告》的补充，本章旨在考察知识产权制度（以及作为知识产权制度一部分的专利制度）在企业与国家层面上对韩国追赶所起的作用。

追赶型经济体在模仿阶段倾向于被动地保护知识产权，而忽视了将知识产权当作追赶战略的一种工具。但随着技术能力的提高，这些经济体越来越觉得有必要将知识产权制度当作追赶战略的一种工具。研究者普遍认为，韩国已经利用知识产权制度促进了技术进步和经济增长。他们同样认为，研究知识产权制度对技术进步和工业创新及竞争的重大影响将有助于呈现其发挥的重要作用。正因如此，本章着重探讨了在追赶型经济体中专利制度、企业技术战略以及政府政策的关系。

本章重点关注两个问题。第一，本章追溯了韩国知识产权制度过去40年的演变及其与科技发展之间的互动，以探讨知识产权制度与追赶之间在聚合层面的关系。在第4.2节中，我们利用几个与知识产权有关的变量及统计数据，试图从韩国的追赶过程中识别几个规律性的事实。我们发现了小专利（实用新型）与发明专利的相对比例、个人发明者与企业发明者的相对比例、国内专利与国外专利的相对比例的三个规律。第4.3节详细阐明了四个阶段的详细信息与数据：20

世纪70年代中期之前（早期努力），20世纪70年代中期到80年代中期（追赶初期），20世纪80年代中期到90年代中期（快速追赶期），以及20世纪90年代中期至今。我们的重点在于从有助于追赶的角度来看韩国知识产权制度的本质。有人认为，自20世纪60年代建立现代知识产权制度以来，韩国知识产权制度的演变或多或少与日本相似。

第二，本章从企业层面分析知识产权保护对企业技术追赶的影响。20世纪80年代中期到80年代末提供了一个有趣的实验期，在这段时期，韩国知识产权保护的水平与范围骤增，不同能力的企业对此反应不一。第4.4节通过对三种不同规模或能力的企业，即大、中、小型企业的案例研究来分析这一重要问题。我们对不同的企业进行深入考察，以展现它们对知识产权保护力度加大的积极、妥协和防御反应。

4.2　用知识产权变量发现追赶的规律性：三个事实及四个阶段

传统方法用GDP及出口的增长来衡量韩国的经济追赶。但是，从某种程度上，这类经济增长的显著成就是技术能力积累的结果。因此，我们可以使用几组知识产权变量，比如分为国内专利与外国专利、企业专利与个人专利、发明专利与实用新型。通过分析韩国追赶过程中几种知识产权变量的变化趋势，我们发现了几个有趣的事实。

4.2.1　三个事实

第一，在追赶初期，韩国人主要申请实用新型以及少数常规专利（发明专利）；只有在追赶后期，发明专利的占比才开始增加并超过了实用新型（见图4.1）。

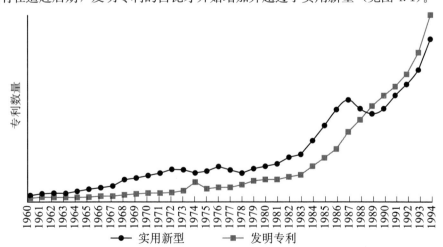

图4.1　韩国实用新型与发明专利的数量（1960—1994）

资料来源：韩国知识产权局官网（www.kipo.go.kr）提供的知识产权数据库。

第二，在追赶初期，企业专利只占少数，主要由个人发明人申请专利；只有在追赶后期，企业专利的占比才开始增加并超过了个人专利（见图4.2）。

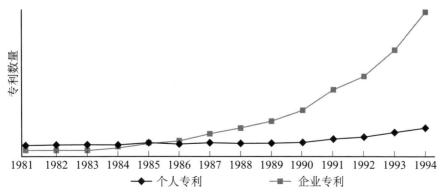

图 4.2 韩国专利中的个人专利以及企业专利数量（1981—1994）

资料来源：韩国知识产权局官网（www.kipo.go.kr）提供的知识产权数据库。

第三，韩国国内专利及外国专利的相对比例呈现出更加动态的格局。最初，外国人对韩国知识产权不感兴趣，也没有申请任何专利，因此国内专利占主导地位；后来，外国人申请的专利数量超过了韩国人申请的专利数量；然后，随着国内发明人（通常是企业）能力的增长，国内专利申请的数量上升，并最终超过了外国专利申请的数量（见图4.3）。从20世纪90年代中期至今，韩国始终保持这种态势。

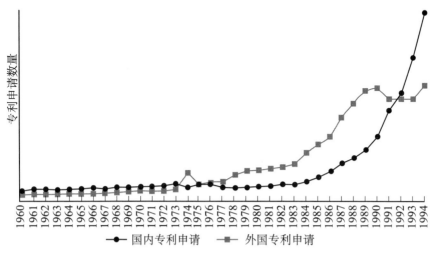

图 4.3 韩国国内专利以及外国专利申请数量（1960—1994）

资料来源：韩国知识产权局官网（www.kipo.go.kr）提供的知识产权数据库。

我们可以将1960年至今的这段时期分为四个阶段来阐述以上三个规律性的事实。

4.2.2 四个阶段

第一阶段是从经济开始快速增长（20世纪60年代）到20世纪70年代中期。这个时期的特点是国内发明人的技术能力很低。而且，韩国企业很少引进外国技术，外国发明人对在韩国申请专利不感兴趣。所以，这一时期的发明专利的占比很低，实用新型的占比很高，且由国内发明人贡献的比例更高。实用新型的申请数量平均每年高达4 000项以上，而发明专利的申请数量仅为实用新型的三分之一（见表4.1）。

表4.1 韩国的四个追赶阶段与知识产权变量的变化趋势

	第一阶段：早期努力			第二阶段：追赶初期			
	1960—1973 平均	1965	1970	1974—1985 平均	1975	1981	1985
研发/GDP（%）	0.34	0.26	0.37	0.72	0.42	0.62	1.41
外国专利申请（项）	385	160	639	3 910	1 588	3 984	7 884
国内专利申请（项）	986	858	1 207	1 457	1 326	1 319	2 703
国内专利占比（%）	74.6	84.3	65.4	27.1	45.5	24.9	25.5
实用新型（A）（项）	4 100	2 849	6 167	9 816	7 290	9 064	18 548
发明专利（B）（项）	1 321	1 018	1 846	5 368	2 914	5 303	10 587
比例（A/B）	3.1	2.8	3.3	1.8	2.5	1.7	1.8
韩国个人专利（项）	—	—	—	1 256	—	1 078	1 495
韩国企业专利（项）	—	—	—	581	—	241	1 208
企业专利占比（%）	—	—	—	31.6	—	18.3	44.7
	第三阶段：快速追赶期			第四阶段：追赶结束			
	1986—1994 平均	1990	1994	1995—2005 平均	1995	2000	2005
研发/GDP（%）	1.85	1.72	2.32	2.53	2.37	2.39	2.99
外国专利申请（项）	12 171	16 738	17 148	37 983	19 263	29 179	38 733
国内专利申请（项）	14 542	9 082	28 564	44 831	59 236	72 831	122 188
国内专利占比（%）	54.4	35.2	62.5	69.7	75.5	71.4	75.9
实用新型（A）（项）	26 735	22 654	39 806	42 451	59 866	37 163	37 175
发明专利（B）（项）	26 713	25 820	45 712	104 530	78 499	102 010	160 921
比例（A/B）	1.0	0.9	0.9	0.4	0.8	0.4	0.2
韩国个人专利（项）	2 331	1 815	4 182	15 037	3 942	23 037	23 391
韩国企业专利（项）	9 840	7 267	24 382	61 548	55 294	49 794	98 797
企业专利占比（%）	80.9	80.0	85.4	80.4	93.4	68.4	80.9

资料来源：（1）研发/GDP 的数据来自韩国科技部的《科技研发调查年度报告》；（2）其他数据来自韩国知识产权局官网（www.kipo.go.kr）提供的知识产权数据库。

第二阶段是从20世纪70年代中期到80年代中期。在这一时期，在韩国知识产权申请和注册方面国外专利占主导地位。韩国企业开始积极引进和转让外国技术，以实现模仿创新（L. Kim, 1997a）。随着韩国技术市场的扩大，国外技术大量流入，外国发明人申请专利的兴趣不断提高。因此，这一时期外国专利申请的平均占比高达70%以上（见表4.1）。而且，大多数韩国专利发明人都是个人，因为技术能力很低的企业没有运营内部研发中心。因此，在平均每年大约2000项专利申请中，企业专利的占比低至30%左右（见表4.1）。

第三阶段是从20世纪80年代中期到90年代中期，这一阶段是由大型企业引领韩国实现快速追赶的时期。在这一时期，韩国企业开始在美国申请更多的专利，因为它们开始遭遇更多知识产权冲突。另一个相关进步是韩国政府推动的知识产权保护水平的大幅提高与范围的大幅扩展。企业内部研发活动的加强为企业专利申请铺平了道路，1986年企业专利的占比首次超过个人专利。这一时期的企业专利占比平均高达80%以上。实用新型和发明专利的比例也从第二阶段的2∶1左右下降到第三阶段的1∶1。

第四阶段是20世纪90年代至今，按照韩国国内专利申请的占比来衡量，韩国企业完成了追赶。韩国国内专利申请的占比在1993年增长到50%以上，1999年增长到62.4%。在这一时期，企业专利的占比增长到90%以上，同时具有一个附加特征——专利申请高度集中于前五大企业或财阀，它们的专利申请量占韩国专利总申请量的60%。由于无足轻重的实用新型太多，韩国政府转为实行自动注册制度，允许实用新型未经审查即可注册。

下一节将对这四个阶段进行详述。

4.3 韩国知识产权制度的演进及追赶：20世纪60年代至今

目前韩国知识产权保护涉及几部不同的法律，如《专利法》《实用新型法》《商标法》《设计法》《反不正当竞争和商业秘密保护法》和《半导体集成电路布局设计法》。一方面，《专利法》确立了专利制度的基本原则，并规定了总的程序。另一方面，《行政强制令》以及《专利法实施细则》对行政程序的细节进行了规范。

韩国现行的《专利法》包括12章共232款和一个附录。韩国《专利法》（第196号）、《设计法》（第197号）、《商标法》（第198号）于1908年8月12日颁布，于1908年8月16日实施，是韩国在知识产权方面的第一批书面法律。这些法律的内容与日本的知识产权法基本相同。1910年日本吞并韩国时，这些法律被废除。因此，日本的知识产权法被强加给韩国，直至第二次世界大战结束。

1945年战争结束后,韩国一直出美国军方管理,直到1948年建立独立的韩国政府。在此期间,由于需要一个知识产权法律制度,美国军方政府于1946年10月5日颁布了《专利法》,并于1946年10月15日实施。直到1961年,1946年为处理实用新型、外观设计和发明专利而颁布的《专利法》仍然有效。1946年《专利法》是韩国首次生效的现代知识产权法。不过,由于1950年爆发了朝鲜战争,经济崩溃,该法律制度对技术和工业发展的贡献有限。然而,随着20世纪60年代韩国开始其追赶过程,并全面修订其知识产权法,有效的知识产权制度开始建立。下一节我们将详细回顾表4.2中的韩国知识产权制度的演进。

表4.2 韩国知识产权制度及科技政策的演进

年份	相关事实
1908	首次颁布关于专利、设计及商标保护的国家层面的法律(受日本影响)
1910	强制执行日本的知识产权法
1946	颁布首个现代知识产权法(受美国影响):采用最初发明原则,包含植物专利和物质专利,专利权保护期限为17年
1961	首次修订《专利法》《实用新型法》《设计法》《反不正当竞争和商业秘密保护法》
1963	修订《商标法》
1966	成立韩国科学技术研究院(KIST)
1967	成立科学技术局;颁布实施《科技促进法》
1972	颁布《技术开发法》
1973	成立韩国专利协会(KPA)
1974	日本和韩国订立知识产权条约
1978	美国与韩国订立知识产权条约
1979	加入世界知识产权组织(WIPO)
1980	加入《巴黎公约》;1980年对知识产权法进行修订
1982	1982年对知识产权法进行修订;制订国家重点研发计划;研发占GDP的比重超过1%
1984	加入《专利合作条约》;技术引进制度从评估制度向申报制度转变
1986	1986年对知识产权法进行修订:药物发明、药物制备方法、物质以及物质使用都可以申请专利
1987	德州仪器公司诉三星案
1992	研发占GDP的比重超过2%
1994	按照《发明促进法》的规定成立韩国发明促进协会(KIPA)
1995	按照《知识产权协定》(TRIPS)成立韩国工业产权信息中心,扩大专利范围,将专利权保护期限延长至20年

(续表)

年份	相关事实
1996	成立韩国工业产权业务安排中心
1997	成立知识产权研究中心
1998	开设专利法庭；韩国知识产权局（KIPO）开发了一种名为 KIPO 网的在线申请系统，对实用新型采用快速注册系统（QRS）
2000	颁布《技术转让促进法》

资料来源：Lee、Park 和 Lim（2003）。

4.3.1 知识产权制度与绩效：20 世纪 60 年代到 70 年代中期

4.3.1.1 20 世纪 60 年代有效知识产权制度的建立

这一时期的特点是，在 1961—1963 年间，韩国对发明专利、实用新型、外观设计和防止不正当竞争的知识产权法进行了全面修订，建立了有效的知识产权制度。这些法律采用了首次申请（适用）规则和 12 年的专利权保护期限，并包括强制许可。非韩国居民必须指派其在韩国有地址或营业场所的代表，以启动与专利有关的任何程序。1973 年韩国对上述法律进行了修订，以符合国际新颖性判断标准。

根据美国模式制定的 1946 年《专利法》采用了最初发明原则，包含了所谓的植物专利和物质专利，并参照美国模式，将专利权保护期限设为 17 年。然而，从保护期限和保护范围来看，20 世纪 60 年代新知识产权制度的总体保护程度不及 1946 年《专利法》。例如，专利权保护期限从 17 年缩短到 12 年，从保护类别中排除了物质专利。

4.3.1.2 由国内发明人和实用新型主导的专利活动

在这一时期，国内外企业都没有积极性利用知识产权制度；很少有韩国企业因为缺乏技术能力而对专利活动感兴趣，而无法找到技术许可市场的外国企业对在韩国申请专利也不感兴趣。因此，这一时期发明专利的数量平均每类仅有 1 300 项。具体而言，1960 年发明专利的数量低至 611 项，到 1973 年才突破 2 000 项。其中，国内专利的占比平均高达 74.6%（见表 4.1），反映了外国公司在专利申请方面的兴趣不大。如表 4.3 所示，即使在 1983 年，韩国拥有的美国专利也只有 7 项，仅占美国专利总量的 0.01%。尽管韩国是一个出口导向型、在国际市场上竞争的国家，但在早年追赶的过程中，它对海外知识产权制度并不敏感。在这个阶段，经济的驱动力是以 OEM 为基础的出口，其中知识产权事务和市场营销是外国供应商的责任，而不是韩国企业的责任。从 20 世纪 80 年代中期开始，当更多韩国企业拥有并开始出口自己的品牌商品时，情况发生了巨大的变化。引发这一变化的关键事件是1986年发生在三星和德州仪器公司之间的专利诉讼，并以三星败诉告终（见第4.4.2节）。

表4.3 韩国拥有的美国专利的趋势（1982—2000）

年份	韩国拥有的美国专利数量（项）	美国专利总数（项）	韩国拥有的专利占比（%）	授予非韩国居民的数量（项）	非韩国居民拥有的专利占比（%）
1982	7	63 381	0.01	0	0.0
1983	7	62 109	0.01	0	0.0
1984	13	72 816	0.02	0	0.0
1985	19	77 360	0.02	0	0.0
1986	18	77 116	0.02	0	0.0
1987	50	89 719	0.06	6	12.0
1988	77	84 573	0.09	1	1.3
1989	127	102 848	0.12	5	3.9
1990	213	99 455	0.21	3	1.4
1991	374	107 259	0.35	10	2.7
1992	509	108 156	0.47	9	1.8
1993	725	110 540	0.66	11	1.5
1994	923	114 564	0.81	24	2.6
1995	1 159	114 864	1.01	52	4.5
1996	1 471	122 953	1.20	36	2.4
1997	1 896	125 884	1.51	44	2.3
1998	3 251	166 801	1.95	94	2.9
1999	3 558	170 265	2.09	120	3.4
2000	3 285	176 350	1.86	88	2.7

资料来源：美国专利商标局（USPTO）官网2001年1月数据，转引自Lee、Park和Lim（2003）。

相比之下，韩国居民积极利用实用新型[1]来保护他们的技术开发活动。平均而言，韩国居民被授予的实用新型的数量是这一时期被授予的发明专利数量的近三倍。1960年，实用新型数为1 200项，发明专利仅为611项，前者是后者的将近两倍。到1973年年底，这一数量增加为7 561项（实用新型）和2 398项（发明专利）。在实用新型方面，韩国居民一直占主导地位，这表明，实用新型保护制度在保护和传播韩国居民的小发明成果方面起到了一定的作用。

4.3.2　知识产权制度与绩效：20 世纪 70 年代中期到 80 年代中期

随着韩国技术市场的发展和国外技术的大量涌入，外国发明人对韩国知识产权市场的兴趣日益浓厚。因此，在这一时期，外国专利的数量增加并占据了主导地位，韩国专利的外国占有率平均高达 71%。相比之下，韩国专利中由韩国人申请的份额在 1981 年下降到 24.9%，并在 80 年代中期之前保持在平均不足 30% 的水平（见表 4.1）。

随着韩国技术市场的发展，这一时期外国专利申请数量的激增在一定程度上受到了与其他发达国家签订的知识产权条约的影响，这反过来促使韩国的知识产权法与国际接轨。1974 年，韩国与日本签订了知识产权条约，这是韩国与外国签订的第一个知识产权条约，因此，该年外国专利申请中的最大份额来自日本。1978 年韩国与美国也签署了知识产权条约。此外，韩国于 1979 年成为世界知识产权组织成员，并于 1980 年加入《巴黎公约》，于 1984 年加入《专利合作条约》。与国际标准接轨，韩国的相关法律将专利权保护期限从 12 年延长至 15 年。

另一方面，这一时期初韩国国内专利活动由个人发明人驱动。1981 年度韩国个人专利申请总数为 1 078 项，约为企业专利申请数的 4.5 倍（见表 4.1）。1985 年的个人专利申请总数为 1 495 项，约为企业专利申请数的 1.3 倍。在这一时期约 2 000 项的专利申请平均数中，企业专利的占比仅为 31.6%（见表 4.1）。在这一时期，韩国企业很少有申请专利的兴趣，因为企业对技术发展的主要兴趣是在引进和吸收国外技术上。韩国企业没有成立内部研发中心，这表明企业的技术能力低下。由于大多数专利活动纯粹是由发明人的兴趣所驱动，专利的商业化率很低。根据韩国知识产权局的数据，1982 年韩国专利的商业化率为 13.5%。相比之下，1984 年日本专利的商业化率是 41.3%。

4.3.3　知识产权制度与绩效：20 世纪 80 年代中期到 90 年代中期

随着本土研发能力的提高，韩国专利申请中国内发明人的占比再度迅速上升，1992 年的占比超过 50%。同样，企业内部研发活动的增强体现在企业专利的占比上，1986 年企业专利的占比首次超过个人专利的占比。截至 2015 年，韩国专利总量中的企业专利总数为 2 108 项，个人专利总数为 1 522 项。1995 年，韩国企业提交的专利申请数量（55 294 项）是个人提交的专利申请数量的 14 倍（见表 4.1）。这表明韩国企业的专利活动已经占主导地位。这一时期企业专利的平均占比升至 76%。对研发活动的投资使专利数量的显著增长成为可能。这意味着国内发明人拥有的专利数量与研发支出密切相关。1974—1985 年间研发支出占GDP的比重仅为0.72%，该比重在1986—1994年间升至1.85%，并在1994年达到2.32%（见表4.1）。

随着韩国本土研发能力的增强，韩国与其他国家之间的专利冲突成为一个重要问题。这一时期韩国与美国发生了最频繁的专利冲突。例如，1986年，美国国际贸易委员会（ITC）针对韩国企业的D-RAM芯片专利发起诉讼。1990年，ITC针对韩国企业的D-RAM和S-RAM（静态随机存储器）专利发起了另一项诉讼。1995年，韩国企业的16Mb和64Mb的D-RAM专利被卷进诉讼（详见第4.4.2节）。由此提出了一个问题：随着国内发明人技术能力的提高，如何通过企业和政府的努力，解决与国外的专利冲突？

面对专利冲突的挑战，一些韩国企业为保护知识产权，开始在美国申请越来越多的专利。从表4.3可以看出，韩国拥有的美国专利的数量剧增：从1985年的19项增至1995年的1 159项。这反映了早期韩国企业的海外研发中心在专利活动中发挥的关键作用。分析表明，1987年有6项韩国专利（占比12%）首次授予韩国申请人（主要是企业）的非韩国常驻雇员，2000年有88项韩国专利授予非韩国居民（占比2.7%）（见表4.3）。这表明，在1987—2000年间，尽管韩国企业在美国的研发支出占GDP的比重并没有快速增长，但在美国的研发活动却在不断增加。韩国专利活动的绩效同时表现在韩国居民在美国注册专利和在韩国注册专利的占比上。

相反，随着本土研发能力的提高，实用新型的增长率随着发明专利数量的增加而开始下降。实用新型与发明专利的比例也从第二阶段的2∶1左右下降到第三阶段的1∶1。到1989年，实用新型的绝对数量（21 530项）少于发明专利的绝对数量（23 315项）。然而，由于政府积极地批准韩国居民进行实用新型注册，1989年授予韩国居民的实用新型的数量超过了发明专利的数量（如图4.1所示）。

随着申请外国专利的韩国发明人数量的增多，国内知识产权制度与国外知识产权制度之间的联系越来越密切。这引起了韩国知识产权制度的变化，以提高与外国知识产权制度的兼容性。例如，1986年和1987年修订后的《专利法》引入了药品和化学物质的物质专利以及对计算机软件和材料的产品专利保护；专利权保护期限从12年延长到15年；对侵犯专利权的处罚更加严厉。这为引进高新技术和鼓励公平竞争创造了一个更好的环境（Kim，2001：160）。1990年、1993年和1995年韩国知识产权制度的后续修订包括：植物材料的专利性（1990年修订），将专利权保护期限延长至20年（与WTO/TRIPS《关于贸易有关知识产权方面的协定》相关的修订，1995年1月生效），以及设立知识产权法庭（1995年修订）。因此，如图4.4所示，韩国的知识产权保护指数不断上升。

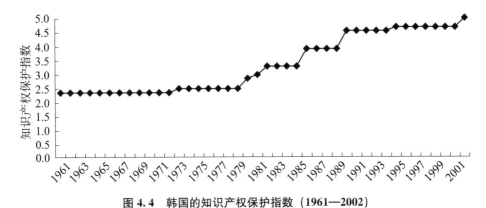

图 4.4　韩国的知识产权保护指数（1961—2002）

资料来源：作者根据 Ginarte 和 Park（1997）的方法计算。

4.3.4　知识产权制度和绩效：从 20 世纪 90 年代中期至今

4.3.4.1　信息技术进步驱动下韩国企业在美国注册专利的增长

就国内专利而言，企业专利申请的占比上升到 93% 以上，个人专利申请的占比很低。大型企业是国内主要的发明人，它们从追赶的第三阶段开始积极从事研发活动，推动了技术能力的快速积累。1999 年韩国前十大企业在韩国拥有 62.4% 的专利，可以证明这一点。外国人申请的韩国专利也从 1995 年的 19 263 项迅速上升到 2000 年的 29 179 项。这一时期最引人注目的特点是韩国人申请的专利数量增加了，占比从 1990 年的 35.2% 上升到 2000 年的 71.4%（见表 4.1）。

更重要的是，韩国拥有的美国专利数量从 1982 年的 7 项上升到 1999 年的 3 558 项（见表 4.3），占比从 0.01% 上升到 2.09%。在 1999 年美国授予的专利数量中，韩国排名第六位，落后于美国、日本、德国、英国和中国台湾地区，领先于法国（排名第七位）。韩国专利数量的快速增长主要是由于韩国本土技术能力的提高，是韩国研发活动的成果。在授予韩国受让人的专利中，企业专利占多数，非韩国居民拥有的专利在 2000 年之前的占比不到 5%，只有 1987 年是个例外，占比为 12%（见表 4.3）。

Albert（1998）指出，韩国拥有的美国专利数量迅速上升，主要是由于信息技术专利[2] 的快速增长（见表 4.4）。1982—1996 年间，韩国拥有的美国专利数量增长了 305%，而同期美国专利总数增长了 89%。根据 Albert（1998：22），1992—1996 年间在美注册的韩国信息技术专利的数量是 1 629 项，占在美注册韩国专利总数的 33.2%；而在 1987—1991 年间，其数量和占比分别是 224 项和 23.1%。需要说明的是：电子元器件技术可以作为一个与信息技术部分重叠的例子。2000年在美注册的韩国电子元器件专利为911项,占在美注册的韩国专利总数的27.7%。1987—2000年间,韩国电子元器件行业的专利数量增长了302.7倍,而同期该行业的所有美国专利数量仅增长了2.2倍。

表4.4 韩国拥有的美国专利数量(按行业划分)　　(单位:项)

行业	1987	1993	2000
计算机、数据处理	0	22	255
高分子化合物	0	21	57
电子元器件	3	154	911
家具	1	2	14
农业	0	2	4
服装	0	2	11
机械工程	0	8	37
机械与电子技术	2	32	67
机床	0	7	28
机车、摩托车	3	2	39
工业自动化	0	9	16

注:Malerba和Breschi(1997)遵循了国际专利分类(IPC)与产业分类之间的一致性。
资料来源:使用美国专利商标局(USPTO)数据计算,引自 Lee、Park和Lim(2003)。

4.3.4.2 利用信息技术更新知识产权基础设施

在这一时期韩国专利数量激增的情况下,知识产权制度的修订更侧重于完善行政程序和提高专利审查的质量和效率。例如,韩国知识产权局在1998年修正案中引入了一个名为KIPO网的在线申请系统,并通过1999年开发的基于互联网的应用服务系统,缩短了专利审查的处理时间。近年来,由于有太多重要性不高的实用新型申请,韩国政府转向使用自动注册系统,通过一种名为QRS(Quick Registration System)的快速注册系统允许未经审查就注册实用新型。由于该系统的引进,韩国采用了双重申请系统,并取消了转换申请系统。

4.3.4.3 在知识产权政策方面的新视角

金融危机后,韩国与知识产权政策相关的产业政策发生了变化。为振兴经济,产业政策的重点转向鼓励小企业的发展,包括以新技术为基础的企业,避免对大型企业集团的过度依赖。因此,韩国引入了一系列新的以中小型企业为导向的知识产权政策:宣传获得知识产权的重要性;建设知识产权基础设施,即在线访问系统;为在国外申请专利提供部分资金支持;减少专利申请和审查费用;通过发布专利地图报告和专利地图软件为搜索过程提供帮助。

近年来，校企合作受到了重视。以下四项法律的颁布具有特别重要的意义：《科技基本法》《技术转让促进法》《专利法》和《工业教育推广与合作促进法》。与研究直接相关的立法是2000年颁布的《技术转让促进法》。该法案第16条允许公立大学与企业合作，并将其技术和知识应用于商业目的。

4.4 知识产权对企业层面追赶的影响

如图4.4所示，20世纪80年代中后期，韩国的知识产权保护指数骤然上升。韩国知识产权保护的水平有所提高，范围也有所扩大。此外，随着韩国企业技术能力的不断增长并威胁到国际市场上的龙头企业，在韩国和其他国家涉及韩国企业的国际诉讼或冲突日益增多。相比之下，1983年，ITC针对韩国企业的专利诉讼案只有4例。因此，考察这一时期知识产权对企业技术学习和能力的影响是很有趣的。如下文所述，不同能力的企业对此作出了不同的反应。为说明这一点，让我们从解释20世纪80年代物质专利的引入开始。

4.4.1 20世纪80年代引入物质专利的关键性实验

随着在1986年对相关法律作出修订，韩国知识产权制度首次承认了物质专利的重要性。[3] 该修正案的起源可追溯到1981年，当时美国正式要求韩国采用物质专利，以防韩国化学品生产商效仿美国在制药和农业化学品方面的技术。该修正案受到韩国相关行业，尤其是制药行业生产商的强烈反对。他们认为，由于缺乏开发新药的技术和研发能力，他们严重依赖于通过改进生产过程或模仿现有药物来生产仿制药，因此该修正案将对其带来负面影响。他们还担心日益增加的版税率负担。在引入物质专利之前，版税率是销售额的3%，在20世纪90年代初则上升到10%（Song and Shin, 2006）。

由于相关行业的大多数企业在20世纪80年代末引入物质专利之前没有进行正规的创新性研发，国内专利的占比远远低于10%。然而，韩国企业迅速改变了它们的战略，以更具创新性的研发以及与国外技术人员结盟，来应对国内市场上来自跨国公司的挑战（Song, 2006）。韩国企业开始认识到创新性研发投资在克服现有模仿性研发的局限性方面的重要性。因此，它们开始在化学等相关领域成立更多的研究实验室。在引入物质专利后，韩国正式批准的研究实验室的数量大幅增加。在1986—1988年间，韩国所批准的研究实验室的平均数量大约是此前3年（1983—1985年）的4倍（如表4.5所示）。此外，化学行业的研发占销售额的比重也从1986年的0.69%上升到1987年的1.86%左右，大约是1986年的 3 倍左右。

表 4.5　在化学行业成立研究实验室和开展研发活动的趋势

年份	批准的研究实验室数量a（家）	研发占销售额的比重b（%）
1983	6	—
1984	5	—
1985	14	—
1986	32	0.69
1987	35	1.86
1988	39	1.19
1989	27	1.23
1990	23	1.33
1991	32	1.39
1992	33	1.41
1993	38	1.58
1994	44	1.68
1995	34	1.44
1996	42	1.31
1997	51	1.14
1998	88	0.99
1999	162	1.15
2000	279	1.00
2001	220	2.00
2002	83	1.76
总计（到 2002 年年末）	1 287	—

资料来源：a. 韩国工业技术协会网站（www.koia.or.kr）上提供的工业技术的主要指标（2002）。
b. 韩国科技信息服务网站（sts.ntis.go.kr）上提供的科技研究和发展调查报告。

表 4.6 显示了 1986 年《专利法》修订后韩国物质专利申请数量的变化趋势。尽管在 20 世纪 80 年代末韩国努力开展创新性研发，但一开始韩国居民并不是主要的申请者。相比之下，在 1987—1990 年间，外国人平均每年在韩国申请近 1 500 项物质专利。然而，韩国企业的创新性研发终于在 20 世纪 90 年代中期开始取得成效，韩国居民开始积极申请专利。20 世纪 80 年代末，韩国居民的专利申请占比仅为 6%；然而，到 1997 年，该占比增长为 20 世纪 80 年代末的 5 倍，达到 30%。[4] 韩国居民专利申请量的快速增长是一个很好的例子，说明加强知识产权保护可以通过施加更激烈的市场竞争压力来积极影响本土企业的研发活动

(Song，2006)。

表 4.6 韩国物质专利申请数量的变化趋势

年份	1987—1990	1991	1992	1993	1994	1995	1996	1997	1998
韩国居民（A）（项）	354	161	178	243	346	311	347	582	547
外国居民（B）（项）	5 950	1 448	1 214	1 078	1 098	1 147	1 084	1 343	1 482
总计（C）（项）	6 304	1 609	1 392	1 321	1 444	1 458	1 431	1 925	2 029
A/C	0.06	0.10	0.13	0.18	0.24	0.21	0.24	0.30	0.27
B/C	0.94	0.90	0.87	0.82	0.76	0.79	0.76	0.70	0.73

资料来源：作者使用 Song（2006）的数据计算。

由于引进物质专利后的创新性研发行动，韩国龙头企业发明了 16 种目前仍在售的新药。由 LG 生命科学公司（LG Life Science）研发的药物 FACTIVE 于 2003 年获美国食品与药品监督管理局（FDA）批准，于 2007 年获韩国卫生工业发展研究所（KHIDI）批准。以豫汉公司为例，其已为研发成果注册了约 60 项美国专利（Song and Shin，2006）。根据 KHIDI 在 2007 年公布的数据，韩国开发新药的能力跃升至全球第十位。

尽管韩国企业在 20 世纪 90 年代大幅提升了创新能力，提高了专利数量，但韩国领先的化工企业与全球领先的化工企业之间仍然存在着巨大的鸿沟。在医药和生物技术行业，这一差距预计会更大。在 20 世纪 90 年代末，LG 化学公司（LG Chem）获得的专利数量仍然保持在每年不到 50 项的水平；而巴斯夫（BASF），一家全球领先的化工企业，在同一时期获得了 700—800 项专利（Song and Shin，2006）。研发预算有限和国内市场狭窄被认为是 LG 化学公司面临的主要障碍（Song and Shin，2006）。

4.4.2 知识产权环境的挑战与企业的应对：大型企业的案例

4.4.2.1 三星电子与德州仪器公司

国际专利权冲突是 20 世纪 80 年代初韩国出现的一个新问题。德州仪器公司诉三星电子案是就德州仪器公司的十项 D-RAM 美国专利[5]对三星提起的专利侵权诉讼。德州仪器公司开发了集成电路，并于 1958 年申请了"固态电路"专利。该诉讼是三星拒绝与德州仪器公司续签专利许可协议后，德州仪器公司针对三星提起的多项专利侵权诉讼之一。ITC 裁定韩国三星集团在没有得到德州仪器公司许可的情况下在美国非法售卖电脑芯片。ITC 颁布了一项禁止三星向美国出口的禁令。在 1986 年 1 月德州仪器公司指控违反专利法的九家半导体制造商中，三星是唯一一家在 ITC 作出裁决之前没有达成和解的公司。经过大规模的诉讼，三星与德州仪器公司签订了一项价值超过 10 亿美元的新专利许可协议。

另一方面，七家日本公司——夏普、日本电气（NEC）、东芝、冲电气工业（OKI）、松下、三菱和日立——对德州仪器公司提起交叉诉讼[6]，最终通过与德州仪器公司签订交叉许可合同来达成了和解。因此，这七家公司总共只支付了 1.38 亿美元。据说它们的研发工作主要是围绕基尔比（Kilby）和平面专利发明（半导体的两项基本专利），这使它们得以在该诉讼案中达成交叉许可合同。[7]

这一案例成为促使韩国企业重视发明和专利的基石。从那时起，三星和其他韩国企业集团开始采用专利保护策略，其中包括设立专利部门，鼓励研究人员发明更多的专利。目前，它们已经成长到足以使用交叉许可作为企业的策略。例如，LG 电子和松下之间（2004）以及富士通和三星 SDI/LG 之间的等离子显示器（PDP）案就是通过交叉许可解决的。此外，东芝和三星电子之间的半导体案也通过类似方式得到了解决。

4.4.2.2 三星与富士通：PDP 案中的交叉许可解决方式[8]

自 2003 年以来，富士通一直要求韩国多家生产 PDP 组件的公司支付 10% 的版税，以防止最先进技术的外流，并以此制约韩国企业。这一要求相当于让对方放弃该项业务。2004 年 2 月下旬，三星 SDI 抢先在美国洛杉矶的法庭向富士通提起专利诉讼，称富士通的专利无效。4 月，富士通公司在洛杉矶联邦区法院反诉了三家三星集团旗下公司，并在东京地方法院起诉了三星日本公司，声称后者侵犯了其 PDP 专利。其中，在东京提起的诉讼涉及日本第 2845183 号专利，它涵盖了富士通最基本的 PDP 专利之一，即等离子放电操作的基本结构。富士通申请了一项临时禁令，禁止未来在日本进口和销售三星 SDI 的 PDP 产品。4 月下旬，东京海关当局接受了富士通要求暂停进口三星 SDI 制造的 PDP 产品的申请。三星 SDI 于 2004 年 6 月与富士通就诉讼达成和解，同意共享与 PDP 相关的专利。两家公司同意对它们的 PDP 专利实行五年的交叉许可。

用交叉许可来达成和解，强调了改进型专利的重要性。和解可以使双方避免陷入劳民伤财的诉讼。富士通承认了三星 SDI 的技术；与此同时，三星 SDI 认可了富士通的核心技术。这种方式是可能的，因为韩国的大型企业积极地围绕现有专利申请发明专利，构建它们的专利策略，以免因侵犯核心技术而重蹈德州仪器公司诉三星电子案的覆辙。

4.4.2.3 使用并购确保知识产权追赶：LG 电子收购 Zenith

如上所述，知识产权可能是技术追赶的严重障碍。这种障碍对中型企业来说更为严重，但即使像财阀集团这样的大型企业也难免会受到威胁。一个著名的案例是 CDMA 无线通信技术。如本书第 7 章所述，由三星和 LG 牵头的韩国财阀通过签订合作开发合同将高通公司所拥有的源技术进行商业化。然而，韩国制造商生产的所有 CDMA 手机必须向高通公司支付高于市场平均水平的 5% 的版税（而高通公司与中国企业商定的版税率要低得多）。尽管韩国企业现在有能力将这些源技术加以本地化，但它们仍然要支付高版税。

韩国企业已经从这个案例中汲取了教训，认识到源技术和相关知识产权的重要性。因此，问题是：企业能做什么？后发企业的一个可能的选择是收购现有的企业和它们的知识产权。在这方面，一个有趣的案例是 LG 收购美国企业 Zenith。如本书第 8 章所述，LG 早在 1990 年就拥有 Zenith 的 15% 的少数股权和芝加哥的一个研究实验室。在数字电视的制造方面，韩国企业可以采用现有的模拟电视技术，特别是监控技术。因此，韩国企业主要从开发数字电视原型的角度出发，集中研究数字信号的接收、检索以及相关软件。与数字信号相关的核心技术——VSB（残留边带）技术由 Zenith 所拥有。凭借其在 Zenith 拥有的少数股权，LG 能够使用该技术而不必担心侵犯专利权。1996 年，LG 拥有的 Zenith 的股权比例增长到 50% 以上，并最终在 2000 年上升至 100%。在数字电视研发方面，Zenith 对 LG 的贡献并不像人们认为的那么重要，因为在 LG 收购 Zenith 之前，Zenith 的许多员工离开了该企业。然而，Zenith 目前被认为是"摇钱树"，因为它拥有数字广播基础技术。Zenith 是首批引进数字高清电视系统的企业之一，其部分技术被列入美国高级电视系统委员会（ATSC）标准。具体而言，与现有 ATSC 8-VSB 传输和接收设备反向兼容的特征也将使 LG（Zenith）能够源源不断地收取 ATSC 特许权使用费。通过收购 Zenith，LG 可以获得关键的原创技术，LG 对每台数字电视机收取 5 美元作为版税。由于数字电视机在北美的销售量迅速增长，LG 的销售额在 2006 年达到了 0.25 亿美元。从 LG 的角度来看，收购 Zenith 的主要目的是使用 Zenith 拥有的与关键 VSB 技术相关的专利。LG 对 Zenith 的收购表明，收购有技术优势的外国企业是获取原始技术的捷径。

4.4.3 使用多种妥协方式获取外国知识产权：中型疫苗（乙型肝炎疫苗）开发企业的案例[9]

目前有两种类型的乙型肝炎（以下简称"乙肝"）疫苗已实现商业化生产，即血浆衍生疫苗和 DNA 重组疫苗。两种疫苗由悬浮在培养基和佐剂中的乙肝表面抗原（HBsAg）组成。血浆衍生疫苗是从自然感染乙肝患者的血浆中分离出 HBsAg。DNA 重组疫苗是通过对酵母细胞进行遗传修饰，使其在发酵过程中产生 HBsAg，这种疫苗通常被称为 rDNA 乙肝疫苗。血浆衍生疫苗早在 1974 年就已被开发出来，而 rDNA 疫苗则是在 20 世纪 80 年代初被开发出来的。大体而言,在20世纪80年代早期,美国和欧洲的肝炎疫苗得到了更广泛的使用。

在20世纪80年代,乙肝病毒感染是韩国面临的一个主要健康问题,然而,相关疫苗的本土生产能力和研发能力不足。尽管韩国从国外进口疫苗,但进口疫苗的数量很少,而且价格昂贵,只有富人才用得起。因此,医学界和政府都对提供乙肝疫苗非常感兴趣,通过一系列举措来建立本地生产基地。

韩国的战略是获取外国疫苗生产的诀窍,希望在韩国产品专利获批之前或之时(即1987年)准备好生产设施。有两家企业参与了血浆衍生疫苗的研发:绿十字公司和希杰第一制糖株式会社(CJ)。前者聘请了一位韩裔加拿大科学家来教授如何利用血浆生产乙肝疫苗,该项技术转让没有侵犯任何韩国专利。后者通过纽约血液中心的专利许可获得相关技术。

不过,出于对利用人类血液制备疫苗的担忧,后期研发出的rDNA疫苗很快就夺走了血浆衍生疫苗的市场。因此,韩国企业也面临着研发rDNA疫苗的新挑战。韩国有三家企业参与乙肝疫苗研发,LG化学公司是进入该行业的新企业。这些企业在研发疫苗方面采取了不同的路线。

绿十字公司作为一个在位企业,同样采取了与外国知识和技术密切合作的方法。它从德国生物技术公司——莱茵生物科技公司(Rhein Biotech)获得了专利技术。这项安排牵涉到莱茵生物科技公司对绿十字公司的控制权。我们注意到,其合作模式从在研发血浆疫苗时的谈判许可模式和/或聘请拥有必要知识的专家顾问,转变到在研发rDNA疫苗时的合资企业模式。新进入者LG化学公司决定制定一项内部研发计划,以研发自己的rDNA疫苗。为了加快这一进程,它与美国生物技术公司——Chiron公司成立了合资企业,该企业掌握了利用酵母细胞生产乙肝疫苗的诀窍。

上述两家企业的案例是成功的,它们在20世纪90年代中期成功推出了乙肝疫苗。在本地生产的乙肝疫苗到位之后,韩国政府制订了一个婴儿免疫普及计划,从而为生产者保证了一个有利可图的市场。韩国政府在扩大出口市场方面也发挥了关键作用。它鼓励出口,并通过官方开发援助计划——一个帮助韩国企业在缅甸和越南建立疫苗厂家的项目——提供支持。20世纪90年代末,韩国企业开始出口rDNA疫苗,并由此引起了国际市场上该疫苗价格的下降,从20世纪90年代的每剂30美元降至2003年的每剂0.25美元以下。截至2004年,这两家企业是韩国乙肝疫苗市场的主要参与者。

第三家企业——CJ的做法并没有很快取得成功。其想法是利用类似于LG化学公司所采用的技术开发一种rDNA疫苗,但是使用一种显著不同的方法(即小鼠细胞系方法)来生产。这一尝试没有成功,部分原因是韩国食品药品管理局拒绝考虑许可使用小鼠细胞系方法生产产品。因此，与其他两家企业相比，CJ 的开发计划花费了更多的时间。虽然前两家企业已经占有显著的市场销售额，但 CJ 仍在销售较老的血浆衍生产品。此时，它正在韩国和缅甸的工厂生产 rDNA 疫苗；直到 2005 年，才实现 rDNA 疫苗的商业销售。

我们研究了知识产权因素在韩国 rDNA 乙肝疫苗的研发和商业化中所起的作用。我们的研究表明，韩国疫苗制造商在研发其疫苗时没有明显被现有的知识产权抑制。这些企业能够找到通过合资企业获得所需知识产权的方式。这些合资企业的形成得益于韩国有吸引力的国内乙肝疫苗市场以及能够生产疫苗的科学家和工程师的存在。疫苗的研制成功也反映了政府愿意支持韩国食品药品管理局为与国际标准接轨而作出的相关改进。

我们注意到有两个通过合资企业成功获取国外知识的 rDNA 疫苗，从而避免可能的知识产权问题的案例。CJ 试图开发一种不需要获得授权或设立合资企业而生产 rDNA 疫苗的新方法，但是失败了。这些成功和失败的故事说明了后发企业获取外国知识的重要性，就像 Lee 和 Lim（2001）以及 Lee、Lim 和 Song（2005）所证实的那样。我们注意到绿十字公司可以被看作在位企业，而 LG 化学公司则是一个新的进入者。因此，根据在 Lee 和 Lim（2001）中提出的分类，我们可以考虑将绿十字公司作为路径跟随式追赶的案例，将 LG 化学公司作为路径跟随式但后来实现了阶段跳跃式追赶的案例；LG 化学公司并不是从研发第一代血浆疫苗开始，而是直接跳到第二代 rDNA 型疫苗。CJ 的案例是一次路径创造式追赶的尝试，它试图探索一种研发 rDNA 疫苗的新方法，但研发出疫苗的时间较晚。我们不能认为 CJ 的案例是失败的，因为它在第一次努力的过程中确实积累了宝贵的隐性知识。

4.4.4　知识产权成为追赶的严重障碍：小型企业的案例[10]

当后发的小型企业努力通过本土化的产品开发来追赶在位企业之前生产的产品时，等待它们的最终难题是来自在位企业的知识产权诉讼问题。在位企业的积极诉讼不仅是为了以特许权使用费或版税的形式收取报酬，更重要的是为了阻止后发企业在市场上的活动。尤其是在进入国际市场时，后发企业面临诉讼的可能性更大。由于后发中小型企业往往没有得力的知识产权部门或人员，所以面临的风险很高。让我们通过几个案例来说明这一论点。

4.4.4.1　日星公司

一个有趣的例子是一家名为日星（SunStar）公司的韩国企业。该公司通过自行开发一种全自动电脑缝纫机进入市场。日本东凯公司自 20 世纪 90 年代以来一直是缝纫机市场上的绝对领导者。然而，经过五年的不懈努力，由日星公司开发的新型缝纫机在1997年得以进入市场。1998年3月，东凯公司对日星公司提起诉讼，认为日星公司使用的通信输入工具侵犯了东凯公司的韩国专利。日星公司通过提出关键性的证据，证明了该技术早在东凯公司采用之前已经应用于该行业，这才使该指控搁浅（见本书第13章）。

4.4.4.2 周星工程公司

另一个案例是周星工程（Jusung Engineering）公司。该公司成立于1996年，生产半导体和液晶显示器（LCD）设备，如化学气相沉积（CVD）机中使用的设备。CVD是在晶片衬底上电镀化学物质的过程。自2002年以来，周星工程公司已将其生产范围扩大到LCD的等离子体增强化学气相沉积（PECVD），并在美国、日本和中国台湾地区的分店进行销售。美国应用材料公司（AMAT）就周星工程公司专利侵权向中国台湾地区法院提起临时诉讼，这意味着周星工程公司在中国台湾地区新兴的LCD市场的一切商业活动突然中断。为期一年以上的诉讼以针对周星工程公司的所有指控被澄清而告终（见本书第13章）。尽管如此，周星工程公司却因在中国台湾地区市场上"专利抢劫者"的负面形象而遭受巨大的损失。

4.4.5 后发企业知识产权战略：综述

Lee（2005a）注意到后发企业获取国外知识方式的循序变化。在第一阶段，后发企业向外国OEM采购商学习或通过在外商直接投资企业工作来学习。在第二阶段，当后发企业认识到需要更系统的学习和有计划性的技术开发时，这些企业倾向于求助于技术许可，并积极向外商直接投资合作伙伴学习或寻求技术转让。到了第三阶段，后发企业具备了一定的内部研发能力，明确应该做什么，应该如何做，以及应该分配多少资源。随着向外国合作伙伴寻求技术转让或向它们学习表现出其局限性，后发企业应该转向于依赖公私研发联盟、政府研究机构、对现有文献的研究、海外研发站、与国外研发公司或技术专业公司签订合作开发合同，以及国际并购。

上述学习模式的循序变化的基本含义是，具备不同能力和面对不同挑战的企业可以选择不同的学习模式。对于后发企业的知识产权战略来说也是如此。使用与Granstrand（1999）（调查对象是日本企业）相同的框架，Lee、Park和Lim（2003）对韩国企业进行了调查，以找出韩国和日本的大型企业之间以及韩国的中小型企业和大型企业之间的共性和差异。这些差异在很大程度上可用技术能力的不同阶段或水平来解释。该研究的主要结论及其解释如下：

第一，后发企业往往将研发投入更多地用来改进现有产品或工艺，这使得它们很少拥有专利权。第二，虽然后发企业持有或申请的专利质量（以专利成功率和/或专利执行年数来衡量）往往较低，但它们在利用专利时往往会更成功或更具商业敏感性。第三，新技术的内部开发策略似乎因企业的技术发展水平不同而有所不同：最不先进的企业往往更多地依赖于保密；中等先进水平的企业倾向于使用新技术来创造市场领先地位；最先进的企业除以其他方式利用新技术外，更倾向于获得专利。第四，后发企业往往会忽视专利权的优势，更担心专利导致其技术泄露的可能性。所以，我们也许可以列出如下顺序：最不先进的企业利用专利来改善公司形象；中等先进水平的企业利用专利来构建反击力量，并通过交叉许可来获取技术；最先进的企业不仅使用专利来保护它们的生产技术，而且还将专利作为竞争和讨价还价的手段。

企业申请专利的传统动机是为了确保一项新技术得到有限但可强制执行的垄断权，至少对于领先企业来说是如此。然而，企业获取专利的动机和使用专利权的方式已经变得更加多样化了。如今，在各种讨价还价的情况下，企业更多的是将专利作为一种策略性的竞争武器和经济资产加以使用。这些不同的用途对后发企业具有重要的意义。韩国大型和中小型企业的案例表明，后发企业面临的多种挑战及其应对措施取决于它们的能力水平。

大型企业或财阀面临着与先行企业之间突如其来的知识产权相关纠纷的严峻挑战，并迅速学会应对。因此，随着将专利作为与在位企业交叉许可和讨价还价的工具，大型企业获得了成长。虽然专利所提供的生产技术保护是日本企业最重要的优势，但除生产技术保护外，韩国企业也将相对于竞争对手的反击力量、通过交叉许可来提高获得技术的可能性作为获取专利的主要动机。这种差异似乎反映了韩国企业在20世纪初的追赶行为，因为它们更感兴趣的是在技术战和专利战中，专利作为谈判工具和/或对抗工具所起的作用。

上述研究也调查了针对企业保护自身知识产权或保密措施的策略。有许多防止其他企业发现某企业技术开发秘密的保密措施。这些措施有助于抵御其他企业的"技术扫描"措施。Lee、Park和Lim（2003）总结了韩国和日本企业对这些措施和对策的重视程度。结果表明，控制研究人员和员工对相关内容的出版和发表，以及对设施进行可控性访问是韩国企业采取的两个最重要的措施，而在日本企业中最重要的措施是实施更正规化的内部保密政策。对韩国企业来说，内部保密政策的重要性仅列第三位。这一事实表明，实施更系统的保密政策在发达国家的企业中是常见的做法。

在韩国企业中，三星集团是率先采用更系统的知识产权计划和在企业内部组建专利管理团队的企业。三星电子在20世纪70年代采用了专利管理战略,比其他在20世纪80年代成立专利管理机构的韩国企业更早一些(Song and Shin, 2006)。自20世纪80年代末以来,这些专利管理机构在规模和功能方面都经过了高度的再评估。例如,三星电子在20世纪90年代将其专利管理部门升级为知识产权中心;在首席技术官(CTO)的直接管理下,建立了知识产权战略组,以调整和制定覆盖整个三星集团的知识产权相关战略计划。最近,三星集团将实际专利管理功能转给各大部门和研发实验室,作为分散专利管理组织结构的手段。三星集团曾在华盛顿特区成立了一个专利管理办事处,以处理与美国专利相关的法律问题。目前,三星集团约有200人在专利管理部门工作,包括一名专利律师。

与此同时,韩国中型企业也在探索规避知识产权壁垒的各种途径。我们已经研究了知识产权因素在韩国的rDNA乙肝疫苗的开发和商业化中所起的作用。我们的研究表明,韩国疫苗制造商在开发疫苗方面没有受到现有知识产权的显著抑制。这些企业能够设法通过合资企业获取所需的知识产权。此外,小型企业的案例表明在位企业会对后发企业造成毁灭性的破坏。尽管一些幸运的后发企业能够克服这种障碍,但有些企业很容易陷入知识产权陷阱,尤其是在它们败诉或没有财务和技术能力来处理与在位企业的知识产权纠纷的情况下。

4.5 总结与结束语

本章考察了知识产权制度在韩国企业层面和国家层面的技术追赶中所起的作用。

对韩国知识产权制度演进的详细概述表明了韩国在知识产权政策上的动态视角。在早期阶段,韩国的知识产权主要授予国内居民的小发明或改进的发明,而国外知识产权获得国内认可的需求偏低。但是到了后期,随着技术能力的提高,对国际技术转让的需求以及国内市场对技术的需求也随之增加,因此需要对国内外知识产权同时提供保护。自20世纪80年代末起,韩国大幅提高了知识产权保护力度,扩大了专利权主体的范围。在专利权主体范围方面,包括对生物技术发明和商业模式创新等最新的知识产权的保护方面,韩国已经达到最高水平。此后,随着大型企业走向科技前沿,韩国政府政策的重点转向如下方面:鼓励中小型企业获取更多的知识产权,重视知识产权的商业化运用而非知识产权的授予,利用研发能力并发挥大学的作用。

在韩国的追赶过程中,我们在若干知识产权变量的变化趋势中发现了一些耐人寻味的事实。第一，在追赶初期，韩国人申请的小专利（实用新型）居多，常规专利（发明专利）很少。只有到了后期，发明专利的份额才开始超过实用新型。第二，在追赶初期，专利申请者主要是个人发明人，企业申请者只占很小一部分。后来，企业申请者的份额开始增长并超过了个人发明人。第三，韩国国内与国外专利的相对比例呈现出更加动态的格局。在初期，外国发明人对韩国知识产权不感兴趣，很少申请专利，导致国内专利占据了主导地位。到了一定时期，随着外国发明人申请的专利数量的增加，这种情况发生了逆转。但是，最终随着国内发明人（通常是企业）能力的提高，国内发明人的比例增加了，其申请的专利数量超过了外国发明人申请的专利数量。以上三个事实表明，直到20世纪80年代中期，韩国企业才真正意识到专利和知识产权的重要性。在此之前，韩国企业一直在积累其吸收技术的能力，以申请实用新型为重点。只有从20世纪80年代中期起，韩国企业才开始积极加大内部自主研发的投资力度，从而使本土研发能力快速增强，发明专利的数量快速增加。

本章认为，韩国知识产权制度与日本的知识产权制度是相似的。首先，两国都倾向于将知识产权授予狭义技术领域内的发明人。其次，日本的知识产权常常被授予小发明，韩国也如法炮制。日本的实用新型制度将知识产权授予不具备获得专利权资质的小发明[11]，以及有实用价值但技术水平较低的小发明（Institute of Intellectual Property，2000）。

本章还考察了知识产权对企业层面追赶的影响。一方面，知识产权对追赶构成了严重的障碍；另一方面，知识产权是追赶期间企业升级的强大动力。在韩国，涉及大型和中小型企业的案例表明，具有不同能力水平的后发企业遇到了种种异质性的挑战，并作出了不同的应对。20世纪80年代，大型企业或财阀面临与知识产权相关的突发和严重的挑战。这些企业很快就从中汲取了教训并学会了应对。如今，它们已经成长为强大的知识产权拥有者，甚至收购了先行企业及其知识产权。它们是通过利用知识产权的多样化用途和新用途，即作为与在位企业交叉许可和讨价还价的工具来做到这一点的。

注　释

1. 韩国的实用新型制度与日本的实用新型制度类似。韩国实用新型制度的目标是保护"关于一种产品的形状、构造或组合的设计。该产品还必须符合发明的基本标准，并且是一种技术思想的创作"（Choi，2001：11）。韩国自1961年起便制定了实用新型法律，现行法律是1999年7月1日颁布的《实用新型法》。

该法为任何利用自然规律的技术创造提供实用新型保护,这在理念上与日本的实用新型法律相似。实用新型必须具有新颖性、工业实用性和创造性。新颖性是普遍原则。与日本的发展同步,韩国于1999年取消了对实用新型的实质审查。

2. 信息技术专利包括与数字、光学、模拟计算硬件和软件(包括密码、语音和图像识别与处理,数据存储)相关的专利,以及与半导体制造和应用相关的专利,不包括通信专利。

3. 1986年之前,韩国知识产权制度仅包括工艺专利。

4. 由于1997年金融危机,该比率在1998年再次下降(Song,2006)。

5. 这十项专利包括编号为3716764、4543500、4533843的美国专利和另外七项美国专利。

6. 对德州仪器公司非法使用NEC的日本专利、东芝和日立的美国专利提起诉讼。

7. 详见Odagiri、Goto和Sunami(2008)的第3.5节。

8. 作者为编写该案例综合了各种报刊文章的内容。

9. 本小节改编自Mahoney、Lee和Yoon(2005)。

10. 本小节改编自Kim和Lee(2008)。

11. 详见Odagiri、Goto和Sunami(2008)的第2.4节。

第5章 从奇迹到危机及危机后改革的幻象
（与 C. Lee 合著）

5.1 引言

新制度主义经济发展观已经出现，而20世纪90年代所谓的"华盛顿共识"已逐渐消亡（Acemoglu, Johnson and Robinson, 2001; Rodrik, Subramanian and Trebbi, 2004）。经济学家仍就长期经济增长的根本决定因素（制度、经济政策或地理因素）争论不休。与此同时，也出现了对以制度为导向的观点进行严厉批评的观点，例如Glaeser等（2004）以人力资本为导向的观点以及Lee和Kim（2009）的折中和阶段性的观点。尽管如此，毫无疑问，社会制度会通过构建其成员之间的政治、经济和社会互动关系（Greif, 1994; North, 1981; Williamson, 1985）来影响其经济发展的路径，因此，制度既可以促进经济发展，也可以延缓经济发展。North（1998）认为，陷入"制度矩阵"、未演变为非人际关系化交换（impersonal exchange）的社会将无法实现经济增长，因为它们将无法从劳动力的专业化和分工中获得生产率提高的好处。因此，发展中国家在经济发展中必须承担的重要任务之一是在市场监管、市场稳定和市场合法化三个领域引入"正确的"制度（Rodrik, Subramanian and Trebbi, 2004）。

然而，由于种种原因，如中欧和东欧转型经济体的改革所证明的那样，这种体制改革很难实施。Lin 和 Nugent（1995）发现，初始条件（包括特定的当地条件）与从外部引进的新制度之间往往互不相容。他们认为，制度改革的复杂性以及国家在进行制度改革时的初始条件的重要性意味着可能并不存在"一刀切"的解决方案。而 Fanelli 和 McMahon（2005）以及 Lee（2006）从总体上对经济改革困境的各种来源进行了探讨，C. Lee 等（2007）用危机后韩国企业改革的案例说明了当地条件的重要性。

众所周知，韩国曾经历经济快速增长，但在1997—1998年间却成为遭受经济危机的经济体之一。自1999年以来，韩国经济也出现了东亚地区最快、最强劲的复苏。虽然一些观察家将这种复苏归功于危机后的经济改革，但也有人质疑这一观点，认为韩国的经济改革实际上没有带来多少改变。因此，韩国独特的复苏之路提出了两个重要问题：危机后的改革是经济快速复苏的关键因素吗？改革是否为未来的经济增长奠定了基础？当前已经有一些关于危机后改革的研究（Lee et al.，2008；Chung and Eichengreen，2004；Coe and Kim，2002；Hooley and Yoo，2002），但这些研究并不能解决这些关键问题。韩国的危机后改革提供了一个示范性的案例研究样本，用于研究以将全球标准引入经济体为目标，但其结构和过程受到该经济体的政治经济体制和初始条件制约的改革的过程和结果。本章首先对危机后的改革进行一个为期15年的评估，重点是评估改革的长期后果。

在Lee等（2008）提出的理论框架中，不同的参与者参与了改革蓝图的制定和改革的实施。因此，在一个两级改革博弈中，不同的思想、理论和利益相互竞争。我们认为存在一幅理想蓝图，而实际蓝图往往偏离了这个理想蓝图，因为实际蓝图的形式受到理论之间和利益集团之间竞争的影响。其实施过程也是如此，蓝图在实施中往往显著偏离了实际蓝图。

一幅理想的改革蓝图是客观反映当前经济现实（初始条件）和现有经济理论或思想的。不同的经济学理论对经济状况和其增长潜力的看法可能大相径庭，因此所提出的对策也会截然不同。例如，在危机时期，在韩国社会占主导地位的经济学观点是，韩国需要遵循盎格鲁-撒克逊经济模式，因为旧的韩国模式或东亚模式已经失败，导致经济陷入危机。换句话说，尽管东亚模式在1961—1996年取得了奇迹般的成就，但却突然过时了。当年韩国计划改革时的氛围正是如此，人们不敢发出另类的声音。Jwa（2003）认为，理想的蓝图应当对最佳经济学理论作出修改，将韩国的当地特定情况考虑在内。相反，韩国改革的实际蓝图是按照盎格鲁-撒克逊式的全球标准路线进行的。在下文中，我们将指出，全球标准和当地特定情况之间的紧张关系是韩国和其他经济体改革结果好坏参半的主要原因，而且往往是经济政策发生冲突的根源。

改革的实施过程还涉及经济学理论之间的竞争，但更多地受制于利益集团政治。我们注意到，在实施阶段，国内利益集团往往会更有效地表达它们的意见，并成功地代表自身的利益，而在蓝图设计的第一个阶段，这些国内利益和思想往往被全球标准和来自外国政府和跨国企业的外部压力所支配。实施激进改革蓝图的主要困难之一在于非正式制度的持久性，后者限制了正式制度的类型和变革速度。这是因为新引进的正式制度必须与非正式制度兼容才能有效（Lin and Nugent，1995）。由于这些原因，我们预计，当改革目标是有形的、可量化的时，改革往往会更成功；而当改革伴随着难改的积习和无形的制度时，结果往往不太令人满意。甚至可量化的、较显著的成功改革也往往是变相实施的，很少会带来真正的变革。这一趋势反过来会产生意想不到的不良后果，侵蚀经济在未来的增长潜力。

韩国的改革史可分为三个时期：(1) 1961—1979 年朴正熙（时任韩国总统）开启工业化进程，经济快速增长；(2) 1980—1997 年政府进行了一些改革，试图建立自由市场经济；(3) 自 1997—1998 年经济危机以来，在国际货币基金组织主导下进行改革。我们从第 5.2 节开始分析和讨论危机前的改革，重点是改革范式和利益集团政治之间的相互作用。第 5.3 节对危机后的改革措施及其成效进行概述。第 5.4 节对危机后改革进行分析。第 5.5 节总结经过十年改革后韩国经济的现状。

5.2 危机前的局部改革（1980—1996）

20 世纪 80 年代初的经济改革主要是在宏观经济政策领域，这些政策有助于韩国在整个 80 年代恢复经济的快速增长。宏观经济的稳定性是通过可管理的预算赤字和外债、低至中度的通货膨胀以及稳定的汇率实现的（World Bank, 1993）。在不同程度地遵循"华盛顿共识"的国家中，韩国在经济增长绩效方面排名很高。然而，这一成功是有代价的，因为它削弱了解决结构性问题或微观经济问题——如财阀的势力及其不透明的公司治理——的紧迫性。在韩国经济观察家看来，这一趋势正变得愈加明显。

至少有三个原因使 20 世纪 80 年代的改革没有触及韩国的许多经济制度，包括以财阀为基础的产业结构。第一，作为韩国改革指导原则的"华盛顿共识"，主要侧重于制定"正确"的宏观经济政策和消除政府对市场的干预。第二，20 世纪 80 年代初的改革必须适应财阀日益增长的政治权力及其政策议程。第三，政府经常发现，实施微观经济改革比实施宏观经济改革在政治上更具挑战性，因为微观经济改革会受到相对同质化的利益集团的强烈抵制。试图解散或削减财阀、改变公司治理结构、改革劳资关系等方方面面的努力都遭到了有组织的利益集团的集中抵制。此外，微观经济改革常常需要改变诸如宪法、法律和产权制度等正式制度，以及诸如处罚、禁忌、习俗、传统和行为准则等非正式制度，它们支配着个体在一个既定社会内相互影响的方式。这些特定的初始条件通常是变化缓慢的，并且可能在初期或长期与新引进的正式制度不兼容。

制度改革的难点之一是，非正式制度的持久性限制了正式制度可能发生变革的类型和速度。这是因为新引进的正式制度必须与非正式制度兼容才能有效（Lin and Nugent, 1995）。制度改革是一个带有初始条件（包括现有的正式制度和非正式制度）的路径依赖过程。这种初始条件约束了可能被引入并产生直接影响的新正式制度的类型。这种兼容性在 20 世纪 80 年代初韩国国有银行私有化的过程中得以体现。现实情境中的私有化与法律和官方政策的变化大不相同，现实情况是，政府官员继续用实际蓝图来干预银行决策,任命银行董事和官员,并与银行保持"过于舒适"的关系(Emery,2001)。在韩国,人们十分清楚政府与新的"私有化"银行之间的关系,因为它遵循儒家所宣扬的"德治"理念,公民期望政府由受过良好教育的官员组成,并在促进经济发展方面起到积极的作用(Cho,1994)。这样的态度为政府向"私有化"银行施加外部影响提供了一定程度的合法性。

总之,1979—1980年的政治和经济危机导致韩国的政治体制、政治经济统治范式和管理经济的人员发生重大变化。然而,这并不意味着一个由国家主导的政治经济体(其经济决策是由国家精英——军事领袖、高级文官和高级政策专家——与顶级企业领导人密切合作、共同制定的)大规模转向了自由市场秩序。这只是一个全新的政治经济体的开始,其政策制定承担着来自越来越独立于政府的大型商业企业、根深蒂固的官僚主义和短期选举因素的压力(Moon,1994)。

从国家对市场的直接干预到"功能性"干预,危机后韩国经济的新范式导致政府相对于社会的权力下降,从而促进了追求自己的政策议程的其他组织的兴起。既得利益集团——工会、消费者组织、纳税人、知识分子和媒体——被组织起来,积极追求自身狭隘的利益,损害了国家的发展目标。在政策制定过程中,他们开始发出自己的声音,从而削弱了当时由官僚机构所享有的自主权。由于这些反对变革的行动阻挠或扭曲了许多部门的改革努力,政治精英和官僚们对其予以回击。1980—1996年间韩国实际实行的改革是"传统势力和新势力之间的矛盾和冲突"(Yoo,2001:370)的结果。

综上所述,1997年前的改革者无意启动经济上或潜在的政治经济上的系统化转型。相反,他们所实施的改革通过抑制财阀集团的进一步扩张来使韩国政府更加强大。然而,这种改革是有重大缺陷的,因为稳定性政策的出台并未配套以商业兼并、收购或表现不佳的企业退出等可置信威胁。因此,韩国财阀继续扩张,直至危机来袭。具有讽刺意味的是,财阀的持续扩张使得政治精英们更加痴迷于华而不实的改革辞令。政治精英们不断开发新的政策工具,却发现它们不足以控制经济过度扩张的倾向。其结果是政府不断向其不全面的改革方案中增加政策工具,并在制度上扩大其范围,使行业受到更严格的监管和控制。

5.3 危机后韩国的改革措施与成效

5.3.1 危机后韩国的改革措施

5.3.1.1 宏观调控与金融改革

国际货币基金组织援助危机后韩国的条件之一是韩国政府要收紧货币和财政

政策,并提高短期利率,这是国际货币基金组织为其他危机中的经济体提供的标准解决方案。高利率政策被判定为一种(通过吸引外来资本流入)来稳定汇率,同时淘汰债务沉重或效率低下的韩国企业的合理政策。韩国政府的一些政策制定者反对这一解决方案,认为这会危及经济发展,因为它会带来巨大的调整成本。随着1998年中期汇率的稳定,国际货币基金组织和韩国政府同意降低短期利率并增加政府支出。[1]为解决危机前的贸易赤字问题并促进出口,政府允许韩元贬值。

就金融改革来说,韩国政府的策略是先改革金融制度,这样银行和其他金融机构就能心中有数地应对企业客户,即向它们施压,迫使它们作出改变。政府修订了《韩国银行法》,以提高中央银行的独立性,将价格稳定作为中央银行的主要任务。韩国还成立了金融监督管理委员会(FSC),作为一个独立、综合的银行、证券公司和保险公司监管机构。最后,韩国成立了两家国有企业——韩国资产管理公司(KAMCO)和韩国存款保险公司(KDIC),以清理银行不良贷款,提高银行的资本金。

1998年6月,韩国开始进行金融体制重组,金融监管部门下令关闭20家重要商业银行中的5家,另外7家银行被允许有条件地继续运营,并要求其在限定时间内改善资本结构;将7家银行中最大的2家——公民商业银行(Citizens Commercial Bank)和韩一银行(Hanil Bank)合并为韩汇银行(Hanvit Bank),并为朝兴银行(Choheung)、江原银行(Kangwon)、忠北银行(Chungbuk)找到了并购合作伙伴。外汇银行通过来自德国的资本成功地改善了资本结构,而国民银行(Kookimin Bank)向高盛集团(Goldman Sachs)出售了很大一部分股权。最大的外汇银行之一杰尔银行(Cheil Bank)的控股权由美国投资集团新桥资本(New Bridge Capital)持有。

5.3.1.2 公司治理改革

韩国从1998年1月发布《企业重组五项原则》起,开始进行全面的企业重组,而公司治理制度的完善是企业重组的一部分。政府修订和出台了各种法律或规定,旨在推动私营企业改善公司治理结构和资本结构,提高核心竞争力。

旨在提高公司财务、业绩和所有权透明度的多项措施被付诸实施。首先,自1999财年开始,财阀被要求编制"合并财务报表",以确保复杂的集团内部交易得到披露,其目的是隔离外部交易,从而使准确地核算一个集团的经营业绩和财务状况成为可能;韩国的"公认会计准则"(GAAP)被修订得更符合国际会计准则;1998年2月,前30大财阀和所有上市公司都被要求引入由少数股东和债权人代表的独立的审计委员会。其次,通过一系列改革解决了公司治理中的公平性和可靠性问题。机构投资者以前被剥夺的投票权在1998年9月得到充分承认。

股东派生诉讼的所有权门槛由总股份的1%降至0.01%。法律要求所有上市公司必须任命至少一名外部董事。通过对公司法的大范围修订和对相关法律的补充，可以说，股东的权利即使没有达到事实上的全球标准，也已经达到法律上的全球标准。

对非控股股东权益的认可日益增加，这部分是由于外国股东数量的增加，这些外国股东被认为有可能在使韩国企业符合国际标准方面发挥积极作用。韩国政府于1998年5月和10月修订了《外国投资法》，大幅松绑并购活动。在政府对法律作出这些修订之后，外国投资者在韩国一些大型企业中担任了重要职位，外国投资者的平均持股比例在2003年上升到40%以上。[2]

出于对债务权益比率的担忧，韩国政府迫使前64家大型企业与各自的债权银行签订财务协议。在这些协议中，这些企业承诺将它们的债务权益比率降到200%以下。1999年年底，五大财阀通过资产出售、资本重组和吸引外资，将其债务权益比率降到200%以下。从1998年4月起，政府还禁止财阀的附属企业之间提供债务担保；实际上，所有的交叉债务担保自上述协议生效后就被切断了。此外，1998年，政府取消了对前30家财阀的分支机构的总股本上限限制。

1998年2月，韩国修改了与破产有关的法律，以使企业更易于退出和进入某个行业。该修正案简化了破产申请和企业重组的法律程序，并在处置过程中赋予债权银行更大的作用和发言权。五大财阀与各自的债权银行签订了财务协议，以使其子公司从1998年年底的272家减至2000年年底的136家。1998年5月，债权银行还成立了一个正式审查委员会，以评估313家客户企业是否存在财务疲软迹象。在完成评估后，债权银行宣布55家企业无法生存，其中20家企业隶属于五大财阀，31家企业隶属于前64家财阀。债权银行禁止通过新的信贷和交叉补贴救助这些企业，从而促使55家无法生存的企业退出其所在行业。为促进企业重组，一项由政府发起的总额达1.6万亿韩元的企业重组基金于1998年10月启动。政府也尝试将"业务互换"（在韩国也称为"大交易"）作为对大财阀进行重组，并减少对半导体、石化、航空航天、机车车辆、动力设备和船舶发动机等关键行业的过度投资的手段之一。1998年12月，五大财阀达成了一项业务互换协议，但很少有财阀真正将其付诸实施。除了LG公司将半导体业务出售给现代公司，许多互换交易，包括大宇（Daewoo）消费者电子公司和三星汽车公司之间的交易，至今尚未完成。[3]

5.3.1.3 劳动改革

国际货币基金组织为韩国制定的计划规定，新的就业保险制度的能力应得到加强，以促进劳动力的重新配置，并与进一步提高劳动力市场灵活性的措施并行。该计划的具体条款包括：(1) 修改立法，明确裁员的条件和程序；(2) 放宽与私人就业及人力派遣服务有关的限制性法律条文；(3) 提高用于就业保险基金的预算分配，包括增加用于培训和稳定就业的经费；(4) 将社会福利援助（包括收入支持计划）扩大到自身没有收入的人群；(5) 延长失业救济计划。

5.3.1.4 三方委员会

1998 年，韩国政府、企业代表和两个劳工组织建立了一个史无前例的组织，即三方委员会（Tripartite Commission，TC）。传统的韩国工会联合会（Federation of Korean Trade Unions，FKTU）和更激进的韩国民主工会联合会（Korean Confederation of Trade Unions，KCTU）加入了该委员会。三方委员会在《关于克服经济危机过程中责任公平分担问题的三方联合声明》中提出了其改革议程。在该联合声明提出的十项议程中，最重要的问题之一是提高劳动力市场的灵活性。该联合声明称：工会认可雇主裁员和派遣工人的权利；反过来，雇主认可工人的工会代表权、参与失业保险以及享受扩大的社会安全网的权利。

5.3.1.5 劳动力市场的灵活性

产业重组的迫切性导致政府将裁员和临时就业合法化。由于劳工的强烈反对，这一法律实施起来并不容易。授权裁员的新法律规定了企业应遵守的基本标准：它们必须"采取一切手段避免裁员"。"一切手段"包括减薪、分担工作、不填补因辞职或退休而产生的空缺、不雇用新人以及带奖金的买断合同。公司还必须就裁员数量和裁减对象"真诚地"与工会领导人进行沟通。如果雇主在不遵守这些程序的情况下进行裁员，则可能会受到罚款或监禁的处罚。裁员问题至今依然众说纷纭、争议不断也就不足为奇了。

5.3.1.6 失业政策

危机期间，韩国工人不仅流落街头，而且事实证明，在大多数发达国家被视为理所当然的社会安全网也完全无力应对激增的失业率——从危机前的 2.5% 增至 1998 年年末到 1999 年年初的近 9%。在不到 12 个月的时间里，韩国登记的失业人数增长了近 130 万，而就业人数下降了大约 200 万；贫困个人和家庭的数量增长了 400%~500%。

从 1998 年 1 月 1 日起，失业救济金扩大到覆盖 10 名以上雇员（而不是 30 名以上雇员的最初标准）的企业的工人，并从 1998 年 7 月 1 日起扩大到覆盖 5 名以上雇员的企业的工人。最低失业救济金水平由最低工资的 50% 提高到 70%；最短受益期限延长至 2 个月；最短缴费期限从 12 个月减少到 6 个月。政府还制定了针对女性和青年的失业政策。

5.3.2 危机后的改革成效

5.3.2.1 总体和宏观经济效果

危机后韩国的经济改革和复苏进程并不顺利。韩国经济在 1998 年经历了接近-6%的紧缩之后,在1999年有了显著复苏,年均增长率接近9%(见表5.1)。尽管在2000年和2001年的增速放缓,但韩国的"V"形复苏比其他经历了危机的亚洲经济体(Hong, Lee and Rhee, 2004)的复苏速度更快、范围更广。改革初期的高利率政策有助于汇率稳定,但也可能使国内需求大幅缩减。出于同样的原因,国际清算银行(BIS)对商业银行突然施加的资本标准要求(即资本充足率必须超过8%),对于韩国这样一个拥有极高的国内储蓄率(20世纪90年代为GDP的33%~37.5%)和国内投资率(20世纪90年代为GDP的35%~39%),以及前30家财阀有着高债务权益比率(1997年为524%)的经济体来说是不现实的(Pyo, 2004)。

同样重要的是,危机后的复苏是由消费支出引导的,主要是通过注入公共资金和降低利率的政策,而不是通过私人投资的强劲复苏来实现的。从表5.1可以看出,消费支出在1999—2002年间稳步增长(四年的增长率分别为9.7%、7.1%、4.9%和7.6%),而同期固定资产投资总额也在增长,但波动幅度更大(四年的增长率分别为8.3%、12.2%、-0.2%和6.6%)。

在1997—1998年危机期间固定资产投资的大幅减少(分别减少了2.3%和22.9%),没有被危机后恢复期(1999—2002年)的投资增长所抵消,因为1999—2002年间固定资产投资的年增长率仅为4.4%,2003年又下降到4%,2004年进一步下降到2.1%。尽管固定资产投资增长率在20世纪后期已经恢复到4%的水平,但与1993—1996年危机前时期的平均年增长率10.4%相比,实际投资增长率下降得相当厉害。危机结束十年后,总投资占GDP的比例已稳定在30%左右,比危机前时期下降了5个百分点。虽然我们认为危机前时期的特点是某些行业存在过度投资,但这些关于总投资额的数据表明,危机对长期中的总固定资本形成产生了不利影响,正如韩国报告的那样,2003年净固定资本出现了下降,这是自20世纪60年代以来的首次下降。

5.3.2.2 危机后金融改革的成效

韩国公共基金监督委员会(KPFOC)报告的金融重组状况表明,危机后银行业和非银行业都出现了重大重组。据韩国金融监管服务局(FSS)统计,从1998年到2002年,银行雇员总数下降了40%,分行雇员数量下降了20%。不良贷款与贷款总额的比率从1999年的8.3%下降到2002年的1.9%。包括信托账户在内的资产收益率(ROA)和股本回报率(ROE)从1997年的-0.9%和-14.2%分别提高到2002年的0.6%和11.7%。国际清算银行资本与存款比率也有所改善,从1997年的7.0提高到2002年的10.5。

表 5.1 韩国的宏观经济指标(1993—2007)

	1993	1994	1995	1996	1997	1998	1999	2000	2001	2002	2003	2004	2005	2006	2007
国民经济账户(变动百分比):															
实际 GDP	5.8	7.9	8.6	6.4	4.8	−5.7	8.7	8.1	4.0	6.7	3.1	5.1	4.2	5.0	5.0
最终国内需求	5.4	10.4	9.4	8.2	0.1	−17.4	13.9	8.2	3.3	7.0	0.5	1.8	3.3	4.5	4.0
消费支出	5.9	7.6	9.0	7.0	3.2	−10.6	9.7	7.1	4.9	7.6	−0.3	0.4	3.9	4.8	4.7
固定资产投资总额	7.7	12.5	13.1	8.4	−2.3	−22.9	8.3	12.2	−0.2	6.6	4.0	2.1	2.4	3.6	4.0
储蓄与投资(占 GDP 的百分比):															
国民储蓄总额	36.8	36.3	36.2	35.3	35.4	37.2	35.0	33.6	31.6	31.2	32.6	34.8	32.7	21.2	30.6
国内投资总额	35.7	37.0	37.7	38.9	36.0	25.0	29.1	31.0	29.3	29.1	30.0	30.4	30.1	29.8	29.4
价格(变动百分比):															
消费者价格(平均)	4.8	6.3	4.5	4.9	4.4	7.5	0.8	2.3	4.1	2.8	3.5	3.6	2.8	2.2	2.5
消费者价格(期末)	5.8	5.6	4.8	4.9	6.6	4.0	1.4	2.8	3.2	3.7	3.4	3.0	2.6	2.1	3.6
GDP 平减指数	6.3	7.9	7.4	5.2	4.6	5.9	−0.1	0.7	3.5	2.9	2.7	2.7	−0.2	−0.4	1.2
就业与工资:															
失业率(%)	2.9	2.5	2.1	2.0	2.6	7.0	6.3	4.1	3.8	3.1	3.4	3.5	3.5	3.3	3.0
制造业工资(变动百分比)	10.9	15.5	9.9	12.2	5.2	−3.1	12.3	8.6	5.8	11.9	8.7	9.5	8.1	5.7	6.6
财政余额(占 GDP 的百分比):															
中央财政收入	18.6	19.1	16.2	17.4	19.3	18.3	18.7	21.8	21.0	21.9	22.1	22.1	22.6	23.3	不适用
中央财政支出	18.3	18.7	16.0	17.2	20.7	21.8	20.9	20.8	20.0	18.8	21.1	21.4	22.2	22.9	不适用
财政余额	0.3	0.4	0.3	0.2	−1.4	−3.5	−2.3	1.0	1.1	3.1	1.0	0.6	0.4	0.4	不适用
贸易(变动百分比):															
出口(FOB 价格)	7.7	15.7	31.5	4.1	6.7	−4.7	9.9	21.2	−14.0	7.9	20.7	30.6	12.1	14.8	14.2

(续表)

	1993	1994	1995	1996	1997	1998	1999	2000	2001	2002	2003	2004	2005	2006	2007
进口(FOB价格)	2.3	22.6	31.9	12.2	-2.2	-36.2	29.1	36.2	-13.4	7.7	18.0	25.6	16.4	18.6	15.0
进出口交换比率	-1.6	3.3	1.3	-9.5	-2.6	-4.5	-2.2	-12.3	-4.4	-0.6	-6.3	-4.1	-7.4	-6.6	-2.5
国际收支:															
出口(FOB价格)(10亿美元)	82.1	95.0	124.9	130.0	138.7	132.3	145.4	176.2	151.5	163.4	197.3	257.7	289.0	331.8	379.0
进口(FOB价格)(10亿美元)	79.9	98.0	129.3	145.1	142.0	90.6	116.9	159.3	138.0	148.6	175.3	220.1	256.3	303.9	349.6
当前账户余额(10亿美元)	0.8	-4.0	-8.7	-23.1	-8.3	40.4	24.5	12.3	8.0	5.4	11.9	28.2	15.0	5.4	6.0
当前账户余额(占GDP的百分比)	0.1	-1.0	-1.7	-4.1	-1.6	11.7	5.5	2.4	1.7	1.0	2.0	4.1	1.9	0.6	0.6
外汇储备(期末):															
外汇储备(10亿美元)	16.6	19.7	25.0	31.9	32.4	19.7	52.0	73.7	95.9	102.5	120.8	154.5	198.2	210.0	238.4
外债:															
外债(10亿美元)	43.9	89.8	119.8	157.4	174.2	163.8	152.9	148.1	128.7	141.5	157.4	172.3	187.9	260.1	382.2
外债(占GDP的百分比)	12.7	21.2	23.2	28.2	33.7	47.3	34.4	28.9	26.7	25.9	25.9	25.3	23.7	29.3	39.4
汇率(当期平均):															
韩元美元	802.8	803.5	770.9	805.1	953.6	1 395.0	1 188.7	1 131.1	1 291.0	1 250.7	1 191.9	1 143.7	1 024.1	955.1	929.2
名义有效汇率(韩元/美元,2001年=100)	136.0	131.8	127.3	125.8	127.3	117.0	81.9	93.1	100.0	92.2	94.6	91.5	89.9	100.6	109.2
实际有效汇率(韩元/美元,2001年=100)	110.5	109.4	110.1	112.0	116.6	109.6	81.6	92.5	100.0	94.5	98.9	98.1	98.5	111.3	121.4

注:FOB=离岸。
资料来源:失业率数据来自劳工部(http://laborstat.go.kr),名义和实际有效汇率数据来自国际清算银行(http://www.bis.org),其他数据来自韩国央行经济统计系统(ECOS)(http://ecos.bok.or.kr)。

虽然金融改革似乎对其可量化的目标——银行数量、不良贷款比率和国际清算银行资本与存款比率——产生了相当大的影响,但在实施过程中也存在相当大的问题(PYO,2004)。最严重的问题是缺乏一个透明的标准来判定当某个特定的金融机构陷入困境时,是应迫使其关闭,还是应通过注入公共资金来帮助其纾困。此外,商业银行从企业贷款向消费贷款(特别是以信用卡贷款和房地产贷款的形式)的快速转换,又引起了另一种道德风险,即来自消费者的道德风险:信用卡的违约率从1999年的6.8%上升到2002年的11.9%(Pyo,2004)。

5.3.2.3 危机后公司治理改革的成效

针对公司治理、公司资本结构和企业组织结构的危机后改革取得了显著的成效,或许是因为这些改革制定了具体的可量化目标。最重要的是,按政府规定,大财阀的债务权益比率由超过400%下降到不足200%。如表5.2所示,截至2003年年底,前5名财阀的债务权益比率的简单平均值已跌至约176%,到2006年年底,进一步下降至约113%。第6—30名财阀的债务权益比率,到2003年年底已经下降到约217%,到2006年年底下降到约183%。这一点很重要,因为财阀此前曾通过启动"时间收益"策略,即尽可能长地延迟执行具体措施来应对政府改革举措。此外,前5名财阀出于各种意图和目的取消了各个集团的交叉债务担保。正如我们上面提到的,企业不是通过偿还这些债务,而是通过发行更多的股本使这类比率下降。前5名财阀的平均总债务从不到50万亿韩元增加到超过50万亿韩元,而较小的企业集团表现出同样的趋势。

表5.2 资本结构与企业结构改革及其成果

表5.2(A) 债务权益比率——简单平均

债务权益比率(%)	前5名财阀	第6—30名财阀				前30名财阀
		第6—10名	第11—20名	第21—30名	第6—30名	
2006年年末	113.26	128.15	210.41	216.55	182.55	196.41
2005年年末	121.98	193.06	182.95	198.79	179.75	191.31
2004年年末	131.37	216.76	186.49	231.59	197.38	210.59
2003年年末	175.56	266.52	301.14	127.96	216.72	224.95
2002年年末	202.25	284.65	348.55	140.51	244.17	252.55
2001年年末	174.78	384.79	253.72	285.90	273.13	292.81
2000年年末	253.36	193.42	705.29	57.91	328.86	343.97
1999年年末	212.02	234.21	330.55	627.53	430.07	393.73
1998年年末	335.00	—	—	—	497.70	—
1997年年末	472.90				616.80	

表 5.2（B） 总债务——简单平均

总债务 （万亿韩元）	前 5 名财阀	第 6—30 名财阀				前 30 名 财阀
		第 6—10 名	第 11—20 名	第 21—30 名	第 6—30 名	
2006 年年末	55.21	13.55	11.97	4.48	16.94	9.29
2005 年年末	51.93	18.01	7.04	3.79	15.27	7.93
2004 年年末	48.69	18.29	6.00	3.66	14.38	7.52
2003 年年末	51.26	17.32	5.94	2.24	14.16	6.74
2002 年年末	53.77	15.27	6.39	2.11	14.34	6.45
2001 年年末	46.09	12.34	4.75	3.30	12.42	5.69
2000 年年末	51.01	10.98	6.03	2.71	13.24	5.69
1999 年年末	47.02	13.19	5.37	3.87	6.33	13.11
1998 年年末	46.91	—	—	—	5.30	—
1997 年年末	44.27	—	—	—	5.46	—

表 5.2（C） 净利润或损失——简单平均

净利润或损失 （万亿韩元）	前 5 名财阀	第 6—30 名财阀				前 30 名 财阀
		第 6—10 名	第 11—20 名	第 21—30 名	第 6—30 名	
2006 年年末	4.99	1.75	0.67	0.26	1.43	0.72
2005 年年末	5.11	1.92	0.48	0.28	1.43	0.69
2004 年年末	5.75	1.88	0.31	0.24	1.45	0.60
2003 年年末	3.76	0.97	0.10	0.08	0.85	0.27
2002 年年末	4.07	0.58	0.02	1.77	1.37	0.83
2001 年年末	2.50	−0.17	−0.11	−0.13	0.31	−0.13
2000 年年末	1.07	0.35	−0.15	−0.23	0.11	−0.08
1999 年年末	1.68	−3.96	0.14	−0.39	−0.90	−0.47
1998 年年末	—	—	—	—	—	−19.50
1997 年年末	—	—	—	—	—	−3.20

注：净利润＝（收入－成本）－利息－税＝营业利润－利息－税＝普通利润－税。

表 5.2（D） 净利润/销售额——简单平均

净利润/ 销售额（%）	前 5 名财阀	第 6—30 名财阀				前 30 名 财阀
		第 6—10 名	第 11—20 名	第 21—30 名	第 6—30 名	
2006 年年末	6.51	7.44	6.31	5.66	6.31	6.27
2005 年年末	7.11	7.88	6.41	6.89	6.93	6.90
2004 年年末	7.80	8.48	4.13	5.35	5.88	5.49
2003 年年末	6.14	5.35	1.58	1.24	2.85	2.20
2002 年年末	6.52	2.98	0.49	57.81	21.01	3.91
2001 年年末	4.78	−1.34	−0.88	−6.82	−2.00	−3.35
2000 年年末	1.06	2.16	−2.02	−20.12	−6.84	−8.42
1999 年年末	2.97	−16.74	3.41	−19.21	−9.67	−7.56
1998 年年末	−3.30	—	—	—	−7.90	−4.50
1997 年年末	0.00	—	—	—	−2.00	−0.80

表 5.2（E） 前 5 名财阀资产在前 30 名财阀资产中的占比（%）

1997 年 年末	1998 年 年末	1999 年 年末	2000 年 年末	2001 年 年末	2002 年 年末	2003 年 年末	2004 年 年末	2005 年 年末	2006 年 年末
62.70	65.50	64.93	63.45	62.51	62.50	60.77	58.45	58.02	56.34

注：资产占比＝（∑前 5 名财阀的资产）÷（∑前 30 名财阀的资产）

表 5.2（F） 业内人士持股比例

业内人士持股 比例*（%）	前 5 名财阀	第 6—30 名财阀				前 30 名 财阀
		第 6—10 名	第 11—20 名	第 21—30 名	第 6—30 名	
2006 年年末	49.53	50.93	52.11	49.33	50.76	50.56
2005 年年末	51.01	48.91	41.27	45.66	44.55	45.63
2004 年年末	50.87	47.75	48.18	40.80	45.14	46.10
2003 年年末	43.33	51.11	48.08	39.99	45.45	45.09
2002 年年末	44.42	52.53	52.19	36.44	46.09	45.81
2001 年年末	44.50	49.07	46.63	51.89	49.22	48.43
2000 年年末	45.73	52.76	43.29	43.31	45.19	45.28
1999 年年末	46.23	40.41	37.14	42.05	39.75	40.83
1998 年年末	54.44	41.20	43.12	55.69	47.76	48.88
1997 年年末	48.12	31.77	49.77	45.44	44.44	45.05

*普通股持股比例。
资料来源：韩国公平贸易委员会（http：//groupopni.ftc.go.kr）。

人们不应该从上述观察中得出结论说这些财阀没有进行任何调整或重组。净利润和利润率均显著提高，前 30 名财阀的平均净利润与销售额的比率由 1997 年的−0.8%提高到 2002 年的 3.91%和 2006 的 6.27%，净利润从 1997 年的−3.2 万亿韩元增加到 2002 年的 0.83 万亿韩元和 2006 年的 0.72 万亿韩元（见表

5.2）。这种模式意味着韩国的大型企业已经将它们的重点从销售或市场份额扩张转到盈利能力（回报率）上。定量研究还发现，在危机后时期，财阀的效率水平已经高于非财阀企业（Choo et al.，2009）。

然而，当我们考察涉及公司的习惯和心态的领域时，其进展不太令人满意或是喜忧参半。在表5.3中，我们先来看看2001年、2002年、2004年以及2007年里昂证券（CLSA）对10个亚洲新兴市场的公司治理调查结果。如表5.3（A）所示，改革后韩国的分数从2001年的47.1提高到2002年的62，排名从第8位上升到第5位。但自那时起直到2007年，韩国排名一直没有变，始终维持在第5位。

表5.3 里昂证券对亚洲新兴市场的公司治理调查结果

表5.3（A） 总排名

经济体	2007年排名	自2004年以来的变化	2004年排名	2002年排名	2001年排名
中国香港	1	1	2	2	2
新加坡	2	−1	1	1	1
印度	3	0	3	4	4
中国台湾	4	2	6	−2	6
韩国	5	0	5	5	8
马来西亚	6	−2	4	3	3
泰国	7	0	7	6	5
中国内地	8	1	9	−8	7
菲律宾	9	−1	8	9	9
印度尼西亚	10	0	10	10	10

资料来源：CLSA（2001，2002，2004，2007）。

表5.3（B） 子领域的排名（2001—2002）

韩国在亚洲前10个新兴市场中的排名		2002	2001	从2001年到2002年的排名变化
		5	8	3
排名调查问题	纪律	6	8	2
	透明度	1	8	7
	独立性	7	4	−3
韩国在亚洲前10个新兴市场中的排名		2002	2000	从2001年到2002年的排名变化
		5	8	3
排名调查问题	可靠性	2	4	2
	尽责性	7	8	1
	公平性	7	9	2
	社会关注度	2	4	2

资料来源：CLSA（2001，2002）；转引自Jang（2003）。

表 5.3（C）　子领域的排名（2001—2007）（调整后的格式）

韩国亚洲前 10 个新兴市场中的排名		2007 年排名	2004 年以来变化	2004 年排名	2001 年以来变化	2001 年排名
排名调查问题	规则与实践	6	0	6	1	7
	执行	4	0	4	1	5
	政治/监管环境	7	−2	5	2	7
	IGAAP（国际通行会计准则）的采用	9	−3	6	−2	4
	体制机制与公司治理文化	5	−1	4	4	8

资料来源：CLSA（2001，2002，2004，2007）。

如表 5.3（B）所示，韩国公司治理状况的改进体现在几个子领域。此部分表明，在 2001—2002 年间透明度有了较大的提高，这可能反映了韩国要求企业提交综合/合并财务报表的结果。此外，在可靠性和尽责性等方面取得了进展，这反映了股东权益的增加。虽然在韩国仍然不允许小股东采取集体行动，但很明显，自危机后的改革以来，小股东的权益得到了更好的保护。许多案件中出现了少数股东对管理层或控股股东的政策和行为提出异议或提起诉讼的（Lee et al.，2007）。然而，韩国管理层就小股东的反对有更挑剔的看法。他们注意到，保护少数股东权益的事业已经成为民粹主义社会运动的一部分，并被一些非政府组织（NGO）所拥护。他们认为，这种激进主义正日益威胁到管理层的工作能力。鉴于美国公司治理体系中缺乏足够的"商业判断"安全港[4]（OECD，1998），这种来自先前地位牢固的管理层的批评是可以理解的。作为应对，越来越多的韩国企业正在购买"董事保险"，以此为股东诉讼的预期增加做准备。总之，重要的是如何平衡和协调作为控股股东的管理层与其他少数股东的利益。

回到表 5.2（B）中的调查结果，一个值得注意的特征是，除公司董事会的独立性外，韩国在公司治理的所有议题上都取得了进展。我们认为在公司董事会独立性方面的特征是很明显的，因为很难为其规定可量化的成功目标。诸如透明度、可靠性和尽责性等所有其他方面都可以用具体的、可量化的或有形的目标来衡量。例如，该调查询问股东是否可以要求召开股东大会，他们是否有权检查账簿，以及集团附属公司是否编制合并财务报表，等等。这些是最低限度的正式要求，可以直接转化为透明性、可靠性和尽责性上的分数。然而，董事会独立性的评估更难量化，这里的分数是基于被调查的管理者的认知。虽然该分数是基于被调查者的认知，但结果却令人失望，因为对外部董事的任命是后危机时代韩国改革的核心措施之一。强调这一点也许是正确的，因为与其他方面相比，董事会与公司治理之间的联系更加直接。然而，这样的结果不足为奇，因为被选为管控经理的通常并不是真正独立的监督人员，而是董事会的"朋友"。表5.3（C）以一种较为独特的方式显示了2001—2007年期间的排名变化趋势。这也表明，在规则与实践、执行等方面，韩国的进展非常缓慢。

总之，我们对危机后公司治理改革的评估表明，虽然韩国在具有可量化或有形目标（例如债务权益比率和利润率）的领域的改革取得了一些成效，但在目标较少量化的领域（比如董事会的独立性方面，或更广泛地说，总体公司治理方面）的改革成效却不那么令人满意。

5.3.2.4 劳工改革的结果：三方委员会的失败

劳工、管理层和政府之间的劳资关系协定的效果好坏参半。在改革初期，三方委员会有助于维护社会稳定，但未能稳定劳资关系。这部分是由于金总统政府在基层和劳工层面对劳资冲突的干预。此外，工会和企业之间几乎没有合作的迹象，尽管KCTU和FKTU都试图在与政府讨价还价的谈判桌上取得政治让步。这两个工会组织与下属工会之间的关系都不太稳定，在试图扩大政治影响力方面两者一直是竞争对手。

三方委员会也因其独特的法律地位而备受压力，直到1999年5月它最终成为总统的顾问机构。它的唯一功能是发布建议；即使是与劳动部一起，它也没有法律约束力。由于缺乏政府高级官员的支持，该委员会已名存实亡。三方委员会一直是一个无效率的组织，因为它是按照欧洲社团模式仓促组建起来的，而没有考虑韩国的制度背景（Leem，2001）。与许多欧洲国家不同，韩国缺乏建立在社会经济差异基础上的稳定的政党政治。政府和财阀一旦获得劳工的最初让步，就没有动力继续与三方委员会合作。另一方面，劳工缺乏集中的决策结构来代表附属工会的分散化利益或将其决定强加给附属工会。公共部门和大型财阀中组织良好的工人的利益被过多地强调了，而小企业中缺乏组织的女性工人、非正式工人、分包工人的利益被系统地忽略了。危机过后，工会尤其是代表大型企业员工的KCTU利用这个机会要求大幅增加工资，大型企业和小型企业之间的工资差距继续扩大。协调性劳工运动的缺失与特定工会对私利的追逐，无疑是韩国工会化率下降的关键因素。

失业和就业不足是危机后韩国面临的主要问题，因为受影响的工人数量和持续时间都有所增加。此外，兼职人员和计日工在就业人数中的占比也有所增加。由于劳动力市场灵活性增强，非技术工人的处境最为不利。在大型企业中，非正式工人的比例增长很不明显，而在中小型企业中非正式工人的比例迅速增加

(Lee et al.，2008)。危机开始时，年轻人的失业率猛增，到 2004 年年底仍然很高（Lee et al.，2008，表2），此时尽管经济有所复苏，但总失业率仍然高于危机前的水平。如表 5.1 所示，危机前的平均失业率大约为 2.4%，而危机后失业率持续高于 3%，平均约为 3.5%。收入不平等程度的衡量指标显示，劳动力市场出现越来越大的分割，例如在 1997—1999 年间，基尼系数从 0.283 上升到 0.320，然后在 2002 年缓慢下降到 0.312，在 2003—2004 年间再次从 0.306 反弹到 0.310。[5]

5.4 全球标准、本国特色与利益集团政治

大规模的改革浪潮过后，我们目前尚不清楚韩国在建立可持续增长框架方面究竟取得了多大进展。一个显著的特点是：改革似乎在改变法律和达到可量化的目标方面取得了一定的成功，例如，当利益冲突变得不那么剧烈时，降低了债务权益比率，并引入了外部董事。相反，当涉及非正式制度的变革（例如提高管理透明度或劳工关系的信任度）时，改革就不那么成功了。

第一，我们的分析表明，韩国的非正式制度需要相当长的时间来改变，这意味着宏观经济改革可能比微观经济改革和制度变革更容易。如果据此认为改革的方向是可衡量的目标，那么对改革的设计或许并不恰当。另外，实施精心设计的改革的另一个问题是制度的互补性（Aoki and Okuno-Fujwara，1996）。如果韩国的制度只与其他特定制度互补得很好，那么任何一项改革都必须小心循序进行，否则必须以"大爆炸"的方式进行，也就是说，必须一下子完成。一个可能符合逻辑但可能并不实际的顺序，也许是从银行改革到公司治理，再到劳资关系，最后到企业重组。要成功实施包括坏账清算、债务重组和审慎监管在内的银行业改革，就必须进行实质性的产业结构调整和劳动力市场改革。然而，为了推进企业重组，必须处理韩国企业的所有权集中和公司治理相对不透明的问题。正如 C. Lee 等（2007）所讨论的，由于所有者在公司中利害关系重大，他们倾向于抵制其控制下的企业重组（并购或销售），除非向他们支付了丰厚的报酬。在劳动力市场改革中，公司治理方面的低透明度往往会干扰提高劳动力市场灵活性的努力。

第二，韩国的经验表明，改革进程往往涉及全球制度标准与本国的观念和利益（特殊性）之间的紧张关系，这往往会使改革的结果好坏参半或引起新的冲突。例如，考虑公司治理改革。虽然英美公司的主要代理成本问题出现在管理层和股东之间，但在韩国的企业中，该问题出现在控股股东和小股东之间。专注于

将外部董事引入董事会的公司治理改革几乎没有缓解韩国企业小股东面临的问题。股东权益在其他几个方面有所改善,包括提起派生诉讼所需的持股门槛降低,允许小股东在股东大会上提出建议、检查公司账户和解雇董事。股东对董事的集体诉讼可以作为保护小股东权益的有效工具,但韩国却并没有引入这个工具。这个关键措施被推迟了,也许是因为改革方案的设计者没有意识到这一措施的重要性,或者也许是因为大型企业的战略是先启动不那么重要的措施(如外部董事制度),推迟更重要的措施(如集体诉讼)。鉴于在非控股股东的权利保护方面仍有一段路要走,我们可以遵循 Ruis 和 van de Walle(2003)的办法,将这一改革评估为"部分实施"的改革,其中最不烦琐的改革措施最先得到实施。

另一个有趣的例子是,在财阀的附属企业之间实施占净资产 25%~40% 的股权投资上限。众所周知,正是通过这一投资组合网络,财阀才能够控制它们的企业帝国,而监管机构似乎很自然地试图限制这种投资。然而,这种对企业投资的监管通常与全球标准不一致,我们注意到美国政府没有对这种行为进行规范。然而,随着股票市场的开放、外国投资组合的大量流入,以及对外国收购和接管的放宽管制,韩国企业抱怨监管机构对附属企业之间的投资限制使其更难以抵制这种活动。股权投资上限也被视为对重组的一种代价高昂和不公平的阻碍,不利于企业(出于区位和进入新产业的考虑)收购或建立新的附属企业,以及剥离现有附属企业。作为对此类担忧的回应,韩国政府于 1998 年 2 月取消了股权投资上限。

在取消后三年,政府恢复了股权投资上限,从 2003 年 4 月起生效。恢复的理由是,财阀们通过发行更多股票而不是偿还部分债务,来降低它们的债务权益比率。不过,大财阀发行的新股份可能只是对韩国股市反弹的一种反应。我们认为,股权投资上限的恢复是官僚们试图扭转韩国通过全球投资标准为自己谋利的局面的尝试。作为股权投资上限恢复的结果,韩国企业必须分配大量资源来抵御可能的并购威胁。这一点从著名的 SK 集团对抗主权投资集团的例子中可见一斑,后者在 2003 年和 2004 年买入并持有了最大比例的 SK 集团的股份。

恢复股权投资上限的一个原因可能是韩国的政治领袖希望向那些认为大型企业滥用了权力的激进的非政府组织和韩国公众做一些让步,同时满足政府官员希求保持他们影响力的要求。从某种意义上说,这可能是一种韩国版的"庇护主义"(clientelism),被庇护者是非政府组织和一部分选民,而不是大公司(Ruis and van de Walle, 2003)。

在劳动力市场改革方面,韩国努力在劳动力市场灵活性的提高与企业特定技能和信任度的降低之间取得平衡。大规模裁员给韩国工人带来的恐慌会比给美国工人带来的恐慌更为严重，因为韩国工人生活在与美国不同的社会契约之下。由于制造业的大多数韩国工人都在"任务导向的系统"中工作，下岗工人在其他企业找到类似的工作岗位有相当大的困难。此外，韩国缺乏美国社区学院和职业学校提供的终身教育和再培训制度，这些制度有助于缓解失业的压力。由于技能范围狭窄、再培训机会少，灵活的劳动力市场全球标准使许多韩国工人束手无策，失去了谋生之道。

第三，实施阶段的利益集团政治，加上民主化和全球化带来的复杂性，似乎削弱了国家有效实施改革的能力。例如，就劳资关系改革而言，全球化的新环境必然需要提高劳动力市场的灵活性。尽管韩国企业拼命争取获得更多的劳动力市场灵活性，但由于韩国的民主化，它们也面临着更强大的工会。其结果并不是完全灵活的劳动力市场，而是两个分割的劳动力市场：一个是由核心的、工会化的工人组成的劳动力市场，另一个是由无组织的边缘工人组成的劳动力市场。核心市场中的工人受到保护并享受高得多的工资，而边缘市场中的工人工资较低，且通常是无组织的。

5.5　最后的反思

韩国实施的危机后改革方案是一个经济体在经历一场重大危机之后所采取的最全面、最果断的改革方案之一。危机后的改革初期，韩国经济的初始特征是由官僚监管；家族管控的集团公司具有不透明的公司治理和低盈利能力；分割的劳动力市场（有的灵活，有的不灵活）与对抗性但失业率低的劳资关系；国有银行或国家控股银行；外商直接投资很少。15年后，许多观察家担心，韩国的改革已经损害了经济增长的长期可持续性（例如，投资率的永久降低），因为人们越来越认识到改革的好处和代价。虽然改革已经使韩国企业进入更加稳定、盈利和透明的商业环境，但宏观经济指标却不那么稳健，表现为投资率的下降和失业率的上升，这可能是由于企业部门追求更高利润和更低增长而进行变更或采取保守行为。尽管出口再次回升，但贸易带来的好处似乎只限于企业部门，而没有使国内家庭受益或带来工作岗位的增加。一些批评家，例如 Chang 和 Shin（2002）都认为，这是韩国为了转变为新自由主义经济模式（盎格鲁-撒克逊模式）而付出的代价，这种模式不适合刚刚进入发达状态的经济体。那么，韩国是否采纳了错误的发展蓝图（Fanelli and McMahon，2005）？根据反思，可能是危机后的韩国采用了以市场为导向的经济模式，但并未对可持续增长机制给予足够的重视（Lee et al.，2008）。例如，银行被卖给外国人后，它们如今的服务对象是个人客户而不是企业客户。银行业发展方向的转变和财阀降低债务权益比率的努力，可能导致了整体投资率下降的意外后果。

关于发展蓝图之选择的讨论强调了在改革进程开始时正确定义改革目标的必要性（Fanelli and Popov，2005）。改革的目标不应仅仅是向市场经济体制迈进，还应朝着有利于增长的市场经济体制的方向迈进。改革成功与否的最终标准应该是改革能否提高经济的长期增长潜力和竞争力。两个次级改革目标应该是创造就业机会和催生新企业。这是基于以下认识：危机后快速复苏的真正引擎是小规模风险企业的诞生和成长，从而将金融资源和人力资源从财阀的牢牢控制中释放出来（Lee and Kim，2000）。历史表明，经济增长往往是由于出现了能利用变化的市场力量的新类型企业，例如，20世纪60年代和70年代韩国的财阀和20世纪80年代的中国乡镇企业（TVE）。中国的经济奇迹源于在中央计划的基础上引入市场，但最终的成功归功于新类型的企业（如乡镇企业、私营企业和外资企业）的出现。由此看来，韩国改革议程中缺失的一个关键因素是没有出台一系列政策，为韩国新兴灵活就业市场中的工人和学生提供深入和终身的教育机会。连续三年（2002—2004年）的失业率上升（见表5.1）以及随后比20世纪90年代还高的失业率（2004—2007年），部分原因是韩国的大学教育质量不高，达不到全球标准。换言之，虽然低技能的工作岗位已经转移到中国，但是韩国工人的技能还不足以胜任来自全球的高技能工作岗位。

注 释

1. 政府支出占GDP的比例从1993年的18.3%上升到2002年的22.9%。
2. 见韩国证券交易所网站（http://krx.co.kr 或者 http://sm.krx.co.kr）。
3. 当然，大宇后来破产了，三星汽车公司被卖给雷诺（Renault）。
4. "商业判断"安全港的意思是：即使管理层的行为最终导致了公司的事后损失，当这些行为被认为是在当前情形下由管理层作出的合理决策时，管理者也无须对此承担责任。
5. 基尼系数来源于 http://kosis.nso.go.kr。

第 6 章 维持韩国宏观经济稳定，实现危机后的弹性增长

(与 G. Kim、H. Kim 和 H. S. Song 合著)

6.1 引言

1997 年的韩国金融危机是一场发生在新兴经济体之中的典型危机。在此次危机爆发之前，韩国遭遇了国际收支逆差和国际储备不足的危机。然而，在此次经济崩溃之后，韩国却在 2008 年取得了与发达国家相匹敌的经济地位，人均 GDP 超过 2 万美元。21 世纪的前 5 年，韩国的潜在经济增长率比 OECD 成员国的平均经济增长率高出 1%～2%，失业率比 OECD 成员国的平均水平低 1%～2%；2003—2007 年间，韩国出现连续的经常账户盈余，国际储备超过 2000 亿美元（全球排名第六）。

然而，受 2007—2008 年美国次贷危机的影响，韩国经济再次遭受严重的金融危机，这表明韩国经济易受国际金融危机的影响。2008 年韩国发生了巨额资本外流（达到 500 亿美元，约占其 GDP 的 5%），导致汇率暴跌，暴露了韩国宏观经济运行良好但并不稳定的弱点。因此，接下来的相关问题是：韩国如何构建一个具有危机恢复能力的宏观金融体系？

本章基于联合国贸易与发展会议和联合国的相关报告（UNCTAD，2009；UN Commission，2009）所得结论，着重讨论这一议题。上述报告指出，在最近的全球金融危机之后，对于韩国这样充满活力的新兴经济体，需要从新的视角采用新的范式制定经济政策。构建具有危机恢复能力的宏观金融体系被认为是韩国迈入富国行列的最后一步。更重要的是，最大范围地开放资本市场并推动资本市场自由化并不一定会使韩国实现这一目标。鉴于目前全球经济环境更加动荡不定，且韩元并非国际货币，韩国需采取更谨慎的政策举措。

2008 年的全球金融危机成为推动韩国和其他亚洲经济体寻求新的经济运行机制的重要因素。亚洲经济体实行以出口为导向的增长模式，对美国市场存在依赖性。然而在这次金融危机中，美国经济遭受重创，资产价值损失约为 15 万亿

至20万亿美元，相当于美国GDP的1.5倍，预计美国的消费将缩减，美国不再是全球的消费市场。因此，亚洲经济体正在从国内市场寻找新的增长力量，这是跻身于富国行列的必经之路。而这种调整存在的问题是，以国内市场为主导的增长可能会降低国际汇兑（以下称"外汇"）收益并面临发生国际收支危机的风险。因此，转向新的增长机制需要有一个"外部安全网"来抵御可能存在的外汇流动性危机。

作为一个理论框架，我们认为Taylor（1998）和其他学者（Eatwell and Taylor，2000）提出的结构主义宏观经济学视角是有用的。其核心观点是：金融市场（特别是国际资本市场）并非有效市场，其运作更符合凯恩斯的"选美比赛"理论（Keynes，1936）。因此，信息不对称、应急市场的不完备性及有限理性（更不用说非理性）引起的市场失灵是金融市场的特有现象。由于所有舆论都指向同一个方向，市场可能极度不稳定，偶尔还会出现严重的流动性缺失（Eatwell and Taylor，2000）。对新兴经济体危机进行解读的一个关键概念就是所谓的"弗伦克尔-内夫特"循环（Taylor，1998）。该循环取决于两种预期利差，即利率差和资本利得差，这也是最初促使外商对新兴经济体进行金融投资的因素。如果利差放开（表示有可能实现盈利），则国内参与者就会取得相关资产的头寸，国外贷款和外国投资也会涌入以购买国内资产。尽管如此，任何威胁整体持仓的变动（即汇率贬值、房地产价格暴跌和/或股市崩盘等预期收益的突变）都可能导致资本在很短的时间内迅速外流并引发货币危机。

本章着重讨论该理论框架。第6.2节从该视角对韩国遭遇的两次危机进行解读。第6.3节着重讨论维持宏观经济稳定的宏观层面的政策方法，侧重于资本账户管理（资本管制）和替代性的汇率制度。第6.4节着重讨论微观层面的政策改革问题。最后，第6.5节是本章的总结与结束语。

6.2 理论框架和危机解读

6.2.1 结构性宏观经济学视角

过去30年被称为金融全球化时代。布雷顿森林体系（Bretton Woods system）瓦解后，世界经济已走向自由化和放松管制时代。这一趋势得到了对包括国际资本市场在内的金融市场可以有效运作这一信念的背书。Eichengreen（2000）很好地归纳了这一信念：

> 能够从国际上借贷具有显而易见的好处。资本流动为投资组合多样化、

风险分担和跨期交易创造了宝贵的机会。通过对海外的国家、家庭和公司持有债权可以使自身在仅对本国产生冲击的干扰中免受影响。即使在国内融资缺乏的情况下，企业家们也可以追求高回报的国内投资项目。因此，资本流动可以使投资者获得更高的收益率。而且，收益率的提高会鼓励储蓄和投资，最终促进经济增长率的提高。

然而，金融市场的实际运作却与这一信念相悖。信息不对称、应急市场的不完备性以及有限理性（更不用说非理性）引起的市场失灵是金融市场的特有现象。金融市场（特别是国际资本市场）并非有效市场，其运作更符合凯恩斯（1936）的"选美比赛"理论。也就是说，市场遵循的是大众所认为的大众观点。由于所有舆论都指向同一个方向，像选美比赛一样运作的市场可能极度不稳定，偶尔还会出现严重的流动性缺失（Eatwell and Taylor，2000）。因此，实施审慎的监管制度对于稳定经济是绝对必要的。根据这一观点，只要政府没有很好地履行其对金融市场（包括国际资本市场）的监管职责，就有可能发生金融和/或货币危机，尤其对于发展中国家来说更是如此。

基于这一观点，Taylor（1998）提出了"弗伦克尔-内夫特"循环的概念，认为货币危机的主要原因在于政府放松了对经济、金融部门（特别是国际资本市场）的实质层面的监管。这种有预谋的宽松政策极大地刺激了国内外私营部门金融行为的失稳。其行为反馈到宏观经济层面，从而扰乱了经济体系。

根据 Taylor（1998）的命题，由于公共部门监管松懈（比如，实行金融自由化），当放开利率差（$\sum_i$）和/或资本利得差（$\sum_Q$）时即会发生资本流入。两个利差的定义如下：

$$\sum\nolimits_i = i - [i^* + (\Delta e/e)^E] \qquad (\mathrm{I})$$

$$\sum\nolimits_Q = (\Delta Q/Q)^E - [i^* + (\Delta e/e)^E] \qquad (\mathrm{C})$$

其中，式（I）为利率差公式，式（C）为资本利得差公式。i 表示国内利率；i^* 表示国外利率；e 表示汇率；Δ 表示变量的变化；Q 表示相关资产价格；上标 E 表示期望。如果利差放开（意味着上述方程式为正），则部分国内参与者会取得相关资产的头寸，外国参与者也会投资于国内资产。例如，由于国内利率高于国外利率加上预期的货币贬值率，利差为正时会诱导热钱流入国内。相比之下，资本利得差为正时会诱导投资者购买价格预计会比其机会成本上涨得更快的资产。这是有风险的，但起初（第一阶段）风险很小，整个系统的风险在这一阶段可以忽略不计。

第二阶段，市场竞争的稳定性可能受到破坏。如果部分参与者利用这些利差，那么其他人也很难抗拒诱惑并参与这项业务，即使他们意识到有风险。经过一段时间之后，金融体系的资产负债表总体上存在风险，即外汇短缺和本地资产充足。这意味着个体参与者的风险现已转移到整个经济。那么，任何威胁整体持仓的变动（即汇率贬值、房地产价格暴跌和/或股市崩盘等预期收益的突变）都可能导致资本在很短的时间内迅速外流并发生货币危机。

其他货币危机模型主要强调政府政策措施的作用，这些措施不能通过经济基本面来维持，因此最终会导致条件的突然变化或危机的发生。也就是说，在这些模型中，金融危机和货币危机是由警觉的私营部门"突袭"存在不正当行为（比如，实施不可持续的财政赤字或存在道德风险）的公共部门引起的。当利差 $\sum_I$ 或 $\sum_Q$ 的符号从正变为负时，这些模型也需要进行机制转换。然而，如前所述，在泰勒模型（Taylor Model）中，利差本身的变动反馈到相关经济体内的周期性变化中，最终导致整个系统极度不稳定。

6.2.2 对韩国两次危机的解读

对韩国发生的两次货币危机事件（1997年危机和2008年危机）进行比较可以发现，即使韩国处于经济发展的不同阶段，这两次货币危机也可以用Taylor（1998）的相同分析框架进行解释或用上述两个利差进行解释。我们不能将这两次事件简单地归咎于单一的政策措施错误或道德风险。尽管如Taylor（1998）所述，1998年存在一些道德风险的可能性，但这并非危机的主要根源，根本不存在财政挥霍问题（主流危机模型所认为的两次货币危机事件的罪魁祸首）。在我们看来，泰勒模型提供了更简洁、更合理和更真实的历史记录。

Taylor（1998）详细介绍了具有相对良好基本面的韩国经济陷入1997年危机的过程。该项研究强调政府对经济实体层面的监管放松（即政府放弃其协调大型工业投资的传统角色）和对金融部门的监管放松（即对国外贷款尤其是通过新注册商业银行发放的贷款以及衍生品的监管失败）。随着金融自由化以及利差的扩大，韩国出现了大量的资本流入，例如，采用日元进行的交易。缺乏经验的韩国金融中介机构在几乎没有任何监管的情况下参与国际资本市场，犯了一些致命的错误：期限错配问题、货币错配问题以及对非常规产品（衍生品）的处理问题。东南亚金融危机改变了投资者的预期，再加上其他不利情形，造成了对韩元的冲击。

2008年的危机同样可以用1997年危机的分析框架来解释。以下原因导致了利差扩大：（1）韩国政府为了控制房地产价格上涨推出高利率政策；（2）对汇率升值的预期；（3）危机恢复后的股市收益。次贷危机导致市场参与者的预期发生突变。国际资本市场的信贷紧缩以及韩国政府为促进出口而实行货币贬值政策的可能性导致了巨额资本外流。

虽然资本账户自由化往往是导致货币危机的主要原因之一,但国际货币基金组织和韩国政府追求更大规模的自由化。1997年11月,韩国政府完全放开了资本流入。1999年4月,韩国对资本账户交易的监管制度转为消极制度,取消了外汇交易授权的诚信原则;对从事外汇活动的外汇机构的监管制度也从许可制改为注册制。2001年1月,韩国对居民和非居民之间的证券交易实施场外交易(OTC)自由化。

采取这些措施后,韩国的宏观经济表现强劲,利差再次扩大,并推动了外国资本流入韩国。总资本流入规模稳步上升,分别占2006年和2007年GDP的6.1%和7.4%。自东南亚金融危机以来,韩国的经常账户盈余相当可观。由于经常账户和资本账户均出现持续盈余,外汇市场供过于求的情况加剧,导致外汇储备大幅增加,韩元长期升值。截至2007年年底,韩国的外汇储备达到2 620亿美元。根据各项研究,外国债券投资流入量激增的原因是抛补利差的扩大,次贷危机导致的金融危机期间除外(Kim,Kim and Suh,2009;Kim and Song,2007;Park and Kim,2008;Yang and Lee,2008;Ryou and Park,2008;Li,2006)。到2007年下半年,外国股权投资流量也逐渐上升。2007年,未偿付的外国股权投资达到320亿美元。根据Yoon和Bae(2007)的观点,由于远期股票价格指数上涨和离岸无本金交割远期外汇交易(NDF)市场的远期汇率升值以及国内和国外利差的扩大,这些投资流量也会随着预期收益的上升而增长。

与此同时,韩国政府鼓励资本外流,以应对2006年和2007年的韩元升值压力。相应地,居民的海外房地产投资也显著增长,2005年仅为2 200万美元,2006年增长到13亿美元,2007年增长到27亿美元。居民的海外股权投资也大幅增长,从2005年的110亿美元增长到2006年的240亿美元和2007年的500亿美元。由于韩元不是主要的国际货币,投资者大规模出售远期外汇以规避汇率风险,导致海外外币贷款大幅增长。此外,出口商(主要是造船厂)通过出售远期外汇合约以便在将来获取出口收益,从而对冲汇率风险。购买这些远期外汇合约的国内银行必须在现货市场出售外币来调整其外币头寸。这些银行通过与外资银行分行或外国投资者之间的货币互换合约以及外汇互换合约获得其所需的外币,这些外国投资者的目的是通过投资韩国债券来利用套利机会。因此,自2006年以来,韩国的外债尤其是短期债务激增。

2007年下半年的次贷危机所引发的国际金融危机导致国际资本市场信贷紧缩,影响了韩国经济。持续大量的外资流出导致韩国股价暴跌、韩元贬值。备受危机打击的外国投资者在准备应对信贷紧缩的同时，在韩国出售了大量的股权，以弥补流动性的不足。此外，外国投资者取消了货币互换合约和外汇互换合约等衍生合约，且未与国内银行进行这些合约的展期。造成这种情况恶化的原因是韩国存在大量外债（2007—2008年达到3 800亿美元），使人们对韩国当局处理危机局势的能力产生怀疑。反过来，所有这些因素又导致了股市的崩盘、韩元的大幅贬值以及国内金融和外汇市场的波动性与不稳定性加剧。

6.2.3 一个新的宏观经济政策框架

我们通过分析韩国货币危机的两大事件来回答以下问题：从宏观经济决策者的角度来看，必须采取哪些措施来防止将来发生进一步的危机？

"弗伦克尔-内夫特"循环从政府退出国际资本市场监管开始。因此，为了防止未来发生危机，必须实施健全的监管和监督政策。从最近的危机中得到的经验教训证明，在全球化时代，仅在一个国家实施健全的监管和监督政策是不够的。没有国际同步监管，就不可能达到预期的效果。关于健全的监管问题，我们必须将监管范围从资本充足率扩大到各个金融中介机构的资产，包括衍生合约等资产负债表外活动。不仅总收益互换（1997年在韩国货币危机中使用），而且抵押支持债券（MBS）和在最近的次贷危机中所使用的担保债务凭证（CDO）都清楚地表明了这些金融产品存在固有的潜在风险。我们将在第6.5节讨论这个问题，并提出详细的改革措施。

因此，宏观经济政策的主要问题是关注利差变动；利差完全放开可拉动资本流入，但同时也可能导致市场的极度不稳定。正如Taylor（1998）所指出的，利差的另一个来源是资产负债表外活动和衍生品。这里我们必须对韩国经济中存在长期套利机会的情况进行彻底的调查。我们前面已经研究过，这些套利机会被外资银行分行和外国投资者利用，最终导致外债激增，并在次贷危机袭击国际资本市场时导致了韩国外汇市场的不稳定。如Yang和Lee（2008）、Ryou和Park（2008）以及Kim和Song（2007）所指出的，这些套利机会源于国内外汇市场供求之间的系统性失衡（以及国内外汇银行难以在全球信贷紧缩状况下获取外汇导致的互换市场失衡）。考虑到外汇存在突然撤离的潜在风险，韩国当局应更加努力纠正这种系统性失衡。

下面我们对利差变动进行更全面彻底的研究。相对而言，影响利差变动的外部条件（例如信息技术泡沫破灭后的美元疲软以及国外利率走低）对韩国当局来说难以控制。除2001年和2002年外，2007年下半年之前的数年，韩元对美元的汇率持续走高。因此，韩国当局仍然能掌控的并且相对来说代价较低的政策措施就是调整国内利率。虽然韩国的国内利率远低于 1997 年危机前的水平，但除了几个非常短的时期，其国内利率均高于国外利率（Yoon and Bae，2007）。因此，汇率走高和利率差异扩大了长期利差。然而，由于股市繁荣和房地产价格上涨，韩国当局在降低国内利率以缩小利差方面面临严重的制约因素。尽管当局采取了大量的政策措施，但房价（尤其是首尔的公寓价格）从 2000 年开始（除几个间歇期外）一直在大幅上涨，并在卢武铉政府时期继续上涨（Kang，2006；Kim，2007；Kim，2008）。卢武铉政府试图抑制房价上涨，因此降低利率又成了一种令人不可思议的备选方案。2003 年年初开始的股市繁荣可能进一步加剧了这种情形。

下一个问题是如何管理整体宏观经济政策中的汇率。完全自由浮动的汇率制度和资本账户可兑换性在主流经济学中被视为使一个国家免受投机性攻击的因素，因为政府对汇率没有作出任何承诺。因此，这种组合可归因于"三元悖论"，即一个国家不能同时拥有自由浮动汇率制度、资本账户的完全可兑换性和自主性货币政策。根据这一观点，对于一个对大量资本流动开放的新兴国家而言，弹性汇率可以减少对外脆弱性并提高货币政策的效率，同时，金融自由化可以有效地对储蓄进行配置和约束宏观经济政策，从而促进经济增长（Ferrari-Filho and Paula，2008）。

然而，如"格伦维尔法则"（Grenville，2000）所述，经验表明，经济基本面并不能解释汇率的短期或中期走势，汇率有时表现出长期波动，而经济基本面并没有出现足以抵消汇率波动的明显变化。此外，任何国家都不能承受汇率水平和外汇市场的大幅波动，因为这可能会对特定行业和整个经济产生实际性和破坏性的后果。由于韩国经济在很大程度上依赖于贸易和石油等原料的进口，因此政府完全不对汇率进行管理几乎是不可能的。以下例子非常清楚地说明了韩国政府在自由化市场中的政策实施方面的无能。如前所述，韩国政府鼓励资本外流，以缓解汇率上升的压力。而实际上，虽然资本流出大幅增加，但对冲需求所导致的资本流入也显著增长，从而导致韩国政府的政策意图失效。

韩国应该采用哪种宏观政策框架来防止汇率过度波动并实现由价格稳定和充分就业所体现的宏观经济稳定？由于上述原因，"三元悖论"的解决方案（即自由浮动汇率制度、自主性货币政策和资本账户的完全可兑换性这一组合）无法实现。首先，韩国严重依赖贸易（包括进口和出口）。其次，资本流动和汇率可能极其不稳定。此外，我们不能放弃自主性政策措施，因为即使是部分自主，对于新兴经济体来说也很重要（Malovic，2007）。根据 Williamson（1999）的观点，虽然我们无法在完全放开资本流动的同时保留绝对的固定汇率以及绝对独立的货币政策，但这绝不是说我们不能对资本流动进行部分控制，或者不能保留具备合理弹性的货币汇率和货币政策制定上的相对独立性。

有弹性的 BBC（篮子、区间和爬行）汇率制度可作为一个可行的替代方案。该系统的三要素如下：钉住一篮子货币、区间浮动汇率以及（根据通货膨胀差异或其他预先规定的指标调整的）爬行钉住汇率（Malovic，2007；Wang，2008）。然而，为了提高成功管理汇率制度的可能性，有必要采取一些措施降低资本流动的波动性和国内货币遭受投机性攻击的可能性（Ferrari-Filho and Paula，2008）。采取官方干预措施需要有大量的外汇储备，用以避免投机性攻击，并使用冲销干预措施缓解货币升值压力。最近韩国央行的经历清楚地表明，长期使用冲销政策会带来一些问题，例如，韩国央行资产负债表的恶化、国内利率提高引起的资本流入增加等（Kim，Kim and Suh，2009）。

因此，需要通过资本账户管理技术（即资本管制）加以补充。资本管制可降低一个国家在应对金融危机（包括任何货币危机期间的资本外逃）时的脆弱性，打破在岸利率和离岸利率之间的联动关系，以便在短期内给货币当局一定的政策自主性，并减轻过度资本流入导致的汇率压力（Ferrari-Filho and Paula，2008）。根据 Magud 和 Reinhart（2006）的观点，不管怎样，对资本流入实施管制都具有一定的好处。《联合国贸发会议报告》（UNCTAD，2009）进一步认识到资本账户管理的作用，指出可以通过在经济繁荣时期对过度的金融负债累积加以限制、在危机期间对资本外逃加以限制，以反周期方式对资本账户进行管理。

总之，本节提出的新的宏观经济政策框架可以描述为一个实施部分资本管制、有弹性的 BBC 汇率制度，并且在货币政策制定上保持相对独立性的"中间制度"。

6.3　金融稳定改革在宏观层面的问题

6.3.1　作为关键宏观政策变量的汇率与利率

鉴于"三元悖论"，国家必须放弃对汇率或利率的管控。从全球来看，大多数发达国家已采用完全浮动汇率制度，并倾向于将管控重点放在利率上。就金融体系不稳定性或危机的可能来源而言，关注利率是有道理的，因为危机往往源于银行，2008 年发端于美国的金融危机就是一个例子。现在我们再来看新兴经济体，新兴经济体的危机根源通常与货币流动性危机相关，即使对那些以本国货币衡量时银行具有稳健性的新兴经济体来说也是如此。如果我们重新考虑这两个利差，汇率相对于利率的重要性就变得更加清晰了。

假设政策制定者想要防止两个利差扩大。如果利用利率来收窄利差，那么就不可避免要进行权衡（即，收窄一个利差将导致另一个利差扩大）。例如，如果通过降低利率来收窄利率差，则会引起与低利率相关的信贷市场和资产市场泡沫。另一方面，如果提高利率以降低资产市场泡沫，则利率差会扩大，且以获取更高利率为目的的"热钱"会被吸引到这个国家。但如果使用汇率进行调节，则对两个利差的影响会朝同一方向发展。例如，如果允许汇率升值，则利率差和资本利得差都会缩小。

从上述推理可看出，在以危机预防为导向的宏观政策制定方面，对汇率拥有自主权不无裨益。关于最优汇率的争论由来已久。如今大多数发达国家都采用浮动汇率制度，但浮动汇率制度并不是统一的。根据政府对交易市场的干预程度，存在多种浮动汇率制度。甚至发达国家也在不同程度上频繁干预外汇市场，以期将汇率维持在理想水平或维持其稳定性。

韩国在1997年金融危机期间采用了自由浮动汇率制度，以防范针对韩元的投机性攻击。值得注意的是，作为援助条件之一，国际货币基金组织也积极推动韩国采用自由浮动汇率制度。当时，韩国无法调查研究哪种汇率制度更适合韩国经济，因为当时韩国的当务之急是从危机的困境中解脱出来。如今，考虑到不断变化的国际金融环境和韩国经济，是时候重新审视韩国的汇率制度了。

关于哪种汇率制度更好，是固定汇率制度还是浮动汇率制度，经济学家们至今尚未达成共识。支持固定汇率制度的观点强调汇率稳定的好处，指出固定汇率制度降低了与国际贸易相关的汇率风险，有助于推动国际贸易，从而促进经济增长。而支持浮动汇率制度的观点则强调市场在资源配置方面的有效性上的优势。另外，该观点认为浮动汇率制度能更好地解决外部失衡问题。许多发达国家采用浮动汇率制度可能意味着，在发达国家，浮动汇率制度的优势要大于固定汇率制度的优势。

但是，浮动汇率制度的优势基于这样一种假设，即汇率由"真实"的经济基本面决定。但有证据表明，汇率往往不由经济基本面决定，而由不稳定的资本流动或"羊群效应"决定。因此，汇率经常出现剧烈波动且处于非均衡状态。同时人们普遍认为，市场机制只有在稳定的环境中才能通过信号传递发挥作用。汇率的不稳定波动只会增加不确定性和风险，而不会改善资源配置。

韩元甚至在最近还经历了过度波动。韩元对美元汇率的波动范围从2007年8月的920到2009年3月的1 590左右（见图6.1）。在美国次贷危机爆发之时，韩元对美元的贬值幅度高达60%。与新加坡和中国台湾地区等竞争性经济体相比，韩元的贬值幅度最大。韩元汇率的过度波动促使政策制定者们和经济学家们重新考虑当前汇率制度的优势和劣势。

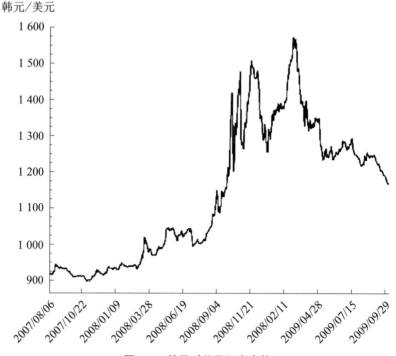

图 6.1　韩元对美元汇率走势

资料来源：韩国央行经济统计系统（http：//ecos.bok.or.kr）。

韩国是一个典型的小型开放经济体，其贸易开放程度达到 80% 至 100%，表明汇率在韩国经济运行中起着至关重要的作用。总的来说，由于韩国在保护经济免受外来冲击方面具备优势，所以它享有浮动汇率制度的好处。然而，韩国在 2008 年和 2009 年经历的经济波动说明事情并非如此。

考虑到这些经历，韩国有必要考虑采用替代的汇率制度，例如采用弹性的 BBC 汇率制度，特别是介于固定汇率制度和浮动汇率制度之间的中间汇率制度。弹性的 BBC 汇率制度意味着允许汇率在一定的区间内波动，如果达到一定水平则由政府对汇率市场进行干预。有弹性的 BBC 汇率制度是 20 世纪 80 年代以来新加坡采用的汇率制度，它成功地使新加坡摆脱了两次金融危机和投机性攻击（Wilson，2009；Chow，2007）。在新加坡，汇率是根据未公布的贸易加权货币篮子或主要贸易伙伴和竞争对手的货币指数来管理的。货币篮子中的货币的权重会定期更新。与使用单一货币（如美元）相比，货币篮子是监测新加坡元走势的更稳定的参照点（Wilson，2009）。政策区间本身会不时进行调整，并且允许其随着国内和国际环境的变化而"爬行"。新加坡的 BBC 汇率制度不仅是一种汇率制度，同时也是其宏观经济政策的一个关键特征。换句话说，新加坡 BBC 汇率制度使用汇率（货币升值）而不是利率来控制国内通货膨胀。

当然，在其他国家（比如韩国）采用这种 BBC 汇率制度和基于汇率的宏观经济政策有几个条件。在新加坡，汇率政策对 GDP、出口和消费者价格指数的影响显著强于利率的等值变化所产生的影响（Wilson，2009）。因此，要想采用这种汇率制度，货币监管部门必须确认其汇率或利率是否为良好（可控）的中介目标或中介手段，并且是否与物价稳定性（中期货币政策的最终目标）保持稳定且可预测的关系。韩国央行最近的一项研究（Kong and Han，2009）表明，在韩国，利率对主要宏观经济变量的影响通常大于汇率对主要宏观经济变量的影响，但当人们担心可能出现通货膨胀时，汇率的影响（特别是对通货膨胀的影响）往往会剧增。

尽管韩国可能无法采用仅专注于汇率且充分降低利率控制的宏观政策或制度，但需要在两者之间取得新的平衡。这就意味着韩国央行应通过调整利率和汇率使韩国货币的币值保持稳定。韩国央行应始终关注汇率是否处于接近均衡汇率的状态，就像关注利率一样。此外，韩国央行不应允许韩元被过度高估或低估，否则会扩大两个利差并引发货币冲击。例如，在 2000 年代中期，由于韩国经济的强劲表现，韩元面临巨大的升值压力，韩国政府试图对其进行抑制，以维持其贸易竞争力。这一做法扩大了实际利率差，从而导致大量"热钱"流入。新制度不应将汇率作为贸易政策的一种手段，而应将其作为货币政策的一种手段。使韩元币值保持稳定是韩国央行的关键职责之一。虽然韩国央行在这方面的表现非常糟糕，但没有人提出任何改革该制度的建议。韩国央行应设立一个特别委员会对汇率进行监管，就像监管利率一样，并努力将汇率调整到某个"均衡区间"内。

与此同时，实行 BBC 汇率制度需要充足（但不是巨额）的外汇储备，以强化人们对汇率制度的信心，从而防止投机性攻击。据报道，韩国央行在 2007 年年底拥有 2 500 亿美元的外汇储备，但这还不够。根据以往文献所述，一个国家的最佳外汇储备额是 3 个月的进口汇票额，而最近提出的建议是 3 个月的进口汇票额加上短期流动性外债的数额，甚至再加上外国人持有股票价值的三分之一。据报道，截至 2009 年 3 月，韩国的外汇储备额为 2 063 亿美元，远高于 3 个月的进口汇票额（699 亿美元）或流动性外债额（1 858 亿美元）。但这个数额低于两者的总和（即 3 个月的进口汇票额和流动性外债额之和），远低于这两者加上外国人持有股票价值的三分之一。为了满足这一新标准，韩国需要再增加 1 000 亿美元的外汇储备，达到约 3 000 亿美元。

也有其他反对钉住区间汇率制度的观点。但是，由于仍未确定 BBC 汇率制度的成本是否高于自由浮动汇率制度的成本，因此可以考虑采用国家层面汇率制度的替代方案——区域层面的跨国协调，以实现货币稳定。

如果相关国家之间的制度和政策协调一致，则其能以更低的成本和更容易的方式实现汇率的稳定。东盟"10＋3"会议已开始探讨东亚国家之间的货币合作和金融合作，在上次会议期间已将东盟"10＋3"会议转化为多边会议。因此，在东亚各国之间开展货币和金融合作的初步背景已经具备。在东盟"10＋3"会议期间，亚洲货币基金组织提出的许多想法（例如，统一亚洲货币单位和监管体系）已被提上议程。2009年关于进一步发展"昌迈倡议"（Changmai initiative）的协议也取得了重大进展。大多数成员国希望都保持汇率稳定，所以成员国之间应加强合作，以期提高汇率的稳定性（Chung and Eichengreen，2009）。

在这方面人们经常讨论的是东亚所谓的"有管理的浮动汇率制度"。该方案中，成员国将汇率维持在一个指定的范围内，允许本币的币值相对于美元和欧元等货币浮动。如果汇率波动超出指定的范围，成员国就会对汇率市场进行干预。但是，要采用这种制度，必须确定一个基准货币。建议采用统一的亚洲货币单位作为货币合作的基准货币，该货币单位可通过反映交易份额或其他经济指标的成员国货币篮子来建立。此外，该制度还考虑了在政府层面推广亚洲货币单位和汇率制度的具体措施。尽管如此，我们的讨论仅限于为了恢复汇率稳定而在东亚地区开展货币合作的必要性。

6.3.2 关于资本市场自由化和资本管制的争论

6.3.2.1 金融自由化的利弊

自20世纪80年代末以来，国际经济环境变化的主要驱动因素是大规模的资本流动。国外资产和负债总和与全球GDP之比从1985年的0.86上涨到2003年的2.64（Lane and Milesi-Ferretti，2007）。尤其是20世纪80年代中期以来，大多数国家的资本开放程度一直高于贸易开放程度。在韩国，国外资产和负债总和与GDP之比从1997年的0.60上涨到2004年的1.09。资本市场自由化推动了这种大规模资本流动，提高资本开放度的措施源自对开放资本账户的效力和优点的信心。也就是说，资本开放有助于提高资源配置、投资、竞争和经济增长的效率。这些事实促使大多数国家实行金融自由化，包括放松国内金融管制和开放资本账户，因为这一体制已经打开了大多数国家的资本市场。

大量经济学文献对资本市场自由化对经济的影响进行了研究。我们可以将相关文献分为两类：一类支持并强调资本市场开放的好处；另一类批评资本市场开放，强调资本市场开放会导致较高的经济脆弱性。

第一种观点得到Rogoff（1999）、Fisher（1998）、Summers（2000）和Kose

等（2006）的支持。支持资本市场自由化的主要理由可归纳如下：资本市场自由化可以降低资本成本，从而增加投资；改善资源配置状况；使生产率增长和经济增长更迅速；在长期中平滑消费，改善福利。同样，Quinn（1997）、Klein 和 Olivei（1999）以及 Edwards（2001a，2001b）也提出了实证证据，证明资本账户开放促进了经济增长。Glick、Guo 和 Hutchison（2006）发现，很少有系统性的实证证据证明资本市场自由化本身会增加经济面对危机的脆弱性，并且样本偏差会导致允许国际资本自由流动的国家更容易受到金融危机的影响的结论。

目前，其他反对资本市场自由化的观点强调资本市场自由化对金融不稳定性和面临经济冲击的脆弱性的影响（Bhagwati，1998；Rodrik，1998；Stiglitz，2000；Rodrik and Subramanian，2009）。Grilli 和 Milesi-Ferretti（1995）、Rodrik（1998）、Kraay（1998）、O'Donnel（2001）、Edison 等（2002）不同意资本账户可兑换性可以促进经济增长的观点。此外，他们提出，国家之间的自由资本流动会助长金融危机和经济危机。反对国际资本流动的观点的逻辑如下：信息不对称、资产定价泡沫、期限错配和货币错配由于缺乏国际最后贷款人而导致严重的银行挤兑和金融恐慌。他们认为，资产交易与商品和服务贸易不同，国际资本流动增加了经济体面对国外冲击的脆弱性，阻碍了经济体的效率提高和经济增长；相反，国际资本流动频繁容易引发金融危机和经济危机。

总之，理论和实证文献未就资本开放与经济增长之间的关系达成共识。如 Eichengreen（2001）所指出的，资本账户自由化仍然是当今最具争议和最难以理解的政策之一。但是，如 Kose 等（2006）所总结的，大量的实证文献几乎没有从整体上提供有力证据，证明金融一体化与经济增长之间存在因果关系。如 Epstein（2009）所述，资本流动性与金融危机之间也存在很强的相关性。最近频繁发生的危机使决策者们和经济学家们得以更认真地思考资本账户开放的好处和资本账户可兑换性的成本（UNCTAD，2009）。

6.3.2.2　金融危机和资本管制的必要性

自20世纪80年代后期以来频繁发生的货币危机和银行业危机使人们普遍认为，资本账户自由化会增加金融不稳定的风险。1990年《单一欧洲法案》（Single European Act）实施后，随之而来的是欧洲资本管制的放松和1992年的欧洲货币危机。在实行资本市场自由化之后，墨西哥（在1994年）受到国际资本流动的冲击。20世纪90年代初期东亚国家的资本账户自由化措施使这些国家遭受了投机性攻击，最终导致了1997年的严重金融危机和经济危机。如 Stiglitz（2000）和 Rodrik（1998）所指出的，中国和印度的国内资本市场不对国际市场开放，从而成功使自己免受金融危机的影响。这些案例使我们有理由认为资本账户自由化在引发金融危机方面扮演了重要角色。

Stiglitz（2000）认为，最近频发的危机的根源是资本市场自由化（资本开放），并将危机与车祸进行了如下比较："当高速公路上发生一起事故时，我们可能怀疑是驾驶员的注意力分散所致；但是当高速公路的同一路段的同一弯道发生数十起事故时，我们就需要重新检查道路的设计问题了。"Rodrik（1998）也对国际资本流动提出了批评，认为资本账户可兑换性需要经济体在面临与环境变化无关的外部冲击（例如，东亚危机中的超涨超跌循环）时进行痛苦的经济调整。他认为，将资本市场自由化视为实施资本账户可兑换的自然结果极具吸引力。如果国际贸易是有益的，那么为何不让国际资本流动呢？他对该问题的回答如下：

> 金融和资本市场上的信息不对称问题比商品和服务市场上更严重、调整速度更快，从这个意义上说，商品和服务市场与金融和资本市场存在根本性的不同。由于没有国际最后贷款人，资本开放型经济体很容易受到小幅冲击。

Kindleberger（1984）也指出，金融市场容易出现"羊群效应"、恐慌、金融传染和超涨超跌循环等现象。

Epstein、Grabel 和 Jomo（2003）对实施资本账户关闭政策的国家进行了研究，总结了以下值得引起重视的重要教训：第一，资本账户管理（资本管制）可以从总体上提高一个国家的金融和货币稳定性，保持其在宏观和微观经济政策上的自主权，并且更利于促进长期投资。第二，资本账户管理的宏观经济收益可能超过其微观经济成本。第三，资本账户管理技术的灵活、动态应用是成功政策的重要组成部分。第四，从长期来看，对国际资本流动的控制和审慎的国内金融监管往往是对政策制定者来说相当有用的互补性政策工具。

《联合国贸发会议报告》（UNCTAD，2009）也指出，新兴经济体的实际经历反驳了资本管制无效或有害的说法。但似乎存在一种共识，认为短期资本流动带来的成本高于收益。具体而言，易波动和易逆转的短期资本流动（所谓的"热钱"）导致了股价下跌、外汇汇率飙升和信贷紧缩。因此，短期资本流动是政策制定者们担忧的问题。虽然针对短期资本流动的有效政策工具不容易设计，但仍有必要对可控的短期资本流动加以管理。

最近，国际货币基金组织在其立场文件中已经确认了资本管制作为应对资本流入短暂激增的工具的必要性（Ostry et al.，2010）。该文件指出，如果经济在接近其潜力的状态下运行，储备水平充足，汇率没有被低估，且资本流动可能为暂时性流动，那么（除审慎监管和宏观经济政策外）将资本管制作为管理资本流入的政策工具之一是合理的。该文件还认为，即使投资者可以通过规避策略绕过该类资本管制，但只要投资者采取这些规避策略的成本高于其交易的预期回报，这类资本管制仍可保留其效力。

总的来说，尽管可能出现扭曲，但资本管制仍然是合理的，因为危机的成本远远大于扭曲的成本（Stiglitz，2010）。同时，Reinhart 和 Rogoff（2009）也发现金融危机的成本相当高，他们计算得出，从高峰到低谷，实际房价在 6 年内下跌至平均 35% 的水平，而股票价格在大约 3 年半的低迷时期则下跌至平均 55% 的水平。银行业危机与产出和就业的严重下降有关。在经济周期的下行阶段，失业率的上升平均持续 4 年以上，平均上升 7 个百分点。产出的下降平均超过 9%。金融危机的巨大成本已导致政策制定者们在制定政策时以安全或保守为主。

6.3.3　韩国实施资本管制的政策选择

虽然资本管制政策不是最优政策，但这些政策可以成为预防危机的政策选择之一。资本开放型经济体无法与国际金融风暴隔绝开来。尤其是像韩国这样的小型开放型经济体，在当前资本流动不受限制的环境下面临资本的流入和流出。通过对韩国近期资本流动的随机观察可以发现，资本流动的波动性是显而易见的（如图 6.2 所示）。2007 年，流入韩国的资本净额达到 95 亿美元以上（如表 6.1 所示）。2008 年，资本流动从净流入逆转为净流出；2008 年资本净流出量约为 509 亿美元，其中 2008 年第四季度（美国次贷危机蔓延至全球之时）达到约 425 亿美元的峰值。2007—2008 年资本流动总逆转额约为 604 亿美元。2009 年第二季度，资本流动再次由净流出逆转为净流入。

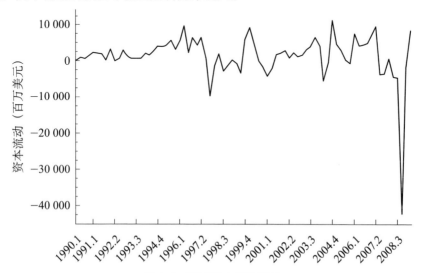

图 6.2　韩国资本流动趋势

资料来源：韩国央行经济统计系统（http://ecos.bok.or.kr）。

表 6.1　韩国资本流动趋势（2007 年第一季度至 2009 年第二季度）　（单位：百万美元）

	第一季度	第二季度	第三季度	第四季度	年度总计
2007	7 177.9	9 631.0	−3 749.7	−3 543.4	9 515.8
2008	633.5	−4 440.7	−4 631.1	−42 456.4	−50 894.7
2009	−1 273.7	8 598.9	—	—	7 325.2

资料来源：韩国央行经济统计系统（http：//ecos.bok.or.kr）。

如表 6.1 所示，2009 年第二季度资本流入超过了资本流出。韩国近期资本流动的高波动性使我们开始怀疑资本流动通过改善资源配置和投资对经济产生积极影响的论点是否正确。

正如 Epstein、Grabel 和 Jomo（2003）所指出的那样，没有一种资本管制政策完美适用于所有发展中国家。因此，韩国必须探索自己的资本管制政策备选方案，并从中选择适用于各种情形的措施。

在提出具体的资本管制措施之前必须注意以下几点：第一，资本管制必须以管理短期资本流动而非绿地外商直接投资等长期资本为目的。第二，对资本流入进行管制的成本要低于对资本流出进行管制的成本。贸然对资本流出进行管制会大大损害一个国家的信誉。根据全球标准，除极其罕见的例外情况外，应允许合法流入的资本流出。第三，基于价格的资本管制优于基于数量的资本管制。第四，需合理安排资本管制措施，以实现预期的政策目标。

有几种资本管制措施可供选用，比如托宾税、资本流动的准备金要求、居住要求等（Epstein，2009）。我们首先讨论将托宾税和准备金要求作为韩国资本管制措施的可行性。

托宾税是韩国资本管制的首要备选措施。它是对所有外汇交易征收小额税，从而抑制非常短期的投机性外汇买卖。由于托宾税对每次外汇交易都征税，所以会抑制短期资本流动，同时不会影响对经济有利的长期资本流动。这意味着托宾税的成本可以忽略不计，但可以达到阻止短期资本流动的初衷。

全球金融危机之后，征收托宾税的观点得到了更广泛的支持。巴西对外国投资者购买的股票和股权征收金融交易税（税率为购买金额的 2%）。欧盟组建了一个专家研究委员会，研究如何对国际资本流动征税，并考虑将税率定为 0.005%。2009 年 12 月，欧盟首脑会议建议国际货币基金组织应促进托宾税在国际上的采用。这些意味着发达国家对托宾税的态度发生了重大变化，因为此前它们对托宾税计划普遍持消极态度。

韩国还可以部分引入要求提供准备金的政策，例如，要求外国投资者将部分资金存入银行一段时间，这一政策所起的作用与征税类似。由于资金可以在一段特定的时间后用于投资，因此长期资本流动不会受到影响。

其他资本管制政策由于是基于数量的管制，会导致成本增加，所以似乎不太合适。

6.4 金融稳定改革在微观层面的问题

6.4.1 确定议题：从银行流动性到货币流动性

银行流动性风险是指银行的负债与资产之间在期限方面不匹配的风险。因此，衡量和管理银行流动性风险与管理资本/偿付风险同等重要。然而，在2008—2009年金融危机之前，这种风险无论在韩国还是在全球范围内均未受到足够的重视，因为所有关于银行监管的争论都主要围绕《巴塞尔协议Ⅱ》中资本充足率标准的设计展开。《巴塞尔协议Ⅱ》确定了银行为应对可能面临的风险而应持有的资本金，但同样并未覆盖流动性风险。与资本充足率标准不同，对于流动性风险没有全球公认的监管标准，不同国家的监管框架存在相当大的差异。

然而，银行流动性短缺不仅会对银行产生影响，也会对小额储户产生影响，而小额储户几乎无法监控银行的活动。一家银行的流动性危机可通过金融联动效应迅速传播到其他银行。流动性管理的一个传统方法是对流动性比率进行管理。该方法旨在使流动资产与流动负债保持一定的比例。另一个方法是管理资产和负债的久期。2008—2009年的金融危机表明，监管机构有必要为了有效开展流动性风险管理而制定新的指南。

金融稳定论坛（FSF，2008）为监管机构提供了一个指南，涵盖以下领域：第一，确定和衡量所有类型的流动性风险，包括由资产负债表外风险敞口引起的风险；第二，实施流动性压力测试，以捕捉银行融资计划的系统性影响；第三，监测外币跨境流动和流动性风险管理；第四，加强报告和市场约束，以便更好地管理流动性风险。自金融稳定论坛公布该指南以来，许多监管机构（如英格兰金融监管服务局和国际清算银行）已制定了适用于本国的流动性风险管理指南。韩国金融监管服务局最近发布了该项指南的草案。就这一点而言，我们应该记住，发达经济体和新兴市场经济体的关注点不同。新兴市场经济体更关注外币（而非当地货币）的跨境流动和流动性风险管理。

在不以美元等为主要货币的开放型经济体中，外部冲击更容易伴随货币流动性危机，促使本国货币大幅贬值。正如当前的危机所表明的，新兴市场的货币危机随着外国投资者纷纷逃离而迅速蔓延，从而导致出现货币流动性紧缩风险。因此，对于新兴市场经济体而言，避免外部冲击的关键任务是妥善管理国家层面的收支平衡，以及企业层面的国外资产和负债。尤其是短期外债的水平和趋势是需要管理和监督的重点。

然而，尽管人们已经从这场全球性危机中汲取了大量的有关货币流动性的重要经验教训，但货币流动性问题仍未被列为全球有关后危机时代金融体系架构改革方案的主要讨论议题。部分原因是该问题仅与包括韩国在内的新兴市场经济体有关。美国等发达国家和欧盟国家从未出现过货币流动性问题。因此，在国际清算银行和金融稳定论坛的政策建议中很难找到关于这个问题的建议（BIS, 2008; FSF, 2008）。这也反映了新兴市场经济体在制定有关后危机时代监管改革的新议程方面影响不大。相反，如上所述，有关银行流动性资产的许多建议已在当前金融危机中被证明是不够的。与资本领域一样，金融稳定理事会和巴塞尔委员会一直致力于制定国际协调的银行流动性标准。据报道，在金融稳定理事会全体大会上，韩国在提出新兴经济体货币流动性问题上发挥了主导作用。新兴经济体必须对外币市场进行更严格的监管，减少新兴市场的汇率波动，并与国际机构合作，开发出更成熟和统一的监管工具。由于新兴市场经济体在这一问题上有着共同利益，韩国提议将这一问题作为国际清算银行全球金融体系委员会的集体议程项目之一。

6.4.2 改革措施

鉴于目前在这一问题上存在争论，韩国将发起有关货币流动性监管的讨论，以表明新兴市场经济体对构建具备危机恢复能力的金融体系的关注。本章提出了几种缓解货币错配问题的措施。首先，在短期措施方面，建议将加强货币流动性管理和最优套期保值比率作为成熟的投资策略。其次，在长期措施方面，建议扩大银行的核心美元负债和推动韩元的国际化。

6.4.2.1 两项短期措施

（1）从过度套期保值策略到最优套期保值策略

由于1997年引入弹性汇率制度以及自2007年以来国内投资者海外投资扩张，韩国对货币风险的套期保值需求急剧增加。因而，这一需求导致外汇市场产生结构性供应过剩，反过来增加了韩元升值的压力，尤其是自2006年以来更是如此。从2006年至2007年，所有造船商的平均套期保值比率为54%，而国内投资者的海外投资基金的平均套期保值比率则高达80%。这表明其中有部分需求的投机性过强，超过了暴露于外汇风险之中的本金金额的100%，从而无法通过过度套期保值合约从货币风险中获得资本收益。

最优套期保值比率没有统一的标准，因为它取决于投资者对金融风险的态度以及外汇与投资证券价格之间的历史相关性。但从资产管理者的角度来看，是否应该对冲货币风险有一个经验法则。根据 Campbell、Medeiros 和 Viceira（2007）的观点，外国债券投资必须对冲货币风险，因为债券投资的收益和外币持有量产生的收益之间是相互独立的。同时，如何对冲外国股权投资的货币风险取决于股权与货币之间的收益相关性。如果股权收益与汇率收益呈正相关关系，那么从总收益来看，只有货币风险敞口是对冲风险的占优策略。在上一次金融风暴期间，股权收益率和韩元对主要外币的汇率的走势相反，导致对冲货币风险的海外基金投资出现巨额亏损。

就套期保值比率而言，由于投资者自行决定是否进行套期保值，所以监管机构几乎没有干预的空间。与直接监管相比，对投资者的套期保值成本或其他潜在风险实施更严格的披露原则有助于投资者进行理性判断。由于银行是接受外汇套期保值需求的交易对手方，监管机构可以通过银行审慎监管间接地进行干预。如果监管机构可以通过交易对手方设定与货币相关的衍生品合约的上限，就可以缓解远期外汇市场供大于求的现象。

（2）加强货币流动性管理并覆盖外资银行分支机构

根据韩国发生的两次外汇流动性危机事件可知，当金融公司追求利润最大化而不实施风险管理，并努力通过短期贷款降低融资成本、通过长期投资提高收益率时，就会发生货币错配的情况。这种情况证明了金融监管服务局对银行外汇业务实施严格监管的重要性。金融监管服务局首先会使用各种先进的财务指标对货币流动性进行监管。这些指标包括外币流动性比率、1 个月缺口比率和 7 天缺口比率。这些指标是国际货币基金组织及其开展的"金融部门评估计划"（FSAP）所建议的指标。然而具有讽刺意味的是，2008 年货币流动性危机期间，所有这些指标全部处于正常范围内。

既然如此，那么问题到底出在哪里？本章提出了货币流动性管理中的至少三个必须加以解决的问题。

首先是货币流动性监管的覆盖范围。原则上，货币流动性监管应适用于在国内管辖范围内运营的每家银行，以最大限度地发挥政策效应并消除监管套利。然而，总的来说，外资银行国内分行已经脱离了这种货币流动性监管，其原因尚未完全确定。这种非对称性监管对外资银行国内分行带来了巨大的好处，但对外汇货币市场以及外资银行国内分行的稳健性却产生了负面影响。

因此，金融监管当局应对这些非对称性监管进行纠正性调整。金融监管当局应注意到，非对称性监管的监管套利可能导致一种依赖于外资银行的货币市场结构,甚至加深这种结构。放松监管可能会扩大外汇货币市场的投机空间和套利空间。从这个意义上来说,对所有在国内管辖范围内运营的银行的货币流动性实施监管是防止未来发生同样危机的基本和必要的政策任务之一。金融监管当局应制定政策路线图,尽快缩小国内参与者与国外参与者之间的监管差距。

然而,在对采取更严格的监管政策所需的成本与所带来的收益进行权衡后,金融监管当局对于是否对外资银行国内分行实施更加严格的监管政策犹豫不决。最重要的是,外资银行国内分行在国内外汇市场中发挥主导作用,是满足国内美元货币需求的主要供应渠道,其短期外债规模远大于国内银行的短期外债规模(见表 6.2)。这些以美元计价的基金通过互换市场以固定收益产品的形式投资于国内金融市场,包括外汇互换和交叉货币互换(CCS)。截至 2009 年 9 月底,这些基金持有的韩国债务预估为 49 万亿韩元,其中包括约 42 万亿韩元的国债(Lee,2009)。

表 6.2 韩国的短期外债

	2006	2007	2008	2009 Q1
外债总额(10 亿美元)	260	382	381	369
短期外债总额(10 亿美元)	114	160	151	148
国内银行(10 亿美元)	44	55	45	38
外资银行国内分行(10 亿美元)	52	79	68	65
短期外债比率*(%)	43.8	41.9	39.6	40.1

*短期外债与外债总额之比。外债总额和短期外债总额数据为各年份的年终数据。
资料来源:韩国央行网站(www.bok.or.kr)。

在这种严重依赖外资银行(及其国内分行)的市场条件下,对外资银行国内分行实施更加严格的监管政策可能导致美元供应短缺,甚至对国内金融市场造成重大干扰。也就是说,美元供应短缺可能使以美元计价的短期货币市场转变为供方市场,并提高国内公司的融资成本;同时也可能使外国投资者难以进入国内固定收益市场。固定收益市场将急剧萎缩,利率将上升。

另一个相关的负面影响是,从流动性方面来看,外资银行国内分行的资本结构较为脆弱。如表 6.3 所示,外资银行国内分行几乎没有对外债权,但对外债务很高。2008 年,外资银行国内分行的对外债务与对外债权的比率达到 6.3,远高于国内银行的这一比率(2.0 以下)。这意味着外资银行国内分行面临着高流动性风险,使它们非常容易受到意外的价格冲击。因此,当形势变得不明朗(如雷曼兄弟倒闭)时,这些外资银行国内分行就必须迅速采取行动,以保全自己。在 2008—2009 年金融危机之后,这些外资银行迅速将美元汇回(或撤出),用于偿还全球去杠杆化期间的债务。据韩国央行称,自2008年9月危机爆发以来,通过外资银行国内分行流出的美元净额达到每年244亿美元(Lee,2009)。这是有记录以来的最大金额,约占韩国通过银行流出的美元总金额的67%(Lee,2009)。

表6.3 韩国银行的外部资产负债表

		2001	2003	2005	2007	2008
国内银行	净债权(10亿美元)	−4	−10	−16	−45	−28
	债务/债权	1.1	1.3	1.4	1.7	1.4
外资银行国内分行	净债权(10亿美元)	−6	−14	−15	−71	−61
	债务/债权	1.8	2.7	2.4	6.6	6.3

资料来源:韩国央行网站(www.bok.or.kr)。

考虑到对称性监管的总体成本和收益,调整政策必须循序渐进地进行,以期在市场稳定性和效率之间取得平衡。抑制过度套期保值需求的监管方案应同时适用于外资银行国内分行以及国内银行。交易对手头寸上限和货币衍生品场外交易有助于减少对交易对手之间过度套期保值的激励。在通过头寸上限减少投机性需求之后,可以采取进一步措施对非对称性进行调整。另一种方案是对短期贷款进行限制或设上限,相当于提高长期贷款比率的最低值。由于其业务模式性质的原因,外资银行国内分行拥有的国外资产通常小于国外负债,因此流动性比率或缺口比率等监管措施将来可能面临更长久的挑战。

另一种备选方案是改变监管标准,并开发更加成熟的工具用于银行货币流动性的监管。首先,尽管韩国的流动性指标良好,但由于所有这些指标均由金融监管服务局在期末进行监督,所以韩国陷入了货币流动性危机。金融监管服务局在期末进行监督对于降低外汇市场的波动性毫无裨益。相反,它会导致每个月月末的外汇需求过剩,从而对外汇市场产生周期性干扰。因此,金融监管服务局管理货币流动性的标准必须从期末监管变为期中平均监管。

其次,金融监管服务局必须参照国际清算银行建议的新的流动性管理指南中所提供的方法更加精细地练习使用监管工具。也就是说,货币流动性管理必须采用新的国际清算银行指南,必须实施基于不利情形分析的压力测试。这些不利情形包括存款人极度丧失信心、担保资金中断以及证券市场业务线流动性丧失。

最后,必须引入直接监管,以限制国外资产的持有量上限。金融监管服务局可以对外汇流动资产占国外资产总额的比例提出最低要求。核心融资比率(如国外贷款与国外存款之比)不仅有助于减少货币错配,而且有助于增强核心融资基础,使其即使在金融动荡时期也相对稳定。到目前为止,大多数发达国家尚未将该核心融资比率（如贷款-存款比率）作为监管工具使用。由于金融危机，全球投资者已经意识到核心融资比率的重要性，贷款-存款比率过高甚至提高了韩国发生货币危机的可能性，因此纷纷对此提出批评。在这方面，与国外资产和国外负债有关的核心融资比率可以作为货币流动性管理的有效监管工具。

6.4.2.2 长期措施：通过海外业务扩大美元存款基数

韩国外汇市场最薄弱的一点是，没有稳定的以美元计价、足以应对大规模对冲需求的债务融资。存款型债务是最稳定的债务，相对来说流动性紧缩问题较小。如前所述，韩国外汇市场不能时时保持流动性良好，这就突显了具有相对稳定的资金来源的零售存款的重要性。然而，韩国在2008年前的外币存款仅为3%左右。因此，客户需求的大部分外币依赖于外汇互换、短期贷款、回购交易等，而这类融资最终主要依赖于市场流动性状况。在经历外汇互换市场运作崩溃（尤其是雷曼兄弟破产）之后，获得外币资金更加困难。

在这方面，货币监管当局需要采取更加积极的措施来扩大外币存款，稳定外汇市场。这种情况下，如果国内银行拥有大量基于美元的存款，足以抵消购买船舶建造商的远期外汇合约所带来的额外头寸，那么银行将无须向外国人借入以美元计价的短期资金。

韩国以美元计价的存款短缺与以下事实密切相关：银行既未能从韩国人手中获得以美元计价的债务存款，又未能通过参与金融全球化从外国人手中获得美元存款。大多数情况下，国内银行在设立海外子银行或收购海外金融公司方面一直非常被动。因此，韩国在外汇市场形成了一种恶性循环：银行完全依赖于外资银行的隔夜贷款来应对大规模的国内对冲需求，这反过来又使得银行面临外汇流动性风险。在金融危机期间，可通过更加积极的银行海外扩张战略来实现外汇市场的稳定。

韩元国际化是稳定外汇市场的重要议程项目之一。与韩国开放的资本市场和扩大的外汇需求相比，韩元在全球金融市场的交易量太小。在2000年代后期，韩国超过80%的出口是以美元结算的，以韩元结算的部分不足1%。日本却相反，2008年日本约有40%的出口以日元结算。韩国在半导体、造船、汽车、移动电话等主要产品的出口方面处于领先地位，这些可以提高韩国在确定结算货币方面的议价能力。更加积极主动的韩元国际化措施可以减少韩国本身的对冲需求，从而有助于稳定外汇市场。

6.5 总结与结束语

本章从结构主义宏观经济学的视角，解读了韩国近年来的两次金融危机，并提出了一个新的政策框架和若干改革措施,以期在韩国构建具有危机恢复力的宏观金融体系。本章聚焦于所谓的"弗伦克尔-内夫特"循环(Taylor,1998)以及两种利差,即利率差和资本利得差,这也是最初促使外商对新兴经济体进行金融投资的因素。汇率贬值、房地产价格暴跌和/或股市崩盘等预期收益的突变都可能导致在很短的时间内发生巨大的资本外流和货币危机。在 1997 年的金融危机中,利差主要来自利率和与之相关的大量资本流入。在 2008 年的金融危机中,以下原因导致了利差扩大:第一,韩国政府为了控制房地产价格上涨而推出高利率政策;第二,对汇率升值的预期;第三,从危机中复苏后的股市回报。美国次贷危机导致市场参与者的预期发生突然变化。国际资本市场的信贷紧缩以及韩国政府为促进出口而使韩元贬值的可能性导致了巨额资本外流。

为构建一个具有危机恢复能力的宏观金融体系,本章提出了一个新的、可称之为"中间制度"的宏观政策框架,该框架既允许资本流动又可以实施资本管制,实行某种有弹性的 BBC 汇率制度,在货币政策制定上具有相对的独立性,可在利率与汇率目标之间取得新的平衡。关于宏观层面的具体措施,我们建议对短期资金流动收取费用(或托宾税)并要求提供准备金。托宾税对所有外汇交易征收小额税款,从而可以抑制短期资本流动,同时不会增加对长期资本流动的负担。一些存款准备金政策要求外国投资者将部分资金存入银行一段时间。由于资金可以在一段特定的时间后用于投资,因此长期资本不会受到影响。

从微观层面来看,避免外部冲击的关键是从公司和银行两个维度妥善管理国外资产和国外负债。尤其是短期外债的水平和趋势是需要管理和监督的重点。然而,由于美国和欧盟等发达国家的货币是国际主要货币,这些国家从未经历过货币流动性问题,所以这个问题仍未被列为危机后金融体系架构改革方案的主要议题。本章提出了几种缓解货币错配问题的措施。

在短期措施方面,我们建议采取审慎措施或加强货币流动性管理(不仅覆盖国内银行,而且覆盖外资银行的韩国分行),同时建议采用最优套期保值比率作为成熟的投资策略。例如,我们建议对国外流动资产与国外资产总额的比率提出最低要求;建议采用核心融资比率(如国外贷款与国外存款之比),因为它不仅有助于减少货币错配,而且有助于增强核心融资基础,使其即使在金融动荡时期也相对较稳定。幸运的是,韩国实际上在 2011 年就采取了这些措施,即所谓的"三大宏观审慎"措施,包括对银行远期外汇市场头寸实施管制(股本的 150%),对非存款外汇债务征税,以及对持有韩国债券的外国人的利息收入征税。同时,长期措施包括扩大银行核心美元存款和推动韩元的国际化。

有人可能会认为,如果我们对金融部门实施多种微观管制,那么就不需要像托宾税或其他汇率计划这样的宏观措施了。只有当我们能够落实完善的监管计划，消除金融套利的所有可能性并充分降低风险时，这一想法才能成为现实。然而，这似乎是不可能的。例如，虽然对外资银行韩国分行放松管制是非对称性监管和监管漏洞最明显的实例之一，但监管机构并未采取任何明确的行动。此外，尽管引入了许多新的监管指标，但由于目前仍存在诸多漏洞，我们不能确定这些新的监管指标作为早期预警信号的准确程度。如上所述，在2008年金融危机发生时许多指标根本未显示任何预警信号。这种情况下，需要采取额外的或宏观的经济措施来实现在抵御危机方面的稳定性。

  一个明显的替补方案是制定积极的资本管制政策，包括对短期资本流动的管制（如征收托宾税），这至少在欧洲已成为新的政策共识，但在美国并不受欢迎。虽然奥巴马政府提出了银行税，但没有周转货币的后发国家需要对短期资本流动征收费用，因为这些国家主要面临的是货币危机，而美国面临的则是银行业危机。巴西在2009年对短期资本流动征收费用，导致股价骤跌10%。有些人认为这是在缺乏国际协调的情况下单独行动所产生的超额成本（惩罚），而另一些人则认为巴西已经成功地稳定了资金流动和汇率，因此股价下跌10%并不一定是得不偿失的。如果股价下跌10%可以使一个国家避免产生泡沫或避免将来发生危机，那么许多国家都愿意承担这一风险，因为危机的成本将是巨大且持久的。同样的逻辑可以证明，只要能够大大降低危机发生的可能性，加强管制所需花费的成本是可以接受的（Stiglitz, 2010）。

  在标准的开放宏观经济政策环境下，要避免两种利差同时发生并不容易，因此本章提出的"中间制度"是有合理性的。这类似于资本的完全流动性、浮动汇率和货币政策独立性三者不能共存的难题。如第6.2.3节所分析的，两次危机爆发都是因为我们无法轻松管理这两种利差。例如，在资本完全流动的情况下缩小利率差与打击房地产泡沫的国内政策优先项相冲突。在资本完全流动的情况下缩小汇率差不容易，因为就其对实际经济和贸易的影响而言，某些汇率变动范围是难以接受的。尽管大量的外汇储备确实对此有所助益，但成本极高（收益率太低），并且往往会增加国内货币供应量和通货膨胀压力，导致其他泡沫。

  第6.3.1节的阐述表明，利用利率来弥补这两种利差的效果会适得其反，因为通过提高利率来抑制资产泡沫往往会导致与利率差（指国内利率高于国外利率的情形）相关的外国资本流入。因此，更积极地使用汇率可能是缩小两种利差的更好选择，在这方面新加坡就是一个成功的案例。所以，尽管韩国可能无法采用只专注于汇率而放弃利率控制的宏观政策体系，但韩国需要在两者之间取得新的平衡。新的平衡意味着韩国央行应通过调整利率和汇率使韩国货币的币值保持稳定。韩国央行应始终关注汇率是否处于接近均衡汇率的状态，就像关注利率一样。此外，韩国央行不应允许韩元被过度高估或低估，否则会扩大两个利差并引发货币冲击。例如，在2000年代中期，由于韩国经济的强劲表现，韩元面临巨大的升值压力，韩国政府试图对其进行抑制，以维持韩国的贸易竞争力。这一做法扩大了实际利率差，从而导致大量"热钱"流入。新的宏观政策体系不应将汇率作为贸易政策的一种手段，而应将其作为货币政策的一种手段。

如果这种更重视汇率的新政策体系不够充分，我们还可以使用另一种政策工具，即对资本流动收费。对短期资本流动收取一定的费用可以减少这种资本流动的利差或收益，而无须借助于提高汇率。近期，国际货币基金组织在其立场文件中已经确认了将资本管制作为应对资本流入短暂激增的工具的必要性（Ostry et al., 2010）。该文件得出了一项关键的结论：如果经济在接近其潜力的状态下运行，储备水平充足，汇率没有被低估，且资本流动可能为暂时性流动，那么（除审慎监管和宏观经济政策外）将资本管制作为管理资本流入的政策工具之一是合理的。因此，根据具体情况，韩国政府目前应考虑将对暂时性资本流动收费作为一种可能的政策选择方案，并向公众和国际市场公布。巴西的经验表明，通过变动税率，托宾税可以作为一种短期宏观经济政策工具。

第 7 章 在朝鲜进行跨越式改革可行吗？
（与 B. Y. Kim 和 I. Lee 合著）

7.1 引言

对朝鲜领导层来说，进行经济改革一直是当务之急（Noland，2003；Frank，2005）。早在20世纪70年代，朝鲜经济就出现了减缓和萧条（Kim，Kim，and Lee，2007），振兴经济也因此成为朝鲜当局的主打口号。1998年朝鲜宣布建设"一个强大而繁荣的国家"（朝鲜语为 *Gang sung dae guk*）的国家战略（Kang，2004；Nam，2002）。据朝鲜媒体披露，其重点是朝鲜政府所谓的"跨越式"（朝鲜语为 *dan-bun do-yak*）经济追赶，致力于发展信息技术行业和实现技术突破（Seo，2001；Nam，2002；Ko，2004；Kang，2004）；发起了如2002年"七一措施"的经济改革，包括有限的市场化、有限地开放外部经济关系，尽管成效依然有限。然而，这些改革措施是否意味着朝鲜正开启一场中国式的全面开放，至今尚未完全为人所知（Cho et al.，2003；Oh，2003；Seo，2004；Lee and Yoon，2004；Yang，2006）。

1999年1月，《劳动新闻》（朝鲜劳动党机关报）刊登的一篇社论最早将促进科技进步作为经济发展战略，声称"认识到科技是第一位的，才能为建设强大而繁荣的国家铺平道路"。金正日政府将科技第一政策确定为主要议程之一，并在2000年的联合社论中宣称"意识形态、武器和科技是国家强大繁荣的三大支柱"。2001年1月7日，《劳动新闻》刊登的一篇社论中首次提出了"跨越式发展"的建议，声称"我们计划一举取得世界领先的成就，而不是加以调适或步人后尘……动作迅速而巧妙，可将其称之为跨越式战略"。朝鲜还发起了若干实际项目，如生产设备技术改进项目，更换或革新落后的工厂设备（Seol and Go，2004）。

本章将评估朝鲜实施经济追赶的可能性。由于朝鲜是一个后起工业化国家，且处于转型期，本章将探讨朝鲜能否通过政府宣称的"跨越式"经济政策，实现经济追赶和增长。因此，本章也将对政策选择进行考察，并重点关注外资和科技的作用。

本章内容安排如下：第 7.2 节以中国福建省为范例，探讨朝鲜的跨越式改革模式。随后的第 7.3 节对跨越式改革模式在朝鲜的适用性进行评估。第 7.4 节为实质内容，研究了将外商直接投资（FDI）用作经济增长引擎的方式，强调了韩国资本可能发挥的潜在作用。最后，我们以对跨越式改革前提条件的探讨结束本章。

7.2 跨越式改革模式

7.2.1 跨越式概念

关于追赶的观点要追溯到经济学家 Gerschenkron，他强调了后发国家实现工业化的优势：后起工业化国家只有在经济发展到足够成熟、拥有适于有效率生产的资本品之后，才能利用技术（Gerschenkron，1962）。发展经济学中也有相似的观点，强调要有能帮助贫穷国家避开贫穷陷阱的"强大助推力"（Nelson，1956）。近年来，一些学者，包括 Perez 和 Soete（1988）在内，提出了在不尽相同的背景下进行跨越式发展的观点。例如，Perez（1988）指出，就新的技术经济范式而言，每个国家都是"初学者"，这为后发国家提供了一个迈入更先进的科技领域的机会窗口。[1]这意味着某些后发国家也许可以在无须对先前的技术体系进行大量投资的情况下赶上发达国家（Hobday，1995b）。其中，Lee 和 Lim（2001）讨论了技术发展过程中的几种追赶与跨越模式（见表 7.1）。

表 7.1　追赶与跨越模式

A 部分： 产业追赶	先发者的路径 路径跟随式追赶 阶段跳跃式追赶（第 I 类跨越） 路径创造式追赶（第 II 类跨越）	A 阶段→B 阶段→C 阶段→D 阶段 A 阶段→B 阶段→C 阶段→D 阶段 A 阶段————→C 阶段→D 阶段 A 阶段→B 阶段→C′阶段→D′阶段
B 部分： 经济转型 与外向型增长	利用外资 第 I 类压缩式增长 出口导向型增长的各阶段 第 II 类压缩式增长	ODA→商业贷款→FDI→资本市场/PEF 将上述四个阶段合为一体 OEM→ODM→OBM 将上述三个阶段合为一体

注：C 和 C′代表替代性的技术，而 D′是 C′之后的下一阶段技术。ODA：海外发展援助（overseas development aid）；PEF：私募股权基金（private equity fund）。

资料来源：A 部分改编自 Lee 和 Lim（2001）。B 部分由本章作者归纳总结。

在表 7.1 中，我们可以看到，第一种模式是"路径跟随式"追赶，即后发者选择与先行者相同的路径。第二种模式是"阶段跳跃式"追赶，即后发者在一定程度上跟随先行者的路径，但又跳过某些阶段。第三种模式是"路径创造式"追赶，即后发者探索自己的技术发展路径（当后发者跟随先行者的技术路径之后又转向一个新路径时，就可能发生这种类型的追赶）。在这三种模式中，第一种是较传统的模式，后两种则包含了某些跨越的成分。当然，这三种模式并不一定是互相排斥的，也可能有混合模式。例如，后发者最初跟随先行者的路径，到了一定时期，可以跳过这条路径上的某个阶段。

在下一节，我们先探讨几种改革模式及其对朝鲜的适用性。

7.2.2 跨越式经济改革

已经在改革和追赶上取得一定成绩的经济体有着丰富多样的经验。下文就给出了几个例子。然而，这些经验对朝鲜是否适用依然是个问题，在本章后面部分，我们将对这一问题进行探讨。

首先，中国和越南都是成功的案例（Lee，Lin and Chang，2005）。尽管中国的改革模式是典型的循序渐进式（与东欧采用的休克疗法相反），但也不要忘了，中国不同省份之间的表现有着显著的差异。中国和朝鲜在产业结构、区域异质性等方面也有巨大差别。最重要的是，两国的经济规模大不相同。在经济规模方面，越南和朝鲜或许有可比性，但是海外投资对越南经济改革的作用有限（Lee，Lin and Chang，2005）；而对朝鲜来说，韩国的作用似乎有着潜在的重大意义。而且，越南依然以农业生产为主导，朝鲜却不然（Kim，Kim and Lee，2007）。

其次，德国统一的模式和此前民主德国的经济改革模式也许对朝鲜适用（Kang and Wagner，1995）。不过，从近期看来，朝鲜和韩国自愿统一似乎依然不太现实。也就是说，德国模式对朝鲜的适用性有限。

最后，一些观察家，如 Lee（1999），称朝鲜最好采取朴正熙执政期间韩国采取的"发展型独裁统治"模式。然而，在韩国的这种经济发展模式中，政治局势、美国的驻军和投资以及对美国市场的进入权都起到了关键作用。

7.2.3 中国福建省的案例

我们认为，中国福建省的经验对朝鲜更有启发性。福建省与中国台湾地区咫尺相望，仅隔着一道窄窄的海峡。台湾地区有很多人自称祖籍闽南；Lee（1993：183）称，台湾地区总人口的70%以上祖籍福建。在经济改革之前，福建省是中国最落后的省份之一。在中国的南方地区，广东省是相对发达的省份，即使在经济改革之前也是如此。福建省之所以相对落后，在很大程度上是因为缺乏中央政府的大量投资。不过,自1988年福建沿海新增经济开放区以来,福建省吸引了巨额FDI,其中大部分来自台湾地区,并实现了令人瞩目的经济追赶(Lee,1993:第10章)。

表7.2显示,1980年福建省的人均GDP远低于全国平均水平,约为后者的75%左右。然而,广东省——中国未来经济发展的另一重镇——的人均GDP却高于全国平均水平。不过,福建省拥有中国最早设立的四个经济特区之一,在经济开放后的10年间,其GDP和人均GDP超过了全国平均水平。追赶速度如此之快,原因何在?表7.3和表7.4表明,部分原因在于福建省积极促进出口和鼓励FDI。如表中所示,尽管福建省用了10年左右的时间才使人均GDP超过全国平均水平,但是只用了大约5年的时间就使出口额和FDI占GDP的比重超过全国平均水平。换言之,贸易和FDI的急剧扩大先于收入的增长。尽管福建省的FDI与GDP之比在1981年和1982年仅为0.02%(全国平均水平分别是0.13%和0.16%),但从1983年起却超过了全国平均水平。福建省的情况只是中国的一个案例,很多全国范围的回归研究证实了FDI和出口对中国省级经济发展的重要作用(Lee,1996)。

表7.2 中国的人均GDP:全国、福建省和广东省(1980—2000)

年份	人均GDP(亿美元)			与全国平均水平之比(%)	
	全国平均	福建	广东	福建	广东
1980	306.99	232.25	320.34	75.65	104.35
1981	286.89	244.06	322.09	85.07	112.27
1982	277.94	241.48	333.42	86.88	119.96
1983	294.58	246.49	341.14	83.68	115.81
1984	298.67	253.98	355.39	85.04	118.99
1985	291.15	250.97	349.04	86.20	119.88
1986	276.88	234.30	338.28	84.62	122.18
1987	296.34	268.40	389.57	90.57	131.46
1988	364.04	362.43	526.85	99.56	144.72
1989	401.58	422.03	612.73	105.09	152.58
1990	341.61	368.58	530.40	107.89	155.26
1991	352.98	383.41	563.75	108.62	159.71
1992	414.72	463.68	691.80	111.81	166.81
1993	510.07	630.51	911.84	123.61	178.77
1994	455.17	621.32	788.40	136.50	173.21
1995	581.25	812.72	1 017.24	139.82	175.01

(续表)

年份	人均GDP（亿美元）			与全国平均水平之比（%）	
	全国平均	福建	广东	福建	广东
1996	670.66	961.01	1 144.19	143.29	170.61
1997	730.30	1 107.26	1 257.93	151.62	172.25
1998	761.81	1 215.83	1 345.92	159.60	176.67
1999	790.81	1 304.25	1 416.72	164.93	179.15
2000	855.00	1 401.36	1 556.46	163.90	182.04

资料来源：中国国家统计局（1981—2002）。

表7.3 中国的出口情况：全国、福建省和广东省（1980—2000，部分年份）

年份	出口额（百万美元）				出口额占GDP的比重（%）		
	全国总额	全国平均	福建	广东	全国	福建	广东
1980	18 120	600	360	2 200	6.0	6.3	13.2
1981	22 010	730	400	N/A	7.7	6.5	N/A
1982	22 320	740	180	N/A	8.0	2.9	N/A
1983	22 230	740	190	N/A	7.4	3.0	N/A
1984	26 140	870	390	N/A	8.5	5.8	N/A
1985	27 350	910	560	2 950	9.0	8.2	15.0
1986	30 940	1 030	690	6 900	10.5	10.7	35.7
1987	39 440	1 310	900	10140	12.3	12.0	44.6
1988	47 520	1 580	1 420	14 820	11.8	13.8	47.7
1989	52 540	1 750	1 830	18 110	11.7	15.0	49.4
1990	62 090	2 070	2 450	22 220	16.0	22.4	68.2
1995	148 780	4 960	7 910	56 590	21.2	30.8	82.4
1996	151 050	5 040	8 380	59 350	18.5	27.2	75.7
1997	182 790	5 900	10 260	74 560	20.3	28.6	84.5
1998	183 710	5 930	9 960	75 620	19.4	25.1	79.1
1999	194 930	6 290	10 350	77 710	19.7	24.1	76.0
2000	249 200	8 040	12 910	91 920	23.1	27.3	78.8

资料来源：中国国家统计局（1981—2002）。

表7.4 中国的FDI：全国、福建省和广东省（1980—2000，部分年份）

年份	FDI（百万美元）				FDI占GDP的比重（%）		
	全国总额	全国平均	福建	广东	全国	福建	广东
1980	195	7	4	123	0.06	0.06	0.74
1981	375	13	2	173	0.13	0.02	1.02

(续表)

年份	FDI（百万美元）				FDI占GDP的比重（%）		
	全国总额	全国平均	福建	广东	全国	福建	广东
1982	440	15	1	171	0.16	0.02	0.95
1983	636	21	14	245	0.21	0.22	1.31
1984	1 258	42	48	542	0.41	0.72	2.75
1985	1 661	55	118	515	0.54	1.73	2.62
1986	1 874	62	61	644	0.63	0.95	3.33
1987	2 314	77	51	594	0.72	0.68	2.61
1988	3 194	106	130	919	0.80	1.26	2.96
1989	3 392	113	329	1 156	0.76	2.70	3.15
1990	3 487	116	290	1 460	0.90	2.66	4.48
1995	37 521	1 251	4 039	10 180	5.36	15.72	14.83
1996	41 725	1 391	4 079	11 624	5.11	13.25	14.82
1997	45 257	1 460	4 197	11 711	5.04	11.70	13.27
1998	45 463	1 467	4 212	12 020	4.80	10.61	12.57
1999	40 319	1 301	4 024	12 203	4.07	9.38	11.93
2000	40 715	1 313	3 804	12 237	3.77	8.03	10.48

资料来源：中国国家统计局（1981—2002）。

7.3 朝鲜实现跨越的可能性评估

上一节的对比数据表明，一度落后的福建省在大约10年内赶上了中国的其他很多省份。我们认为，这主要是由于台湾人的积极投资和福建省与台湾地区之间的贸易往来（Lee，1993，1996）。表7.5粗略估计了朝鲜的FDI（来自韩国和中国）占国民总收入（GNI）的比重，从2001年的0.03%增至2004年的0.58%。值得注意的是，21世纪初朝鲜的FDI占GNI的比重范围与20世纪80年代初期的福建省类似。如果再将来自韩国和中国的援助考虑在内，外资的作用就更加重要。另外，21世纪初，朝鲜的贸易总额占GNI的比重约为13%（如表7.6所示），与20世纪80年代中期的福建省相当。这表明，如果朝鲜能继续保持外资的稳定流入，也很有可能实现类似福建省的追赶。

表7.5 对朝鲜的FDI和援助（2001—2005） （金额单位：千美元）

FDI	2001	2002	2003	2004	2005
经济合作项目	2 000	55 900	5 100	28 130	5 030

（金额单位：千美元）（续表）

FDI	2001	2002	2003	2004	2005
开城工业园区项目				41 634 (5 135)	156 943 (14 020)
小计：韩国对朝投资	2 000	55 900	5 100	69 764	161 973
韩国对外投资总额	20 000 000	20 700 000	25 000 000	32 200 000	N/A
韩国对朝投资占韩国对外投资总额的比重（%）	0.01	0.27	0.02	0.22	N/A
中国对朝投资	3 000	700	1 000	50 000	100 000
中国和韩国对朝投资总额	5 000	56 600	6 100	119 764	261 973
中韩对朝投资总额占GNI的比重（%）	0.03	0.33	0.03	0.58（0.40）	N/A
国外援助	2001	2002	2003	2004	2005
韩国政府援助	70 450	83 750	87 020	115 120	123 880
韩国私人援助	64 940	51 170	70 610	141 080	88 660
韩国援助总额（A）	135 390	134 920	157 630	256 200	212 540
其他国外援助（B）	357 250	257 680	139 320	163 230	145 640
国外援助总额（A+B）	492 640	392 600	296 950	419 430	358 180
GNI	15 700 000	17 000 000	18 400 000	20 800 000	N/A
国外援助总额占GNI的比重（%）	3.14	2.31	1.61	2.02	N/A

注：2004年和2005年两列括号中的数字仅代表私营企业投资，不包括社会间接资本（SOC）投资，如物质基础设施投资。

资料来源：韩国银行（Bank of Korea，2006）和韩国统一部（Ministry of Unification，2008）。

表7.6　朝鲜的进出口（2001—2004）　（金额单位：10亿美元）

	2001	2002	2003	2004
进口额	1.62	1.52	1.61	1.84
出口额	0.65	0.74	0.78	1.02
出口额占GNI的比重（%）	4.10	4.40	4.20	4.90
贸易总额	2.27	2.26	2.39	2.86
GNI	15.70	17.00	18.40	20.80
贸易总额占GNI的比重（%）	14.46	13.29	12.99	13.75

资料来源：韩国银行（2006）。

如果我们以福建省的案例作为比较，来评估朝鲜实现跨越的可能性，一个明确的关键因素就是来自韩国的FDI的作用。总的来说，在20世纪80年代中后期，流入中国内地的FDI有50%～65%来自境外华人，包括新加坡和中国台湾、香港、澳门地区的居民，在福建省这个比例还要更高（Lee，1993：111）。市场容量大，韩国资本家又有明显的对朝投资意愿，这些因素表明朝鲜的确有可能实现跨越式发展。如表7.5所示，韩国已经成为朝鲜的第二大投资国，仅次于中国。

值得注意的是，与中国台湾地区对大陆的投资相比，韩国商界和政府在援助和投资朝鲜方面的热情更高。台湾当局往往会对流入大陆的 FDI 施加限制性政策（La Croix and Xu，1995），而韩国政府则对朝鲜提供了相当大的经济援助（见表 7.5）。对韩国人来说，朝鲜可能是中国之外的另一个具有吸引力的 FDI 目的地，因为两国地理位置相近，且朝鲜的薪资水平比中国更有竞争力。开城工业园区（在朝韩边境线以北，距边境线仅一小时的车程）的例子表明，对朝鲜投资会比对中国某些地方乃至其他东亚工业区投资更有竞争力，因为在朝鲜更容易获得高产而廉价的劳动力（见表 7.7）。政治因素也对投资起到了强有力的促进作用。显然，朝鲜有着强烈的促进经济发展的政治意愿，而这似乎是朝韩两国领导人的共同意愿（Lim，2005：51）。而且，对韩国投资者来说，相同的语言和文化也有力地促进了其对朝鲜的投资。考虑到韩国和朝鲜最终实现统一的可能性，很多韩国商人更愿意将工厂迁至朝鲜而不是中国。例如，在 2006 年，韩国有 100 名投资考察人员到朝鲜开城工业园区参观，其中包括商业银行和其他金融机构的 56 名高管，他们表达了在工业园投资的意愿（韩联社，2006 年 7 月 19 日）。当然，开城工业园区是个特例，与朝鲜其他地方没有可比性。不过，正如中国的案例所表明的那样，在初期 FDI 往往集中在选定的经济特区，并产生巨大的溢出效应。而且，可以非常肯定的是，未来韩国经济会将大量的 FDI 输入朝鲜。目前，韩国对朝鲜的 FDI 仅占其对外 FDI 的 0.5%。换言之，较之朝鲜的投资需求，韩国是一个富裕而积极的投资者，具有大幅提升投资力度的能力，尽管由于政治和其他非经济因素，这些潜力尚未被完全挖掘出来。

表 7.7　工资水平对比（2005）

城市	月薪（美元）
朝鲜开城	57.50
中国沈阳	90.00
越南河内	110.00
中国深圳	110.00
越南胡志明市	130.00
中国上海	248.00
韩国首尔	1 100.00

资料来源：改编自 Nam（2005）。

总之，根据经济发展的水平，流入发展中经济体的外资往往会有不同的形式：通常从海外发展援助开始，接着转向商业贷款、FDI，然后再转向其他高级形式的外资，如表 7.1 中的 B 部分所示。比如，韩国在 20 世纪 50—60 年代，外资流入始于国外援助或海外发展援助；在 20 世纪 60—70 年代，转向国外商业贷款；自 20 世纪 80 年代起，又最终转向 FDI 或国际债券市场贷款。然而，朝鲜应该可以同时获得这三种形式的外资并实现跨越（见表7.1）。这之所以可行（至少从韩国的例子来看），原因在于外国商人有在朝鲜投资的决心，而且当前的外资数量是很大的，即使朝鲜的国际局势及商业政策依然不甚明朗。鉴于此，可以将朝鲜经济增长的可能性看作另一个"压缩式增长"的例子。

再者，就出口导向型增长而言，由于有韩国的大量投资，朝鲜能享有韩国企业已经建立起来的营销能力和自有品牌生产能力的初期优势。总之，如表7.1所示，发展中经济体的企业的出口能力增长经历了几个阶段，即从OEM到ODM再到OBM（Mathews，2002a，2003）。试比较韩国和中国台湾地区，中国台湾地区的企业遵循了由OEM向ODM和OBM过渡的过程，韩国财阀却没有选择这条路径，而是从一开始就发展自有品牌业务（Lee，2005a）。从某种意义上来说，韩国财阀跳过了ODM阶段，因为它们是最终产品装配企业，承接来自日本的大部分半成品的外包业务，然后把这些商品打上自己的品牌出口。[2] 只有在推进了OEM出口之后，韩国企业才意识到自身的弱点，也意识到产品差异化和提高质量的重要性。考虑到发达经济体的主要消费品品牌企业占据主导地位，后发者要在消费品市场建立自己的品牌并非易事，因此大多数发展中经济体往往会继续从事OEM生产，这也意味着利润率低或对加工费的依赖。不过，就朝鲜而言，通过朝鲜和韩国的经济合作，韩国企业的设计（ODM）能力和品牌力量能与朝鲜的加工（OEM）能力有机结合起来，从而对产生的利润进行垄断。这也可以看作"压缩式增长"的一种形式和朝鲜实现跨越式改革的基础（见表7.1的B部分）。[3]

一些迹象已经表明，朝鲜经济正在利用这些后发优势。自1994年父亲金日成去世后，金正日就试图实施一系列措施来开放朝鲜经济。金正日很快就宣布了建立"一个强大而繁荣的国家"的愿景。1998年9月9日朝鲜政权建立50周年时，这一愿景在党报上得到重申，并发表在三家主要报纸的元旦官方联合专栏上。

"强大而繁荣的国家"指的是"党性强、军事强、经济强"的国家（Park，2000）。当然，20世纪90年代惨淡的经济形势也要求政府重视经济。从20世纪90年代末到21世纪初朝鲜政府采取的一系列措施也许最能说明经济改革是被放在首位的。朝鲜政府进行了如下改革：（1）调整制度以应对经济困境，包括重构经济的计划和分配体制，旨在稳定经济设施和经济活动的运行；（2）通过与韩国、中国和其他国家的经济合作来赚取外汇；（3）通过外交努力获取外援（Oh，2001）。2002年7月朝鲜当局出台了最重要的改革措施：实行了所谓的"七一措施"以改善对经济的管理，包括分权化和市场化等。此次改革以偏分权制决策体制为原则允许企业在目标规划、定价、市场销售、购买投入品和备件时，拥有一定的自主权,也使商品和服务的官方定价提高到通行的市场价格水平(韩国银行,2002;Cho et al.,2003)。

从1998年起,朝鲜出台了一系列新的法律法规,继续推进旨在扩大经济开放的改革,其潜在目标是韩国人以及居住在日本和美国的海外朝鲜人。仅1999年朝鲜就修订了14项有关外商投资的法律法规。这些法律条款旨在填补空白,弥补自20世纪80年代中期或90年代初期以来陈旧过时的外商投资程序中的缺陷。其中一个最重要的转变是重新强调出口。1999年4月通过的《人民经济计划法》包括将出口商品的生产放在首位、在国家层面承诺促进出口导向型生产等内容。

正如Lee(1997)所解释的,金正日的改革打开了朝鲜出口的大门,也不用承担过度的进口自由化的后果,所谓的"东亚经济增长模式"的研究者对这一战略很熟悉(World Bank,1993)。对朝鲜来说,这种"有限参与"也许可以称为"社会主义开放经济",即在国内经济中未引入市场机制,有别于中国在国内经济中全面引入市场机制的"社会主义市场经济"(Lee,1999)。在朝鲜的战略中,限制性开放旨在解决国际市场贷款中的中长期结构性问题,吸引外商投资,促进出口;允许小规模个人经济活动旨在刺激轻工业和农业发展,以解决一些更直接关乎民生的问题。

2001年4月,为进一步促进出口,朝鲜政府宣布了关于出口加工的《贸易法》。该法是对1996年关于出口加工法规的修正案,专门针对像罗津-先锋(今罗先市)这样的经济特区。虽然2001年《贸易法》与之前的法规内容相似,但是该法案的效力却覆盖整个朝鲜,其目的很明确,即鼓励韩国商人投资,因为就在该法案颁布前5个月,即2000年12月16日,韩国和朝鲜达成了关于担保投资、双重征税、争端解决程序以及两国之间往来账户的协议。除此之外,2001年和2002年韩国和朝鲜还就开城工业园区的通信、关税和检疫等事项达成了协议,为该园区提供了制度框架。两国达成经济合作的努力似乎已经取得了一定的成绩,至少在2015年开城工业园区关闭前是如此。

到2006年,50家韩国工厂在开城工业园区陆续兴建。其中运营中的有13家,4~5家在开业约一年内就已实现盈利。这些企业已经决定扩大投资(《韩民族日报》,2006年6月23日)。到2008年7月,有72家企业的工厂在园区内运营,另有51家新企业正在园区内兴建自己的工厂(《每日经济新闻》,2008年7月30日)。工厂数量的显著增加表明朝鲜的出口促进政策满足了韩国中小型企业为其所属工厂寻找低工资地点的需求。如表7.7所示,开城工业园区更低廉的工资使韩国中小型企业可以应对韩国日益提高的工资水平(Lim,2006)。根据大韩商工会议所（2006）对300家韩国轻工业企业的调查，尽管有政治和军事上的威胁（27.7%）、朝鲜态度不明确（27.0%）等消极因素，但低工资（60.7%）、共同语言（18.0%）和地理位置接近（7.7%）对韩国企业对开城工业园区的投资起到了积极作用。

总之，随着开放政策的继续推进，朝韩两国人民之间的往来不断增加。1998年开展的金刚山旅游业就是一个显著的例子。在该旅游业因一位韩国游客被一名朝鲜士兵击毙而暂停之前，到此游览的韩国游客共计190多万人次，从1998年的约1万人次增至2007年的34.5万人次。此外，朝韩人民的互访从1998年的3 317人次激增至2007年的159 214人次（Ministry of Unification，2008）。

7.4 利用FDI实现跨越

FDI给东道国带来的成本与收益依然是备受争议的话题。对此，有人持批判性观点，如：尽管FDI给就业带来的好处立竿见影，但是它对技术转让和知识的积极影响往往是有限的，或者取决于东道国的吸收能力（Borensztein，Gregorio and Lee，1998；Moran，Graham and Blomströme，2005）。其实，在中国乃至更大的范围内，政策制定者和经济学家们正对FDI的净效应展开激烈的争论。越来越多的中国人认为，FDI在带来新技术和新知识方面的作用有限，因此中国近年来已将重点转向培养本土企业而非FDI企业（Wang et al.，2004）。

不过，朝鲜也许能避免这种政策困境（至少就来自韩国的FDI而言），朝鲜政府甚至将韩国企业视为本土企业而非外国企业。从一开始，韩国企业便引领着开城工业园区的发展，并在该园区的管理委员会中占多数席位（Nam，2005）。因此，韩国企业比其他外国企业更乐意将技术和专业知识转让给朝鲜也就不足为奇了。而当开城工业园区生产的产品被当作韩国产品出口到一些第三方国家时，情况就更是如此了。

以中国的FDI为例，尽管中国官方对经济战略性产业（如汽车、通信、银行业等）有外资股权比例限制，但对大多数消费类商品并没有外资股权比例的限制。对朝鲜来说，维持对某些经济战略性产业的外资股权比例限制是一条切实的政策路线，但是要将来自韩国的投资看作本土投资而非外商投资。这种将韩国投资"视为己出"的政策与朝韩两国在贸易上的通行做法（将此类贸易视作无关税的国内贸易）一致，可以将其看作后者的延伸。这种政策安排之所以可行，是因为两国都有民族统一意识。这一原则也与两国的宪法精神一致，并于1992年在朝韩两国签署的《基本协议书》中得到确认。

相对于外商独资，在某些产业部门促进合资企业投资（本地投资者和外国投资者共享股权）是明智的，尤其是那些需要通过与外国合作伙伴的交流来学习知识或期望获得独享利润或更高利润的产业。在韩国，直到1986年才取消对FDI的外资股权比例的限制，直到1989年才取消了对FDI的绩效要求（如出口实绩）。中国的FDI政策也经历了类似的发展阶段。如前所述，既然朝鲜能对大多数消费类商品采取更开放自由的政策，就能效仿中国对战略性产业采取的政策，并将韩国投资者视为本地投资者，使其享有例外或特权。不过，对一般的FDI来说，首先，朝鲜可以仿效中国加入WTO后的做法，制订一个今后逐渐放宽FDI限制的可预测性计划。其次，朝鲜可以仿效中国，在投资的某个初始阶段，对所有的外商投资实行税收减免。[4]最后，朝鲜也可以考虑不给任何韩国投资者垄断或专营权，以抵制寻租行为，减少韩国投资者之间的竞争。

就朝鲜制造业FDI的前景而言，劳动力供给不足的可能性以及美国市场的不确定性已经引发了一些担忧。[5]但是，朝鲜FDI的战略思路并不一定要局限于制造业FDI，利用服务业FDI也是可行的，尤其是在FDI流入的初期阶段。以中国为例，在20世纪80年代，服务业（如酒店、餐饮和旅游业）的FDI所占比重更大。如上文统计数字所示，为赚取外汇，吸引韩国游客同样也是朝鲜一个有发展前景的商业领域。尤其是朝鲜的山区和沿海地区对韩国游客有相当大的吸引力。由于硬通货极度匮乏，旅游业等服务业的发展能为朝鲜其他行业的投资提供现金支持。

上文着重探讨了FDI，但这只是利用外资最具代表性的形式之一，而朝鲜的经济起飞还可以利用多种外资形式。很多欠发达国家是从外商间接投资开始的，因为资本家不愿直接投资。众所周知，即使是韩国，利用外资的形式也是从20世纪50—60年代接受外国援助开始的。之后，韩国利用外资的形式发生了变化，20世纪60—70年代开始转向国外商业贷款，20世纪80年代以来转向FDI或国际债券市场贷款。

即使由商业驱动的私人投资也采取了多元化的投资模式，包括：（1）建设—运营—移交（BOT）和建设—租赁—移交（BLT），即外国投资者建设一些基础设施，在协定的时期内进行运营（BOT模式）或租赁（BLT模式），收回投资成本，然后将所有权移交东道国；（2）项目融资模式多样，包括私人主动融资（PFI）或政府和社会资本合作（PPP）；（3）无本地劳动力的加工股权投资；（4）外商独资；（5）合资企业；（6）收取国外技术许可费；（7）购买国外技术。上述投资模式按照东道国参与度由低到高排序。因为对朝投资有限，朝鲜当局可以综合考虑本国的吸收和管理能力、外国投资者之间的竞争、对市场结构（垄断或更激烈的竞争）的影响、目标技术或设施的性质、学习与转让的机会等，从中作出选择。

与外国资本与技术合作模式的多样化对应的是资金来源的多样化。作为国外援助或国外优惠贷款的来源，世界银行、国际货币基金组织、国际开发协会（IDA）、亚洲开发银行（ADB）等国际金融组织提供了最为优惠的贷款（Morrow，2006）。此外，还有其他多边筹资和国家投资。其可能的来源包括东北亚地区的发展基金，如由韩国产业银行、中国国家开发银行和日本瑞穗银行三方参与的东北亚地区金融合作发展组织（Park，2006），也可利用私募股权基金对商业项目进行投资。例如，2006年5月朝鲜获得英国金融管理局的许可，在英国设立了第一家私募股权基金——朝鲜开发与投资基金（Chosun Development and Investment Funds）。据报道，该基金以基础设施项目为投资重点，设定目标为5 000万美元，也可以再增加5 000万美元，达到1亿美元（《韩国先驱报》，2006年6月16日）。

7.5 结束语

本章认为，朝鲜作为后起工业化转型经济体，如果推动以外贸和外资（尤其是来自韩国的投资）为重点的经济开放，就有可能实现跨越式的经济追赶模式。我们还将朝鲜的情况与中国福建省做了类比。来自台湾地区投资者的大量投资和开放的贸易政策使福建省实现了追赶，曾经落后的福建如今发展迅速。本章还认为，朝鲜可以沿着"社会主义开放经济"模式的路径，即将政治层面的社会主义与经济层面的限制性开放相结合，实现路径创造式追赶。这也需要韩国资本家在追赶过程中发挥关键的作用。由于WTO规则和美国引领的全球化，后发经济体的发展空间有限，这是普遍事实，但是朝鲜的潜在优势是它有韩国为合作伙伴，后者能为朝鲜产品提供初始动力和可靠市场。

由于政治方面的限制（更确切地说，是领导层面的问题），如今的朝鲜尚未发挥出实施产业和经济追赶的潜力。第一个领导层面的问题在于，尽管朝鲜政府认识到了跨越式发展的必要性，却没有采取果断措施，向跨越式发展迈进，而是一直在利用韩国的投资和援助来获取较小的经济利益，使当前的政治经济现状延续下去。第二个领导层面的问题是指美国已经对朝鲜采取近乎咄咄逼人的攻势。然而，如果美国政府采取以保障政权延续性来换取加强朝核控制的策略，似乎有可能开启一个机会窗口。在这种情况下，面对经济持续停滞，似乎有新的激励因素促使朝鲜政府在跨越式经济追赶模式的基础上深化经济改革。

注 释

1. Perez 和 Soete（1988）所谓的"范式转变"是指由主流的工程和管理"常识"向最高生产率和更高利润率的做法转变。从模拟时代向数字时代转变就是一个例子。

2. 韩国企业跳过 ODM 阶段是有可能的，因为它们可以采取技术转让的方式（包括许可和来自日本的分包）。因为韩国要从日本进口技术和资本品，所以韩国一直较依赖日本，并形成持续的贸易逆差（Lee，2005a）。

3. 当然，也许有人会说，在这种商业模式下，韩国企业通过雇用朝鲜工人取得支配地位并实现成本节约。

4. 中国对外资企业前两年实行零企业所得税税率，在接下来的三年实行税率减半（La Croix and Xu，1995）。

5. 本文的一位合著者 2007 年参观开城工业园区时，某公司的一名员工对其提到了这种担忧。

第二部分

行业层面的追赶与跨越

第8章 20世纪80—90年代六大领域的经济追赶与跨越
（与 C. Lim 合著）

8.1 引言

针对后发经济体的技术观的重点在于解释，为赶上发达经济体，包括韩国在内的发展中经济体是如何努力吸收并改进发达经济体那些多少有点过时的技术的，这符合所谓的产品生命周期理论（Vernon，1966；Utterback and Abernathy，1975；Kim，1980；Lee，Bae and Choi，1988）。该理论认为，追赶不过是沿着固定的轨道或跑道赛跑，只是相对速度不同而已；技术可以被理解为一个累积的单向过程（Perez，1988）。[1] 但是，我们经常看到这种情况：在追赶过程中，后发经济体并未简单地追随发达经济体的技术发展路径。它们可能会越过某些阶段，甚至创造出自己特有的、不同于发达经济体发展路径的新路径。这一结论与新的关于跨越式发展的文献中描述的情况是一致的。例如，Perez（1988）的观点是：就新兴的技术经济范式而言，每个经济体都是初学者，意即像新兴工业化经济体这样的后发经济体有实现跨越式发展的可能性。跨越式发展的意思是，某些后发经济体有可能跳过过时的技术，因而无须对以往的技术体系进行大量投资，并赶上发达经济体（Hobday，1995b）。随着全球化趋势日益明显以及信息技术的不断发展，跨越式发展观似乎比以往任何时候都更有道理。

实际上，追赶或跨越的案例因行业和国家而异。回顾韩国产业的发展经验，我们看到：一些行业已经实现了显著的追赶或跨越，并且未来将继续拥有良好的发展前景，而其他行业在经过一定程度的追赶后面临巨大困难。这些行业之间的差异该如何解释呢？这正是本章要讨论的核心问题。我们研究了20世纪80—90年代韩国特定行业的发展经验，希望找到技术能力建设过程中的典型事实，从而尽可能地厘清实现追赶所需要具备的条件。我们还构建了一个技术追赶和市场追赶模型，其中重点关注韩国特定行业中是否有实现跨越式发展的案例，如果有，促使其发生的条件是什么。这些问题很重要，但是关于韩国产业研究的一些重要著作，例如 L. Kim（1997a）对此却有所忽略。换句话说，本研究从如何实现追赶这一问题出发，进而探讨成功实现追赶所需的一般条件，以及追赶（包括跨越）是否有不同的模式。

在研究中，我们关注特定行业的技术体制。Breschi、Malerba 和 Orsenigo，（2000）曾表达过这样的观点：技术部门组织创新活动的具体方式，可以解释为技术本质所隐含的不同技术体制的结果。本章的观点是，技术体制也影响那些致力于追赶的企业的创新活动，从而影响它们在追赶中取得成功的可能性。在我们的框架中，我们首先以世界市场份额衡量追赶的程度。然后，我们集中探讨技术能力的追赶，以解释韩国特定行业在进行市场追赶时曾经遇到的情况以及未来的前景。换句话说，我们认为，市场追赶方面表现出来的差异与技术能力建设的程度密切相关。基于这个想法，我们构建了一个模型，将技术能力表示为技术努力和现有知识库的函数，以此来解释技术能力的构建情况。

借助这个模型，我们解释了韩国特定行业的演变情况，包括存储芯片（所谓的D-RAM）、汽车、手机、消费类电子产品、PC 和机床等行业。我们发现了三种不同的追赶模式，它们有别于发达经济体的先行企业的发展路径。这三种追赶模式分别是路径创造式追赶（CDMA 手机行业）、阶段跳跃式追赶（D-RAM 和汽车行业）和路径追随式追赶（消费类电子产品、PC 和机床行业）。我们认为前两种追赶模式是"跨越式"的。但是，Perez 和 Soete（1988）最初的论点是，跨越或新进入行为往往是由公共研发机构的研究活动驱动的，而我们的发现与这种观点恰好相反。我们认为所有重要研发项目都有私人和公共机构参与，但是汽车行业除外（在这个领域只进行了私人研发）。而且，与 Perez 和 Soete（1988）的观点不同，我们发现新进入行为不是由内生的知识和技能驱动的，而是由与外国企业的合作驱动的。而且，我们还认为：消费类电子产品中的一些细分行业，例如音频组件和 PC 行业，因"追随"先行企业的路径而曾经实现过迅速追赶，现在正经历挫折，主要是由于后发企业在技术能力方面始终与先行企业存在巨大差距。我们的模型从不同行业技术体制（技术体制决定了后发企业的研发力度）的角度，解释了这种持续存在的差距。

在第 8.2 节中，我们将首先提出一个概念框架和假设。在第 8.3 节中，我们将分析生产和贸易数据（以说明韩国不同行业的市场追赶趋势），还将分析专利数据（以说明不同行业的特点以及技术追赶速度）。第 8.4 节将在第 8.2 节所提出模型的基础上，讨论韩国六大行业的发展经验。第 8.5 节将总结六大行业的经验，同时对与政策有关的问题进行讨论。

8.2 技术追赶和市场追赶模型

本章的核心问题是后发企业的追赶条件是什么，以及如何从技术能力和市场份额两个方面衡量追赶。这两种追赶形式（即技术追赶和市场追赶）并不相同但彼此相关。举例来讲，后发企业可以依靠进口技术和廉价劳动力提高市场份额，而无须提升技术能力。在这种情况下，这两种追赶是分离的。但是，如果技术能力不随之提升，企业就很难实现市场份额的长期可持续增长。如果这些企业的技术能力确有提升，它们就会发现：购买实现更高市场份额所需的技术越来越困难而且成本越来越高。在这种情况下，这两种追赶是彼此相关的。市场竞争有很多决定因素，如制造效率、营销、物流等，而技术能力是其中最重要的因素之一。与此同时，如果企业在市场竞争中取得成功，就能赚取研发所需的额外资金。

在本章中，我们对两种追赶形式都有兴趣。因此，我们从分析韩国特定行业的市场份额趋势入手。我们发现，一些行业的市场份额持续上升，而其他行业的市场份额在经过长期上升后突然下降。D-RAM、汽车和CDMA手机行业属于第一类，而消费类电子产品和PC行业属于第二类。为解释这两个行业在市场追赶方面存在的差异，我们转向研究第二种追赶，即技术追赶。在第一类行业中，韩国与世界一流企业在技术能力方面之间的差距一直在缩小；而在第二类行业中，虽然此类差距有所缩小，但仍然很大。

要衡量并比较技术能力水平并不容易。没有一种单一、好用的量化衡量手段，专利亦不是实现这种目的的好工具。因此，通常采用的衡量手段是定性衡量。[2]一个粗略的标准是区分以下三个阶段：重复模仿、创造性模仿和创新（L. Kim, 1997a）。另一个标准是区分以下几个阶段：组装、低技术零部件开发、高科技零部件开发、产品设计、产品概念创造。先行企业通常是从提出一个新产品概念开始，接着进行零部件开发，最后进行零部件组装。但是，在后发企业的发展过程中，通常是从进口零部件的组装开始，接着开发低科技零部件，再开发高科技零部件，然后稍作改动，学习设计现有产品，最终达到新产品概念创造的阶段。韩国企业的"逆向工程"（reverse engineering）就是一个典型的例子。因此，我们准备将这些阶段作为韩国企业技术能力的衡量标准，并探究导致追赶阶段出现差异的原因。

现在让我们来看看图8.1所示的模型的更重要的一面。在我们的模型中，一个企业的技术能力是可用研发资源以及研发努力（或者技术努力）不断迭代的结果。可用研发资源包括内部知识库、可利用的外部知识库、资金来源，等等。企业获取这些资源的形式多种多样，包括非正式学习、授权许可、外商直接投资、战略联盟、合作开发等。

企业研发努力的水平取决于研发工作取得成功的可能性。这里所谓的成功应该以目标产品实际开发的概率以及待开发产品的市场适销性（竞争力）的预期概

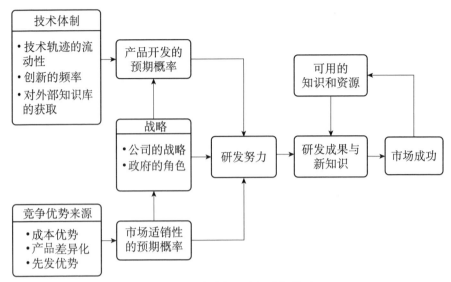

图 8.1　技术追赶和市场追赶模型

率来衡量。换句话说,我们要把产品的物理开发与其在市场上取得的成功分离开来,就像区分发明与创新一样。这种分离是必要的,因为即使目标产品被开发出来,也不能保证其在市场上取得成功。

一般来说,当企业对研发的更多投入与更多产出(产品的开发)之间的关联持确定态度时,它们就会投入更多研发资源。[3] 技术体制是产品开发预期概率的决定因素,而像成本优势、产品差异化优势和先发优势这些因素,则是待开发产品预期竞争力的决定因素。最后,我们考虑企业战略的重要性以及政府的作用,因为这些因素也可能会影响产品开发和取得市场成功的机会,从而会直接影响企业的研发投入水平。

Breschi、Malerba 和 Orsenigo(2000)表示:技术部门组织创新活动的具体方式,可以解释为技术本质所隐含的不同技术体制的结果。图 8.1 中的模型反映了我们的观点,即技术体制也会极大地影响追赶企业的创新活动,从而影响它们在追赶中取得成功的机会。技术体制可由下列几项因素的组合来定义:技术机会、创新的专属性、技术进步的累积性、知识库的属性。我们的推测是,就追赶而言,并非所有因素都具有相关性。例如,就追赶型企业的研发活动而言,大多数情况下,追赶型企业努力模仿现有技术,因此创新的专属性这一项就不太重要。

因此,我们将技术进步的累积性看作企业实现追赶的重要决定因素之一,并且添加了一个新要素——技术轨迹的可预测性(流动性),将其作为与追赶有关的技术体制的一个重要考量因素。我们还考虑到了对外部知识库的获取(技术转让)的程度,因为它也影响后发企业的研发概率。假设我们像 Breschi、Malerba 和 Orsenigo(2000)那样以创新的频率衡量技术进步的累积性,那么,我们可以这么说,在给定的时间内创新的发生率越高,后发企业必须进行的研发工作量就越大。其次,技术轨迹的流动性越高,后发企业确定研发目标的难度就越大。当预测技术未来发展方向的难度增加时,可以说技术轨迹的流动性提高了。例如,随着 D-RAM 的存储容量从 1Kb 发展到 16Kb 再发展到 64Kb,等等,我们认为 D-RAM 行业具有更可预测的发展路径。流动性通常与一个行业的存在时间有关,虽然这不是流动性的唯一或最重要的决定因素。一般来说,新兴产业的轨迹更具流动性。这种情况符合如下规律性事实:在行业发展的初期阶段,产品创新往往多于流程创新,产品创新更多往往意味着未来产品开发的范围更广。[4]

我们认为企业在评估了产品开发以及取得市场成功的预期概率后,会决定其研发努力水平,即为研发项目配备的财务、人力和物质资源。企业在做这个决定时,会面临按照不同技术体制选择不同组织形式的问题。[5]有些企业会觉得它们更适合那些技术变化少但可预测的环境或行业。举例来讲,Swann 和 Gill(1993)用一种模拟方法表明:技术变革的方向越易于预测,多部门的大型企业的市场份额越高;技术变革的方向越不易预测,专业化的小企业的市场份额越高。[6]关于组织形式选择的观点表明:技术体制决定了不同类型企业的研发努力(投入)与产品开发(产出)预期概率之间的联系。基于这个角度,本章将以韩国集团式企业(如财阀)为讨论对象。然后我们考虑如下假设:当一个行业的技术体制具有较高的技术进步累积性以及难以预测的技术轨迹时,企业很难实现追赶,对于大型的集团式企业更是如此。我们还研究了通过对外部知识库的获取以及政府的作用来降低与累积性或不可预测性相关的困难的可能性。

作为研发努力与现有研发能力(知识和财务资源)之间相互作用的结果,一旦某个行业中后发企业的研发成果(以及新的研发资源水平)被确定下来,那么新研发成果就与这些企业在制造、营销和物流等方面的能力组合起来,成为价值链中的一部分,以生产要接受市场检验的商品。[7]当然,市场成功取得的利润是未来研发的资金来源,未来研发是公司研发能力的一个构成要素(见图 8.1 中"市场成功"框与"可用的知识和资源"框之间的连接线)。[8]正如波特所谓的"钻石模型"(Porter,1990)所示,行业竞争优势的决定因素包括生产要素状况、需求状况、相关和辅助行业的状况以及企业的战略和竞争对手状况。在很大程度上,韩国企业在消费类电子产品行业和 PC 行业中失去市场份额的现象,可以用上面提到的这些因素来解释。换言之,国内工资上涨和相关产业的集聚性低是韩国企业在消费类电子产品和 PC 行业中失去市场份额的原因。但是,本章的重点是从技术层面解释这些现象。虽然企业应当通过更多研发努力来减少忠诚度负担、提高产品差异化程度、开发新产品，以摆脱目前的僵局，但是韩国企业并未取得很大成功。我们认为这种情况与这些行业的技术性质有很大关系。

就技术追赶过程而言，我们已经确定了三种不同的追赶模式。假设存在一个技术轨迹，或者可以称之为技术发展的路径。每条路径或轨迹由几个阶段组成。举例来讲，在 D-RAM 行业的发展路径中，我们发现存在如下几个阶段：1Mb 的 D-RAM，4Mb 的 D-RAM，16Mb 的 D-RAM，64Mb 的 D-RAM。因此，不同的阶段对应不同的产品创新。这时我们再来考虑如下三种追赶模式，如图 8.2 所示。

先发者的路径	A 阶段→B 阶段→C 阶段→D 阶段
路径跟随式追赶	A 阶段→B 阶段→C 阶段→D 阶段
阶段跳跃式追赶 （第 I 类跨越）	A 阶段————→C 阶段→D 阶段
路径创造式追赶 （第 II 类跨越）	A 阶段→B 阶段→C′阶段→D′阶段

注：在 C 阶段，C 和 C′代表两种互相竞争的技术。

图 8.2　技术追赶的三种模式

第一种模式是路径跟随式追赶，即后发企业的发展路径与先行企业的发展路径相同。但是，与先行企业相比，后发企业在这一发展过程中用时更短。第二种模式是阶段跳跃式追赶，即后发企业在一定程度上遵循先行企业的发展路径，但是跨越了某些阶段，因此节约了时间。第三种模式是路径创造式追赶，即后发企业探索自己的技术发展路径。当后发企业跟随先行企业的发展路径一段时间后，转而寻求自己的发展路径，并创造出一种新路径时，就会出现这种类型的追赶。在这三种模式中，第一种是较传统的模式，而后两种包含一些跨越的因素。当然，这三种模式不一定是相互排斥的，也可以是混合模式。实际上，技术追赶通常都会包含阶段跳跃式追赶的某些特征。

在第 8.4 节，我们会用上面提出的模型来解释韩国六大行业的技术发展过程。虽然本章的第一个目标是在该模型基础上给出一个系统的解释，但是这一解释也会得出一些程式化的事实或假设。或者换个说法，可以将这一解释视为证实该假设所付出的努力。该假设是：当可以通过某种方式获取现有的外部知识库并将它与追赶企业的固有知识库结合起来时，产品创新的频率越低而且技术轨迹越易预测，就越容易实现追赶。就追赶的三种模式而言，我们认为此前提到的 D-RAM 行业和汽车行业属于阶段跳跃式追赶的例子，而 CDMA 行业属于路径创造式追赶的例子。

8.3 韩国各行业的市场追赶趋势与技术特征

在本节中，我们将分析韩国各行业的实际数据，从而分析市场追赶趋势，目的是将市场份额趋势与技术能力趋势关联起来。然后，第8.4节将分析六大行业的技术能力。首先，表8.1给出了韩国多个行业的出口在全世界所占市场份额的变化趋势。可以看出，市场份额呈现稳定增长的行业包括汽车行业、D-RAM行业和手机行业。举例来讲，韩国小客车的市场份额从1985年的0.63%剧增至1995年的3.14%。韩国在D-RAM行业的市场份额从零开始，到20世纪90年代增长到将近30%。虽然该表没有显示，但是1997年三星在美国手机市场上的市场份额已达8%，并且有望于1998年年底达到13%或14%左右。还有一个非常有趣的现象，生产TDMA（时分多址）电话的爱立信和诺基亚的市场份额正逐渐下降，但是高通和三星的市场份额却在不断上升。[9] 在音频组件（audio component）和数字计算机行业，我们可以观察到韩国的市场份额在到达高峰之后开始出现平稳下滑的趋势。计算机行业出现了明显的下挫，在这一行业中韩国的市场份额从1989年的峰值7.22%下降到1995年的仅1.76%。韩国在音频组件行业的市场份额在1988年达到峰值后呈稳定下降趋势。机床制造业的情况有点特别：韩国的市场份额正在增加，但是增加得很慢，而且其绝对水平仍然很低，不足2%。

表8.1 韩国的世界出口市场份额　　（金额单位：千美元）

	小客车（SITC 781）			大客车（SITC 783）			D-RAM		
	世界出口	韩国出口	韩国所占份额	世界出口	韩国出口	韩国所占份额	世界出口	韩国出口	韩国所占份额
1983	—	—	—	—	—	—	1 832	0	0.00%
1984	—	—	—	—	—	—	3 144	2	0.06%
1985	82 743 193	518 789	0.63%	250 846	4 694	0.17%	1 367	19	1.39%
1986	108 137 502	1 342 597	1.24%	2 859 641	9 054	0.32%	1 930	67	3.47%
1987	127 503 028	2 748 395	2.16%	3 818 551	24 110	0.63%	2 616	189	7.22%
1988	140 420 047	3 336 160	2.38%	6 376 695	27 179	0.43%	6 696	428	6.39%
1989	145 505 897	2 048 352	1.41%	6 276 777	17 382	0.28%	9 920	1 086	10.95%
1990	168 436 663	1 849 004	1.10%	6 723 643	21 545	0.32%	6 413	1 017	15.86%
1991	172 190 341	2 123 890	1.23%	7 755 190	50 891	0.66%	6 850	1 452	21.20%
1992	191 131 106	2 534 117	1.33%	9 316 742	160 836	1.73%	8 515	2 100	24.66%

（金额单位：千美元）（续表）

	小客车（SITC 781）			大客车（SITC 783）			D-RAM		
	世界出口	韩国出口	韩国所占份额	世界出口	韩国出口	韩国所占份额	世界出口	韩国出口	韩国所占份额
1993	184 500 730	3 883 985	2.11%	9 023 787	256 072	2.84%	14 320	3 253	22.72%
1994	206 018 872	4 470 416	2.17%	12 109 504	279 057	2.30%	20 993	5 182	24.68%
1995	230 630 527	7 241 992	3.14%	16 600 979	363 650	2.19%	39 442	11 426	28.97%

	机床			音频组件（SITC 763）			数字计算机（SITC 522）			
	世界出口	韩国出口	韩国所占份额	世界出口	韩国出口	韩国所占份额	世界出口	韩国出口	韩国所占份额 I *	韩国所占份额 II **
1983	8 393	21	0.25%	—	—	—	—	—	—	—
1984	8 537	22	0.25%	—	—	—	—	—	—	—
1985	9 685	23	0.24%	11 299 024	344 261	3.05%	4 258 598	74 442	1.75%	
1986	13 400	28	0.21%	14 008 052	750 932	5.36%	5 110 619	170 826	3.34%	4.24%
1987	15 197	38	0.25%	13 506 320	1 207 850	8.94%	6 823 530	297 193	4.36%	5.44%
1988	17 260	57	0.33%	15 375 980	1 765 314	11.48%	8 712 711	454 685	5.22%	7.05%
1989	19 216	81	0.42%	14 969 626	1 633 147	10.91%	8 683 563	512 449	5.90%	7.22%
1990	21 233	87	0.41%	15 847 977	1 407 974	8.88%	8 741 062	347 205	3.97%	4.93%
1991	18 754	95	0.51%	15 854 698	1 544 356	9.74%	9 074 423	482 542	5.32%	6.40%
1992	17 230	111	0.64%	17 811 992	1 479 384	8.31%	9 840 510	263 029	2.67%	3.20%
1993	15 210	111	0.73%	17 916 888	1 581 845	8.83%	10 886 193	344 863	3.17%	3.74%
1994	16 651	185	1.11%	20 982 027	1 756 715	8.37%		256 932		3.31%
1995	21 396	334	1.56%	21 765 275	1 824 208	8.38%		169 351		1.76%

注：* 份额 I 代表韩国在世界出口中所占的份额；** 份额 II 代表韩国在世界七大国家的总出口中所占的份额。

资料来源：联合国（United Nations，1989，1992，1995）；韩国机床制造商协会（Korea Machine Tool Manufacturers Association，1996—1997）。

在表 8.2 中，我们剖析了韩国各行业的产出值和出口值。我们将从 20 世纪 80 年代到 90 年代中期划分为两个子时期，并测量这两个时期的增长率以便对两者进行比较。

表 8.2　各行业产出值和出口值的趋势　　　　（金额单位：百万美元）

	录像机			音频设备			PC			PC 外围设备		
	产出	出口	份额	产出	出口	份额	产出	出口	份额	产出	出口	份额
1989	1 797	1 239	68.9%	2 524	1 776	70.4%	1 735	973	56.1%	1 405	1 294	92.1%

（金额单位：百万美元）（续表）

	录像机			音频设备			PC			PC 外围设备		
	产出	出口	份额	产出	出口	份额	产出	出口	份额	产出	出口	份额
1990	1 567	1 140	72.8%	2 569	1 737	67.6%	1 325	633	47.8%	1 809	1 531	84.6%
1991	1 770	1 286	72.7%	2 693	1 832	68.0%	1 446	721	49.9%	1 927	1 750	90.8%
1992	1 691	1 181	69.8%	2 572	1 859	72.3%	841	335	39.8%	2 770	2 371	85.6%
1993	1 796	1 310	72.9%	2 550	1 912	75.0%	955	381	39.9%	3 249	2 704	83.2%
1994	2 025	1 480	73.1%	2 697	2 018	74.8%	1 249	296	23.7%	3 740	2 856	76.4%
1995	2 120	1 499	70.7%	2 958	1 981	67.0%	1 389	223	16.1%	5 374	4 188	77.9%
1996	1 937	1 195	61.7%	2 367	1 661	70.2%	1 376	159	11.6%	6 116	4 963	81.1%
年均增长率(1989—1993)	0.0	1.4%		0.2%	1.9%		−10.1%	−20.9%		28.8%	20.2%	
年均增长率(1992—1996)	3.5%	0.3%		−2.1%	−2.8%		15.1%	−17.0%		24.0%	20.3%	

	无线通信			乘用车			半导体			数控机床		
	产出	出口	份额	产出	出口	份额	产出	出口	份额	产出	出口	份额
1989	1 733	485	28.0%	856 133	364 835	42.6%	4 846	3 179	65.6%	251	48	19.1%
1990	1 602	489	30.5%	964 603	338 968	35.1%	7 044	4 459	63.3%	276	43	15.6%
1991	1 672	514	30.7%	1 128 783	376 646	33.4%	8 101	5 586	69.0%	291	40	13.7%
1992	1 648	502	30.5%	1 216 532	385 312	31.7%	9 740	6 804	69.9%	228	46	20.2%
1993	1 819	625	34.4%	1 449 771	503 625	34.7%	11 264	7 026	62.4%	272	41	15.1%
1994	2 091	697	33.3%	1 645 453	586 008	35.6%	19 116	12 984	67.9%			
1995	2 365	849	35.9%	1 878 885	814 327	43.3%	31 861	22 115	69.4%			
1996	2 432	848	34.9%	2 108 846	1 008 929	47.8%	22 504	17 843	79.3%			
年均增长率(1989—1993)	5.7%	6.6%		15.3%	13.0%		25.4%	17.2%		2.1%	—	
年均增长率(1992—1996)	12.1%	14.0%		14.7%	27.2%		27.6%	27.3%		—		

资料来源：韩国发展银行（Korea Development Bank，1994，1997）。

消费类电子产品行业和 PC 行业的出口都呈现出增长减缓的趋势。这一趋势在 PC 行业最为明显。在 1989—1993 年间，韩国 PC 行业出口额的年均增长率降至 -20.9%，而在 1992—1996 年间，年均增长率为 -17.0%。这种情况表明：由于失去了价格竞争力，韩国 PC 行业的出口停滞了，只服务于国内市场。韩国生产商转而生产 PC 外围设备，例如监视器和磁盘驱动器。在 1992—1996 年间，音频设备（audio equipment）的出口也有所下降。乘用车的出口额显著增加，在 1989—1993 年间年均增长 13%，在 1992—1996 年间年均增长 27.2%。因此，现在韩国汽车行业有几乎一半的产量用于出口。在半导体行业也可以观察到类似的趋势，现在接近 80% 的国内产量均用于出口。机床的出口份额依然很低，不到 20%，与 PC 的出口份额类似，甚至低于音频设备和录像机的出口份额。

我们用第 8.2 节中提出的模型来解释上述趋势。该模型将市场份额定义为技术能力及其他变量的函数。举例来说，D-RAM 行业的市场份额持续增长，是因为它有技术能力的持续增长为后盾，而 PC 行业的市场份额一直在下降，是因为其暂时的高市场份额仅基于成本优势，而没有坚实的技术能力建设为基础。汽车行业不断增加的市场份额，部分是基于不断增长的技术能力，部分是基于价格优势，而韩国企业不算太高的市场份额反映出其在技术能力方面与先行企业仍存在重大差距。机床行业也是如此，韩国企业技术能力的提升非常缓慢。与汽车行业相比，导致机床行业的市场份额较低的一个原因仅仅是，成本优势对于机床行业来说不如对于汽车行业来说那么重要。

在上述分析中，我们将不同的市场追赶案例与不同的技术追赶案例关联起来。接下来，我们将技术追赶的不同趋势与技术体制关联起来。虽然我们将在下一节完成这项任务，对六大行业进行详细的定性研究，但是在此之前，让我们先提供一些关于不同行业技术体制性质的数据，以及衡量追赶程度的一个指标。

表 8.3 中的专利统计数据揭示了这些行业的一些重要特征。我们注意到了四个行业，它们的创新频率（以专利数量来衡量）高于平均水平。这四个行业分别是 PC、D-RAM、消费类电子产品以及语音和通信设备行业。

表 8.3　全球和韩国获得的美国专利情况：1986—1993 年间的年均增长率　（单位：%）

	(a) 美国专利的年增长率	(b) 韩国获得的美国专利的年增长率	追赶速度 = (b) - (a)
所有行业	4.8	50.3	45.5
机床	-0.9	38.9	39.8
汽车	3.0	19.6	16.6

(单位:%)（续表）

	(a) 美国专利的年增长率	(b) 韩国获得的美国专利的年增长率	追赶速度＝(b)－(a)
PC	29.4	65.5	36.1
D-RAM	52.5	105.8	53.4
消费类电子产品	16.9	31.6	14.7
语音和通信设备	8.2	103.4	95.2

注:
1. 在PC、D-RAM和消费类电子产品行业中，韩国于1989年开始在美国申请专利。因此，表中显示的"韩国获得的美国专利的年增长率"是指1989—1993年间的增长率。
2. 在PC、D-RAM和消费类电子产品行业中，专利的增长率是以在专利标题或摘要中含有"PC"或"D-RAM"或"消费类电子产品"关键词的专利数量的增加来衡量的。我们假设关键词为"PC"或"D-RAM"或"消费类电子产品"的专利的增长率等于这些行业的专利增长率。
3. 追赶程度用美国专利的年增长率减去韩国获得的美国专利的年增长率来衡量。

资料来源：有关机床、汽车、语音和通信设备行业的数据来自Lim（1997）引用的美国贸易部（1994）的数据；有关PC、D-RAM、消费类电子产品、语音和通信设备行业的数据来自美国专利和商标局（1997）的专利数据。

通过对比可知，机床和汽车行业授予的专利数量低于平均水平。我们认为，从追赶可能性（如第8.2节所述）的角度讲，创新频率上的这种相对差异很重要。这些行业的另一个主要特征是技术轨迹的流动性。考虑到产品老化问题以及当前的技术进步，我们认为汽车、机床和D-RAM行业技术轨迹的流动性要低于语音和通信设备、PC以及消费类电子产品行业技术轨迹的流动性。

现在我们来看一下，在这些累积性和流动性程度不同的行业中，韩国企业是如何实现追赶的。表8.3还给出了韩国企业以及全球获得的美国专利的增长率。在1986—1993年间，韩国获得的美国专利以年均50.3%的速度增长，而全球美国专利以年均4.8%的速度增长。我们可以将这两个数字之间的差异看作技术追赶速度。因此，韩国各行业的平均追赶速度为45.5%。我们将不同行业的数据进行对比后发现，追赶速度超过平均速度的两个行业应该是D-RAM以及语音和通信设备行业。在其他所有行业中，技术追赶的速度都低于平均速度。这些数字意味着：韩国企业在这些行业的追赶更多地基于成本优势，较少地基于技术能力。当成本优势消失时，市场份额会暴跌，PC以及语音和通信设备行业就属于这种情形。而在汽车行业中，韩国企业仍然保有成本优势，这正是汽车行业的技术能力追赶速度缓慢但市场份额保持稳定的原因所在。

上述比较结果还提出了一个具有挑战性的任务，即如何利用第8.2节中推导出来的假设（技术变革越流畅、越频繁，实现技术追赶就越难）来解释不同的追赶速度。举例来讲，我们如何解释尽管语音和通信设备行业的技术体制具有高度累积性和流动性的特点，却实现了快速追赶的现象呢？同样地，如何解释创新频率极高的 D-RAM 行业的快速追赶呢？在下一节中，我们将努力借助对各个行业的详细分析来解决这个难题。你会发现，上面给出的专利数据只能作为相对追赶速度的衡量指标之一，并不能说明在技术能力方面韩国企业与先行企业的接近程度。因为技术能力不是仅凭专利数据就可以说明的，而且技术能力涉及显性知识和隐性知识，所以我们除了依靠定性指标别无选择。如第 8.2 节所述，本章提到的技术能力的主要衡量指标是一个定性指标，即后发企业在逆向工程中所达到的阶段。

8.4　追赶过程中的成败案例

8.4.1　汽车行业

按照 Pavitt（1984）的分类，汽车行业是一个规模密集型行业，与电子产品行业相比，汽车行业较少地依赖于科技。较之电子产品行业，汽车行业的创新路径更易预测，且概念变化较少，创新频率也较低。汽车行业知识库的特点是：汽车行业的隐性知识比其他行业更重要。这种情况与如下事实有关：每个汽车部件都不太可能与特定车型的主体分离，因此很难形成每个部件的全球市场。相比之下，PC 部件和外围设备是作为独立商品在不同市场进行销售的。这种情形与 PC 部件的高度标准化有关，也就是说，生产者必须与全球范围内的竞争对手展开竞争。汽车行业和 PC 行业之间的这种差异意味着：如果生产者能够内化其重要技术或知识，它们就可以延续其竞争力，而且后发企业可能会享有更多空间来提高自身的竞争力和生存能力。

汽车行业的上述技术体制，给韩国的现代汽车公司（Hyundai Motors）这样的追赶型企业带来了一些优势，使其可以将大量研发资源用在具体的目标上。用于发动机研发的庞大支出很关键，这个决策得到了由郑周永（Chung Ju-Young）领导的现代汽车公司最高管理层的支持和推动。进行发动机研发是可能的，因为研发目标很明确而且风险并不是很大。现代汽车进行的发动机研发是典型的由巨额投资支撑的追赶案例。

关于该项目，还有一个可以称为"反学习"的有趣故事（Nonaka, 1988; K. Kim, 1994）。按照 Nonaka 的说法，"反学习"意味着在进行组织重组时将摒弃现有的套路和惯例，以创建新的能力和合力。为了上马发动机研发这个项目，现代汽车在麻北成立了一个内部研发中心，该研发中心几乎没有继承蔚山研发中心的任何东西。有人认为,蔚山研发中心因被动吸收、采纳进口技术(包括发动机技术)而"荒废",因此不适合研发发动机这项新任务。

现代汽车的发动机、燃油喷射系统和其他部件基本上都是自主研发的结果,而没有依靠政府的帮助,政府基本上只提供了国内市场保护。虽然日本三菱公司曾在这方面给过现代汽车一些帮助,但是在大多数情况下,全球主要的汽车装配商都不愿意将技术转让给现代汽车。因此,现代汽车必须从专业研发公司,例如英格兰里卡多公司(Ricardo Co.)获取外部知识。因为专业研发公司的业务不是生产和销售汽车而是出售技术本身,因此它们对后发企业(例如现代汽车)的态度与对待汽车装配商的态度不同。这种情形可以用一个类似"开放保护主义"的词汇来形容,也就是说,虽然技术民族主义趋势不断抬头是个事实,但是国际技术市场的大门尚未紧闭,如果某些条件得到满足,有多种商业实体愿意将技术转让给后发企业。

现代汽车的技术发展还涉及一个过程,这个过程可以归类为我们理论框架中的阶段跳跃式追赶。当现代汽车开始研发发动机时,基于化油器的发动机是标准型发动机。但是,在了解到发动机技术正向着新的电子喷射型发动机发展的趋势后,现代汽车决定开发后一种发动机而不是沿着旧有轨迹开发标准型发动机(K. Kim, 1994)。如果在这个项目上取得成功,现代汽车就能够在很短时间内缩小与先行企业在发动机技术领域的差距。可以说,以现代汽车为代表的韩国企业的技术能力现在已达到逆向工程中的产品设计阶段。中型乘用车的本地化率已高于90%,尽管豪华车的核心部件仍然是进口的。

8.4.2 D-RAM 行业

根据我们的模型,D-RAM 行业的技术体制的特色是创新的频率高以及技术轨迹较易于预测。虽然技术轨迹不确定性较小意味着后发企业遇到的障碍较小,但是创新频率很高则意味着有很多方面需要追赶。现在让我们来看看该行业的细节信息,看看它如何为集团式企业(如三星)提供一些机会,尤其是基于成本优势的后入和市场成功机会。

在 D-RAM 行业,同一代芯片的技术创新致力于流程创新,目的是降低单位成本,从这个角度讲规模就变得很重要了。在不同代的芯片,例如 16Mb 芯片和 64Mb 芯片之间,产品创新以升级为目的。[10] 在芯片行业,升级程度(不同代芯片之间的容量差异)非常大,因此不同代的芯片不能长久共存;老一代芯片很快就会被新一代芯片取代。此外,不同代芯片之间技术知识的可转移性并不是很强,因此不会对后加入该行业的企业构成严重障碍(Lee and Lim, 2001)。这些特点意味着，那些已经为新一代芯片建设了规模足够大的生产设施的集团式后发企业，可以在没有在位企业太多干扰的情况下，进入这个市场并获得一定的市场份额。实际上，纵观全球 D-RAM 行业的发展可以发现：该市场上的领军者是从大型集团式企业（如三星）旗下的专业化公司发展而来的（C. Kim, 1997）。

D-RAM 行业的上述特点赋予了韩国企业重要的后发优势。一个企业的创新努力（研发支出）不仅是该企业自有技术能力的函数，而且还是下一代芯片业务预期额外利润的函数。当前的领先企业进行下一代芯片研发的意愿不够强烈，因为它们想从当代芯片业务中获得充分利润。相比较而言，下一代芯片业务给当前追随企业带来的额外利润要大于给当前领先企业带来的额外利润。[11]由于该行业的市场规模较大，作为拥有强大财务资源的集团式企业，韩国企业（特别是三星这样的企业）很容易进入这个市场。[12]韩国企业在流程创新驱动型竞争中非常有经验，并且具有强大的规模密集型研发和生产能力。因此，我们以 D-RAM 行业为例，说明技术上的特殊性可以给后发企业带来很大的优势，而韩国企业利用了这一优势。从某种意义上说，借用 Bolton（1993）和 L. Kim（1997a）的说法，这种情况也可以称为技术追随。换个说法，韩国企业（特别是三星）目睹了由英特尔等领先企业主导的 D-RAM 行业的发展，并在该行业的市场规模大到足以使这些大型企业获得某些优势后才进入该市场。[13]由于财力雄厚，集团式企业在看到发展机会后再进入该市场是可能的。

回顾韩国芯片产业的发展历程，我们将这种情形归类为阶段跳跃式追赶，韩国企业大多遵循与先行企业相同的发展路径，但跨越了几个阶段。20 世纪 80 年代，几家韩国企业开始晶圆加工并吸收低级技术，这些企业采取直接外资企业或私人 OEM 企业的形式（设施由外国企业提供）。除政府研究机构 KETI（韩国电子技术研究院，现称 ETRI）稍有扶助外，政府未提供系统化帮助。从 20 世纪 70 年代末到 80 年代初是高级技术吸收阶段，很多外国企业将它们的股份出售给韩国企业，一些韩国财阀（如三星）收购了这些企业。三星在没有政府帮助的情况下，于 20 世纪 80 年代初开始自主生产 64Kb 的 D-RAM 芯片。据说当时政府的立场是这样的：韩国企业必须从 1Kb 的 D-RAM 芯片开始生产，但是私营企业决定跳过 1Kb 到 16Kb 的 D-RAM 芯片，直接生产 64Kb 的 D-RAM 芯片。

这是如何实现的？对外部知识库的获取是解决这个问题的部分关键所在。当包括三星在内的韩国企业考虑生产 16Kb 的 D-RAM 芯片时，正是全球 D-RAM 行业从 16Kb 向 64Kb 的过渡时期。微电子技术公司（Microelectronic Technology）是美国的一家小型风险投资公司，三星能够从微电子技术公司购买 64Kb 的 D-RAM 芯片的设计技术，并且能够从日本夏普购买制造技术。就韩国现代公司的情况而言,现代从 Vitelic 购买设计技术,并尝试自行研发制造技术,但是没有成功(C. Kim,1994)。后来,现代不得不借用德州仪器公司的制造技术。因此,以技术许可的形式获取外部知识库使这种阶段跳跃式追赶成为可能。

一开始,韩国企业使用借来的制造技术生产 D-RAM 芯片,几年后韩国企业开始开发自己的电路设计技术,20 世纪 80 年代中期首次开发并生产 256Kb 的存储芯片。购买设计技术既不容易也不便宜,因此三星选择为 256Kb 的 D-RAM 芯片或更高级的 D-RAM 芯片开发属于自己的设计技术(L. Kim,1997b)。在这一过程中,硅谷海外研发站以及海归智囊团发挥了关键作用。结果证明,由三星硅谷智囊团队开发的三星 256Kb 的 D-RAM 芯片优于日本同行开发的芯片(L. Kim,1997b)。三星独立开发出 256Kb 的 D-RAM 芯片之后,一些外国企业愿意向三星出售 1Mb 的 D-RAM 芯片的设计技术,但是三星拒绝了,因为三星自认为有自主研发的能力(L. Kim,1997a)。

韩国政府的产业政策落后于私营企业倡议取得的进展(Lee and Lim,2001)。韩国政府仅在 1986 年成立半导体研发联盟,在这个联盟中,三星、LG 和现代从 4Mb 芯片开始连续开发各代存储芯片,最后开发出 256Mb 芯片。韩国企业开发的 256Mb 芯片属世界首创,从这个意义上说,韩国企业现在已经成为"领路人",如今韩国企业的技术能力已经达到逆向工程中新产品概念创造和设计的最后阶段。

简言之,D-RAM 行业的情况属于阶段跳跃式追赶,它通过技术许可以及海外研发站的形式获取外部知识库,并在此基础上利用集团式企业的大规模生产和投资能力。还应该指出:D-RAM 行业的特殊性为后发企业提供了一些优势,即创新路径以及追赶目标都是明确设定的。但是,不断开发新一代芯片需要显性知识,韩国企业在政府、海外研发站以及海归智囊团的帮助下弥合了这一差距。

8.4.3 电信业:CDMA 手机

CDMA 手机系统在韩国的发展以及率先提供的服务,是公私合营模式下路径创造式追赶或跨越最成功的案例之一。当韩国企业和政府当局考虑开发手机系统时,模拟系统在美国(且现在依然)占主导地位,基于 TDMA 的 GSM(全球移动通信系统)是欧洲的主导系统。但是,韩国当局(信息通信部)关注的却是新兴的 CDMA 技术,该技术的频率利用率更高,语音传输质量和安全性也更高。

因此,尽管开发世界上首个 CDMA 系统有很大的不确定性,尽管电话服务提供商和系统制造商(例如韩国电信、三星和 LG)对 CDMA 系统持强烈的保留意见,但是信息通信部和 ETRI 仍决定开发 CDMA 系统。如果韩国只是追随已建立的 TDMA 系统，那么韩国企业与先行企业之间的差距永远不会缩小，追赶的时间会更长，这种考虑是作出上述决定的一个主要原因。因此，韩国选择了一条更短但风险更大的路径，并取得了成功。虽然韩国 1995 年才进行开发 CDMA 系统的首次测试，但是早在 1989 年，韩国政府就已率先将 CDMA 系统定为国家研发项目。这表明韩国当局非常了解电信技术的发展趋势而且很有远见。韩国于 1991 年与美国高通公司签订合同，约定向后者引进核心技术并与其携手进行系统开发。1993 年，韩国信息通信部宣布 CDMA 为电信领域的国家标准。现在，韩国 CDMA 手机用户超过 600 万人，占全球 CDMA 手机用户的 75% 以上，1997 年韩国还启动了基于 CDMA 系统的个人通信服务。

根据我们的模型，电信业的高频创新以及高轨迹流动性等特点没有给后发企业带来任何研发激励。先发优势产生的预期利润及其他相关收益是一个很强的激励因素，而高风险则由政府主导的研发联盟以及与高通知识联盟分担。通过提供准确、最新的技术趋势信息并确定正确的（比其他选择更有前途的）研发目标，ETRI 在减少技术不确定性方面也作出了贡献。

在选择不同路径以实现跨越的过程中，政府在牵头与私营企业组建研发机构并推动企业研发方面发挥了至关重要的作用。然而，需要指出的是，由于核心技术是从高通公司购买的，韩国生产商仍然需要支付高额专利费（相当于每部手机销售收入的 5.25%），此外还需要支付一次性技术许可费。CDMA 手机的本地化率仅为 30%，大多数的核心部件，包括 MSM（移动站调制解调器）电子芯片，都是进口的。但是，1997 年，ETRI 成功地自主研发出了 MSM 芯片。[14] 随后，三星在 1999 年宣布可以生产 CDMA 手机所需的大部分核心芯片。这就意味着逆向工程中核心部件同化阶段的完成。如今，韩国企业是 CDMA 手机的全球领跑者，正进入逆向工程的最后阶段——新产品概念创造和设计阶段。

8.4.4 PC 行业

韩国的 PC 行业在 20 世纪 70 年代末从简单的组装开始起步。像 Sambo 和 Quenix 这样的小型风险投资企业，通过逆向工程在韩国首次生产了一台 8 位 PC。当时，没有外国企业愿意以合资企业的形式对韩国市场进行投资，它们对面向韩国市场的出口和销售更感兴趣。因此，韩国生产商必须自食其力。但是，自 1984 年转而开始生产 16 位 PC 之后，韩国生产商觉得有必要通过许可的方式引进更先进的技术，因为它们意识到仅通过逆向工程生产 16 位 PC 太难了。因此，大多数韩国 PC 企业转型为以出口为目标的 OEM 生产商。政府也将 PC 行业定为扶持目标，并提供国内市场保护；1984 年政府对 PC 的进口实施限制，并对外国合资企业提出出口要求。然而，除了这些措施，政府没有直接参与研发或者公私部门之间的合作研发。

1985—1989年间是韩国PC企业发展的黄金期，韩国利用大型集团式企业（财阀）的规模经济效应，成为全球最热门的PC OEM生产基地。这种变化源自IBM自愿放开PC架构，并在全球范围内许可IBM PC BIOS（基本输入输出系统）。许多生产与IBM PC兼容的PC厂商在世界各地蓬勃发展。在这股新浪潮中最成功的当属韩国生产企业，即那些通过"干中学"在电子设备大规模组装以及价格竞争方面积累了一些技术诀窍的生产企业。然而，即使在这个成长期，大多数韩国企业也仍是进行半散装件（SKD）装配的OEM生产商，只能获得低级技术。随着技术能力的提高，韩国企业从简单的OEM转向私人OEM，同时它们意识到了OEM生产作为技术吸收的窗口的局限性。实际上它起的是阻碍作用，因为外国合作伙伴指定使用特定制造商的零件用于PC组装（Lee and Lim, 2001），结果导致本国制造的零件几乎从未被采用过。此外，外国合作伙伴不愿就更先进的技术签订许可合同。

在这种情况下，韩国生产商觉得有必要进行自主研发。与此同时，政府职能也发生了转变，由提供简单的市场保护变为通过政府采购提供研发支持并创造需求。公私联合研发开始了。1985年韩国计算机研究协会成立。1987年政府解除了PC进口限制，随后的1988年7月，政府废除了与PC相关的外围设备的进口限制。20世纪80年代末至90年代，韩国生产商在PC主板、内存芯片和其他外围部件例如硬盘驱动器（HDD）、点式打印机头、激光打印机引擎、LCD和CD-ROM驱动器本地生产方面取得了成功。尽管如此，韩国在大部分逻辑芯片、HDD磁头、打印机控制器和激光束扫描单元（LSU）等重要部件上仍需进口。

自20世纪90年代初以来，韩国PC行业突遇萧条，出口急剧下降，现在韩国PC出口很少，但是销售电子设备的Sambo Co.除外。韩国生产商开始转向销售PC外围设备，例如显示器、硬盘驱动器和CD-ROM驱动器。下列因素是PC行业突然萧条的主要诱因。首先，我们注意到，随着技术的进步，该行业的性质发生了变化。随着芯片组（将几个芯片的不同功能集成到一个芯片中）的兴起，大规模装配过程的重要性下降了，从而使韩国失去了装配基地的比较优势。其次，我们注意到企业的战略失误。韩国生产商对PC行业生命周期的急速缩短反应欠佳。举例来讲，全世界的PC行业迅速地从生产286型转入386型，再到486型和586型；然而，因为韩国财阀在286型PC装配线方面投入巨资，韩国企业在286型PC上花费的时间太长，导致落后于人。最后，不断上升的专利使用费，对以装配为主的韩国PC企业而言也是一种负担。[15]

除上述导致 PC 行业衰落的直接原因外，还有与该行业技术体制相关的更重要的结构因素。首先，需要注意的是，根据 Pavitt（1984）的分类，PC 行业是以科技为基础的行业，其特点是创新频率非常高，且概念变化频繁，因此很难预测未来产品开发的方向。这些特点使后发企业的追赶更加困难。举例来讲，韩国生产商称，如果它们集中全力，应该能够开发出微处理器。然而，它们担心 CPU（中央处理器）的代际更迭或技术轨迹的突然变化会导致后发企业的 CPU 开发变得无用或过时。例如，据报道，英特尔和德州仪器公司开发了一个全新的微处理器系列，这个系列将取代 286—386—486—586 系列。这就意味着即使后发企业在生产旧式芯片方面取得成功，这些产品也可能很快过时。

因为确定的目标产品符合市场趋势，20 世纪 80 年代韩国为从事 PC 研发而开展的公私研发合作是有可能取得初步成功的。然而，此后产品和市场条件的不断变化导致了上述计划的失效。换句话说，由于具有高度不可预测性，后发企业对未来开发的项目没有把握。实际上，要解决这个问题，需要国家创新体系的其他组成部分（如大学和政府研究机构）提供帮助。韩国企业和学术界之间关系薄弱，且大学的研发资源没有得到有效利用。仅靠企业内部的研发无法充分解决这个问题。

另一个必须提到的因素是 PC 部件市场的特殊性。例如，与汽车部件完全不同的是，全球 PC 部件都相当标准化，因为现在 PC 是模块化生产，所以每个部件都有各自的市场。这就意味着零部件生产商须在全球范围内进行竞争。这种情况也致使追随者很难赶上领军企业。由于零部件开发成功的不确定性非常高，加之本地生产的零部件不可靠，韩国的组装企业觉得没有必要开发核心 PC 部件，也没有必要使用本地制造的零部件。它们一心只想着提高最终产品的价格竞争力。

正是在这种背景下，韩国 PC 生产商越来越多地转向国内市场。从逆向工程的角度讲，它们的技术能力介于核心部件同化阶段与产品设计阶段之间，它们尚未达到通过在全球市场上开发新产品来引领行业的程度。从这个角度讲，这种情形与消费类电子产品（比如音频组件）的情况类似。这两个行业都依赖于韩国特有的偏好或市场需求。但是，这种策略非长久之计。举例来讲，由于微软已经进一步改进了英文-韩文软件，Hancom 集团作为韩国最大的软件生产商正逐渐丧失其市场份额。

8.4.5 消费类电子产品：音频、视频设备[16]

众所周知，消费类电子产品行业一直是韩国的主要出口行业。韩国曾一度是世界上仅次于日本的第二大出口国。然后，继 1988 年达到峰值之后，韩国的出口增长放缓,随后中国取代韩国成为世界上第二大出口国。这种变化与韩国产品在世界市场上竞争力的削弱有关,韩国处于发达国家和新兴工业化国家之间。因此,从20世纪90年代开始,韩国生产商更加重视国内市场,并改进产品以满足韩国特有的偏好和市场需求。

为探究韩国消费类电子产品行业兴衰的原因,我们必须先对该行业的技术发展历程进行概述。在20世纪70年代,技术转让的主要渠道是FDI,而且韩国企业能向它们的合资伙伴学习。由于政府的出口导向政策,加之国内市场的持续限制,外国投资者逐渐对韩国企业失去兴趣。从20世纪70年代末起,韩国企业接手了该行业并开始独立生产(Y. Kim, 1997)。因此,技术转让渠道从向合作伙伴的非正式学习变为以技术许可方式正式吸收。20世纪80年代,韩国生产商(主要是财阀)开始进口低级技术,使之能够用于在本国生产边缘零部件。在这个阶段,政府在鼓励零部件生产本地化以及通过对FDI和进口施行限制性政策来限制外国渗透方面,起到了至关重要的作用。

可以说,自20世纪80年代以来,韩国消费类电子产品行业的技术发展和创新模式,已经从对生命周期成熟阶段的标准化产品的"复制模仿"阶段发展到"创造性模仿"阶段(L. Kim, 1997a)。在复制模仿阶段,韩国财阀使用进口生产设施,批量生产标准化产品。此时的任何创新都是在"干中学"基础上进行的以流程为导向的创新,而且韩国财阀依靠规模经济保持价格竞争力。复制模仿的第二步是对仅需低级技术的通用部件进行本地化生产,在零件生产过程中有些也是"干中学"。复制模仿过后,则迎来了新产品的创造性模仿阶段。现在,韩国生产商将重心转向模仿和本地生产,而将成本较低、不成熟的新产品交由像日本这样的发达经济体进行开发。边缘零部件(以及近年来的一些核心部件)的本地化最初都是从模仿开始的。韩国企业还努力给日本开发的产品增加"韩国"属性,可称之为创造性模仿。但是,即使在创造性模仿阶段,韩国生产商在新产品创新方面也表现出能力不足,即在创造新产品概念和设计上能力不足,其高端产品中的核心部件仍然依赖进口。

消费类电子产品面临的困难,可以用我们的模型解释如下:一方面,当时韩国企业自身的研发能力没有充分发展到使之独立的程度,因此韩国企业在确保持续获取外部知识库上遇到了困难。当它们与先行者之间的距离逐渐缩短且需要更先进的技术时,发达国家的先行企业越发不愿以许可的形式进行技术转让。另一方面,韩国企业缺乏产品创新能力,这可从其研发支出构成中窥见一斑。在韩国普通的消费类电子产品企业中,"基础研究"支出仅占研发总支出的8.2%,"大规模生产开发"支出则占到65.9%(Y. Kim, 1997:427)。

为什么获得创新能力这么难？或者说，韩国企业为什么不投入足够的资金进行该领域的研发呢？答案与该行业的技术体制有关。在此，我们必须指出，消费类电子产品行业的性质在不断变化。消费类电子产品更多地以科技为基础，而不像过去那样由供应商主导。其趋势是产品生命周期变得越来越短，这就意味着创新频率较高，技术不确定性不断增加。由于缺乏引领产品创新的能力，韩国企业忙于改造或模仿先行企业开发的一系列新产品。韩国企业因为无法确定自有产品取得市场成功的概率而不能进行大规模的研发投入，也不能获得稳定的成本利润率或可靠的质量差异化优势。

从20世纪90年代起，由于技术许可变得越来越难，韩国企业开始更多地求助于海外研发站、跨国并购和战略联盟。与此同时，如前所述，它们的兴趣更多地转向了国内市场，其"产品创新"更多的是迎合韩国人偏好的适应性创新。例如，LG开发了一款非常适合用来储存韩国食品的冰箱。当然，这也意味着市场规模较小，而且只有在外国竞争对手不开发并销售专门针对韩国的产品或被禁止进入韩国市场的情况下，才能持续使用这一策略。

8.4.6 机床行业

在Pavitt（1984）的分类中，机床行业是一个典型的专业供应商行业，在这一行业中，生产商和客户企业之间积累的隐性知识非常重要。机床行业的技术体制的特征是较低的创新频率和较低的技术轨迹流动性，尽管该行业对计算机技术的不断引进，使之从低频率、低流动性向中/高频率、中/高流动性转变。尽管机床行业具有这些技术特征，但是其对后发企业研发努力的激励仍然很低。这种情况与如下事实有关：因为无法预期成本优势、质量差异化优势或先发优势等方面的好处，所以企业所开发产品取得市场成功的预期概率很低。后发企业既无法仅通过进口生产设备、购买产品设计和生产工程授权来赶超先行企业，也无法通过自主研发来赶超先行企业。从这个意义上说，机床行业的情况不同于汽车行业和其他耐用消费品行业（Lim, 1997）。

要了解这个行业，我们必须从观察机床行业知识库的特殊属性开始。在机床行业，重要的生产知识是隐性的，无法简单地体现在生产设备中。生产过程使用的设备通常是通用机器。因此，工人们积累的技能更重要。此外，由于技术许可往往局限于特定的机器型号，所以无法解决生产商在产品开发阶段的设计能力差这个问题。那些必须生产各种产品来满足不同用户需求的生产商，必须具备修改机器设计的能力，而这种能力无法通过出国留学或技术许可来轻易获得。[17]这也正是尽管机床行业的创新速度相对较慢，却并不容易实现追赶的部分原因。

还有一点同样重要，那就是仅靠投资研发无法解决机床行业技术能力差这个问题。研发能力主要源自产品开发期间的知识积累。因为国产机床质量差、精度低，韩国企业不愿意使用国产机床，这一事实是隐性知识积累面临的大难题。即使政府就此出台了鼓励使用国内产品的政策也无济于事。因为企业所使用的机床的质量直接决定了产品的质量，所以对产品质量敏感的客户企业不能接受使用国产机床。其次，疲软的国内市场无法通过扩大生产、与更多客户企业互动来创造隐性知识积累的机会，出口市场就更是疲软了。因此，后发企业无法期待建立成本优势或质量优势。而这正是机床等生产资料生产行业与汽车或消费类电子产品等最终产品行业最根本的差异之一。由于数控设备生产属于规模密集型生产，市场规模有限成为数控设备行业发展的严重障碍，更不用说与客户企业的微弱联系以及中小型企业发展不足等因素了（Lim，1997）。

一般来说，像韩国企业这样的后发企业所面临的困难，与技术的隐性和显性方面都有关系。但是，随着通用机床转向专用机床，加之数控机床的兴起，显性核心技术的重要性正日益上升。尤其是计算机数控机床的出现，使电子技术变得比工程师的技能更重要（Lee and Lim，2001）。随着机床行业吸收了机电一体化行业的技术，产品创新变得更加频繁，产品生命周期也缩短了。在核心技术，例如占数据机床产品最大份额的数控设备方面，只有30%的国内数控机床产品使用本地制造的数控设备（Lee and Lim，2001）。这是因为韩国的国内产品精度低；例如，就通用型数控车床和高精度车床而言，其精度仅为发达国家（如日本或德国）产品水平的50%和1%（Lee and Lim，2001）。可以说，在技术发展方面，该行业的韩国企业已经达到可以开发一些外围和核心部件的阶段。

8.4.7 追赶模型和六大行业中的三种追赶模式：小结

在上文中，我们用六大行业的具体案例解释了技术追赶的三种不同模式，分别是阶段跳跃式追赶、路径创造式追赶和路径跟随式追赶。现在，让我们试着总结一下，如何使用本章提出的模型来解释这六大行业的不同发展路径。

我们将从汽车行业和D-RAM行业这两个阶段跳跃式追赶案例开始。在汽车行业，韩国企业跳过了化油器引擎阶段，直接进入燃油喷射发动机阶段；在D-RAM行业，韩国企业越过了1Kb至16Kb的D-RAM阶段，直接跃升到64Kb的D-RAM阶段。在这两个行业中，创新路径以及追赶目标都非常明确，后发企业只是跳过了这条发展路径上的某些阶段。

首先，就该模型而言，汽车行业的特点是创新频率低、技术轨迹更易预测，对研发工作的激励更大，因此韩国企业能够依靠成本优势取得市场成功。但是，即使在这种情况下，对外部知识库的获取也至关重要。根据技术能力的发展阶段，可以说韩国企业（特别是现代公司）已经达到有能力设计自己产品的阶段了。但是，在市场竞争中，韩国汽车制造商仍然依赖于成本优势，而不是质量差异化优势或先发优势。

其次，我们将 D-RAM 行业归类为具有高累积性（创新频率高）以及易预测轨迹的行业。因此，必须要说的是，后发企业从事研发的激励因素是混合的，对于具有复合式结构的韩国企业而言，它们依靠成本优势取得市场成功的预期概率很高，而且韩国企业能够在初始阶段购买生产设施和产品设计。因此，由于技术轨迹可预测，韩国企业通过与政府研究机构合作，进行了大量研发投入并克服了高累积性带来的困难。为研发提供充足的财务资源很关键，这是因为频繁的产品创新，即芯片的更新换代（例如从 1Mb 到 4Mb），会使每次更新换代所需的投资规模越来越大，更新换代的频率也越来越快。以人才回流和海外研发岗位形式进行的对外部知识库的获取也同样重要。到了 21 世纪的前十年，在 D-RAM 行业，韩国企业已经发展到了技术发展的最后阶段，即创造新产品概念和设计的阶段。

CDMA 是路径创造式追赶或者跨越的一个例子。鉴于电信业的创新频率和技术轨迹流动性均较高，后发企业没有从事研发的激励。但是，当韩国研发联盟通过与美国风险投资企业高通公司的合作开发合同获取外部知识库时，这个困难就降低了。此外，因为走了一条不同于先行者的道路，韩国企业有望基于先发优势取得市场成功，而高风险则由政府主导的研发联盟来分担。通过提供准确的、最新的技术趋势信息，以及通过确定适当的研发项目和合作目标，研发联盟在降低技术不确定性方面也作出了贡献。从这个角度讲，我们的发现与 Perez 和 Soete（1988）观察到的结果略有不同，我们发现韩国企业在该行业的进入和跨越，不是由内生知识和技能驱使的，而是由与外国企业的合作驱使的。总之，到了 21 世纪的前十年，在 CDMA 系统方面，韩国企业已达到逆向工程中的创造新产品概念和设计的阶段。

再次，我们讨论了消费类电子产品（音频组件）和 PC 行业，我们认为这两个行业在追赶中采取了路径跟随策略。在某个阶段，这一策略是成功的，提高了市场占有率，特别是在 PC 和消费类电子产品领域。那时韩国企业能够通过先行企业的许可购买成熟技术，并获得与廉价劳动力和生产工程能力相关的价格竞争力。然而，随着许可难度的增加或者成本的上升，第二梯队的新兴工业化经济体出现，韩国企业突然在市场份额方面受挫。同时，它们的技术能力还没有发展到使之独立的程度。在这些行业韩国企业的特点是，产品设计能力弱，核心部件生产的本地化率低。

根据我们的模型，PC 和消费类电子产品行业技术发展的困难与这些行业的技术体制有很大关联，这些行业的特点是创新频率很高，技术轨迹流动性高。在这些行业中，重要的生产和设计技术往往体现在核心信息技术组件和软件中。因此，只购买生产设备不足以让后发企业赶上先行企业。此外，韩国企业无法预期取得市场成功，因为在很长一段时间里，它们既无法从成本优势中获得益处，也无法从产品差异化中获得益处。总之，这些行业的研发能力和研发激励都很低。考虑到高频率的产品创新和高流动性的技术轨迹，很难为公私联合研发确定研发目标。因此，在这些行业中，即使有政府帮助，也不足以克服这些行业技术体制本身固有的困难。不论是质量差异化优势还是先发优势，都不能保证企业取得市场成功，因此政府为国内生产者提供保护的作用受到限制。在这两个行业中，韩国企业在 20 世纪 90 年代的技术能力仍介于开发核心部件和设计自有产品（模仿性产品）之间。

最后，我们分析了机床行业的一些独特案例。过去，机床行业的创新频率和技术轨迹流动性都较低。尽管机床行业具有这些技术特征，但是后发企业产品开发取得市场成功的预期概率看起来仍然很低；后发企业无法确切地预期成本优势、质量差异化优势或先发优势所带来的好处。就机床行业而言，政府还发现为国内生产者提供保护很难。这与该行业的以下事实有关，即该行业的客户不是普通消费者，而是为世界市场生产出口产品的国内企业。由于质量低、精度低，韩国企业不愿意使用国产机床。可以说，在技术发展方面，该行业的韩国企业已经达到可以开发一些外围和核心部件的阶段。

尽管我们担心非常简化的表格可能会产生误导，但是我们还是将这六大产业的复杂情形总结在表 8.4 中。

表 8.4　市场和技术追赶中的赢家与输家

	D-RAM	汽车	CDMA 手机	消费类电子产品	PC	机床
A. 追赶模式与技术能力等级						
市场份额	迅速增长	缓慢增长	增长	达到顶峰后下降	达到顶峰后下降	增长非常缓慢
追赶模式	阶段跳跃式	阶段跳跃式	路径创造式	路径跟随式	路径跟随式	路径跟随式
技术能力	产品概念及设计	多数核心部件及设计	产品概念及设计	一些核心部件及设计	一些核心部件及设计	一些核心部件/外围设备
B. 解释要素						
产品创新频率	高	低	高	高	高	低

（续表）

	D-RAM	汽车	CDMA手机	消费类电子产品	PC	机床
技术轨迹流动性	低	低	高	中/高	中/高	低
已开发产品的竞争力/竞争力之源	高/成本优势和先发优势	高/成本优势	高/先发优势	低	低	低
对知识库的获取方式	研发站和人才回流	国外研发公司和许可	国外风险投资企业和许可	来自龙头企业的许可	来自龙头企业的许可	来自龙头企业的许可
政府的作用	联合研发	市场保护	联合研发	市场保护	市场保护	对国内产品的激励措施

8.5 与政策有关的若干问题

8.5.1 政策问题一：技术体制与其他制度

因为隐性知识对研发很重要，而隐性知识是通过生产工程和产品开发方面的经验积累获得的，所以已有市场或者创造市场就很重要。没有市场就不可能通过生产经验来积累知识。

接下来我们要讨论政府的第一个职能，即通过国内市场保护和出口补贴，确保后发企业的市场份额。当研发目标需要更明确的知识而这些知识无法通过简单地积累生产经验获得时，政府的另一个职能就是与私营部门开展联合研发以进行产品创新。具体而言，除其他因素外，政府积极主义的理想范围及有效性取决于特定行业的技术体制。换言之，我们认为技术体制是"根基"，其他政策或制度变量在此基础上发挥作用。此外，还有另一个"根基"，即市场竞争。换句话说，企业必须以成本优势、产品差异化优势或先发优势为基础来赢得市场。政府无法在不产生大量费用的情况下做到轻松操控这两个根基。鉴于此，政府能做什么呢？

如上所述，韩国政府在 D-RAM 和 CDMA 手机行业与私营部门进行联合研发，但是韩国政府在汽车、消费类电子产品和 PC 行业只提供市场保护，在机床行业则鼓励使用国内产品。这些情形有助于我们勾画政府的职能。

首先，我们想说明一点，当技术存在较大的不确定性，即技术轨迹流动性较高时，政府在追赶中的作用应该限于提供固定期限的市场保护。我们认为，就PC和消费类电子产品（音频组件）而言，在克服基本技术不确定性的问题上，政府直接参与研发是无效率的，至少成本太高。在PC行业建立短期公私研发联盟的做法就是一个例子，从其持续时间和范围上可以看出这种做法的局限性。但是，CDMA行业的情况似乎违反了这一原则。当然，CDMA行业的情况有点特殊。从CDMA和GSM行业未来竞争的不确定性即可看出这个案例的风险和特殊性。就CDMA行业的情况而言，非常重要的一点是，在政府研究机构的帮助下，确定了可能具备先发优势的研发目标和合作伙伴。这表明，在应对技术不确定性这个问题上，政府也可能给私营部门提供一些帮助。

我们认为技术不确定性的问题在一定程度上与如下两个因素有关：不了解有关技术领域的最近研究趋势或方向（知道趋势或方向是什么）；不了解全球研发人员的分布情况及其专业知识（知道谁知道趋势或方向是什么）。因此，政府研究机构可以跟踪研究趋势和研发人员，同时与私营部门分享这些信息，以此来降低技术的不确定性。在CDMA行业的发展过程中，ETRI恰恰就是这么做的，它为无线通信行业的替代技术提供准确评估，并确定高通公司为合伙目标。因此，ETRI在降低无线通信技术发展的不可预测性方面作出了贡献。从这个意义上我们可以说，只有当政府能帮助降低有发展前景的研发目标的技术不确定性时，政府参与研发才是有益的。

其次，当某个行业具有较易预测的技术轨迹时，政府参与的理想形式既可以是联合研发，也可以是仅仅提供市场保护。具体采取上述哪种形式，取决于技术的其他方面，例如累积性、必需的研发资本规模、涉及的风险。当某个行业创新不太频繁时，例如汽车行业，仅靠私营企业的内部研发就可以完成研发项目。就汽车行业而言，韩国政府不仅提供国内市场保护，还提供使产品进入国外市场的出口促销措施，以实现规模经济。相比较而言，有些行业（如D-RAM行业）的特点是创新频率高、风险大。在这些行业的案例中，我们看到政府更多地以联合研发的形式直接参与研发。换言之，D-RAM行业和汽车行业在创新频率方面的差异导致政府的参与程度出现差异。

以上结论与如下观点一致：政府的直接参与能更好地解决累积性（创新频率高）的问题而不是技术轨迹不可预测性的问题。而在政府通过参与联合研发解决累积性问题的案例中，一旦风险问题和融资问题得到解决，政府就应该减少参与度，以便私营企业可以接管研发工作。韩国D-RAM行业的发展就属于这种情形。[18]从这个意义上讲，我们应再次强调私营企业开展内部研发的重要性。换言之，当流程创新日益重要时，在以产品创新为主导的阶段过后，由企业内部研发来接管是件很自然的事情，因为企业内部研发在适应性创新和以改进为目的的创新中更有效。当然，一般来讲，即使是那些轨迹更易预测或者创新不太频繁的行业，我们也不能否认政府直接参与研发的积极贡献：可能有助于缩短追赶所需的时间。

然而，考虑到事实上私营企业本身就可以承担这种性质的研发项目，政府资源的投入存在一个机会成本的问题。与直接研发相比，提供市场保护和其他激励措施是一种成本较低的政府参与形式。

8.5.2 政策问题二：内部和外部知识库的重要性和获取策略

我们注意到一个事实：跨越通常在技术范式发生转变（即新技术出现）时发生。不过，虽然新知识和技术往往来自公共机构，从而相较于其他来源的知识和技术更容易获取（Perez and Soete, 1988），这并不意味着这些新知识和技术可随时用于生产，在此之前仍然需要付出"开发"努力或商业化努力，在这方面，接收企业或国家的吸收能力至关重要。CDMA 行业的发展案例表明了韩国企业和政府研究机构的吸收能力（内部知识库）在外部知识的内化方面的重要性。从另一方面讲，新出现的技术民族主义并不仅仅意味着后发企业无法获得所需的技术从而实现追赶，也并不仅仅意味着国际技术市场是封闭的。现实中存在"开放的技术保护主义"方面的案例，现代汽车公司和三星半导体公司就属于这种情形。这些公司能够从专业的研发公司或风险投资公司获得帮助。在这方面，更重要的是后发企业的吸收能力，因为这一能力决定了技术转让合同的具体条件和技术获取的性质。

我们还应该强调获取外部知识库（也就是技术转让）的重要性。消费类电子产品、PC、D-RAM 和手机行业的经验表明对外部知识库的获取很重要，因为这些行业的创新频率高、技术轨迹流动性高，开发本土技术较为困难。在消费类电子产品和 PC 行业发展过程中的某个阶段，后发企业一度能够实现市场份额的追赶，因为先行企业以许可的形式提供了成熟的技术。然而，当许可难度增加或成本上升时，其追赶速度就放慢甚至停止了。在 CDMA 行业的发展过程中，韩国企业通过风险投资公司获得技术许可而不是从先行企业获取技术许可，获取的不是成熟技术而是新兴技术。在 CDMA 行业的发展过程中，由于韩国企业对原始技术的商业化作出了重要贡献，因此韩国企业在这个行业中的技术地位比其在 PC 或消费类电子产品行业中的技术地位更可持续。

相比之下，当技术轨迹更易预测而且创新不那么频繁时，获取外国技术的战略可能会有所不同。在这方面人们经常讨论的对比案例就是现代汽车和大宇汽车

(K. Kim，1994；L. Kim，1997a)。众所周知，现代汽车不与包括三菱在内的任何股东共享其管理控制权，并且独立承担像发动机开发这类重点研发项目。在 Ricardo 等专业研发公司的帮助下，现代汽车的技术能力稳步发展。相比较而言，尽管大宇汽车与通用汽车共享其管理控制权，但是大宇汽车却认为通用汽车不愿意将其核心技术转让给大宇汽车。因此，这家公司的主要股东在管理方面出现了分歧，最后大宇汽车与通用汽车分道扬镳，并于 20 世纪 90 年代初成为一家独立的公司。只有在独立之后，即从 20 世纪 90 年代中期开始，大宇汽车才开始通过自主研发取得一些成就。这一经验表明：后发企业如果自始至终仅遵循 FDI 战略，则不太可能实现阶段跳跃式追赶或路径创造式追赶。不过，有一点需要指出：如果已经达到技术发展的更高阶段，则追赶企业可能想通过建立国际联盟，甚至是成立合资企业来应对日益激烈的全球竞争并保持领先地位。我们认为几家韩国企业现在已经达到这个阶段，此前的独立发展战略也许已不再有效。现在，大宇汽车再次积极寻求与包括通用汽车在内的外国汽车公司建立国际联盟。这一次，这一策略的效果可能会非常好，因为大宇汽车现在的技术能力比以前强很多，这一点会增强其讨价还价的能力。换句话说，国内企业现有的技术能力和基础都很重要，因为它们将决定国内企业和外国企业之间技术相关合同的具体条款。

8.5.3 关于韩国各行业实现进一步技术发展的几点看法

我们把 PC 和音频组件行业韩国企业遇到的上述困难归咎于这些行业技术体制的特殊性质，特别是技术体制的不确定性，并对政府的任何直接参与发出警告。鉴于此，政府可以做什么呢？政府应该放弃这些行业，顺其自然，不作为吗？在这些行业中，我们主要是告诫政府不要直接参与研发，而实际上目前这些行业的所有研发项目都是由私营企业开展的，政府并未直接参与。这并不是说政府不能以其他方式参与。如上所述，在 CDMA 行业的案例中，政府或政府研究机构可以跟踪研究趋势和人员，可以与私营部门分享这些信息，通过这种方式帮助企业应对技术的流动性问题。而且，我们注意到，因为这些行业的路径跟随式追赶不起作用或者需要花很长时间，所以关键在于如何在路径跟随式追赶时发生阶段跳跃式追赶，或者找到替代路径。鉴于私营部门无法独自成功解决这个问题，我们应该从产业或国家创新体系的视角来加以解决，这就需要企业、政府机构和学术界之间进行协调。为生成阶段跳跃式路径或替代路径，需要更多"创造力"。这里就要提到大学作为创造力提供者以及金融体系作为创造力支持者（一种新的商业观点）的重要性了。就这一点而言，建立科斯达克（KOSDAQ）股票市场是韩国政府的一个伟大成就，该市场类似于美国的纳斯达克（NASDAQ）

股票市场。KOSDAQ 股票市场成立仅两年,就已成为数百家中小型风险投资企业和创业企业的摇篮。许多雄心勃勃的大学生纷纷加入 KOSDAQ 企业,还有很多人才准备离开大型企业集团(财阀)加入这些新型企业。在通过股票而不是银行来为这些新型企业进行融资后,与规模大且僵化的财阀相比,这些形式新颖而灵活的企业更适合应对不确定性问题。实际上,作为 PC 行业新秀的韩国三宝电脑公司(Sambo Computer Co.)原本就是一家小型创业企业。这种新现象告诉我们,政府可以在国家创新体系领域中如何作为,以应对与不确定性相关的问题。

8.6 结束语

要想三言两语说清楚技术追赶成败的条件而不过度简化风险并不容易。不同行业面对不同的技术和市场条件,因此实现技术追赶的条件各不相同。这个过程是内部研发、政府、技术转让模式、市场条件、吸收能力以及技术或知识本身的性质等多种因素之间复杂相互作用的结果。我们所做的是根据韩国产业的经验,对这一过程初步加以归纳概括。韩国的经验表明:在那些创新不那么频繁、累积性不显著且路径更易预测的行业,通过私营企业更容易实现路径跟随式追赶或者阶段跳跃式追赶,这样更易于识别追赶目标;而在那些技术的流动性更高、风险更高从而对资本的要求也更高的行业,通过公私合作更容易实现路径创造式追赶。

Malerba 和 Orsenigo(1995)以及 Breschi、Malerba 和 Orsenigo(2000)区分了两种技术体制,即熊彼特 I 型和熊彼特 II 型。熊彼特 I 型的特色是技术机会低、专用性低、累积率低、知识库的科技导向低;熊彼特 II 型则具有相反的特色。有人可能会说,在那些属于后发阵营的行业中,实现技术追赶更困难,这是因为后发阵营的特点是创新活动高度集中、创新排名稳定性高、新创新的相关性低。但是,技术追赶的过程远比这个复杂。行业在发展,一个行业的技术特征也会因它们所处的不同生命周期阶段而发生变化。如果我们将跨越问题也考虑进来,那么情况会变得更加复杂。虽然 Malerba 和 Orsenigo(1995)将道路车辆和发动机、电信、半导体行业划分到熊彼特 II 型中,但是在这三个行业中韩国企业均取得了实质性的追赶或跨越,不过这并不一定意味着其他国家也会取得这种实质性的追赶或跨越。

从这个角度讲,人们可能会说,韩国案例更多的是例外而不是通例。这种说法又回到了组织选择的问题上,即不同形式的企业对不同环境的适应程度不同。

对于韩国财阀这样的企业集团来说，技术轨迹的可预测性非常重要，因为技术轨迹使之能够很容易地确定追赶目标，并将可以调动的所有资源用在这些项目上。这是技术体制的一个重要方面，对追赶而言尤为重要，而那些研究熊彼特式创新、以发达国家经验为重的著述则忽略了这一层面。

注 释

1. Dahlman、Ross-Larson 和 Westphal（1987）当属例外，他们认识到了对转让技术因地制宜加以改进的特质。

2. 在文献资料中，追赶的衡量指标一直是生产率的提高（Abramovitz, 1986）或者 GNP、人均 GNP（或人均收入）的增长率（Verspagen, 1993）。在讨论新兴工业化经济体的快速追赶时，OECD（1992）和世界银行（1993）使用"制造业出口"作为工业增长的衡量指标，但它们并未明确提及追赶的技术方面。

3. 这种看待关联的方式不同于看更高的产品开发概率是否会带来更多研发投入的方式。问题的关键在于技术的不确定性和累积性往往会使得企业不确定其研发投入能否带来有形的结果。

4. 人们可能会认为频率和流动性是同向的。但是，D-RAM 行业是创新频率高但技术轨迹流动性低的行业的范例。

5. 企业也可以按照市场竞争的不同类型选择不同的组织形式。例如，一些企业更适应以成本优势为主导而不是以质量差异化或先发优势为主导的市场竞争。实际上，企业是按照技术体制还是按照市场机制进行选择，是一个相互关联的有待进一步探索的重要问题。但在本书中我们只专注于前者，因为它是我们的兴趣所在，而且在某种程度上，市场机制可以由技术体制衍生而来。

6. C. Kim（1997）调查了 D-RAM 行业的组织选择问题。D-RAM 行业早期由专业化的企业主导，但是后来很快就变成由来自日本和韩国的企业集团主导。C. Kim 认为这种情况与不同类型的企业对该行业独特技术特征（环境）的适应性不同有关。Duysters（1996）还讨论过组织类型和环境特征的问题。

7. 在 20 世纪 80 年代之前的高增长期，韩国企业主要依赖使用廉价高效劳动力实现的制造优势来赢得市场。然而，这种策略的潜力正逐渐消失，因为新的后发者们采用相同的策略而且它们的劳动力更廉价。正因如此，韩国企业正向研发阶段投入越来越多的资源。

8. 从这个意义上说，市场份额的扩大是与技术能力的提高同时进行的，而不仅仅是技术能力提高的结果。

9. 据报道，1997年爱立信在美国手机市场上的销量排名第一，占美国手机市场41%的市场份额，其次是诺基亚（占20%的市场份额），高通占17%的市场份额，三星占8%的市场份额。摩托罗拉排在三星之后，并于1997年赶上了三星。三星1997年出口了45万部手机，价值达1.6亿美元，预期到1998年年底将出口约200万部手机。1997年，美国手机市场的总规模为563万部手机。以上信息来自Data Quest，（韩国）《每日经济新闻报》（*Maeil Business Newspaper*），1998年8月31日。

10. 从这个意义上，如果使用Tushman和Anderson（1986）的术语，我们可以说，这类产品创新起到了提升能力（competence-enhancing）而不是破坏能力（competence-destroying）的作用。

11. 有关这一论点的更多技术方面的分析，请参阅C. Kim（1997）。

12. 这个案例与现代汽车发动机的发展类似，因为三星董事长李秉喆（Lee Byung-chul）致力于发展D-RAM业务，三星才得以为该项目投入大量资源。

13. 关于D-RAM行业如何由专业化公司起步到后期由包括日本企业在内的大型企业集团主导的演变过程，C. Kim（1997）提供了一个很好的分析方法，而且他还通过模拟来证明了这一点。

14. 尽管取得了这样的进展，但是受原始合同中的规定所限，韩国企业必须继续向高通公司支付费用。现在它们正试图修订合同。

15. 有人认为，中国台湾地区有大量小规模企业，对它们征收特许权使用费更困难；而对韩国的一些大型企业集团征收特许权使用费则要容易得多。

16. 本小节借鉴了Y. Kim（1997）的观点。

17. 这是因为开发产品和生产机器的知识是隐性的，正规教育或培训并不能减少学习这些知识所需的时间。

18. 当然，在这方面存在政府撤出的时机问题，因为政府过早撤出可能会危及这个行业的稳定增长。而关于一个行业的"幼稚期"持续时长的问题在文献中一直是存在争议的。

第 9 章　数字技术作为跨越式发展的机会窗口：显示器产业

（与 C. Lim 和 W. Song 合著）

9.1　引言

信息技术现已无处不在。20 世纪 90 年代最显著的信息技术现象之一就是技术范式从模拟转向数字。从玩具、手机到机器，所有模拟产品都已经被数字产品所取代。此外还出现大量全新产品，比如，个人数字助理（PDA）、扫描仪、MP3 播放器等，甚至零售和物流也日益依赖电子商务和计算机数据处理。

跨越式发展观认为，数字技术的出现也是后来者追赶先行者的机会。Perez 和 Soete（1988）、Freeman 和 Soete（1997）以及 Freeman（1989，1995）强调了在追赶过程中利用新兴技术机会的重要性。Perez 和 Soete（1988）重点研究了一个不受旧范式下高昂的资本品投资成本和基础设施约束的追赶型国家如何超越发达国家，跨越到新的技术范式。

20 世纪 90 年代末到 21 世纪初，韩国企业成为部分创新型数字产品的全球领导者。韩国是全球首个进行基于 CDMA 技术的数字移动通信开发的国家。此外，英国通过 LG 产品享有其首个数字广播电视节目，美国人通过三星产品观看了"发现"（Discovery）号航天飞机的历史性发布会。三星公司和 LG 公司在多项数字技术相关领域的技术和许可上居世界第一位。1999 年，三星公司和 LG 公司在英国和美国的市场份额分列第一位。1997 年，LG 电子是全球首家数字电视核心芯片组开发商。早在 21 世纪初，韩国彩色电视机出口总额（9.79 亿美元）的 66%（约 6.5 亿美元）就来自数字电视机出口，超过了模拟电视机的出口额。这标志着韩国主要的出口产品从模拟产品转向了数字产品。

本章将对数字电视行业的跨越式发展和韩国企业的相关追赶问题进行探讨。我们分析的时期为 20 世纪 90 年代初到 2002 年或 2003 年。我们根据对三星电子和 LG 电子等先行企业研发人员的采访，报纸、政府文件和报告，以及从政府研究机构和大学研究人员处获得的材料进行了详细的案例研究。因此，本研究可视为在行业层面对跨越式发展观的检验。

然而，除了有关跨越式发展的文献中已讨论过的生产能力、人力资源和区位优势三个方面，我们的研究还涉及新的问题。我们重点阐述追赶企业所面临的如下两类风险。其一是从数个备选技术或备选标准中选择合适的技术，其二是在选择用于生产新产品的技术后如何开拓初始市场。因此，本研究的重点是韩国企业在这一追赶过程中的优势和劣势，以及韩国企业如何应对进入新兴产业初期的风险。我们发现，数字电视行业的特殊性（比如行业标准在市场形成之前即已确定）对于降低韩国企业的风险非常重要。

我们利用本书第 8 章探讨的技术追赶和市场追赶模型对数字电视发展案例进行分析，该追赶模型介绍了后发企业追赶背景下技术体制的概念（Nelson and Winter，1982；Breschi，Malerba and Orsenigo，2000）。该模型中，从技术体制、市场创新成果的竞争优势、国内外知识库、政府政策和企业战略等方面对后发企业的技术能力构建和成功创新进行了解读。企业对实际开发目标产品的概率以及待开发产品的预期市场开拓能力（竞争力）进行评估，并确定研发工作需求。技术体制作为预期产品开发概率的决定因素进入模型，而成本优势、产品差异化优势和先发优势等因素作为待开发产品预期竞争力的决定因素进入模型。

将该模型应用于韩国企业的数字电视发展案例中，我们发现该案例可以视为 Lee 和 Lim（2001）提出的三种追赶模式中的路径创造式追赶。[1]另外我们还发现，从获取外部知识库方面来说，该案例与开发 CDMA 手机的案例非常相似，是获得成功的至关重要的因素。

第 9.2 节对文献进行了回顾并对我们的理论框架进行了介绍。第 9.3 节研究了数字电视行业的技术体制和韩国企业的初始资源基础。第 9.4 节详细分析了跨越式发展的过程（即后发企业在存在不利因素的情况下如何实现追赶）。第 9.5 节进行了部分跨领域和跨国家的比较，尤其是与日本的经历进行比较。第 9.6 节对该章的贡献和政策含义进行了总结。

9.2 文献和理论框架

跨越式发展观的起源可以追溯到 Gerschenkron（1962，1963）。Gerschenkron 强调了追赶型经济体的优势，比如钢铁和半导体行业通过工厂规模体现出的规模经济，因为这些经济体是在技术成熟到足以使标准化的资本品适于大规模生产之后才开始使用该技术。但是其探讨仅限于成熟技术领域的追赶。Freeman 和 Soete（1997）以及 Perez 和 Soete（1988）运用这一概念，重点关注催生了一系列新兴产业的新技术范式所扮演的角色。据观察，新技术范式成为追赶型国家的一个机会窗口，使其没有被旧的技术范式束缚住，从而能够抓住新兴产业的新机遇。

新技术范式同时还意味着开辟新的技术轨迹。这是我们在本章中采用的方法。技术轨迹是根据技术范式解决问题的"常规"活动模式（即"演进"模式）（Dosi，1982：152）。例如，随着蒸汽机的发明出现了新的技术范式，它体现在蒸汽机车、蒸汽机、蒸汽自动车和其他车辆的技术轨迹中。Perez 和 Soete 关于跨越式发展的论点包含产品生命周期模型（Utterback and Abernathy，1975；Klepper，1996）的要素，因为他们强调了早期进入新行业的优势，例如进入成本低。

在追赶型经济体成功进入新行业所需条件方面，Perez 和 Soete（1988）着眼于生产能力、人力资源和区位优势（例如与关键供应品和关键知识之间的距离）等方面的研究。其论点如下：首先，由于现阶段尚未开发出生产新行业产品的设备，所以应采用通用型设备，且仅进行少量生产。因此，此时不存在与经济规模相关的进入壁垒。其次，在新技术范式的初始阶段，技术性能并不稳定，且不仅仅限于一家企业。因此，如果只有人力资源可以获得知识来源并创造新的知识，那么此时介入一种新兴技术可能比在技术演进的后期阶段介入更容易。最后，可以说追赶型经济体处于相当有利的地位，因为它们不会受到旧技术的束缚。由于投资的沉没成本，发达经济体往往会受到旧技术的束缚。

我们对该观点加以延伸后发现，除生产能力、人力资源和区位优势三方面外还存在其他问题。我们强调追赶型企业所面临的以下两类风险：其一是从数个可能出现的标准中选择合适的技术，其二是在选择用于生产新产品的技术后如何开拓初始市场。在技术范式的早期阶段往往存在可用的替代技术，其中一种主导技术或成功技术最终会在后期阶段出现。因此，如果追赶型经济体投资了错误的技术，将无法从其投资中获得回报。其次，即使追赶型经济体成功选择了合适的技术，仍需在与发达经济体的其他竞争者的竞争中取胜。对上述风险方面的实证研究很少。

本章将对数字电视行业的跨越式发展和韩国企业的相关追赶问题进行探讨。自 20 世纪 90 年代以来，技术轨迹从模拟转向数字。20 世纪 90 年代是数字技术广泛扩散并应用于各不同产业部门的时期。这一时期必定是第五个技术经济范式时代（被认为从 1971 年即已开始）（Perez，2002：57）的一个重要变革时期。因此，本研究可视为在行业层面对跨越式发展观的检验。

本章的重点是分析韩国企业在这一追赶过程中存在哪些优劣势，以及韩国企业如何解决早期进入新兴技术时所面临的两类风险。

我们利用 Lee 和 Lim（2001）提出的技术追赶和市场追赶模型，该模型根据后发企业与先行企业轨迹的关系确定了三种类型的追赶模式，即路径跟随式追赶、阶段跳跃式追赶和路径创造式追赶。Lee 和 Lim（2001）将技术体制的概念（Nelson and Winter，1982；Breschi，Malerba and Orsenigo，2000）引入了后发企业创造的追赶环境中。他们首先增加了技术轨迹的可预测性，作为后来者成功开发产品概率的决定因素之一，认为这是与追赶相关的技术体制的一个重要方面。同时我们还考虑了对外部知识库的获取（技术转让），因为它同样也会影响后来者的研发前景。在该模型中，后发企业的技术能力被确定为可用研发资源与研发努力程度（或技术努力程度）相互作用的结果。可用的研发资源包括内部知识库和可获取的外部知识库，以及财务资源和其他资源。外部知识库的获取形式可以多种多样，包括非正式学习、技术许可、外商直接投资、战略联盟、共同开发等。该模型中，企业的研发努力程度取决于研发成功的概率。企业会对目标产品的实际开发概率以及待开发产品的预期市场开拓能力（竞争力）进行评估。因此，产品的物理开发与其在市场上的成功是相互分离的。这样的分离是必要的，因为即使目标产品开发出来也不一定能保证其在市场上获得成功。技术体制作为产品开发预期概率的决定因素进入模型，而成本优势、产品差异化优势和先发优势等因素作为待开发产品预期竞争力的决定因素进入模型。

因此，我们将该模型应用于韩国企业的数字电视发展案例，首先考察数字电视技术的技术体制，然后在下一节中对韩国企业的初始知识和资源基础进行研究。随后，我们将详细说明数字电视机的发展情况，重点关注如何克服困难和降低风险。除此之外，我们会发现数字电视的追赶模式是一种路径创造式追赶模式，偏离了日本先行企业所遵循的技术轨迹。在研究该问题时，我们还剖析了 Lee 和 Lim（2001）提出的假设，即当相关行业的技术体制具有高流动性轨迹、高风险等特征时，通过公私合作可能实现路径创造式追赶。

9.3　数字电视行业的技术体制和韩国企业的初始资源基础

9.3.1　数字电视行业的技术体制

数字技术的起源可以追溯到 20 世纪 40 年代二进制计算的发明，在此基础上出现了计算机和其他信息处理技术。20 世纪 90 年代所谓的"数字革命"包含两个方面：一是将现有电子产品替换为采用了数字技术的电子产品，二是基于互联网、软件、电信、电子和计算机的融合技术的新产品的出现。因此，20 世纪 90

年代开始的数字革命不同于其他代表了不同科学发现的应用或融合的"激进式"创新（Adner and Levinthal，2002）。CDMA 和数字电视是将数字技术应用于移动通信和电视的产品。

数字电视意味着包括视频、音频和数据在内的所有内容经过数字处理之后通过数字传输方法进行传输。数字处理是指将模拟信号转换为由 0 和 1 组成的数字信号。转换后的信号与其他信息一起压缩，并通过数字传输方法进行传输。然后，发送的信号被分离成原始视频和音频信号，再在接收器进行解压缩（分用和解码）。换句话说，所有信息都在转换为数字后进行发送和接收。

数字电视技术的技术体制可以从技术机会、专用性、知识库的属性以及基础设施投资所需条件等方面来探讨。

数字技术具有创新频率高的特征，所以带来的技术机遇是巨大的。如表 9.1 所示，在这两类技术上注册的美国专利数量的增长速度远远高于其他领域。巨大的技术机会意味着该领域的竞争更加激烈，但重点是谁从创新（即专属权）中获得了回报。

表 9.1 在美国注册的专利数量

	CDMA 专利	数字电视专利	全部专利
1994（A）（项）	35	10	114 564
2001（B）（项）	205	26	184 172
B/A	5.9	2.6	1.6

资料来源：作者使用美国专利商标局（USPTO）网站的数据计算得到。

信息技术行业的创新成果专属权尤其受标准制定的影响。采用更多主导性技术标准或成功技术标准的产品的生产商比其他产品的生产商更容易从研发投资中获得回报。在这场标准制定的竞赛中，组建联盟、培养合作伙伴和确保兼容性都是至关重要的（Shapiro and Varian，1999：10）。由于网络的外部性，产品的竞争优势不仅取决于产品的性能和价格，同时还取决于共享相同技术标准的合作企业和政府生产的互补产品的性能和价格。由于比其他人或竞争对手更早地培养足够大的市场规模将带来巨额收益，而失败者的损失也将无比巨大，所以有关各方都希望在将其产品推向市场并参与无政府竞争之前进行标准的制定。

因为数字电视技术的特点是创新非常频繁，且标准制定和互补产品尤为重要，所以快速上市和迅速构建合作伙伴关系对于取得成功至关重要。此外，由于电视机的性能（例如图像质量）在很大程度上依赖于广播系统等基础设施的质量，所以构建与技术标准兼容的基础设施在数字电视行业中也是极其重要的。

数字电视行业的这些技术特征对后发企业的追赶有何影响？答案是追赶并非

易事,伴随着很高的风险。换句话说,追赶型企业进入该行业的阶段越早,风险越高。

在这方面,存在一个与上述特征平衡互补的重要事实,那就是,数字电视与其他电信行业拥有同样的特征,即技术标准在市场形成之前即已确定(Choh,1999;Wallenstein,1990:19-20;Cargill,1989:32-35,59-60)。起初,美国或欧盟甚至在相关市场形成之前即已建立 CDMA 无线通信和数字广播系统相关标准。以 CDMA 为例,鉴于高通公司在1993年 CDMA 通信市场形成之前所做的努力,美国通信工业协会(TIA)采用 CDMA 作为北美的数字标准。欧洲遵循类似的步骤,采用 GSM 作为标准。在数字电视技术领域,美国的标准由所谓的"大联盟"于1993年建立,后来由美国联邦通信委员会(FCC)于1997年最终确定。这与汽车和其他耐用消费品等传统行业形成了对比,在传统行业中,行业标准或主导设计是作为市场竞争的结果而建立的(Clark,1985;Klepper,1996)。

鉴于数字电视行业具有"前市场标准"的特征,即使在技术发展的早期阶段也可以较容易评估未来的技术轨迹。该特征可以降低早期进入者的风险,从而降低后来者追赶的风险。像韩国企业那样的追赶型企业应该做的仅仅是开发符合该标准的产品,但细节比这更复杂,下文将对此进行详述。

9.3.2 制定数字电视标准:第一大风险

早在20世纪80年代,日本公司就是模拟高清电视系统研发活动的领导者。在日本广播协会(NHK)和日本广播公司的领导下,日本早在20世纪80年代就首次研发出了模拟高清电视系统。1991年,日本采用 Hi-Vision/MUSE 作为国家高清电视标准(Steel,1999:279)。相比之下,美国直到1990年才由通用仪器公司(GI)证明了数字电视信号的可行性(数字电视广播公共利益义务咨询委员会,1998:5)。

此后,美国联邦通信委员会在高级电视业务顾问委员会(ACATS)开展的调查中讨论了高清电视标准的问题。1991年有六项关于高清电视标准的提案,包括四项数字高清电视标准提案和两项模拟高清电视标准提案。其中一个模拟高清电视标准来自日本广播协会,另一个模拟高清电视标准来自飞利浦公司/汤姆逊公司/诺夫公司/美国全国广播公司的联合体。在四个数字高清电视标准中,两个来自通用仪器公司与国际贸易部(MIT)的联盟,另外两个来自 Zenith 公司与美国电话电报公司(AT&T)的联盟以及飞利浦公司/汤姆逊公司/诺夫公司/美国全国广播公司的联合体。在日本广播协会团队撤回其提案之后,1993年春,其他三个团队成立了"大联盟"（Grimme，2002：230）。1993年，"大联盟"发展成为一个包括美国高级电视系统委员会的大型委员会（Grimme，2002：230）。经过与计算机行业人士的长时间磋商后，联邦通信委员会于1997年公布了关于采用数字电视标准的决定（Grimme，2002：230-231）。

虽然通用仪器公司和Zenith公司是数字高清电视领域的先驱，但它们仍需证明数字电视的商业可行性。与模拟电视技术不同，数字电视技术需要软件、数字调谐系统、数字信号和传输技术来转换、压缩、发送和接收数据。很显然，无论是通用仪器公司还是Zenith公司都无法包揽从生产数字电视机到广播设备、机顶盒以及其他组件和软件的一切相关业务。在这样的背景下，可以理解早在1990年，Zenith公司就允许LG公司拥有少数股权（15%）。换句话说，具有丰富制造经验的其他公司有机会参与到这一潜在的大市场中。通用仪器公司还邀请三星公司在20世纪90年代初期开发数字电视原型。

9.3.3 韩国企业的初始资源基础

或许韩国企业在数字电视方面的最大优势在于韩国在模拟技术方面落后于日本等国家，所以没有太大动力投资于以日本为主导的模拟技术。因此，韩国企业和韩国政府将数字电视的出现视为赶超日本的一个机会[2]，所以韩国在投资数字电视技术方面非常迅速且果敢。

在人力资源方面，20世纪90年代初韩国企业进入数字电视行业时，韩国没有足够的能力生产出能在商业上取得成功的数字电视。韩国距离相关知识的主要来源（即美国和欧洲）相当遥远。但韩国拥有人力资源，可解读外国企业的研发趋势，并将来自国外的知识应用于数字电视的开发。也可以说，韩国企业具有一定的数字电视工程能力，因为数字电视的生产过程大致有60%与模拟电视的生产过程相同。[3]另外值得注意的是，韩国企业和政府拥有成功组建公私研发联盟的重要传统，这种传统源于韩国TDX（Kang，1996）、256Mb的D-RAM（Lee and Lim，2001）以及最近全球首个CDMA手机系统（Lee and Lim，2001；Song，1999）的开发。[4]这些项目中积累的知识和经验对于开发数字电视也是有用的，因为涉及的相关各方相同：相同的私营公司、政府部门以及研究机构。

韩国企业在数字电视技术方面没有雄厚的人力资源储备，不得不依赖新招聘的人才。LG公司缺乏精通数字信号接收与发送以及图像压缩的人才。公司从内部招聘对电子产品整体上有深入了解并且有在企业开发电视机和其他电子产品经验的工程师。虽然公司从美国和韩国招募拥有博士学位的人员，但研发工作的主要领导小组由来自LG公司、积极学习数字电视新知识并从事研发活动的人员组成。[5]三星公司同样缺乏合适的人力资源。三星公司研发团队成立时,除项目负责人外,所有成员都是新招募的研究人员。[6]首席研究员是从美国公司招募到该公司的美国子公司的。

韩国在数字电视领域也缺乏区位优势。1998年韩国开始生产数字电视机时根本没有国内市场,因此,所有产品均针对国外市场生产,可以说本地市场不是研发活动的驱动因素。

至此我们的讨论表明,韩国企业并不具备成为这一新行业的领导者的能力。下一节我们将详细阐述韩国企业如何克服这一困难。

9.4 追赶过程:克服不利因素

9.4.1 公私联盟的初步举措

韩国政府和企业针对高清电视采取的初步举措,深受在模拟高清电视领域处于领先地位的日本的影响。日本代表团曾于1988年汉城奥运会期间来到韩国,对日本的成就进行过一次推广,希望韩国追随其发展路径。认识到高清电视将成为具有巨大技术潜力和市场潜力的下一代热门消费品后,韩国政府于1989年首次成立了高清电视联合开发委员会(KETI,2000:254)。该委员会有三个部门(工业和资源部、信息通信部、科技部)和17个机构(包括私营公司、政府研究机构和大学)参与。委员会启动并协调了一个为期5年(1990年6月至1994年7月)的高清电视的研发项目。

韩国政府希望将高清电视作为21世纪最重要的新一代出口产品之一。政府发起的研究联盟由韩国电子技术研究院(KETI)领导,三星、LG、现代、大宇电子和其他私营企业加入。该研究项目的计划是首先解读和吸收国外知识,最终研发出高清电视(KETI,2000)。5年总预算为1 000亿韩元(约合1亿美元),政府和私营部门的预算各占预算总额的一半。

1990年,在韩国启动该项目之后,数字电视技术领域的先行企业通用仪器公司立即针对数字电视的可行性进行了一次具有历史意义的演示。通用仪器公司研究小组的负责人是一位名叫Woo-Hyun Paik的韩裔美国人,后来于1998年加入LG公司担任首席技术官。此次演示之后,韩国高清电视研究项目在1991年春季确定以美国市场为目标开展数字高清业务,而不考虑日本或欧洲主导的模拟高清电视。然而,问题在于此时美国标准尚未确定。这方面,韩国团队作出的一个有趣决策是,与负责不同标准的各不同私营企业同时制定多个备选标准。当时，美国确定了四个主要标准。因此，韩国决定由三星公司开发通用仪器公司与国际贸易部联盟的标准，由 LG 公司开发 Zenith 公司与 AT&T 联盟的标准，由大宇公司开发美国无线电公司（RCA）的标准，由现代公司开发法路达（Farouja）公司的标准。

该公私联盟鼓励私营企业通过对研发资金进行引导并组建由企业、大学和政府研究机构的研究人员组成的人才队伍，坚持开展这些具有风险性的研发活动。[7] 该项目各参与单位之间分工明确（见表9.2）。整个项目分为数字信号处理（卫星和地面）、显示器［CRT（阴极射线管）显示器、LCD（液晶显示器）、PDP（等离子显示器）］和专用集成电路（专用集成电路芯片、编码、解码、解复用器、显示处理器）。每个单位、政府研究机构或私营企业均分配不同的任务，其中有部分任务有意重叠，即由两个或以上单位负责相同的任务，以免造成研究成果的垄断。

表 9.2　韩国高清电视研发项目分工

研发领域		研究组织
数字信号处理	卫星广播	韩国工业技术研究院
	地面广播	LG 电子公司 大宇电子有限公司 三星电子有限公司 现代半导体公司
显示器	扁平 CRT　G/B	韩国电气玻璃有限公司 三星康宁有限公司
	扁平 CRT　S/M	高仕达 IT 公司（LG 公司的前身）
	扁平 CRT　CRT	LG 电子公司 三星 SDI 有限公司 猎户座电子公司 韩国工业技术研究院
	CRT 投影	韩国工业技术研究院
	LCD 投影	LG 电子公司 猎户座电子公司 韩国工业技术研究院
	PDP	猎户座电子公司
专用集成电路	专用集成电路芯片	高仕达 IT 公司（LG 公司的前身） 三星电子有限公司 现代半导体公司 电子与电信研究所

注：G/B=Gettysburg，S/M=三星显示器。
资料来源：KETI（2000：426）。

虽然各个单位都应该通过KETI与其他企业分享结果，但据观察，私营企业倾向于研究数字电视技术的各个方面，并将重要的或核心的研究结果保留在公司内部。虽然这种行为可能会破坏协作研究的成本效益性，但这在某种程度上是不可避免的，必须将其与联合体所带来的好处进行平衡。这也象征着充满活力的竞争精神。事实上，三星公司和LG公司的研发人员都承认该联合体的一大好处，即政府的作用：政府主导的联合体为私营企业提供了合法性，否则它们的项目可能会停止，因为私营企业不可能持续向现金收益不确定的项目投入资金。[8]此外，该联合体还为企业的研发团队提供与大学和其他公共部门研究人员会面和合作的机会。研发人员在采访中承认，与大学教授互动，特别是刚从美国回来并拥有数字技术相关领域博士学位的教授互动，使他们受益匪浅。

然而，核心研究活动由两家私营企业——三星公司和LG公司开展。根据相关的专利数据，与数字电视相关并在美国注册的韩国专利中有90%以上由LG公司或三星公司注册（见表9.3）。

表9.3 数字电视专利（按受让人国籍划分） （单位：项）

年份	美国	日本	韩国	三星公司		LG公司		Zenith公司	
				总计	非韩国	总计	非韩国	总计	韩国
1994	37	5	7	7	2	0	0	2	0
1995	29	7	7	5	2	0	0	2	0
1996	61	10	10	6	5	0	0	3	0
1997	51	13	10	6	2	1	0	3	0
1998	60	18	15	13	9	2	0	1	0
1999	49	19	15	15	9	1	0	1	0
2000	44	21	13	11	6	2	0	2	0
2001	50	27	28	16	6	11	0	1	0
2002	70	26	24	16	11	8	0	2	0
总计	451	146	129	96	52	25	0	17	0
比例				100.0%	54.2%	100.0%	0	100.0%	0

注：
1. 表中数字表示其摘要包含"数字"和"电视"字样的专利数量。
2. "非韩国"统计数是指发明人包含非居住于韩国的人员的专利数量。
3. 1994年是三星公司在美国注册其首个数字电视专利的年份。
资料来源：作者使用美国专利商标局（USPTO）网站数据计算得到。

9.4.2 三星和 LG：获取外国知识库并构建自己的知识库

韩国企业一直在密切关注美国通用仪器公司和其他领先企业的技术活动。三星早在 1989 年 9 月就率先在美国新泽西州普林斯顿建立了数字电视研发团队和公司在美国的分支机构——先进媒体实验室（AML）。该实验室是获取美国知识来源的渠道，因为该海外实验室从国防科学研究委员会（DSRC）和美国无线电公司（RCA）等美国公司招聘具备数字信令和 ASIC（专用集成电路）设计知识的工程师和科学家。关于三星公司国内研究团队有一件趣闻，即三星公司在 1989 年招募时仅招收没有模拟电视经验、在韩国或国外学校主修数字信令的工程师。根据 Nonaka（1988，1994）的说法，这种做法可视为一种"反学习"做法，任何新项目都由不受旧惯例影响或无先入之见的人员开展。[9] 韩国研究人员被派往美国子公司学习数字信号处理技术。[10]

1991 年通用仪器公司与三星公司合作了一个数字电视项目，虽然时间很短（仅 6 个月）。此次合作得以实现，是因为通用仪器公司需要一个合作伙伴共同开发数字电视原型。但三星研发人员表示此次合作并不正式，因此他们无法从通用仪器公司学到很多东西。用他们的话说，通用仪器公司的人员仅仅让他们做一些琐事，即只教他们一些"枝叶"而不是整棵"树"。在此合作项目中三星公司人员的主要职责是为通用仪器公司的研发活动提供硬件层面的帮助。

根据采访，LG 公司于 1990 年成立了数字电视技术内部研发团队。早在 1990 年，LG 公司就持有 Zenith 公司的 15% 股份，并在芝加哥拥有一个研究实验室，因此能够派出数名研究人员到 Zenith 公司。除数字信号接收和检索部分外，数字电视可以采用现有模拟电视的技术，尤其是监测技术。因此，韩国企业将研究重点放在数字信号接收和检索以及相关软件的研究上，以期开发出数字电视原型。Zenith 公司拥有与数字信令相关的核心技术，即 VSB 技术。凭借其在 Zenith 公司持有的少量股份，LG 公司能够获得部分帮助并使用该技术而不用担心专利侵权。

1993 年，"大联盟"成立，旨在协调数字电视技术的基本标准，所以韩国最终确定电视机原型规格就变得相对容易了。[11] 最后，在 1993 年 10 月（比原定的截止日期 1994 年 6 月提前了 8 个月），以三星公司和 LG 公司为实际领导者的联合体在大田世博会（Daejon EXPO）首次公开展示了其开发的数字电视原型，表明了数字电视的广播和接收技术具有可行性。

在这个过程中，LG 公司和三星公司所开展研究的重要部分主要是在韩国进行的，辅以在美国进行部分研究。事实上，如表 9.3 所示，LG 公司的数字电视专利发明人均不包含韩国以外的人员，但三星公司的一半专利的发明人包含韩国以外的人员。这意味着三星公司的海外研发中心承担了部分职责，而 LG 公司由于其海外子公司 Zenith 持有相关专利，可能对海外研发中心的需求较低。

然而，一名受访者还告诉我们，Zenith 公司对 LG 公司数字电视研发的贡献并不像外界认为的那样重要，因为 LG 公司收购 Zenith 公司后，Zenith 公司的许多员工都离职了。此外，1994 年，也就是 LG 公司收购 Zenith 公司主要股份的两年前，韩国研发团队成功展示了数字电视原型。而直到 1996 年，LG 公司对 Zenith 公司的持股比例才上升到 50% 以上，并最终在 2000 年达到 100%。从 LG 公司的角度来看，此次收购的主要目的是利用 Zenith 公司持有的与关键 VSB 技术和其他数字广播标准相关的专利。总体上，我们仍然可以说，以海外研发"打头阵"或收购海外公司的形式获取外国知识库非常重要。

虽然数字电视原型的开发是一项骄人的成就，但开发出来后还有很长的路要走。1993 年 10 月展示的数字电视原型由几个橱柜大小的系统组成，并不是一款适销的产品。他们所做的仅是对其物理可行性进行了最低标准的证明。下一步的关键是将所有功能打包成小型 ASIC 芯片。换言之，可以说没有芯片就不可能实现商业化。因此，尽管政府认为该项目取得了成功，并且希望宣布该联合体已成功结束其使命，但私营企业说服政府在第一阶段为期 5 年的项目结束（1994 年 6 月）后开始第二阶段的芯片开发。为期 4 年的 ASIC 芯片开发项目于 1995 年 12 月启动。各企业之间再次分工。例如，LG 公司负责视频解码器的芯片开发，三星公司负责音频和信道解码器的芯片开发。但后来事实证明两家公司都开发了指定由另一家公司开发的芯片。这种现象再次反映了联合体的局限性以及这两家公司之间的竞争。不管怎样，两家公司在 1997 年成功开发出了一套芯片（属世界首次），联合体在美国将其产品用于各种测试。经过这些测试，三星公司和 LG 公司在 1998 年 1 月的国际消费类电子产品展览会（CES）上展示了它们的市场可销售产品。三星公司展示的是天超（Tantus）品牌、配备 55 英寸屏幕的产品，LG 公司展示的是 Zenith 品牌、配备 64 英寸屏幕的产品。在这次展览会上，日本企业只展示了"数字就绪"（digital-ready）电视，但未展示数字调谐器。

据报道，1990 年通用仪器公司的研究负责人 Paik 博士首次证明了数字信号传输的可行性，他对 1997 年 LG 公司开发出了 ASIC 芯片的消息感到惊讶并印象深刻。自 1997 年开发出 ASIC 芯片以来，LG 公司的研发重点转向了 MPEG（动态图像专家组）和电视相关软件。正是在这个最后阶段，Paik 博士于 1998 年退出了通用仪器公司，担任 LG 公司的首席技术官。换句话说，他的作用主要是在开发市场可销售电视机的后期阶段。此后，LG公司于1999年在新泽西州成立名为特里维尼（Triveni）的海外研发中心，该研发中心着眼于广播设备而非电视机的开发。

综上所述，虽然最初的核心技术由美国企业所有，数字信令由通用仪器公司拥有，VSB技术由Zenith公司拥有，但韩国企业掌握了ASIC芯片、显示器（PDP、LCD）以及嵌入电视机的相关软件技术，从而能够开发出数字电视原型，并最终开发出在商业上取得成功的数字电视。两家公司都生产数字电视，包括带有数字调谐器的"内置"数字电视[12]和不带数字调谐器的"数字就绪"电视（只能通过机顶盒接收数字电视节目）。在这些两阶段的研究联合体中，三星公司和LG公司不仅在数字电视领域，而且在相关显示技术、薄膜晶体管液晶显示器（TFT-LCD）、投影显示器和等离子显示器领域均成为世界领先者。[13]这些企业可以销售多种显示方式不同的数字电视。互补技术对初始核心技术的商业化尤为重要。

然而，韩国政府在建设数字电视广播基础设施方面却进展缓慢。到1998年国内生产启动时，政府甚至尚未宣布数字广播的标准。因此，韩国生产的数字电视要在其他国家寻找初始市场，而这对于此次冒险最终取得成功是至关重要的。

9.4.3 确保市场的先动优势和企业战略，降低第二大风险

虽然三星公司和LG公司早在1998年就开始生产数字电视，但两家公司针对的不是国内市场，而是美国和欧洲市场。直到2001年数字电视广播启动，韩国才开始有国内市场。因此，1998—2000年间韩国数字电视100%的产量用于出口。出口产品主要是数字电视机顶盒、液晶显示屏和等离子电视，这些产品不包含数字接收器，但与数字接收器和数字电视兼容。

由于1997年4月21日美国联邦通信委员会发表的一项声明，美国市场在一定程度上得到了保证，因此没有初始市场的风险就相对较小了。美国联邦通信委员会发布了第五号报告和指令，要求排名前10位的商业电台必须在1999年5月1日之前开通数字广播，而排名为第10位至第30位的商业电台必须在1999年11月1日之前开通数字广播。所有其他商业电台须在2002年5月1日之前开通数字广播，而非商业电台不论市场规模大小均须在2003年5月1日前开通数字广播（Poon，1999）。此外，美国联邦通信委员会将2006年确定为停止模拟广播的目标日期。

然而，尽管有美国联邦通信委员会的倡议，起初数字电视市场并未迅速打开。市场仍处于早期阶段，高清电视成本高昂，消费者的反应并不热烈。考虑到

这种情况，韩国企业的策略是主要销售机顶盒和数字就绪电视，这些产品没有内置数字信号接收器，但可以轻松安装数字信号接收器。[14]由于未达到数字电视广播所要求的最低数量规模，所以韩国企业实施了销售所谓"数字就绪电视"的策略。

韩国生产的数字电视也试图通过持续降低价格来吸引消费者。尤其是韩国企业因成功开发了功能强大的ASIC芯片、新型显示器和其他核心组件，能在价格上比其他竞争对手占优势。表9.4比较了几家生产商的数字电视的价格。当美国无线电公司于1999年年初首次开始销售55英寸背投式数字电视（品牌和型号：RCA P5500）时，其价格高达6 999美元。然而，仅在一年之后，即2000年年初，三星公司就将同类产品的价格降至4 999美元。1999年年初，美国无线电公司生产的61英寸背投式数字电视（品牌和型号：ProScan PS61000）的价格为7 999美元；2000年年初，三星公司生产的65英寸数字电视的价格为6 999美元。

表9.4 韩国企业的数字电视价格

产品	公司	型号	显示器类型	显示屏	价格（美元）
数字就绪电视	三星电子有限公司	HCJ552W	7″显像管，后置数字电视	55″，16∶9	4 999
		HCJ652W		65″，16∶9	6 999
		PCJ534RF		53″，4∶3	3 499
		PCJ614RF		61″，4∶3	3 999
	LG电子公司	Pro900X	7″显像管，前置数字电视	可变	12 600
集成数字电视（内置调谐器）	三星电子有限公司	HCJ555W	7″显像管，后置数字电视	55″，16∶9	7 999
		HCJ655W	9″显像管，后置数字电视	65″，16∶9	11 000
	LG电子公司	IQB56W10	7″显像管，后置数字电视	56″，16∶9	8 499
		IQB64W10	9″显像管，后置数字电视	64″，16∶9	9 999

资料来源：美国消费电子协会（Consumer Electronics Association，2000）；转引自KETI（2000：394）。

此后，韩国数字电视的出口一直呈爆炸式增长态势。如表9.5所示，2002年韩国数字电视的出口总额增长至9.74亿美元左右，而2001年仅为2.68亿美元左右。出口的主要产品是等离子显示器和投影电视，其中42%出口到北美，28%出口到欧洲。虽然缺乏韩国企业所占市场份额的确切数字，但据欧洲的一家消费品市场研究公司GFK的调查，1999年LG公司在英国的数字电视销量排名第一，达1 265台，占1999年英国数字电视销售总量的16.7%，而飞利浦和索尼落后于LG公司，销量分别为1 001台和939台。[15] 2001年，数字电视在韩国所有彩色电视机出口中的占比为49.8%，2002年8月上升至66%［韩国电子工业协会（Electronics Industries Association in Korea），2003］。

表 9.5　韩国数字电视出口

	2001		2002	
	出口额（千美元）	比重	出口额（千美元）	比重
等离子电视	89 435	33%	313 838	32%
投影电视	85 032	32%	331 637	34%
显像管电视	60 873	23%	153 910	16%
液晶电视	32 896	12%	174 894	18%
总计	268 236	100%	974 279	100%

资料来源：韩国电子工业协会（2003）。

9.5　综合与比较

9.5.1　概况

数字电视的技术体制具有技术机会多、创新频率高、流动性高、技术年轻化等特征。此外，早期进入者在选择合适的技术和确保初始市场需求方面面临很高的风险。这些特征使得标准制定、互补产品和基础设施的作用以及快速进入市场的时机选择变得尤为重要。所有这些都意味着后来者的追赶并不容易。然而，对后发企业来说幸运的是，在其产品开发和市场形成之前，数字电视的标准就已经确定。因此，由于韩国公私联盟一直在关注技术的发展趋势和标准的制定流程，因此在选择错误技术轨迹方面的风险较小。此外，尽管缺乏足够的能力和核心知识库，但韩国企业拥有部分互补性资产，例如，韩国企业拥有模拟电视和显示器的生产经验，因此只要能够通过海外研发和收购外国企业等形式获取外国知识，韩国企业就能够开发出数字电视原型和 ASIC 芯片。韩国从一开始就瞄准美国市场，因此降低了第二大风险——开拓初始市场的风险。韩国产品的竞争优势主要来源于先发优势，其次是强大的 ASIC 芯片开发所带来的成本优势。

总之，韩国企业选择了与日本先行企业不同的道路，从这个意义上来说，韩国企业已经实现了路径创造式追赶。日本企业的最初失败以及韩国企业的成功均表明，范式转变（例如从模拟技术向数字技术转变）为后来者提供一个机会窗口，同时也使超级先行者处于不利地位。

9.5.2　与日本的比较

日本数字电视生产商落后于韩国数字电视生产商的原因可以从以下几个方面

探讨。

首先，自20世纪80年代以来，日本一直受模拟高清电视的制约，而数字电视技术出现于20世纪90年代初。日本在20世纪80年代首次创建了模拟高清电视系统。1991年，日本采用Hi-Vision/MUSE作为国家高清电视标准（Steel，1999：279）。虽然日本政府试图在1994年转向数字电视，但遭到了受制于模拟电视的企业的抵制。1994年当一位日本官员提出转向数字电视时，遭到了日本广播协会和制造企业的强烈抵制，因此不得不改变立场（Steel，1999：280）。日本广播协会和在模拟高清电视领域已投资13亿美元的制造商更是不愿意转向数字技术（Johnstone，1993）。直到1997年，日本才宣布引入数字广播的计划（Grimme，2002：248）。日本于1994年正式开始发展数字电视，比韩国晚了3年。

其次，日本企业的研发资源分散在各种数字设备上，包括DVD播放器、数码录像机、数字广播设备等，因为日本企业最初的策略是使模拟高清电视与数字设备兼容，无须切换到数字电视。之所以这样做，是因为它们预计市场增长不会这么快，从而在数字信号接收和数字解码技术的研发方面并不积极。因此，日本企业只生产和销售没有数字调谐器，但可以连接到DVD播放器上的数字电视。[16] 在1999年拉斯维加斯的国际消费类电子产品展览会上，日本企业展示了数字就绪电视、家庭网络产品和DVD，三星是唯一一家展示了带数字调谐器的数字电视的企业（KETI，2000：212-213）。

无论如何，日本企业起步早和受制约的经历说明了技术先驱的劣势和风险。日本是推动高清电视发展的先行者，却沿着模拟技术的轨迹发展。而美国和其他国家以数字电视为标准，后来者决定追随这一轨迹，使日本的优势变成了劣势。从这个意义上说，该案例极富说明性，它表明技术范式的转变在为后发者提供一个机会窗口的同时，也会给先行者带来损失。

9.5.3　与CDMA案例的比较

到目前为止，关于数字电视的报道显示，该案例与CDMA手机开发的案例非常相似。首先，两个行业的技术体制都以技术机会多、创新频率高、因技术年轻化而具有不确定因素等特征。因此，追赶企业的机会较少。但两者均为由公私研发联盟利用在行业层面从模拟技术向数字技术转变的优势，创造了一条不同于日本或欧洲先行企业的新路径，从而成功实现了跨越式发展的案例。在CDMA的案例中，欧洲先行企业选择了基于TDMA的GSM作为标准；而在数字电视的案例中，日本企业和欧洲企业最初都选择了模拟技术作为标准。

从这个意义上讲，两个案例都可视为路径创造式追赶模式，而非路径跟随式追赶模式。

两个案例均表明，利用新兴技术获取外国知识库（或种子技术）、迅速开发商业化产品和构建生产设施非常重要。在 CDMA 的案例中，一家小企业（高通公司）为韩国企业提供了种子技术，与韩国企业合作开发出了具有商业可行性的 CDMA 移动系统。在数字电视的案例中，这项开创性技术的可行性也是被一家小企业（通用仪器公司）所证明，其核心技术归 Zenith 公司所有。韩国企业在该技术出现的早期就与这些企业进行了互动，并最终收购了其中一家企业。

在初始市场形成方面，在韩国政府宣布 CDMA 为国家标准后，韩国市场随之形成。同样，对数字电视而言，在美国政府决定以数字电视而不是模拟电视作为国家标准后，美国市场随之形成。这两个案例均具有在市场形成之前即已确定技术标准的特征。总之，数字电视和 CDMA 手机的案例均表明，后发企业可以通过与国外合作伙伴在营销、研发活动和/或标准制定方面的合作来克服各种不利因素。

CDMA 和数字电视行业实现追赶的共同模式与 Lee 和 Lim（2001）提出的假设一致，即路径跟随式追赶很可能由创新频率较低且技术轨迹流动性较低的行业中的私营部门实施，因此追赶目标更容易识别，而路径创造式追赶更有可能通过公私合作的方式实施，所涉及技术的流动性更高，风险也较高。

9.6　结束语与政策含义

本章通过对数字电视行业的案例研究，并结合 Lee 和 Lim（2001）的研究结果，验证了跨越式发展观。我们的研究通过展示一种新兴的技术范式如何成为追赶型企业的机会窗口，从而进一步支撑了这一观点。本研究还确定了追赶型企业所面临的不利因素和风险，并详细阐述了如何通过建立公私研发联盟来克服这些问题。此外，我们还验证了最初由 Lee 和 Lim（2001）提出的假设，即当相关行业的技术体制具有技术轨迹流动性较高、风险较高等特征时，通过公私合作的方式可能实现路径创造式追赶。

我们的研究结论也在一定程度上与现有文献存在偏离。首先，有关技术变革的文献（Utterback，1994；Camagni，1991）表明，在技术发展的早期阶段，创新过程往往是地方性的，但本研究发现，创新过程及其成功可能取决于在早期阶段即进行技术搜寻活动和国际互动。由于这种全球搜寻活动及互动，韩国企业虽然没有足够的追赶条件，却仍能成为领导者。整个过程非常国际化。在数字电视和 CDMA 的案例中，最初的核心技术是在美国发明的，但产品的实际开发和/或商业化却是由韩国企业完成的，而在最终的市场测试阶段，CDMA 的市场测试是在美国和英国完成的，数字电视的市场测试是在韩国完成的。其次，数字电视的发展历程似乎也不同于文献中关于技术能力建设阶段模型的论述（Kim，1980；Lee，Bae and Choi，1988）。根据技术发展的阶段论，追赶型国家从"内化阶段"转向"创意阶段"，向世界介绍"新知识"。虽然数字电视和 CDMA 手机的案例表明，追赶型企业已经达到技术前沿，但它们所做的仅仅是将其商业化能力（其互补性资产）与先行企业的种子技术结合起来，从这个意义上来说，它们并没有真正产生"新知识"。这一观察结果与 Albert（1998：11）的研究结果一致。Albert 对美国专利趋势的研究表明，韩国和中国台湾地区强调信息技术的快速商业化，因为韩国和中国台湾地区专利的技术周期[17]比日本的短，并且引用的科学文献较少。虽然后发企业开发的是新产品，但将源自国外的科学与种子技术应用在某个特定的产品开发目标即可实现。这意味着技术发展的阶段论在技术范式或技术轨迹为既定的背景下更具相关性。因此，在阶段论中，技术标准和相关风险问题没有容身之所，而在新理论或跨越式发展的情境下，技术标准由于关乎新范式的出现而占据中心位置。标准的制定是数字技术创新在市场上取得成功的关键因素。

本研究对政府政策和企业战略具有以下含义：

首先，公私研发联盟取得了一系列成功，范围涵盖从 TDX、D-RAM、CDMA 到韩国的数字电视，证实了在后发企业的技术追赶过程中，政府和政府研究机构发挥了积极作用。虽然私营企业之间的合作和知识共享在其框架内具有一定的局限性，但私营企业都承认政府在为私营企业通常难以支持的大项目提供合法性方面起到了重要作用。公私研发联盟还汇集了不同来源的国内资源，尤其是大学资源，它往往是科学新发现的宝库。政府研究机构在扮演"技术观察者"的角色、解读和监测国外研发活动的最新趋势上的贡献也是至关重要的。ETRI 将高通公司这样的小企业确定为研发合作伙伴，而 KETI 则是该数字电视开发联盟的协调者。

其次，数字电视行业的经验强调了获取全球知识库的重要性，如果没有全球知识库，则跨越式发展几乎不可能实现，因为后发企业无法创造出全新的技术。此外，我们还想强调知识获取渠道的变化。虽然在过去或路径跟随式追赶过程中，获取知识的主要渠道都是获得许可或 FDI，但当前在范式转变期的路径创造式追赶的相关案例表明，与外国企业共同研发、收购外国企业以及基于后发企业所拥有的互补性资产进行合作等新途径都非常重要。只有当后发企业能给出某些东西作为回报时,与先行企业开展横向合作才是可能的。过去通过许可或FDI进行技术转让的经历更强调吸收能力,但当前在上述获取知识的新途径方面,在生产过程中通过快速研发和投资创造的互补性资产(如工程经验或商业化专有技术)是非常重要的。

最后,信息领域或其他新兴技术领域的追赶,应强调制定标准的关键作用。不关注标准问题而孤立开发产品可能导致整个项目的失败。在制定标准的过程中,协作并与竞争对手或互补产品供应商建立伙伴关系非常重要。因为市场规模决定了一个标准在与其他标准竞争中的成败,所以创造市场和抢先进入市场也很重要。同样,在这场标准制定和市场创造的竞争中,政府也发挥了作用,因为政府可推动特定标准的采用,从而适时影响市场的形成。

注 释

1. 另外两种追赶模式是路径跟随式追赶和阶段跳跃式追赶。
2. 2002年10月16日和2003年3月14日对LG公司和三星公司研发主管的采访。
3. 2002年10月16日对LG公司和三星公司研发主管的采访。
4. TDX的开发是韩国技术追赶的成功案例之一。TDX开发项目是ETRI和其他电子公司之间合作的一个项目。其开发的TDX系统非常成功,已出口到南亚、南美和东欧(Kang,1996:160)。就CDMA而言,ETRI在开发综合通信系统方面确实部分地起到了主导作用。
5. 2003年3月14日对LG公司和三星公司研发主管的采访。
6. 2002年10月16日对LG公司和三星公司研发主管的采访。
7. 2003年3月14日和2002年10月16日对LG公司和三星公司研发主管的采访。
8. 2002年10月16日对LG公司和三星公司研发主管的采访。
9. 现代汽车公司在20世纪80年代初期自主研发发动机的项目也是另一个"反学习"的案例。见本书第8章。
10. 2002年10月16日对LG公司和三星公司研发主管的采访。
11. 2003年3月14日对LG公司和三星公司研发主管的采访。
12. 购买带数字调谐器的数字电视的消费者可同时观看数字节目和模拟节目两类电视节目。
13. 2003年9月30日对KETI部门主管的电话采访。

14. 实际上，韩国企业一直将其研发能力集中在对电视机和机顶盒的研发上。

15.《韩国时报》(*Korean Times*)，2000年3月1日。

16. 2002年10月16日对三星公司研发主管的采访。

17. 专利的技术周期是指当前专利与其引用的已有专利之间年数的中位数。见Albert (1998: 14)。

第 10 章 资本品行业的技术追赶
（与 Y. Kim 合著）

10.1 引言

虽然发展中国家打造世界级巨头的可能性极低，但韩国已打造出数个这样的巨头企业，比如三星、LG 和现代，但这些企业均为涉足消费品行业的企业，资本品行业尚未出现这样的世界级巨头。中间资本品行业的薄弱源于 20 世纪 60 年代韩国经济发展伊始，韩国的经济增长偏重最终产品行业，同时依赖核心部件、中间材料和供应品的进口，这些中间产品主要来源于日本。然而，最终产品出口越多，需要从日本进口的中间产品就越多，这种结构就会导致韩国在与日本的贸易中出现持续的贸易逆差。本章重点论述了通常由中小型企业引领的资本品行业为何更难以实现追赶的问题，并以产业创新体系（Malerba，2004）为分析的理论框架，而 Y. Kim（2006）则从"中等收入陷阱"的角度对机床行业进行了考察。

资本品行业的追赶模式与消费品行业大不相同，因为资本品行业的企业仅与其他客户企业而非消费者打交道。资本品行业的小企业通常是消费品行业或其他行业中最终产品装配大企业的专业供应商，因此生产企业和客户企业之间相互作用而积累的隐性知识非常重要。在这个行业中，与生产相关的重要知识属于隐性知识，不能简单地体现在生产设备中，单靠技术许可不能解决产品开发阶段设计能力差的问题（Lee and Lim，2001）。

本章阐述了资本品行业追赶过程中面临的三大难题。第一，就隐性知识的积累和营销而言，一大难题在于本地生产的资本品由于其质量差、精度低，本地客户企业不愿使用。在这个问题上，即使政府政策鼓励使用国内产品也无济于事，或者收效甚微。第二，在位企业常常会以掠夺性定价排挤后发企业在本地生产的资本品，由此产生了又一个典型难题。第三，如果追赶型企业能克服上述障碍，则在位企业接下来就会使出起诉后发企业侵犯专利权的招数。

本章结构安排如下。第 10.2 节概述韩国的资本品行业，尤其是机床行业。

第10.3节讨论机床行业的创新体系,从理论上推导出资本品行业追赶过程中所面临的固有困难。第10.4节深入阐述机床行业追赶所面临的三大障碍。第10.5节从政府角色、市场条件、技术变革或范式转变方面讨论资本品行业实现缓慢但逐步追赶的机会。第10.6节对本章内容进行总结并简评。

10.2 资本品行业的重要性与韩国的经验

亚当·斯密(Adam Smith)称,劳动分工(特别是中间产品行业的发展)大大增加了国家财富。Young(1928)、Stigler(1951)、Romer(1990)和Rodríquez-Clare(1996)等研究人员不断强调中间产品或资本品的重要性。尤其是Porter(1992)强调,只有在中间产品供应商变为国内供应商后才能更有效、更快速、更高效地利用生产要素(比如劳动力、资本)。同时,最新增长理论也更加关注中间产品行业对于理解经济增长和技术发展的作用(Rodríquez-Clare,1996;Rodrik,1996a)。根据这些理论,最终产品和中间产品行业之间存在强烈的相互依赖和因果关系,因此中间产品行业的不同发展程度可能产生增长路径上的多重均衡,导致恶性或良性循环(Rodríquez-Clare,1996;Rodrik,1996a)。这种观点认为,中间产品行业的发展所产生的专门知识水平和多样性越高,最终产品行业的生产率就越高。这反过来会带来更高的回报,并最终带来中间产品需求的增长,提高中间产品行业的专门知识水平和多样性。重复这一过程会产生持续增长和高技术均衡。反过来,如果初始条件不满足,或者未建立起具备一定的最低水平的前向和后向关联的产业结构,则可能带来低技术均衡或发展水平低下的情况。

Rodrik(1996a)指出,虽然中等收入国家拥有高素质的人力资源,具备从低技术均衡向高技术均衡过渡的潜力,但如果这些国家不能对具备专门知识的各家企业所做的不同决策实施有效的协调并成功发展中间产品行业,那么,这些中等收入国家可能会陷入低技术均衡状态(Y. Kim,2006)。由于高技术行业的商品价格通常很高,因此高技术均衡相对低技术均衡不仅仅是帕累托改进(Rodríquez-Clare,1996),同时由于高技术均衡状态下提供的工资高于低技术均衡状态下提供的,所以在社会福利方面也更为理想(Rodrik,1996a)。

这意味着一个国家应该努力从低技术均衡转向高技术均衡。然而,资本品行业的集中程度确实高于消费品行业,因为前者在较大程度上由发达国家垄断。因此,资本品行业的增长可以作为确定一个国家是否确实进入发达国家行列的"晴雨表"。在下文的探讨中,我们将从这个角度对韩国的情况加以考量。

虽然经济的快速增长已经成为韩国经济的象征，但值得注意的是，韩国经济增长主要来自多元化的、家族控制的大型企业集团（即所谓的财阀）主导的最终消费品的生产和出口。众所周知，为了生产用于出口的最终产品，这些企业集团依赖于进口机械设备以及关键的中间材料和零件。机床是一个典型的例子。从20世纪60年代到90年代，韩国几乎所有主要机床都是进口的，因此造成了巨额的贸易逆差。到21世纪的前十年，机床行业的贸易就已实现了平衡，甚至实际上还出现了贸易顺差。日本一直是最大的机械设备供应商，但并无迹象表明韩国与日本的机械设备贸易取得了平衡。从表10.1可看出，韩国在与日本开展的机械设备贸易方面一直处于贸易逆差地位。

表10.1 机械设备方面韩国与日本的贸易逆差

年份	出口			进口			贸易逆差		
	韩国向日本出口（千美元）	占比（%）	总计*（千美元）	韩国从日本进口（千美元）	占比（%）	总计**（千美元）	韩日贸易逆差（千美元）	占比（%）	总计***（千美元）
1988	425 031	4	12 004 069	4 567 981	29	15 928 766	4 142 950	106	3 924 697
1989	530 507	4	13 456 797	5 317 878	30	17 448 627	4 787 371	120	3 991 830
1990	460 766	4	12 637 879	5 758 110	31	18 573 851	5 297 344	89	5 935 972
1991	532 248	4	12 355 839	7 190 513	34	21 120 216	6 658 265	76	8 764 377
1992	524 733	5	11 599 454	6 408 835	33	19 457 650	5 884 102	75	7 858 196
1993	465 306	4	11 564 418	6 509 939	33	20 015 519	6 044 633	72	8 451 101
1994	590 730	4	13 522 860	8 733 633	34	25 389 988	8 142 903	69	11 867 128
1995	830 557	5	17 048 871	10 958 586	34	32 606 368	10 128 029	65	15 557 497
1996	818 145	5	15 766 827	11 122 570	35	31 448 636	10 304 425	66	15 681 809
1997	893 517	6	14 771 155	8 474 827	30	27 907 108	7 581 310	58	13 135 953
1998	953 156	8	12 237 587	3 664 238	22	16 840 409	2 711 082	59	4 602 822
1999	839 145	5	15 862 448	5 536 274	23	24 141 990	4 697 129	57	8 279 542
2000	1 241 223	6	20 466 016	8 339 553	26	31 827 943	7 098 330	62	11 361 927
2001	1 164 029	7	16 505 766	6 073 020	23	26 633 372	4 908 991	48	10 127 606
2002	1 170 756	8	15 143 183	6 370 180	21	29 856 228	5 199 424	35	14 713 045
2003	1 459 350	8	17 276 137	8 355 989	23	36 313 091	6 896 639	36	19 036 954
2004	2 087 793	10	21 701 337	10 965 445	24	46 144 463	8 877 652	36	24 443 126
2005	2 612 463	11	24 027 438	11 590 870	24	48 403 183	8 978 407	37	24 375 745
2006	2 804 695	11	26 534 015	12 614 682	24	51 926 292	9 809 987	39	25 392 277

注：*韩国的机械设备出口总额。
**韩国的机械设备进口总额。
***韩国的机械设备贸易逆差总额。
资料来源：韩国国际贸易协会（www.kita.net）。

在与日本的贸易中产生巨额贸易逆差是结构性原因造成的。直到20世纪90年代,韩国主要的出口产品都是最终消费品和通用电子产品零件,而精密电子零件和机械设备却依赖日本企业。简言之,韩国工业仅限于使用从日本进口的机械设备进行装配。作为韩国具有代表性的出口产品之一的半导体产品也同样如此。20世纪90年代,半导体行业仅有20%的生产设备在韩国生产,约80%的前端工艺设备主要从日本和美国进口。

面对1997年的外汇危机和金融危机,韩国经济进行了一次重大的结构调整,政府实施了严厉的政策,大刀阔斧地扭转了机床行业的贸易逆差态势,1997年以后实现了贸易顺差。自此,出口以年均10%~30%的速度增长,由贸易平衡转为贸易顺差。然而,这种顺差是通过出口到中国等国家实现的,因为韩国企业以中等技术产品的价格竞争优势成功进入新兴市场。而在与日本和其他发达国家之间的贸易中,韩国依然存在贸易逆差。

虽然总贸易收支额和机床项目均存在贸易顺差,但与日本的贸易不平衡依然持续。韩国从日本的进口量是向日本的出口量的两倍以上,且从日本进口的增长率超过了向日本出口的增长率,使贸易不平衡扩大,在电子、化学和机械产品方面尤其如此。特别是机械产品的贸易逆差超过了20世纪80年代的贸易逆差总额,在从日本进口量中的占比没有显著下降。

在随后的小节中,我们将重点讨论机床行业的本地化和增长为何需要更长时间,从而比其他行业更艰难的问题。为此,我们以产业创新体系为概念框架(Malerba,2004)。

10.3　产业创新体系和机床行业

通过借鉴创新体系文献(Edquist,1997)、国家创新体系文献(Freeman,1987;Nelson,1993;Lundvall,1992)和技术体制的概念(Carlsson and Stankiewitz,1995;Hughes,1984;Callon,1992)等多个先前的研究成果,Malerba(2002,2004)将一个产业定义为为了满足某种特定需求或新兴需求而生产某些相关产品,并具备部分共通知识的一系列活动。一个产业中的企业之间具有部分共性,同时在学习过程和学习能力方面存在异质性。因此,Malerba的产业创新体系的基本组成部分包括:(1)知识和技术体制;(2)需求状况(或市场机制);(3)参与者和网络以及它们之间的协调;(4)包括知识产权、法律、文化等在内的相关制度。这些要素之间相互作用,并由于选择和共同进化而呈现出多样性。

本章将原始 SSI 框架扩展到发展中国家或后发国家的追赶环境。虽然我们将采用相同的理论框架，但必须对其作出一定的修改或调整，使其适应于发展中国家的环境。Lee 和 Lim（2001），Lee、Lim 和 Song（2005），Mu 和 Lee（2005）以及 Mani（2005）在对中国、韩国和印度的行业案例进行理论分析时，也进行了类似的调整，例如，将产业创新体系或技术体制等概念作为子要素。

10.3.1 知识/技术体制

机床被称为"制造机器的机器"，也就是说，机床是"母机"。换句话说，机床行业是制造业的基础，是生产率和产品质量的决定因素，起着关键作用。因此，机床行业影响着其他行业的发展，而且还是全国工业水平的基准。根据 Pavitt（1984）的分类，机床行业是一个典型的专业供应商行业，生产者和用户企业之间通过互动所积累的隐性知识至关重要。

在这个行业中，关键的专有技术不容易体现在生产设备中，因为生产过程中使用的设备往往是通用型机器。由此可见，工人积累的技能更为重要。此外，仅在少数特定型号的设备上获得技术许可，对于获取或改进设计能力并没有太大的帮助。此外，生产者要有巧妙地修改机器设计，使之适用于各种不同产品，从而满足不同客户需求的能力，但这种能力仅通过技术许可无法获得。这一事实是机床行业难以实现追赶且创新速度较低的部分原因。机床行业的隐性知识特征使其技术追赶路径不同于电子行业。如上所述，在机床行业中，长期积累的经验占更大比重，而短期的密集研发几乎难以实现有效追赶。

以上对长期以来机床行业虽具有创新频率低、波动性较小的传统特征，但并不容易实现追赶的原因作出了解释。然而，最近的技术体制变革却扩大了颠覆传统竞争优势条件的空间。这是因为机床行业越来越多地采用计算机技术，从而改变了机床行业的传统特征。如今我们可以看到，机床行业的创新频率提高了，技术轨迹的流动性也提高了。我们可以从不断增长的机电一体化项目中找到这方面的示例，这些项目源自信息技术行业，比如数控（NC）加工机、计算机辅助设计/计算机辅助制造（CAD/CAM）、可编程逻辑控制器（PLC）等。这一系列产品的引入部分地提高了该行业实现追赶的概率。由于这些产品的生产涉及将新技术应用于机器的电子设备和软件，因此累积性相对较低。此外，韩国在信息技术行业具有很强的竞争力，从而机床行业极有可能因技术方面的优势而获益。在技术方面，后发企业在机器设计方面通常较为薄弱，但借助 CAD 等过程工具，通过"干中学"积累的机器开发方面的隐性知识得以转化为显性知识。换句话说，软件是隐性知识和显性知识之间的桥梁，只有通过"干中学"才能获得，目前已在正规学习中被采用（Antonelli，1997）。

因此，现在科学知识的重要性得到强调，而与公共研究机构和大学的互动对于该行业内的技术追赶日益重要。大学越来越重要，不仅是创新科学知识的提供者，而且是使工人们更接近这一领域知识的人力资源库。

10.3.2 需求状况或市场机制

上述讨论表明机床行业实现追赶的可能性喜忧参半，但我们仍然认为，使追赶难度大的是需求状况。稳定或长期的市场需求至关重要，因为真正的机床研发能力来自在产品的开发和生产过程中通过与用户企业的长期互动而积累的隐性知识。

然而，在大多数专门生产最终消费品的发展中国家，用户企业极不愿意使用本地制造的机床，因为本地制造的机床质量差、精度低，可能以不可预测的方式损害其最终产品的竞争力。由于最终产品行业对自身产品的质量较为敏感，而机床的质量直接决定了用机床制造的最终消费品的质量，所以企业拒用本地制造的劣质机床，这一点在韩国也不例外。从用户企业的角度来看，采用本地生产的资本品风险太高。在出口市场之外，国内市场本身较为薄弱，通过扩大生产和与各类用户企业互动来积累隐性知识非常困难。因此，后来者不能指望在成本或质量上获得任何比较优势。此外，后发企业的研发动力不足；这与它们对成本优势、质量差异化优势或先发优势等好处不抱有任何期望，从而认为市场成功的可能性极小的情况是相符的（Lim，1997）。

我们将在下一节进一步讨论这个问题，即用户企业需求的不确定性所带来的难题。

10.3.3 各方参与者的角色：政府和在位企业

虽然政府通过干预来帮助后发企业克服各种形式的追赶障碍是非常典型的做法，但我们发现，在资本品行业中，由于种种原因，政府积极主义往往收效甚微。Lee 和 Lim（2001）恰当地指出，即使政府政策鼓励使用国内产品也不会甚至不可能产生效果。由于所用机床的质量直接决定了产品的质量，因此对自身产品质量较为敏感的用户企业不会按照政府的"指令"使用国产机床。由于清楚这种风险，连政府也明白在这种情况下它无能为力。因此，唯一的解决方案是生产质优价廉的本地资本品，而这又极其困难。

当后发企业成功开发出自己的机床并开始在市场上销售，或在当地用户企业中销售时，在位企业的反应也会导致其他困难的出现。在位企业（通常是外资企业）的策略包括实施掠夺性定价或倾销定价，使新进入的企业无法吸引用户，以及对侵犯在位企业知识产权的新进入企业提起诉讼。各方参与者的角色将在下一节中详细讨论。

10.4 资本品行业实现追赶的三大障碍

10.4.1 需求疲软导致研发薄弱

本地机床企业首先遇到的困难就是如何创建和维护用户企业的市场需求，这些用户企业主要是生产最终消费品的大型企业集团。如前所述，由于资本品（本案例中是机床）直接决定最终产品的质量，因此生产最终产品的用户企业或大型企业在选择用于生产的机床时可能非常挑剔（Lee and Lim，2001）。用户企业无可指摘，因为本地的机床企业过去所生产的用于一般用途的机床往往较低端或者技术水平较低，且/或在制造高端或高科技机床方面表现不佳。与此同时，用户企业能够以较为合理的价格从日本进口更可靠的机床。由于日本和韩国制造的产品的质量存在巨大差距，用户企业更愿意使用日本产品，所以韩国用户企业与生产者之间不大可能产生互动也就不足为奇了。这与欧洲的情况不同。欧洲的生产者之间的质量差异很小，因此用户企业在选择产品时地理距离成为重要的考虑因素，从而为本地用户企业与生产者之间的互动提供了更多机会。

2004年，韩国工业联合会（FKI）就如何促进中小型企业与大型企业建立共同繁荣的伙伴关系开展了一项调查。该调查显示，对于合作关系中出现的困难，最常见的答案之一是"中小型企业的产品质量欠佳，技术水平低下"（42.9%）（Y. Kim，2006）。机床行业中小型企业生产的产品在品质方面的可信度低，导致大型用户企业采取"观望"态度，避免成为第一个使用者，甚至以中小型企业产品没有购买者为由而不予采用。换句话说，资本品行业中典型的买方市场状况使作为买方的大型企业在与作为卖方的中小型企业的交易中处于有利地位。在交易中买方企业往往要求卖方企业提供特殊折扣。韩国中小型企业联合会（KFSB）针对中小型企业面临的困难开展的一项年度调查提到了分包问题，该问题也与买方企业要求提供折扣的情况相关。产品研发过程也受到这一问题的影响：由于大型企业集团要求降低价格，中小型企业开发新项目的成本得不到合理补偿，从而导致企业没有激励或机会从事下一轮研发，或者无法承担下一轮研发支出。

用户企业的需求不确定或不合理，使机床企业对于投资大笔资金开发资本产品犹豫不决，而用于机床开发的研发支出规模往往很大，特别是与从事该项业务的企业规模相比。这些企业通常是中小型专业企业，往往没有足够的资金用于大型研发项目。2005年韩国工业联合会对机械零部件行业存在的困难开展了一项调查，调查结果证实了这一点（Y. Kim，2006）。机械零部件生产商认为"研发资金不足"（32.7%）是其在产品开发过程中面临的最严重的困难。研发资金不足并不仅仅意味着资金不足，而且意味着中小型企业存在结构性障碍，导致其无法在研发方面投入更多资金。这些障碍包括本地用户的需求不确定、所需研发预算规模相对较大，以及与企业规模相比存在风险。同样的调查还指出，"周转期长"（24.6%）是企业研发工作面临的另一个困难。此外，中小型企业根据与用户企业签订的合同按期交付货物却不能按期收到款项。用户企业集团往往利用它们在谈判能力上的优势延迟付款。

这表明中小型企业资金不足的问题与买方企业和卖方企业之间的力量不均衡有关，使中小型企业的研发条件恶化。正如韩国一家半导体机械公司周星工程公司的CEO（首席执行官）在接受采访时所说，"将质量提高30%，价格降低30%才能让用户企业集团选择本地生产的机床"。然而，本地自主研发产品的质量改善本身已相当困难，用户企业要求降低价格则进一步加剧了这一难题。这种情形表明资本品的本地开发面临着困境。因此，机床企业从经营之初即与大型用户企业建立长期的联盟关系或网络来开发某些项目可能会更好。某些情形下，大型企业集团自身也开始从事机床或零件的研发。

10.4.2　在位企业实施倾销定价

当地资本品生产者面临的第二个障碍是在位企业的反击，例如，实施倾销定价、排挤新进入和后进入企业。2005年4月被韩国贸易委员会（KTC）判定为倾销的六轴垂直多关节结构工业机器人就是一个典型案例。2000年之前，包括现代重工有限公司在内的韩国企业占据了韩国市场份额的一半以上，而2004年，Najji、Kawasaki、Yaskawa和Hwanak等世界级机器人制造商占据了韩国市场份额的53.3%。这些在位企业向现代汽车、起亚汽车和通用大宇出售它们的产品，之后，从2003年开始以倾销价格供应产品，开展价格战，扼杀现代重工有限公司。结果，国内机器人的市场份额剧降至30%。在位企业对新进入原本由其垄断的市场的本地生产商实施倾销定价策略，这样的例子数不胜数。自1987年以来，韩国贸易委员会发起的诸多反倾销和保护调查的案例表明，外国企业存在倾销倾向（表10.2）。

表10.2 韩国政府发起的反倾销和保护调查案例数量 （单位：项）

	1987—2003			2004			总计		
	反倾销	保护	总计	反倾销	保护	总计	反倾销	保护	总计
消费品	27	20	47	1	—	1	28	20	48
中间产品	52	13	65	4	—	4	56	13	69
总计	79	33	112	5	0	5	84	33	117

力求摆脱倾销攻击的企业通常属于中间产品行业或零部件行业中的某个行业，与最终产品或消费品企业相比，其市场份额超过70%。同时，我们还注意到随着时间的推移，发起反倾销调查的主要项目发生了一些变化。到20世纪90年代中期，基本中间产品和零部件生产行业的项目位居榜首，而2000年之后，高科技产品行业的项目（如预敏化印刷板[1]、锂电池[2]、PVC板[3]、CD-RDM和工业机器人等）的数量上升。

考虑到反倾销诉讼案一年仅受理一次，许多中小型企业也因程序复杂而放弃诉讼，此类案件的真实数量远比新闻报道的多得多。

10.4.3 在位企业对追赶型企业提起知识产权诉讼

当后发企业顶着重重困难在市场上初获成功时，等待它们的最后一道难关可能就是在位企业提起的知识产权相关诉讼。在位企业积极起诉的目的不只是以版税或使用费的形式获取回报，更重要的是阻止后发企业在市场上的活动。尤其是当后发企业进军国际市场时，遭遇起诉的可能性更大。由于后发中小型企业往往没有得力的知识产权部门或专员，它们面临很高的风险。

如果中小型企业被知识产权诉讼缠身，不仅销售额会下降，而且往往会在多方面受损。在漫长的诉讼期内，会产生高得令人咋舌的专利许可费，也会失去营销渠道。诸如此类的难关让大多数中小型企业十分担心遭遇专利诉讼，尤其是在它们技术开发的起步阶段。2004年，首尔国立大学企业竞争力研究中心的一份调查就表明了这一点。在该调查中，半导体设备企业认为中间材料和产品的本地化并不太难，估计其可行性为"非常高"（占40.9%）和"高"（占59.1%）。但是，它们认为本地化的最大阻碍在于"与知识产权相关的法律纠纷"（占64.3%）。

自20世纪80年代以来，美国企业提起的专利诉讼使被起诉的日本企业遭受了巨额损失，或产生了巨额使用费。日本企业的首席执行官们汲取了这些经验教训，懂得了知识产权的重要性。因此，它们也如法炮制。日本企业状告韩国企业产品与其出口产品相似的诉讼案显著增加。例如，仅2004年，日本企业就先后起诉了以下企业：韩国的三星SDI（4月），三星电子、LG电子和起隆

(Kiryung)电子（5月）,大宇（Daewoo）电子（9月）,LG电子（11月）;中国台湾地区的南亚科技（2月）、友达光电（7月）和亿光电子（Everlight Electronics, E&E）（7月）。尤其是2003年日本修订了《海关关税法》,加强了知识产权保护。这样,当某企业侵犯了日本企业的专利权或设计权时,政府就能要求海关办事处暂停该产品的进口。在工业产权局的要求下,日本当局会对进口产品展开调查,一旦发现其侵犯了专利权,就会立即禁入。这显然是强硬的措施,而且只有在本国企业要求下才会延缓清关。总之,科技发达国家已经加强了知识产权保护方面的政策和法规,对于追赶型企业来说,这是必须提及的重大挑战之一。

10.5 追赶的机遇

10.5.1 政府的角色

如前一节所述,后发经济体的资本品行业的发展举步维艰。由于极少有企业愿意进入这个行业,后发经济体更有可能最终得不到发展。考虑存在这种低技术均衡的可能性,Rodrik（1996a）强调了政府干预的必要性,以使企业从"差的"均衡转向"好的"均衡。Rodrik认为,只要高科技产业的资本密集程度更高,补贴和工资促进政策等政策性支持就能在使企业向"好的"均衡过渡的过程中起到有效的作用。

在某种程度上与上述观点一致的是,韩国政府也在该行业投入了大量资金。从对过去经济发展情形的分析来看,过去30年间韩国人在对之前进口机械实施本地化生产的过程中取得了虽缓慢但稳定的成功。但是,如前所述,这种成功不可避免地存在局限性。下文将对相关的政府政策进行简要回顾。

长期以来,韩国政府一直致力于机械产品的本地化生产,早在20世纪60年代末即开始推动机械工业项目的发展。20世纪70年代,韩国采取禁止进口的政策来支持机械产品的本地化生产。政府根据具体的本地化目标,选择特定的企业,并为该特定企业提供资金,用于引进相关技术或设备。同时政府还支持韩国企业与外国合作伙伴成立合资企业。例如,在汽车产业虽然政府允许装配企业进口发动机,但同时它们也被迫从当地企业采购其他零部件,使零部件供应企业得到了大力扶持。

20世纪80年代前后（1977—1999年）,韩国政府以促使进口来源多元化的名义实施本地化政策,旨在遏制从日本进口产品的急剧增加。[4]实施进口来源管制的项目数量从 261 个增至 924 个,但从 1993 年开始逐渐减至 15 个,直到 1999 年取消进口来源管制。20 世纪 80 年代的政策实质上是进口替代政策的延伸,因为其目的还包括实现 4 202 项通用的低科技零部件和材料的本地化生产。另一方面,该政策被认为有过度保护主义之嫌,因为该政策往往通过保护在竞争中失败的产品来限制市场竞争。因此,1999 年该政策被废除,并且有人认为正是在废除该项政策后,韩国机床产业的竞争力才开始提升。

2000 年以后的政策偏重于消除此前保护色彩过于浓厚的本地化政策所产生的负面影响。因此,政府的主要目标是发展技术,努力研发新产品,以满足市场需求。根据 2001 年颁布的《鼓励机械零部件行业法案》,政府实施了所谓的"以研发搭建供需的桥梁"的政策,部分企业获得了与产品质量相关的"政府公信力认证"。在此期间,一些企业具备了一定的在全球范围内供应产品的能力。但同时人们也认识到,本地生产的资本品的营销非常困难,因为大型用户企业并未惠顾本地产品。

简言之,到目前为止,本地化政策主要追求短期内的数量上升,并成功地用短时间内易实现追赶的中低端技术替代了部分以往靠进口的产品。另一方面,本地化政策在提高企业的核心技术能力或高科技能力方面也表现出局限性,正如韩国和日本之间的持续贸易逆差所显示的那样。

10.5.2 从企业的视角看机遇

第 10.3 节和第 10.4 节强调了机床行业实现追赶所存在的固有困难,这些固有困难体现在机床行业的知识体系、需求状况和在位企业的反应等方面。尽管如此,韩国企业依然以缓慢但稳定的方式实现了追赶。这一成就可归因于几个要素,其中包括政府在应对这一问题方面所付出的巨大努力。

第一,虽然这个行业的知识积累需要与用户企业密切互动,但通用型机床受此限制较小。实际上,与特定工具行业相比,韩国机床行业在通用型机床领域的发展较为迅速(Lim, 1997)。通用型机床领域得到发展的一个原因是该领域既不需要与用户企业进行太多的互动,也不需要高端技术。这些机床可以实现标准化生产并在大众市场上向任意用户销售。因此,这些机床的生产者可以更自由地避免受到特定用户企业"突发奇想"的桎梏。

第二,由于信息技术革命,近年来知识体制的变化为阶段跳跃式或跨越式追赶战略提供了新的可能性。基于信息技术行业的数控加工机、CAD/CAM 和 PLC 等机电一体化产品的占比近年来有所提高,阶段跳跃式追赶的可行性得以进一步提高。由于该领域结合了电子设备和软件,累积性相对较低。此外,由于在信息技术行业拥有坚实的基础，韩国可能在技术方面具有一定优势。从表10.1中可看出，自20世纪90年代末以来机床出口突然激增，这与新的数字范式的出现不无关系。

第三，随着需求的强劲增长，以金砖国家（巴西、俄罗斯、印度、中国和南非）为首的新兴经济体已成为韩国机床的市场。近年来，韩国机床贸易额的增长实际上应归因于这些新兴市场的扩大。虽然从1999年到2003年，世界机床市场的增长明显放缓，增长率仅为0.1%，几乎可以忽略不计，但亚洲市场的增长率却高达14%。韩国企业以具有竞争力的品质和合理的价格成功打入了这些市场。表10.3表明中国市场对韩国来说越来越重要。虽然在2001年之前，韩国机械零部件的主要出口合作伙伴一直是美国和日本，但中国的份额日益增长，从19.1%（2002年）增至27.1%（2004年上半年）。

表10.3　韩国通用机床的出口市场　（金额单位：百万美元）

国家	2001 出口额	2001 增长率（%）	2001 占比（%）	2002 出口额	2002 增长率（%）	2002 占比（%）	2003 出口额	2003 增长率（%）	2003 占比（%）	2004年上半年 出口额	2004年上半年 增长率（%）	2004年上半年 占比（%）
日本	574	19.0	14.2	611	6.4	14.2	711	16.4	13.1	488	52.4	14.3
美国	770	10.3	19.0	762	-1.0	17.7	820	7.6	15.1	425	-1.0	12.5
中国	587	9.4	14.5	820	39.7	19.1	1 252	52.7	23.1	923	58.3	27.1
英国	83	-11.4	2.1	92	10.8	2.1	94	2.2	1.7	49	4.4	1.4
德国	110	7.6	2.7	86	-21.8	2.0	102	18.6	1.9	69	62.7	2.0
总计	2 124	—	52.5	2 371	11.6	55.2	2 979	25.6	54.9	1 954	—	57.4
出口总额	4 044	1.9	100	4 298	6.3	100	5 423	26.2	100	3 405	34.3	100

资料来源：根据韩国产业资源部（Ministry of Commerce, Industry, and Energy）公布资料整理。

10.6　总结与结束语

本章重点探讨了通常由中小型企业引领的资本品行业为何更难实现追赶的问题，并以产业创新系统（Malerba, 2004）作为分析的理论框架。本章的研究结果发现，资本品行业（尤其是机床行业）在追赶过程中面临的困难有三方面的原因：

第一，资本品行业中的小型企业往往是消费品行业或其他行业的最终产品装配大型企业的专门供应商，因此生产企业和客户企业之间通过互动而积累的隐性知识非常重要，而由于本地生产的资本品质量差、精度低，本地客户企业不愿意使用，由此产生了一个难题。在这个问题上，即使政府政策鼓励使用国内产品也无济于事或收效甚微。

第二，后发企业要成功实现追赶，必须有能力生产出比发达国家在位企业更物优价廉的产品。在位企业常常会以掠夺性定价排挤后发企业在本地生产的资本品，由此产生了又一个典型难题。

第三，如果追赶型企业能克服上述障碍，则在位企业接下来就会使出起诉后发企业侵犯其专利权的招数。

尽管存在这些固有的难题，但韩国企业依然以缓慢而渐进的方式实现了资本品行业的追赶，并涌现出一些成功的企业。本章认为这一成就可以归因于几个要素，包括政府付出的巨大努力、通用机床的利基市场、新兴经济体（所谓的"金砖国家"）的市场机遇，以及机床行业越来越多地引进并采用信息技术或数字技术。

此外，追赶过程中的三大障碍之源表明，任何想要成功实现追赶的后发企业在踏上追赶道路之初，就必须将这些障碍牢记于心。我们发现，后发企业只有能生产出比发达国家在位企业更物美价廉的产品，才能成功实现追赶。在初获成功之后，后发企业还应谨防在位企业以掠夺性定价和知识产权侵权指控的方式发起攻击。

注　释

1. 用于报纸的印刷。
2. 用于相机、电子保险柜和通信设备的电池。
3. 制造半导体的主要材料。
4. 进口来源多元化政策旨在限制韩国从与之有高贸易逆差的国家进口，引导进口企业从其他国家进口。该政策于1977年生效，后按照WTO的建议于1999年7月被废除。

第三部分

大型和中小型企业的追赶与国际化

第 11 章 三星——从韩国起家，在海外扩张
（与 X. He 合著）

11.1 引言

自 1992 年韩中邦交关系正常化以来，韩国各大型企业集团开始大规模进驻中国市场。短时间之内，一些韩国企业便成功创办了多家子公司，如三星、LG 和现代汽车，巩固了商业基础，并在晚于其他跨国公司进入中国市场的条件下，仍然迅速提升了市场份额（Luo, 2001: 95）。

本章旨在从企业发展的资源本位观（resource-based view）的角度，对韩国企业集团的成功之道进行阐释。Kock 和 Guillen（2001）认为，发展中经济体中企业集团的多元化之路利用的是它们自身独特的资源，Amsden 和 Hikino（1994）将其称为"项目执行能力"。本章重点考察三星集团（Samsung Group）、三星电子（Samsung Electronics，简称 SEC），以及它们打入中国市场，通过子公司之间的资源共享与协调来执行对一个全新市场的晚入"项目"的优秀案例。本章还将阐释子公司间的垂直整合网络是如何在韩国首次创立的，又是如何在世界上其他许多地方（包括中国）复制的。

正如 Chang（2003: 120）在其著作中所述，三星的垂直整合网络包含三个层级，其中三星电子是位于上游的最终装配企业，三星电机（Samsung Electro-Mechanics，简称 SEM）和三星 SDI（Samsung SDI）位于中游，而三星康宁（Samsung Corning，简称 SC）则位于下游。通过以垂直整合网络的形式打入中国市场，三星电子能够有效规避 CDT（彩色显像管，显示器的核心部件）在中国供应不足的风险。这样的优势源于三星的一系列子公司以及相关产品一同挺进中国市场。通过三星的案例，本章还将探讨关于发展中经济体企业集团的传统理论的进一步修正问题，以考虑到它们可以构建更高水平的能力（垂直整合能力与创新能力），而不仅限于追求通过寻租或是毫无关联的多元化发展来简单地填补"制度缺失"（institutional voids）（Khanna and Palepu, 2000）。

本章的结构安排如下：第 11.2 节提出了一个从企业发展的资源本位观中提

炼出来的用于分析问题的理论框架，侧重于分析企业集团。第 11.3 节追溯了三星集团的历史及其旗下电子类子公司自 20 世纪 70 年代初起如何在短时间内建立了一套垂直整合网络，甚至在墨西哥和马来西亚加以成功复制（后者将在第 11.4 节中进行描述）。第 11.5 节详细阐述了三星进入中国的过程，以及自 20 世纪 90 年代起如何在中国建立起同样的垂直整合网络。第 11.6 节描述了垂直整合如何为三星带来市场成功。第 11.7 节为整章的总结和评论。

11.2　企业集团的能力：理论考量

之前的研究已将企业集团看作在产品、资本和劳动力市场极度不完善的条件下而诞生的新兴产物（Leff，1978）。后来，Khanna 和 Palepu（2000）换了种说法，提出"制度缺失"的论点，认为既然许多机构都无法为商业活动提供支撑，那么企业集团理应填补这类空缺。市场不完善和制度缺失等观点很好地解释了企业集团的起源，但是它们无法系统地说明这些企业集团的发展过程与动力所在。一家充满活力的企业的成长历程需要从不同的理论角度进行透彻的分析及阐释。

基于此，本章以洞察企业发展的资源本位观为起点，这一观点最早由彭罗斯提出（Penrose，1959，1995：xi），她将企业的职能看作"以营利为目的，获取并组织人力资源及其他资源为市场提供物品和服务"，并将企业定义为"一个在行政体系框架下的资源集合体"。她的理论对企业成功之道的研究产生了很大的影响，并且其理论得到进一步细化，譬如企业的能力本位观、企业的知识本位观，以及企业的进化观（Hoopes，Madsen and Walker，2003）。

受到传统资源本位观中些许固有偏见的驱使，战略学者们已经开始明确认识到动态过程的重要性，包括在长远眼光下针对不同资源组与能力组的收购、发展与维护（如 Teece，Pisano and Shuen，1997；Teece，2007）。动态能力理论关注的是企业借以积累和消耗新技术与能力的机制，在此方面有一系列相关但不同的文献（Teece，Pisano and Shuen，1997）。该理论与资源异质性的原则相同，但更关注能力发展的动态过程，而非特定时间点的能力大小。依据 Teece、Pisano 和 Shuen（1997）的观点，动态能力是指一家企业在面对飞速变化的环境时整合、构建与重新配置其内部及外部竞争力的能力。Helfat 和 Peteraf（2003）也引入了能力生命周期的概念，清晰地描述了组织能力随时间发展变化的普遍模式和路径。

这些关于企业能力随时间发展的观点应当有助于我们理解在发展中经济体企业的成长过程。一些研究已经将这种观点用于研究发展中经济体的某种特定类型的企业发展,即企业集团(Kock and Guillen,2001;Guillen,2000;Amsden and Hikino,1994)。Kock 和 Guillen 认为,发展中经济体中企业集团的多元化是它们利用自身独特能力或资源的一种方式,Amsden 和 Hikino(1994)称之为"项目执行能力"。这种能力是指企业建立或扩展其经营设施及其他设施的能力。

在发展中经济体中,该能力的获得与企业独特的开端有关。以亚洲为例,20 世纪 50 年代,韩国财阀的崛起得益于美国对外援助大环境下的寻租和商业机会(Amsden,1989:38-40)。由于相关产业所需的专利技术空缺和"前工业化"时代创新产业中潜在的高利润率,这些企业走多元化道路的模式往往是机会主义的,与技术无关(Amsden and Hikino,1994)。通过实施多元化战略,起步较晚的企业逐步学习并积累所谓的"项目执行能力"。Amsden 和 Hikino(1994)认为,企业的项目越多,执行得越频繁,它所获得的有关项目执行方面的知识也就越多。企业集团的优势由此显现出来,即在其他条件均等同的条件下,实行多元化战略的企业集团的项目执行频率要高于单打独斗的企业。此外,关于项目执行能力的观点与特定行业技术诀窍的最终积累并不矛盾,尤其是当同一领域内的项目趋于减少的时候。换句话说,在企业成长方面需要有动态的视角。

发展中经济体的企业通常不具备深度的特定行业知识,因此它们会频繁地朝着毫无关联的多元化领域发展,只是为了跟随市场需求。在诸多领域经营业务的过程中,某种协同效应在子公司间逐步形成,进而达到垂直整合。接下来,企业可能会将业务拓展至全新地域的相同行业。由此,这种项目执行能力本身便会在不同行业间有所不同,即这种能力会在企业的新进入行为发生得最频繁的行业内变得更强。

换言之,我们可以认为企业集团核心能力的动态演进路径如表 11.1 所示。在第一阶段,企业集团的能力是欠缺的,它们追逐寻租行为,任何能够赢得市场的能力都主要建立在构建、维护以及利用它们与政府间的关系网上,因为政府负责关键资源的配给(Kim et al.,2004)。在第二阶段,依据市场需求和政府部门的产业政策,这些企业集团开始进军不同的产业,无论这些产业是否相关,只要它们认为其在未来有发展或是有利可图就行,因此这些企业集团的项目执行能力的积累谈不上产业专业化。在第三阶段,有了不同的产业,它们可以通过在一些不太相关的产业间进行水平整合(或垂直整合)来实现获利,从而产业专业化程度更高。类似的整合在要素市场存在缺陷的大环境下能够产生显著的优势,并且能帮助企业之间保持更优质、更准时、更高效的协同合作,优于外包的水准(Chang,2003:120)。最后,它们还能发展其技术创新能力,这种能力在特定技术或知识领域是非常专业化的,表现为申请专利或研发出全新的产品。创新阶段之前的垂直整合阶段至关重要，因为在这一阶段买卖双方的加强互动有助于推动技术研发（Chang，2003：121）。

表 11.1 企业集团核心能力的动态演进路径

	第一阶段	第二阶段	第三阶段	第四阶段
能力	构建关系网	项目执行	垂直整合/水平整合	技术创新产品研发
行为	寻租	相关多元化/不相关多元化	地域多元化	专业化
专业化程度	随机	产业专业化程度低	产业专业化/跨产业	技术专业化（如纳米技术）
三星的阶段划分	20世纪60—70年代	20世纪70—80年代	20世纪70年代中期；20世纪80—90年代	20世纪90年代；21世纪前10年

注：垂直整合是在20世纪70年代中期之后开始实行的，如三星的案例中所示，但是不相关产业的多元化一直延续至20世纪80年代。因此，各阶段之间不可避免地存在重叠。出现这种情况是由于每个阶段的起始时间是确切的，结束时间则不然。

这一框架可能存在的难点在于区分第二阶段与第三阶段，因为相关的多元化发展也可看作垂直整合或水平整合。我们对LG公司走多元化发展道路的故事耳熟能详，它似乎表明韩国本土的企业集团应该尽早开始朝着垂直整合的方向发展。尽管如此，Kim等（2004）认为，企业集团先进行不相关产业的多元化，再进行垂直整合，是因为随着产业真空与市场自由化的进程，企业从不相关产业中所获的利润日趋枯竭，这种利润通常来自人为的"租金"。举例来说，三星直到20世纪70年代才开始实行垂直整合，开始涉足电子商务领域。这本身与三星的主营业务（纺织业、服装业、食品和饮料业）毫无关联，而三星涉足电子业是因为1968年6月韩国政府宣布了一项计划，旨在推动电子产业成为韩国出口产业的"领头羊"。直到面临国内外同行们更强有力的竞争时，这些韩国企业集团才真正意识到培养这种高水准（整合）能力的必要性（Kim et al.，2004）。也正是在进入电子业之后，三星才意识到垂直整合的需求与益处恰恰可以成为其在国内外市场打败竞争对手的关键。由此，我们更倾向于用"整合"这一术语来指代子公司间更明确且意图更清晰的协同效应，而不是进入任何有利可图的业务领域之后被动产生的结果。

虽然该理论视角应该得到进一步的阐发并进行实证分析，但本章仍以第二和第三阶段为重点，并以三星电子为例。因此，本章所谓的垂直整合，是指在一定数量的子公司或次集团层面而不是整个集团层面的垂直整合。根据该理论视角，韩国的企业集团充分利用自身的技能在韩国本土建造了一座商业帝国，并且还希望在中国也能充分利用这种技能。

三星集团创办于1938年,最初从一家小型贸易公司起家,或者说在韩国脱离日本的殖民统治获得解放之后,三星集团的主营业务属于劳动密集型产业,然后又迅速转型至资本密集型的生产和服务业(Amsden and Hikino, 1994)。1953年,三星集团通过建立一家子公司涉足当时特有的进口替代战略下的资本密集型产业——炼糖业。三星集团的一个重要特征是,它的项目执行机制促成了众多子公司的不同产业链间协同效应的产生。三星集团在全球市场上的出色表现可以通过其子公司间的垂直整合及其持续深化来解释。

三星在电子业的垂直整合包括上游的三星电子、中游的三星电机和三星SDI,以及下游的三星康宁。在显示器制造业,三星电子与作为电视机显像管生产商的三星SDI密切相连,后者生产的显像管则依赖于三星康宁生产的玻璃灯泡。有数据显示,三星康宁年收入的61%来自三星SDI。相应地,三星SDI将其52%的产品供应给了三星电子。三星电机是一家电子产品零部件生产商,其69%的产品销售给了三星电子(Chang, 2003: 120-121)。

在进入中国市场方面,三星充分发挥了其垂直整合以及长久以来建立的资源共享网络的优势。为了在中国生产显示器,1996年三星电子创办了一家合资企业,名为天津三星电子显示器有限公司(TSED)。首次投产的三年后,即1999年,天津三星电子已一跃成为中国最大的显示器供应商,总销售量达到45万台,在中国显示器自有品牌中占到了20%的市场份额(见表11.2)。2000年11月,天津三星电子的总销售量达到100万台,市场份额达到30.5%。飞利浦公司以26%的市场份额紧随其后。2001年和2002年,天津三星电子以140万台的销售量稳居首位,市场份额分别为25.8%和29.6%,随后在2006年达到了34.1%(见表11.2)。

表11.2 三星显示器在中国的市场份额和排名(1997—2006)(以销售量为基准)

	1997	1998	1999	2000	2001	2002	2003	2004	2005	2006
市场份额	不适用	不适用	20.0%	30.5%	25.8%	29.6%	27.3%	31.3%	31.7%	34.1%
排名	8	不适用	1	1	1	1	1	1	1	1

资料来源:基于中国电子信息产业发展研究院(CCID)2003年的数据,以及三星电子2007年5月7日在其官网(http://www.samsung.co.kr/news/biz_view.jsp?contentid=115792)发布的信息。

三星在中国的迅速成功引出一个问题,即韩国企业集团如何在比其他跨国公司晚进入中国市场的情况下依然能够获得显著的成功。本章将焦点放在三星电子在中国的发展案例上,探讨三星电子最重要的成功因素之一,即它的集团化组织结构和垂直整合为其在一个像中国这样的市场环境中提供了相互支撑和助推作用。

11.3 在韩国开创垂直整合模式：三星在电子产业的子公司

1969年三星电子的成立标志着三星集团开始进军电子产业，三星电子的全部股份由7名股东所有，包括创始主席李秉喆（SEC，1989）。在显像管/显示器产业中，三星电子1970年开始生产黑白电视机，1976年开始生产彩色电视机。最终，三星电子于1977年成为全球最大的电视机生产商之一。随着计算机行业的兴起，三星电子的可视化显示器部门冒险涉足计算机显示器业务，并于1981年1月研发出单色显示器。1988年，三星已经成为全球最大的显示器生产商和供应商，占全球市场份额的12.4%（SEC，1999：484）。1996年3月，三星电子开始生产薄膜晶体管液晶显示器，自称是"二次创业"（SEC，1999：482）。

三星集团在1969年正式进军电子产业之前，其准备工作已经开始。1968年2月，三星公司（Samsung Corporation，三星集团的贸易总公司）内部创建了一个团队。尽管三星是电子产业的后来者，它却有着清晰的愿景，着力通过"三步走"战略实现其规模经济、垂直整合与研发能力的提升（Samsung Group，1998）。为了实现垂直整合与研发能力的提升，三星依赖海外公司，其中以日本公司为主。在三星电子成立后的一年内，三星集团又创立了两家新公司负责生产电子产品零部件：1969年12月创办三星三洋，后并入三星电子；1970年1月创办三星NEC，由三星电子持股50%，NEC（日本）持股40%，住友贸易总公司持股10%，三星NEC后来演变为三星SDI（Samsung SDI，1990）。1973年，三星集团再次创办两家子公司：三星康宁和三星三洋配件，后来演变为三星电机。

三星三洋配件创办之初的持股公司包括三星电子（42.85%）、三星三洋（14.3%）、日本三洋（30%）以及三洋电子贸易（12.85%）。1974年3月，该公司更名为三星电器配件有限公司，1977年5月又更名为三星电子配件，1987年2月最终定名为三星电机。刚一投产，这家公司便开始制造电视机配件，包括调音器、偏转轭、变压器和电容器（Kim，1993：61-62，171）。在20世纪70年代，三星电机是音视频零部件制造商中的佼佼者，80年代又将业务领域拓展至计算机配件的生产，90年代初开始大力制造芯片、多层电路板、移动通信设备和光学部件（SEM，1998）。

三星康宁的创办源于三星集团急需一家可靠的配件制造商（SC，1994）。三星集团清楚地知道，与美国康宁公司组建伙伴关系至关重要，因为康宁掌握着世界一流的玻璃布朗管技术。而作为亚洲/韩国市场生产基地的康宁又能为三星提供服务。由此，1973年12月，三星联合美国康宁玻璃制造商创办了一家合资企业——三星康宁,双方各持50%的股份,致力于为CRT生产玻璃灯泡。1981年三星康宁投产彩色电视机玻璃显像管。自1984年开始,其生产设备持续扩充,涵盖了前后布朗管玻璃(屏与锥)的生产。如今,三星康宁的业务范围覆盖四大领域:布朗管玻璃、氧化铟锡透明导电玻璃、陶瓷以及光纤。

总的来说,在历时四年的发展过程中,三星在电子产业的一套垂直整合体系逐步建立起来,所有的子公司都处于同一区域,即韩国水原市,这里始终是三星电子业务的重要枢纽(Samsung Group, 1998)。现如今,各子公司之间的分工如下:三星电子(收购了三星三洋)负责最后的组装,其他三家公司为三星电子提供关键零部件。这些关键零部件包括:由三星SDI供应的真空管、黑白CRT、彩色CRT;由三星电机供应的所有电子配件,例如偏转轭、变压器和电容器;由三星康宁供应的生产CRT所需的玻璃灯泡。

就研发能力而言,我们必须认清一个事实:纵览所有这些新建的子公司,三星集团都至少持有一半股份,并且逐步购进海外权益股。除去与康宁合作的前三年,三星所有的风险投资都在自己的管控之下(SC, 1994)。这与我们对外商直接投资企业的观测结果相符,尤其是当企业由外国人把控的时候,就不能指望其为后发经济体提供技术开发支持了,不过这些企业可以作为后发经济体最初的学习场所。正如Amsden和Chu(2003:3)所断言的,技术追赶需要调用与项目执行、产品设计相关的资产,以一种跨应用型研究与探索性开发的研发形式来进行。他们还发现,若是这些资产能累积起来,责任方往往会是一家国有机构。同时还应注意的是,海外关系的构建使得三星在相当短的时间内,便在电视机制造领域达到了高水平的垂直整合阶段。

11.4 在墨西哥和马来西亚复制垂直整合模式

如上所述,三星集团从20世纪90年代初便开始向海外扩张。有趣的是,早在20世纪70年代,三星在电子产业的各子公司间的垂直整合模式就被复制到世界各地,如东南亚、北美和中国。下文将详细展示这一复制过程,如无特殊说明,所有资料数据均来自三星海外子公司,包括深圳赛格三星股份有限公司(SSG, 2004)、天津三星电机有限公司(STEM, 2004)和天津三星电子显示器有限公司(TSED, 2004)。

11.4.1 马来西亚芙蓉联合股份综合工业区

芙蓉工业区最初是三星SDI下设的一家子公司——马来西亚三星电子设备有

限公司，于 1990 年成立。这家子公司有超过 4 300 名员工，旨在为彩色电视机和显示器生产 CDT，后来又在 1992 年开始生产 CDT 使用的电子枪。同年，马来西亚三星康宁有限公司成立。这家子公司有 1 200 名员工，最初只是一个专攻抛光生产线的小工厂，从 1992 年开始生产供电视机和计算机显示器使用的玻璃面板和锥形管。

随着 1995 年 3 月马来西亚三星电子显示器有限公司的并入，加上其全面整合的彩色显示器与印制电路板自动化生产设备于 1995 年 10 月开始投产，垂直整合的效果初步显现。马来西亚三星电子显示器有限公司作为当时的三星电子显示器第二大制造厂，负责生产三星 SyncMaster 彩色显示器，该显示器获得了国际上的认可，在欧洲以及美国被誉为"同类最佳显示器"。世界顶级的信息技术企业，如康柏、IBM 和戴尔，都是马来西亚三星电子显示器有限公司的客户。这种综合效应也引起了当地政府的关注（SEC，1999；409-410）。芙蓉工业区被三星集团视为三星新管理体制整合的范例，因为它在建成仅 6 个月后便开始盈利了。

11.4.2　墨西哥蒂华纳联合股份综合工业区

为应对北美自由贸易区（NAFTA）的经济封锁，三星集团选址蒂华纳创建首家综合工业区，创办三星电子下属公司 SAMEX 作为其核心生产基地。蒂华纳地处墨西哥与美国边境，距离边境线仅 10 分钟车程。工业区从 1994 年 10 月开始兴建，并于 1996 年 3 月竣工，拥有 5 000 名员工。三星电子将已有的彩色电视机厂转移至该工业区，此外还在那里新建了生产显示器的工厂。与此同时，三星 SDI 下设的 CDT 工厂、三星康宁下设的玻璃纤维（用于生产布朗管）工厂，以及三星电机下设的录像机零部件工厂也相继建立起来。此外，三星航空还建立了其摄像机加工厂。在三星集团的研发与物流中心建成之后，该工业区运转得更加高效了。除三星集团下属的几家子公司外，还有其他 15 家中小型企业在该工业区设立了办公地点。得益于内部资源的高效整合，该工业区已成为三星集团在美洲地区的一处坚实可靠的生产基地。

11.5　在中国复制垂直整合模式

韩国企业一度只把中国当作生产加工地，那时正值韩国对中国的外商直接投资第一阶段（从 20 世纪 80 年代末至 90 年代中期）。在这一时期，中国经济超预期地加速发展，其消费市场也以惊人的速度持续扩大。在这样的环境下，韩国企业转变了它们对中国的看法,开始认识到应该以长远的战略眼光把中国看作一个重要的市场,而不应仅将其看作再出口的生产基地。此次转变发生在20世纪90年代中期,由大型企业集团和财阀引领,使韩国对中国的外商直接投资进入了第二阶段。相比之下,第一阶段的外商直接投资浪潮是由中小型企业引领的。韩国财阀开始通过外商直接投资来构建本地化市场和以出口市场为导向的生产网络,重点强调产品标准、创新速度,以及面对逐渐壮大的市场时迅速响应的能力。像三星、LG和现代汽车这样的韩国财阀在中国市场均取得了显著的成功,尽管它们进入中国市场的时间比其他跨国公司要晚(Luo,2001:95)。

如表11.3所示,截至2008年年底,三星在中国的累计投资总额已达72亿美元,用于建立并经营31家制造业公司和34家非制造业公司或贸易公司。2008年,三星在中国的总销售额达330亿美元,其中出口占206亿美元,员工总数达76 000人。一项针对企业综合表现的粗略统计数据显示,三星的人均销售额和每投入1美元的相应销售额呈大幅度增长,前者从1998年的114 286美元上升至2008年的434 211美元,后者从1998年的1.6美元上升至2008年的4.6美元。中国在三星的国际市场销售额中的占比,2003年为10%,2004年提高到22%,2005年达25%。

表11.3 三星在中国的机构和业绩

A. 在中国的机构								
(1) 在中国的子公司(家)	领域	2003	2004	2005	2006	2007	2008	
	制造业	26	28	28	28	28	31	
	贸易	14	28	30	30	31	34	
	研发	3	4	4	4	5	5	
	服务、办事处等	29	—	54	57	59	63	
	总计	72	60	116	119	123	133	
(2) 业务范围	电子、通信、纺织、服装、造船、钢铁、金融、IC芯片、软件、广告、化工、贸易、建筑							
(3) 在中国的研发部门	位于北京的TD-SCDMA和W-CDMA通信部门,拥有110名员工,2000年10月建立。 位于苏州和广州的半导体溶液部门,拥有40名员工,2003年9月建立。 位于上海的产品设计部门,拥有13名员工,2004年3月建立。 位于南京的数字技术部门,2004年4月建立。							

(续表)

| (4) 三星集团总销售额中中国所占比率 | 10% (2003年); 22% (2004年); 25% (2005年) |

B. 在中国的业绩（百万美元）

	1998	1999	2000	2001	2002	2003	2004	2005	2006	2007	2008
累计投资（a）	1 500	1 900	2 100	2 500	2 700	3 300	3 900	4 500	5 000	6 100	7 200
年总销售额（b）	2 400	3 600	5 500	5 700	8 300	11 800	16 200	17 100	20 300	27 600	33 000
出口（c）	700	1 300	2 400	2 300	3 500	5 300	9 200	9 800	12 100	16 900	20 600
销售百分比（%）	29.2	36.1	43.6	40.4	42.2	44.9	56.8	57.3	59.6	61.2	62.4
员工（d）（千人）	21	26	34	36	41	45	50	50	55	61	76
人均销售额（b/d）（千美元）	114.3	138.5	161.8	158.3	202.4	262.2	324	342	369.1	452.5	434.2
销售额/资本（b/a）	1.6	1.9	2.6	2.3	3.1	3.6	4.2	3.8	4.1	4.5	4.6

资料来源：三星中国官方年度手册（2004—2008），三星中国官网（china.samsung.com.cn）；2004年1月在北京采访三星中国总监时得到的数据。

11.5.1 准备阶段

1975年，三星集团在中国香港地区创办香港三星贸易公司，随后自1978年起，便开始通过中国香港地区从中国内地进口煤炭。在中韩两国邦交关系正常化之前，三星在与中国的贸易中实行试点投资项目。1985年，三星以香港成进（Sungjin）公司的名义在北京设立办事处；1990年，三星在上海设立办事处。1990年，三星电机在广东省创办了全资子公司；1992年4月，三星康宁投资100万美元，在天津以全资模式生产镍锌铁氧体。尽管这些都是小规模投资，但它们仍在积累日后更大规模投资所需的信息和经验方面扮演了重要的角色。

1992年中韩两国邦交关系正常化之后，三星在中国进行了更大规模的投资。1993年三星发布了所谓的《法兰克福宣言》，该宣言阐明了在新领导人李健熙（Lee Kunhee）带领下的三星总体的国际化战略，并进一步推动了三星集团的投资行为。1993年6月7日，三星集团宣布了其著名的"三星新型管理"制度，其中包括在全世界建立五个总部来管理五个战略区（中国、美国、欧洲、东南亚和日本），并在2000年前在每个战略区建立自己的"三星集团"的愿景。这就是所谓的《法兰克福宣言》，它为三星在全球化运作中实现质的飞跃提供了新动力，因为直到20世纪90年代初，三星的境外生产主要是为了避免倾销指控和其他一些进口限制，当时韩国企业在境外的生产竞争力远不及在韩国本土的竞争力

(Yun，2005)。

根据这一全新的全球化愿景，中国由于地缘优势、廉价劳动力和潜在的市场规模而被选中（Wang，1996：110）。经过实地考察之后，三星选择天津、苏州及东莞—深圳作为其在中国的三个基地。然而当三星试图在中国创办合资企业时，却很难找到实力雄厚的合作伙伴，因为当地有实力的企业早已被来得更早的美国和日本企业选中了。因此，与跨国公司"强强联合"的模式相比，三星只能与实力较弱的国有企业合作（Wang，1996：88，112）。除天津通信广播公司（TBC）是一家建立多年、有一定知名度的国有电视机厂外，三星在中国的很多合作伙伴都面临着严重的技术和管理难题。举例来说，天津第五无线电配件厂是天津三星电机的中国合作伙伴，在20世纪七八十年代表现良好，但是后来由于该厂设备落后和资金短缺，未能进行技术升级，导致产品达不到新标准的要求而出现亏损。

不过，三星的中国战略并没有在进入中国市场之初便取得成功，因为它带入中国的是中端技术和廉价产品，无法在与当地产品的竞争中脱颖而出（He，2003）。后来，在中方领导人的要求下，三星改变战略，摒弃过时的技术，采用升级后的新技术。从此，三星打开中国市场的方式从倾销廉价商品转变为销售高端商品。

11.5.2　在中国北方（天津地区）的复制[1]

三星集团选择了距离韩国较近的城市天津，作为进入中国市场的战略基地。三星电子计划在此区域开展一系列整合业务，依次生产录像机、彩色电视机和显示器。借助天津两家子公司和三星电子在其他城市的子公司的运营，三星电子获取了有关当地市场的诸多信息。该计划一经确定，三星集团立即着手在电子产业建立多家相关子公司。

11.5.2.1　三星电子的首轮行动：录像机、彩色电视机和显示器

作为三星集团主营电子业务的核心子公司，三星电子在开展显示器业务之前便已开始在中国扩张。

经过一系列准备工作以及上述的试点项目，1992年7月18日，三星电子与中国电子行业的国有企业TBC签署协议，决定创办一家合资企业——天津三星电子有限公司（TSEC），双方各持50％的股份，生产录像机及其零部件。1993年1月，合资企业TSEC成立；同年9月，TSEC开始在TBC工厂使用进口配件生产录像机。1994年5月，TSEC开通了一条录像机磁带仓生产线，实现了磁带仓和磁鼓两种录像机核心配件生产的本地化。1995年，TSEC在垂直整合项目

中的总投资达到 6 400 万美元，年产量达 40 万台，成为三星电子在世界范围内的第四大海外录像机制造厂以及在亚洲的第二大海外录像机制造厂。其工厂产量的一半在当地销售，其余的则销往澳大利亚和前苏联国家（Kim，1998）。1995年 2 月，TSEC 建成一座新工厂并扩充其设备；截至 1998 年年底，其年产量提高到 100 万台。此外，三星电子在 1997 年将其所持权益股的比例从 50% 提高到 80%，1998 年又进一步提高到 90.6%。

随后，在 1994 年 2 月，三星电子又组建了天津通广三星电子有限公司（TTSEC），这是它与同一家合作伙伴（TBC）组建的又一家合资企业，双方各持 50% 的股份。这家合资企业获得了三星集团 7 980 万美元的投资，拥有 6 条生产线，第一年的产量便达到 80 万台（SEC，1999：404）。TTSEC 是三星在海外最大的彩色电视机生产厂，消化了其周边配件厂生产的调谐器的约三分之一（Kim，1998）。在之前租赁的工厂结束生产之后，TTSEC 在 1998 年 10 月建立了新工厂，并于 1999 年 3 月搬迁完毕。最终，其年产量增长到 100 万台，三星电子的持股比例也从 50% 增长到 1998 年年底的 94.3%。

1996 年 3 月，三星电子再次创办了一家合资企业——天津三星电子显示器有限公司（TSED），注册资本 120 万美元，其中三星电子持股 80%（He，2003：200）。该公司于 1997 年 9 月 1 日开始运营，拥有员工 320 名，其中包括 10 名韩国籍员工；2 月开始生产 14 英寸显示器；5 月开始生产 15 英寸显示器；10 月开始生产 17 英寸显示器。公司的显示器年产量超过 400 万台，主要产品集中在 15 英寸至 19 英寸 CRT 显示器和 15 英寸至 17 英寸薄膜晶体管液晶显示器（TFT-LCD）。在首次投产的三年后，TSED 成为中国最大的显示器供应商，年销售量达到 45 万台，在自有品牌市场上占据了 20% 的份额。

11.5.2.2 三星康宁、三星电机和三星 SDI 在配件方面的后续动作

作为零部件生产商，像三星康宁、三星电机和三星 SDI 这样的子公司也在天津地区建立了自己的工厂。

（1）三星康宁下属的天津三星康宁有限公司

1992 年 4 月，三星康宁创办了天津三星康宁有限公司（TSSC），由三星康宁 100% 控股，生产录像机的旋转变压器，该产品自 20 世纪 80 年代末开始一直在韩国生产。临近 1992 年年末，在得到了三星康宁美国合伙人的同意之后，TSSC 开始生产旋转变压器，产能达 80 万单位，并在接下来的几个月迅速扩大。1993 年，TSSC 开始生产工艺更复杂的产品，譬如在双通道旋转变压器的基础之上生产四通道旋转变压器（Kim，1998）。到 1998 年年底，公司产量增长至 2 000 万单位。

(2) 三星电机下属的天津三星电机有限公司

1993年12月，三星电机与天津第五无线电配件厂共同创办了天津三星电机有限公司（TSEM），前者持股80%，后者持股20%，负责生产录像机的磁鼓以及其他配件，供应给生产录像机的TSEC和生产彩色电视机的TTSEC。1994年5月，获得了总投资6 000万美元的TSEM开始投产。其产品包括低噪声块下变频器、录像机磁头、录像机磁鼓、录像机马达以及反激式变压器等。

(3) 三星SDI下属的天津三星视界有限公司

1996年8月，另一家合资企业——天津三星视界有限公司（TSDI）由三星SDI成功创办，其中方合作伙伴与TSED的中方合作伙伴是同一家公司，TSDI成立的目的是为TSED和TTSEC供应核心配件。1998年5月，TSDI开始了大规模生产，仅CPT（彩色电视显像管）显示器的年产量便达到120万台。1999年5月，TSDI开始大规模生产CDT显示器，年产量达到180万台。TSDI的产品是大尺寸（25英寸到29英寸）的CPT显示器和15英寸的CDT显示器。2001年8月，TSDI开始生产超大尺寸的布朗显示器——34英寸的"AF布朗"（He，2003：205）。

11.5.3 在中国南方（广东—深圳区域）的复制

1992年年末，三星电子在天津地区创办了主力子公司TSEC；几乎在同一时间，即1992年12月，又在广东惠州建立了另外一家主力子公司——惠州三星电子有限公司（SEHZ），由三星电子控股90%。1993年9月，SEHZ开始生产音视频产品，并将核心配件出口至韩国。不过很快它便与其他子公司实现了垂直整合。

1990年，三星电机在广东东莞成立了一家全资子公司——东莞三星电机有限公司（DSEM），并于1992年7月开始生产配件。DSEM生产的配件种类繁多，譬如光学器件、磁盘驱动器、变频器、LBP电机、扬声器和键盘。三星电子和三星电机很快便吸引了韩国其他配件厂商的注意，像Sinpung产业公司就于1994年2月在当地建立了工厂。这是韩国中小型企业在领军型大型企业进入中国的首轮驱动下联合进入的首个案例（SEC，1999：403）。由于及时建立了垂直整合的业务模式，SEHZ在投产的一年后，即1994年，产量已达到54万单位，其中有15%的产品在当地市场销售。因为其他企业相继在广东省建立起自己的子公司，SEHZ的长远成功得到了保障。

1998年6月，继天津子公司成立之后，三星康宁又在中国创办了另一家合资企业——深圳赛格三星股份有限公司（SSG），生产彩色电视机和布朗显示器的玻璃配件。三星SDI也于1998年4月在广东东莞成立深圳三星视界有限公司

(SSDI)，生产电子枪并供应给三星 SDI 在全球的所有子公司。SSG 的成立，使 SSDI 和 TSDI 能够在当地购置生产布朗显示器所需的玻璃配件。

11.6 在显示器市场中的垂直整合能力

11.6.1 垂直网络

三星最初的垂直整合网络以韩国水原地区为中心，形成于 20 世纪 70 年代初。同样的模式大约于 20 年后在中国的两个地区被复制，且过程很迅速。在 1992—1993 年间，三星集团在中国有五家与电子产业相关的子公司投入生产。在中国北方（天津）和南方（广东）的每个核心区域，三星集团的四大支柱公司都形成了联网。这四大支柱公司的每一家均在中国北方和南方枢纽城市建立了至少一家子公司。在中国北方，四大支柱公司的前三家仅用了两年时间（1992—1993 年）便完成了一半的联网工作，随后三星 SDI 于 1996 年加入，并最终实现了网络整合。在中国南方，有一半网络是 1993 年由三星电子和三星电机完成的；另外两家公司于 1998 年加入。

这些网络显然有助于产品的大量生产，因为每一家子公司的产品都分属不同类别，如彩色电视机、录像机、显示器和音频产品。显示器的终端组装，包括 CRT 显示器和 LCD 显示器，都由 TSED 负责，其中的 CDT 配件来自 SSDI 和 TSDI。同时这两家公司又从 SSG 那里购买布朗玻璃管，从 SSDI 那里购买电子枪。假设 TSED 要生产一台内置 VCR/VCD（盒式磁带录像机/数字多用途光盘）功能的彩色电视机，那么 TTSEC 就可以供应所需配件。该网络还涵盖了来自 TSEM（生产调谐器和磁鼓）和 TTSC（生产变压器）的参与。由于从三星 SDI 在当地的两家工厂那里获得了牢靠且高效的核心配件 CDT 的供应，TSED 自 1998 年起便在当地市场迅速扩张起来。

11.6.2 飞速变化的市场条件与三星的应对

在中国市场，自 20 世纪 90 年代中期起，显示器的市场潮流便经历了飞速的发展变革（He，2003：202）。在 1998 年和 1999 年，15 英寸显示器取代 14 英寸显示器成为主流标准。同期，17 英寸显示器开始进入市场并且其需求迅速飙升；到 2001 年，17 英寸显示器的市场份额已经超过了 15 英寸显示器，成为新一代主流标准（He，2003：202）。由此带来的结果是，21 英寸以下的小屏幕 CDT 供应过剩，而 25 英寸以上的大尺寸宽屏幕 CDT 需求量大，但是 CDT 的供应并不充足。因此，在这一阶段，核心配件 CDT 低效而匮乏的供应限制了显示器制造商的产量（He，2003：203）。

当时中国共有五家本地工厂制造 CDT，分别为 IRICO（前身为陕西 CPT 工厂）、TSDI、SSDI、中华映管（福州）有限公司（CPTF）和飞利浦。1999 年，这五家工厂的产量仅可达到中国显示器总需求量的 28%。当地市场的满足率如下：14 英寸显示器为 64.4%、15 英寸显示器为 30%，而 17 英寸显示器仅为 1.6%（He，2003：203）。1999 年下半年，供生产计算机显示器使用的 CDT 进口配额严重不足，导致了显示器的生产困境（He，2003：68）。

像三星这样的公司，拥有雄厚的垂直整合体系，能够获得高质量的 CDT 供应，因此在市场竞争中占有明显优势。所以，三星电子的子公司才能够在多变的市场环境下作出更快、更好的应对。举例来说，TSED 最初生产的是低端产品（即 14 英寸和 15 英寸显示器）。然而，为了提升品牌和市场份额，TSED 很快便将产品转型为大尺寸屏幕并从 1999 年 12 月开始生产平板显示器（He，2003：207）。2000 年，TSED 以降低价格和提供多类别产品的方式在平板显示器市场寻求扩张。得益于集团子公司有保障的配件供给，TSED 才能够以具有竞争力的价格平稳生产。TSED 的平板显示器产品[2]因物美价廉而在市场上占据有利地位，并受到当地消费者的广泛接受及认可。同样地，三星还将平板技术与"短颈"技术[3]进行整合，研发出占据空间更小的新产品。TSED 还生产了中国市场上首款基于多媒体平台的平板显示器产品。

为了保持市场领先地位，TSED 在 2000 年推出平板产品之后立即开始生产 LCD 产品（He，2003：208）。它出售的 LCD 产品分为不同型号、若干种类，以迎合消费者对 LCD 技术的不同使用需求和偏好。

总体来说，TSED 拥有丰富多样的三星家族产品，从低端的彩色外壳 CRT 显示器到高端的平板显示器、LCD 显示器和大屏幕显示器，从家用或办公用的显示器到专业型号，大小从 15 英寸到 24 英寸，应有尽有。

产品多样、适应性强的原因可能在于三星在中国有一个可靠的垂直网络。此外，三星的产品能在短期内获得更新或升级。进一步讲，由于三星的技术能力，其显示器生产周期已经从 10 个月缩减到 6 个月。由于产品种类繁多、款式多样，三星能降低市场状况不断变化所带来的风险（Chen，2001）。

三星显示器业务能够在中国快速扩张，还在于它能迅速而成功地向当前的本土化营销网络转变。在扩张阶段，三星依靠一家国家级市场总代理，开始了传统的中心化营销模式。经过初期的营销努力，三星电子发现了自己的劣势，并构建了一种新的营销模式。这套全新的营销体系由韩国总部的一支专业团队设计（此前他们对中国市场做了彻底的调查),并用了两年多的时间在中国上百个城市巡回推广。

11.6.3 与其他企业进行比较

三星的案例展现出构建本地垂直网络的优势,而中国台湾地区的 MAG 公司则是以公平交易原则购买核心配件,却遇到麻烦并出现衰落的例子(He,2003:292)。MAG 向来以超强的运营能力著称,它迅速进入中国大陆市场,以具有竞争力的价格策略定位高端市场并兴盛一时。然而,其核心配件 CDT 依赖于索尼公司(Jiang,1997)。因此,在显示器制造商们之间的竞争白热化之后,由于核心配件的供应有限,索尼公司不得不限制对 MAG 的 CDT 供应,并最终在 2001 年 6 月终止了配件供给(Ouyang,2001)。MAG 受到重创,之后又找到日立公司作为其 CDT 供应商。然而好景不长,日立公司 CDT 停产,MAG 再一次被迫寻找新的供应商。正因如此,MAG 曾在显示器市场消失过一段时间,直到 2002 年 3 月它在三菱公司的 CDT 基础上研发出一款新型显示器(You and Yi,2001)。另外一个中国台湾地区的企业案例是冠捷科技集团(AOC),该案例同样表明了在中国大陆市场找到一家稳定的配件供应商的重要性(He,2003:292)。1990 年,AOC 在福建省建立了第一家生产基地,此前它都是从一家台湾私营企业"中华映管"购买 CDT(Zhang,2001)。然而,AOC 依然面临着供应不稳定的难题。1997 年,AOC 联合京东方科技集团股份有限公司(中国顶尖的 CDT 制造商之一)在北京创办了一家合资企业。该企业最终于 2002 年年初在位于福建的自家工厂开始生产配件。[4]

飞利浦公司的处境比这两家台湾企业要好得多,虽然它也是因缺少垂直网络而导致业务逐渐衰落的一个案例。飞利浦是最早进入中国市场的企业之一,在 1998 年三星进入中国之前一直都是该领域的领军企业。1995 年 5 月,飞利浦在苏州创办了一家合资企业——苏州显示器厂。1999 年之前,这家工厂还能够从一家显像管厂购买 CDT。该显像管厂便是南京华飞彩色显示系统有限公司,它是飞利浦联合另外两家当地企业成立的一家合资企业。可是,这家工厂主要生产的是中小尺寸的 CDT,大尺寸 CDT 的产量不高,供应也不足。鉴于此,飞利浦的垂直网络不敌它的竞争对手三星。正因为配件厂不稳定、产量不充足,飞利浦在平板 CRT 显示器的市场供应中经常落后于竞争对手(Guan,2002)。到 1999 年,飞利浦才开始正视它在中国市场的衰落趋势,努力构建自己的本地化资源体系,与 LG 公司在布朗管和 TFT-LCD 面板业务方面建立战略同盟,分别于 1999 年和 2001 年创办了两家合资企业(LG-飞利浦 LCD 和 LG-飞利浦显示器)。尽管付出了这些努力，但飞利浦的显示器业务仍旧持续亏损，并最终在2005年年初与AOC合并。

最后，索尼公司的状况比前面提到的几家企业要好得多，因为它在中国拥有自己的一套垂直整合体系，其合资企业上海索广映像有限公司于1995年建立。不过，索尼在中国的投资并不像三星那样激进。索尼的产量较小，其中大部分显示器和特丽珑CDT都出口回日本，并没有销往中国本地市场。此外，索尼并没有在中国建立一个本地化营销网络（He，2003：171-179）。

11.7 结论

本章将三星在中国的电子业务作为子公司之间通过资源共享与协同合作，在较晚进入新市场的情况下仍取得了成功的案例进行了剖析。经研究发现，三星子公司之间的垂直整合网络最早于20世纪70年代初在韩国建立，之后才被复制到世界各地。垂直整合的基本结构分为三个层级，包括位于上游的终端组装者三星电子、位于中游的三星电机和三星SDI，以及位于下游的三星康宁。三星电子以垂直整合网络进入市场，得以规避中国本土CDT供应不足的风险，并充分利用了其关键零部件的垂直整合所带来的协同效应。在日新月异的中国市场上，三星稳定的零部件供应至关重要，保证了三星有能力不断开发出满足市场需求的新产品。

值得一提的是，三星的垂直整合能力从根本上来说是源自母公司的创新能力。进入21世纪，三星电子的研发支出占销售总额的6%左右。根据中国国家知识产权局提供的数据，截至2002年8月，海外公司在中国提交的专利申请累计总注册数量为794项，其中三星电子位列第二，日本的松下电器居首位。就这样，三星电子把其他公司（如飞利浦）远远甩在了后面。近年来，韩国财阀在中国实行的垂直整合体系进一步延伸，涵盖了研发职能，其相继建立的研发中心即为明证（见表11.3），尽管其研发的主要目的是顺应中国市场的需求而针对已有产品进行改良。

三星的案例表明，在要素市场或其他制度不甚完善的大环境中，垂直整合网络发挥了相当大的作用。鉴于此，该案例将企业集团的能力本位理论与市场失灵理论联系起来。由于市场不完善，一些企业集团在其成长阶段，通过不断进入新的业务领域来构建水平或垂直整合体系。值得注意的是，越是在制度不完善的地区构建这样的网络，越能发挥其作用。换句话说，企业集团的内部能力与外部环境的共同演进很重要。更重要的是，这意味着企业集团的优势不仅适用于发展中国家普遍存在市场失灵的环境，同样也适用于其他差异化产品（如信息技术产品）的垄断市场，这类产品的关键配件通常被有限的几家供应商垄断，市场需求持续变化，由此催生出一些不确定因素。例如，由于在LCD面板方面存在供应不稳定的问题，索尼公司与三星签署了一个长期供应合同。

上文所述内容与11.2节中阐释的关于发展中国家企业集团能力的动态发展理论视角有关。这些企业集团的能力从一般或产业专业化程度低的项目执行能力——这种能力来自相关或不相关领域的多元化——演变到跨部门或公司的垂直或水平整合能力，并最终演变为该领域内的产业专业化技术创新能力。对企业集团的这种动态发展路径理应作出更全面的分析，尽管本章所述有限，但也表明了重申企业集团发展理论的必要性。传统理论更多的是强调企业集团发展过程中的第一阶段和第二阶段，倾向于把它们仅仅看作对制度缺失的被动填补，而忽视了它们在自身成长过程中构建高水平能力的功能。从某种意义上说，正如Choo等（2009）所强调的，传统观点并不能解释一些韩国财阀是如何在1997年的危机中幸存下来的，也无法解释它们如何能在当今更加开放成熟的市场条件下成为更强大的全球化企业。市场失灵理论预测，企业集团会随着市场机制的成熟与开放渐渐丧失优势并最终消失。本章列举了Choo等（2009）的计量经济学著作中的一个企业案例，意在指出技术能力的提升才是一些韩国财阀在后危机时代成功扭转局面的真正原因，至此它们已经达到了企业集团动态演进路径中的第四阶段。鉴于此，我们并不赞同企业集团会伴随市场机制的成熟而走向衰落的预测逻辑。

注　释

1. 除了另外注明出处的情况，关于中国北方和南方垂直整合的相关信息均来自三星海外子公司，例如深圳赛格三星股份有限公司（2004）、天津三星电机有限公司（2004）和天津三星电子显示器有限公司（2004）等的档案资料，以及它们的母公司的档案资料。

2. 它们的型号名称为"技术型700NF和900NF""专业型700IFT""经济型700DF和753DF"。详见He（2003）。

3. "短颈"技术中的"颈"是指连接显示器屏幕与基座的部分。"短颈"可以节省空间，也能使显示器稳固地立在台面上。因此，"短颈"是显示器技术含量的重要特征之一。

4. http://hk.biz.yahoo.com/company/review/0/0903.hk.html（访问日期：2003年5月6日）。

第 12 章　将工厂转移到海外及其对国内就业的影响：以三星为例

(与 M. Jung 合著)

12.1　引言

　　自 Hymer (1960/1976) 和 Dunning (1981，1988，2000) 等一系列研究以来，生产国际化一直是一个重要的议题。Dunning 所谓的国际生产折中理论认为，一个企业要使生产国际化，必须满足三个条件：所有权优势、区位优势和内部化优势。其中所有权优势是核心概念，它是指企业应该在技术或品牌力量上具有独一无二的或差异化的能力，否则就无法实现国际化。

　　耐人寻味的是，韩国企业的国际化是大规模进行的（就企业数量而言），在 20 世纪 80 年代中期由中小型企业而非大型企业率先开始。因为国内工资的迅速上涨损害了中小型企业产品的价格竞争力，所以这些企业开始将工厂迁移到东南亚工资率较低的国家 (Jun, 1987；Lee, 1994)。Jun (1987) 称这种现象为"不成熟的国际化"，因为这些企业走出国门时并没有强大的所有权优势。该现象与另一种理论观点更吻合，即 Kojima (1973, 1982) 提出的"国际化宏观经济理论"，该理论强调一个国家的比较优势是随着工资率的变化而不断变化的。他特别指出，由于国内工资率上涨，日本已经在劳动密集型产业上失去了比较优势，因此不得不将工厂转移到工资率较低的邻国。基于这种观点，韩国企业一直在追随一条与日本企业类似的路径。

　　韩国的多数大型企业专门从事资本密集型产业，到 20 世纪 90 年代中期才开始国际化 (Lee, Kim and Kwak, 2012)。这些所谓的财阀在海外建立工厂，这类工厂具有混合性质——既是对国内工厂的替代，又是生产设备在海外的扩张。自此之后，这些大型企业的海外工厂因为可能导致韩国产业"空心化"而受到公众的关注。

　　生产国际化及其他活动促进了企业层面的资源优化，但可能造成国内就业机会的减少、附加值的减少以及税收的流失，所以在国家层面也会产生影响。这个问题在经历了"去工业化"的典型发达国家依然存在。不过，随着一个经济体逐渐发展成熟，伴随着收入的增加、工资水平的提高，以及主要产业由制造业向服务业升级，一定程度的国际化是自然的，也是不可避免的（Baumol, Blackman and Wolff, 1989）。之所以优先考虑制造业，是因为该行业存在前向和后向关联（EMCC，2006）。Hijzen 和 Swaim（2007，2010），Besson、Durand 和 Miroudot（2013）以及 Becker 和 Muendler（2008）对此进行过详细的研究。Harrison 和 McMillan（2011）利用美国企业数据所做的研究发现，投资的性质不同，海外投资的就业效应也不同。就业效应也不总是令人担忧，因为在国内非技术性普通劳动力被海外劳动力所取代的同时，国内也产生了更高技能的工作岗位。因此，近年来文献的研究重点是这些工作岗位从哪里来，具体是哪些工作岗位，以及劳动在总附加值中所占的比重是上升了还是下降了（Besson, Durand and Miroudot, 2013）。

根据 Hanson、Mataloni 和 Slaughter（2005）及 Yamashita 和 Fukao（2010），生产国际化对就业的影响可以从两个效应来考虑：（1）替代效应，即以国外低工资劳动力替代国内劳动力，国内就业机会相应减少；（2）规模效应，即工厂对外扩张，伴随着产量和销量的增加，国内就业机会相应增加。Hanson、Mataloni 和 Slaughter（2005）指出，对外扩张对美国企业的总影响既可能是积极的也可能是消极的，这取决于替代效应和规模效应的相对大小。Yamashita 和 Fukao（2010）研究了日本的跨国公司，发现其规模效应超过了替代效应。本章还探讨了替代效应和规模效应的相对重要性。鉴于本章只对一家企业做案例研究，我们的独特贡献在于，详细阐述了企业是如何通过在国外建造装配工厂来提高产品利润率进而实现规模效应的。此外，本章分析了不同类别工作岗位的劳动力数量的变化，如研发或营销等高附加值工作岗位与低端或装配工作岗位的对比。

与现有研究相比，本章的另一个侧重点是"技术空心化"或"技术脱节"问题，即生产设备的海外扩张是否会导致企业制造能力的"空心化"或弱化。换言之，当制造工艺转移到母国之外后，总部就会失去吸收并积累生产过程中所涉及的特定隐性知识的机会和语境，这不仅会影响制造能力，也会影响研发能力。沿着这条思路，随之产生的问题是：将研发留在母国而把生产地点移到国外的做法，从长远看是否会影响企业的制造能力？这个问题很重要，因为发达国家的公司通常在海外从事大部分的生产活动，而在本国开展研发活动。例如，苹果公司的产品是在国外生产的，但只在美国进行研发。那句著名的"加州设计，中国组装"即是此意。调查一下作为苹果竞争对手的三星在这方面是怎么做的，三星又是如何应对除"生产空心化"外的"技术空心化"挑战的，这样的研究颇有趣味。迄今尚未有文献将工作岗位迁移效应与可能的"技术空心化"效应放在一起进行研究。

根据对三星员工的采访，我们发现该公司特别关心"技术空心化"问题，而且对"技术空心化"和"技术脱节"有自己的明确定义，并努力减少或克服这些可能出现的问题。三星将"技术空心化"定义为构成整个生产过程的一环或一链的特定技术或人力在母国缺失；将"技术脱节"定义为特定技术或人力仍在母国，但是该技术知识的继承者缺失，意即这一生产过程今后无法在国内实施。三星的管理层认为，这两个概念对于企业的长期竞争力同等重要。如果这种"技术空心化"或"技术脱节"影响了企业竞争力，那么该现象势必对就业产生影响，因为企业竞争力、销售额和劳动力规模直接相关。Besson、Durand 和 Miroudot（2013）发现，最终决定企业劳动力规模的因素不是该企业是否走向海外，而是它能否保持竞争力。

本章对三星集团的案例研究得以在特殊安排下完成。现场参观和采访的细节可总结如下：2013 年年初，在公司安排下，我们获准采访三星的员工，参观三星位于韩国龟尾市的手机制造厂（2013 年 1 月 15—16 日）、位于越南的手机制造厂（2013 年 1 月 21—23 日）、韩国国内外的分包商或供应商公司（2013 年 1 月 21—23 日）、位于韩国水原市的全球制造技术中心（GMTC）（2013 年 2 月 5 日）以及三星电子研究所（2013 年 1 月 4 日、19 日及其他日期）。

本章其余部分内容安排如下：第 12.2 节对三星通信设备业务的起步、国际化及其对成本的影响做了简单介绍。第 12.3 节分析了国际化对国内就业规模和就业结构的影响。第 12.4 节分析了"技术空心化"问题。第 12.5 节对本章内容进行了概括和总结。

12.2 三星手机业务及其海外工厂的崛起

12.2.1 手机业务的发展

自第二次世界大战前成立以来，三星集团起初的主要业务范围是综合贸易、纺织和制糖业（Samsung Group，1998）。直到 20 世纪 70 年代，三星集团在水原市（位于首尔市以南，距首尔市一小时车程）建立了一家电视机制造厂，这才进入电子行业（见本书第 11 章）。1985 年，三星在位于韩国中东部的龟尾市建立工厂，生产固定电话交换系统，自此率先进入通信设备行业。但是，三星的电话交换业务并不令人满意，因为国内市场规模有限，且难以打入国外市场。于是，三星决定生产移动电话（手机），尽管在此之前它并没有该领域的经验。

20 世纪 90 年代，韩国企业和政府考虑开发移动电话系统。当时，模拟系统在美国占主导地位，基于 TDMA 技术的 GSM 在欧洲占主导地位。然而，韩国当局（即韩国信息通信部）关注的却是新兴的 CDMA 技术，该技术的频率利用率更高，语音传输质量和安全性也比其他技术更高（见本书第 8 章）。1991 年韩国信息通信部与美国高通公司签署了一项合同，约定从后者引进核心技术并与其共同进行系统开发。1993 年，信息通信部宣布将 CDMA 确定为韩国电信领域的国家标准。作为手机开发公私联盟的关键参与者，三星很快就带头进入这一新产品的实际生产中，20 世纪 90 年代中期先是针对国内市场生产，后来则面向具有不同标准（包括 GSM）的国外市场进行生产。但是，三星一直落后于市场引领者诺基亚，直到 21 世纪初苹果公司引发了智能手机浪潮的兴起。

三星通过迅速采用谷歌的安卓操作系统逐渐赶上诺基亚，后者则坚持使用自己的操作系统（Giachetti and Marchi，2010；Giachetti，2013）。最终，三星于 2012 年占据了世界手机市场的最大份额（25.2%）。[1] 2012 年，三星手机的销量为 4 亿部，超过了诺基亚手机的销量。三星在智能手机领域也取得了令人瞩目的成就，其高端手机或智能手机的销量超过了苹果手机，达 21 580 万部，占全球智能手机市场的最大份额（39.6%）。

如 Giachetti 和 Marchi（2010）及 Giachetti（2013）所述，三星手机业务的崛起有多种解释。其中一种解释是世界各地生产基地的国际化，使三星的生产成本大幅度降低，价格竞争力增强，并获得了下一轮投资所需的稳定而高额的利润率。

截至 2013 年年初，负责三星手机业务的无线通信事业部在五个国家经营八个生产基地（见表 12.1），包括韩国龟尾市的母工厂、中国的三家工厂（分别位于天津、惠州和深圳）、印度的一家工厂（位于诺伊达）、巴西的两家工厂（分别位于坎皮纳斯和玛瑙斯）以及越南的一家工厂（位于北宁工业园区）。

表 12.1　三星在世界各地的通信设备厂（截至 2013 年 2 月）

	建厂年份	2012 年手机产量（百万部）	2012 年员工数量（千人）
龟尾（韩国）	1988	38	3.5
惠州（中国）	1992	125	8.7
玛瑙斯（巴西）	1995	8	2.5
天津（中国）	2001	82	8.0
深圳（中国）	2002	6	0.6
坎皮纳斯（巴西）	2007	13	2.3
诺伊达（印度）	2007	32	2.9
北宁（越南）	2008	119	25.9
合计		423	54.4

注：其中一些工厂在初期生产其他产品，但如今全都生产手机。
资料来源：根据 2013 年 1 月现场参观和采访期间三星提供的信息整理。

三星的固定电话或移动电话生产的海外扩张始于1992年,当时三星在中国惠州建立了一家装配厂,随后在巴西开设了一家工厂,2001年又在中国天津建成了一条大规模的生产线。除此之外,三星在海外扩张的过程中的另一大跨越是在越南建立了大规模生产线。如表12.1所示,在这八家工厂中,越南工厂的产量最高,年产量约为1.2亿部,几乎占三星2012年全球手机总产量的25%,员工人数也最多。因此,本研究认为2008年是三星生产基地海外扩张的一个重要转折点,并以越南工厂为重点进行更深入的分析。[2]

12.2.2 生产国际化对成本与生产率的影响

三星之所以在越南设立一家新工厂,其中最重要的一个原因是使用当地劳动力能降低生产过程的装配阶段的成本。

表12.2中的对比表明,2012年在越南每部手机的加工成本仅为韩国龟尾市的29%,每部手机的加工成本差额达5.7美元。我们只知道这一相对差额,因为三星不愿透露成本的绝对数值。考虑到三星每年在越南生产约1.2亿部手机,在越南建厂每年可以为三星带来6.82亿美元的成本优势。这笔钱是三星盈利和再投资的基础。如表12.2所示,每部手机的人工成本差额更大,越南每部手机的加工成本仅为韩国龟尾市的16%。这是因为人工成本是整个加工成本的一部分,而加工成本不仅包括人工成本,还包括设备折旧费以及基本的支持和管理费用(不含营销费用)。但是,加工成本不包括原材料和零部件的成本以及开发成本。注意:上述人工成本不仅包括雇用越南本地工人的成本,也包括雇用从事各种支持和管理工作的韩国员工的成本。

表12.2 生产成本比较(越南与韩国龟尾市,2002年)

	韩国龟尾市	越南
每部手机的加工成本(以龟尾市为100%)	100%	29%
每部手机的人工成本(以龟尾市为100%)	100%	16%
总附加值中的人工成本占比	41.7%	6.8%
工厂销售收入中的人工成本占比	4.6%	0.76%

注:加工成本包括人工成本、设备折旧费、基本的支持和管理费用(不含营销费用),但不包括原材料和零部件的成本以及开发成本。三星不愿透露每家工厂加工成本和人工成本的具体金额,但告知了两家工厂以美元计的加工成本差额(每部手机5.7美元)。

资料来源:根据2013年1月作者参观和采访三星期间获得的信息整理。

如果把中期投入成本(如原材料和半加工材料、各种零部件)和工厂利润率加进加工成本,就可以得出工厂的销售收入。如表12.2所示,工厂的总销售收入中的人工成本占比在韩国龟尾市为4.6%,在越南仅为0.76%。有人也许认为人工成本占比很小,不由得纳闷人工成本低怎么会成为建立海外工厂的主要原因。然而,更重要的数据是总附加值中的人工成本占比,把中期投入成本从总销售收入中拿掉,这一数据便显现出来。如表12.2所示,总附加值中的人工成本占比在韩国龟尾市为41.7%,并不算低,但在越南仅为6.8%,依然很低。这一巨大差别也许能解释企业在工资率低的地区建立海外工厂的原因。人工成本的差别是企业降低成本并产生利润的重要源头,因为中期投入成本在国内外工厂之间的差别并不是很大。

越南的低工资率之所以能转化为成本优势,是因为越南工人的生产率并不比韩国龟尾市的工人低多少。越南工厂自运营以来,生产率迅速提高。如表12.3所示,2012年,龟尾工厂流水线上的一名工人平均每月生产104.1部手机,越南工厂的一名工人则平均每月生产89.4部手机,达到前者生产能力的86%。从2011年到2012年,仅一年时间,越南工厂的生产能力就提高了24%,而龟尾工厂的生产能力仅提高了6%。故障率也是生产能力的一项重要衡量指标。在三星的手机制造厂,通常用表12.4中的三项指标来衡量故障率。观察从2010年到2012年的变化可看出,越南工厂的故障率在初期相对较高,但总体上随时间的推移而逐渐下降,尤其是零部件和材料故障率。再者,尽管2012年越南工厂最终产品的故障率是龟尾工厂的1.81倍,但越南工厂的印制板组装件、零部件和材料故障率要比龟尾工厂低。

表12.3 手机工厂的生产能力(每名工人平均每月生产的手机部数)

年份	韩国龟尾	越南	越南/韩国龟尾
2011	98.2	72.1	73%
2012	104.1	89.4	86%
变化率	6%	24%	—

表12.4 韩国工厂和越南工厂的故障率

故障率(PPM)	2010			2012		
	韩国龟尾	越南	越南/韩国龟尾	韩国龟尾	越南	越南/韩国龟尾
最终产品故障率	6 066	12 032	1.98	5 629	10 174	1.81
零部件和材料故障率	256	798	3.12	385	360	0.94
PBA故障率	8 598	6 600	0.77	9 145	8 099	0.89

注:PPM=百万分率;PBA=印制板组装件(printed board assembly)。
资料来源:根据2013年1月作者参观和采访三星期间获得的信息整理。

12.3 对国内就业规模和就业结构的影响

本小节研究三星的生产国际化对国内就业规模和就业结构的影响。

如表12.5所示,韩国国内就业的总规模不断增长,工作岗位从2002年的5 950个增长到2008年的14 435个,再到2012年的20 491个。但是,如果我们重点关注装配类工作岗位,这一趋势就反映了生产国际化的几次浪潮。2002年国内装配类工作岗位的数量为3 098个,2008年略增至3 601个,但2012年降至3 444个。因此,替代效应似乎存在,但是这种效应被其他类别的工作岗位(如研发、设计和营销)的规模效应大大抵消。如表12.5所示,这些非装配类工作岗位在我们考察的整个期间(包括2008—2012年间)都在增长,从2008年的10 834个增长至2012年的17 047个。总的来说,这一时期高薪岗位的增长与销售额的增长趋势一致。从2002年至2012年,三星的销售额增长了745%,设计岗、技术人员/工程师和研发岗的人数分别增长了785%、554%和543%。

表12.5 三星手机业务各类别工作岗位的就业情况(2002—2012)

		2002	2008	2012	2002—2012年的变动率(%)
销售额(万亿韩元)	总计	11	24	93	745
	国内	3	—	11	267
	国外	8	—	83	938
国内就业人数	总计	5 950	14 435	20 491	244
	支持岗	492	1 197	1 879	282
	营销岗	234	586	1 289	451
	设计岗	59	311	522	785
	研发岗	1 497	6 895	9 627	543
	技术人员/工程师	570	1 845	3 730	554
	非装配类工作岗位总计	2 852	10 834	17 047	498
	装配类工作岗位总计	3 098	3 601	3 444	11
国外就业人数	总计	983	13 831	50 704	5 058
	越南	—	237	26 115	—
	越南以外国家	983	13 594	24 589	2 401

注:本表中的国外就业人数是指装配类工作岗位的就业人数。
资料来源:根据2013年1月作者参观三星期间获得的数据计算得出。

如果没有竞争力的提高,没有将工厂转移到海外来扩大生产,就不会产生高质量的工作岗位。对技术人员和工程师的需求不断增加尤其耐人寻味,这反映出工厂在世界各地的扩张以及三星对可能的"技术空心化"的担忧,对此我们将在下一小节进行讨论。

12.4 应对可能的"技术空心化"

以上几个小节表明,三星的生产国际化不仅使成本大幅降低,为其再投资带来了更多的利润,也带来了国内工作岗位总数的增加。尽管如此,依然令人担忧的是(尤其对三星来说),海外工厂的数量超过本国可能会产生长期的负面影响,如使本国失去制造技术知识和能力。事实上,三星的若干消费类电子产品已经经历了一系列的生产线向海外转移的过程。它的第一家海外工厂是1988年在墨西哥设立的电视机制造厂,随后在中国设立了一家照相机制造厂(1994年)和打印机厂(1996年),在泰国设立了一家冰箱制造厂(1997年),并在世界各地接连设立手机制造厂。目前,三星生产国际化的程度或国外生产的份额因产品不同而不同,在2005年左右平均为80%。[3] 工厂向海外的转移让三星认识到国内生产的不断萎缩可能导致"技术空心化",并努力采取预防措施。

为防止"技术空心化",2006年三星在水原市建立了一个部门,即全球制造技术中心(GMTC)。无论是把工厂迁移到国外还是在海外建厂,三星都不会解雇受影响工厂中的所有员工,而是将核心技术人员留在GMTC。如表12.6所示,该中心的员工人数随时间的推移而不断增长。2006年GMTC有82名员工,2011年增至1 103名。不仅在水原市,在龟尾市也有GMTC的员工基地,他们被派遣到三星在全球各地的工厂。

表12.6 韩国的GMTC员工人数(2006—2011)

年份	2006	2007	2008	2009	2010	2011
员工人数	82	202	172	325	847	1 103

规模和空间的扩张也意味着工人的作用和职能扩大了,成为制造业创新、自动化、流程重组和生产率提高的全球枢纽,并将其扩散到世界各地的工厂。GMTC涵盖所有产品品类,包括电视机、冰箱、微波炉、洗衣机、手机和其他消费类产品。如表12.7所示,水原市的GMTC员工平均一半左右要到国内外出差。通过出差,GMTC员工对三星在27个国家的30个生产基地提供管理和支持服务。

表 12.7 水原市 GMTC 员工出差人数及占比

	总出差人数及占比	国外出差					国内出差
		合计	中国	东南亚	欧盟和独联体[b]	美国	
出差人数	256	147	32	46	30	39	109
占水原市 GMTC 员工总人数的百分比（%）[a]	45.0	25.8	5.6	8.1	5.3	6.8	19.2

注：a. 该百分比值是按 2013 年 2 月正常一周内日均出差人数占水原市 GMTC 员工总人数的比重估算的。"要素技术"团队的员工工作性质更接近研发而非制造技术，故排除在外。

b. 独联体（Commonwealth of Independent States）指苏联解体时的 10 个加盟共和国。

资料来源：据据作者参观三星期间获得的数据整理。

就越南的手机生产厂来说，2013 年仅 37 名韩国员工与该分厂有长期的雇佣关系，并在当地领取工资，但是平均约 150 名韩国员工被 GMTC 或龟尾的母工厂派往越南工厂出差，其停留时间依工作性质，从几周到几个月不等。这些员工担负重要职责，包括提高车间生产率、产品工程设计、解决临时问题、建设与改造装配线，以及推广包括流程自动化在内的创新。他们要对三星工厂以及位于越南北宁工业园区或周边地区的中小型供应商履行上述职责。我们得知，三星设法将在越南的韩国员工的人数降至最低，因为把他们留在越南的成本越来越高，其家属也不愿在越南居住。因此，在世界各地的多个工厂中充分利用这些核心技术人员或工程师，哪怕只是几个星期，也是一个切实可行的选择。但是，在进行定量分析时，如果仅把核心技术人员当作母公司员工，那么他们在全球范围内的短期流动就会产生误导性结果。

核心技术人员在全球范围内的利用是由三星开发并运营的一个计算机化系统——全球供应链管理（GSCM）——提供支持的。GSCM 对三星的全球生产体系进行实时管理，不仅可对世界各地的工厂实施 24 小时监控并处理任何突发状况，还可节省物质资源和人力资源。GMTC 是负责 GSCM 和三星生产系统（SPS）的部门。其 1 100 多名员工被分成如下团队：制造技术、自动化技术、要素技术、模式技术、制造业创新、支持/人力资源、海外生产公司。其中，巴西和印度的工厂直接隶属于海外生产公司团队。

GMTC 总部位于水原市，但是其在龟尾市的员工人数也很多，有 350 名。GMTC 的员工被派往世界各地。通常的做法是：每次三星推出新品时，先在龟尾工厂的流水线上进行测试；待生产稳定后，该新品就在国外工厂批量生产。因此，龟尾工厂被称为母工厂。

三星仍然在公司内部生产手机外壳模具，而没有将其外包出去，从这点可以看出 GMTC 在防止"技术空心化"上起到的作用。苹果将手机壳的模具制作外包给富士康，而三星（具体而言，是 GMTC 的模具技术团队）却是自主生产。制模并不简单，是一项关键的高端技术。其技术要求是用同样的模具，以同样的质量，生产出成千上万的手机外壳。拥有高品质的外壳至关重要，因为这决定了手机的表面和外观，而这从消费者的角度来看非常重要。三星的手机壳制作采取自产和外包相结合的方式。但是，一家供应商公司在我们前去参观时证实，承接三星手机壳外包制作的供应商所使用的模具也是由三星 GMTC 制作并提供的。该供应商公司的总部和工厂就在三星龟尾工厂附近，其子工厂也在三星海外工厂（如越南和中国工厂）的附近。

三星之所以能在很短的时间内推出更多的新设计和新产品，就是因为其模具是在公司内部生产的。相比之下，苹果在推出新产品前就需要更长时间通过外包生产出新模具。从这个意义上说，三星虽然在海外建厂，但并没有将模具制造外包出去，而苹果既在海外建厂，又将模具制造外包给海外。三星已经实现了模具设计和制造的机械化和自动化，五天之内就能制作一个手机模具。事实上，我们得知，设计和制造的有效结合使卓越设计（DfX）制造技术能快速作出几款设计，这是三星生产系统的主要特点之一。三星的这一优势与一些对垂直整合的好处进行研究的文献一致（Jacobides and Billinger，2006；Teece，1996）。垂直整合能缩短上市时间，加快新产品的推出。但是，这种垂直整合在理论上的相对优势取决于几个因素，如产业内技术变革的实质和范围以及不同的需求和产品生命周期模式所产生的影响（Langlois and Robertson，1989；Robertson and Langlois，1995）。例如，内部或网络化供应可能比其他独立供应商的成本更高，这种成本差在业务低谷期的影响也许更大。实际上，情况似乎确实如此，这也是三星的利润率比苹果低的原因之一。苹果把自己的生产订单外包给全球范围内能提供最低价格的合格供应商。

GMTC 主导创新的另一个例子是成功减少了每部手机所需的螺栓与螺母数量。这一数量对提高手机装配阶段的生产率至关重要。螺栓与螺母数量越多，所需的时间和人工就越多，失误的可能性也就越大。举例来说，如果每装配 1 组螺栓与螺母用时 3 秒，那么减少 10 组就意味着装配时间减少 30 秒，也就是说，每 1 亿部手机就节省 30 亿秒。一部三星手机仅需要 13 组螺栓与螺母，而一部苹果的 iPhone 手机则需要 50 组左右。

12.5　总结与结束语

本章的主要发现可总结如下：

第一，尽管三星在海外建厂，但其手机业务却增加了其在国内的就业人数，从 2002 年的 5 950 人增至 2012 年的 20 491 人。这一增长尤其反映出非装配类工作岗位（研发、营销、设计、技术人员/工程师）数量的增加，而装配类岗位的数量则没有变化。

第二，三星通过将组装任务外包给越南工厂，实现了成本的大幅降低。韩国龟尾工厂的人工成本占总附加值的比重约为 42%，而越南工厂的这一比重仅为 6.8%。两家工厂的工资率差额是每部手机 5.7 美元，意即每年在越南生产 1.2 亿部手机，就能节约高达 6.84 亿美元的成本。海外工厂节约的成本是三星电子稳定发展并获利丰厚的重要原因，也为下一轮投资和推出具有更多新功能的新产品提供了资金来源。三星手机业务价值链中的某些部分转移到了海外，但是价值更高的部分（如研发和营销）却依然留在韩国国内。结果是，三星手机业务已经形成一条从本地研发和全球生产到更高利润和下一轮再投资的良性循环的全球价值链体系，而这是短周期产品（如手机）获得成功的一个关键因素。

第三，对三星手机业务来说，与产量增长相关的就业增长所形成的规模效应超过了外国劳动力对本国劳动力的替代效应。尽管在 2008—2012 年间，三星在国内装配线上的工人数量减少了 150 名左右，但其国内的研发和技术人员总数却增加了 4 600 多名。换言之，海外工厂的外国劳动力对国内装配工作岗位的替代，伴随着国内高薪工作岗位（如研发和技术人员）的净增长。若不是海外建厂降低了三星的成本，提高了其整体竞争力，国内就不可能产生这些高薪工作岗位。这与 Hijzen 和 Swaim（2007）的研究结果一致，这两位经济学家通过调查 17 个 OECD 国家的某产业数据发现，海外建厂降低了该产业在母国的劳资比率，而该产业的国内总体就业水平并未提高或下降。

第四，为应对可能的"技术空心化"，无论是减少国内生产线还是建立国外生产线，三星都不会解雇其核心工程师/技术人员，而是把他们留在一个特殊的部门，即 GMTC。这些员工似乎是三星"卓越制造"的骨干。GMTC 的大多数技术人员和工程师常常被派往世界各地的工厂并被分配特定的短期任务，尽管他们是以韩国龟尾母工厂或水原市 GMTC 员工的身份登记在册。因此，用传统数据来划分国内外工人数量并不能反映这一特定劳动力在全球范围内履行责任的全貌。具体来说，GMTC 和龟尾的母工厂似乎是三星应对生产国际化以及可能的"技术空心化"挑战的一个有力手段。

注释

1. Gartner 报告（http：//www.gartner.com/newsroom/archive/）。

2. 我们在采访中得知，三星建立海外工厂的目的不尽相同：中国工厂旨在为当地市场生产商品，巴西工厂则旨在为当地生产商品和避税；在印度拓展业务是为了通过本地生产，瞄准印度及其邻国的低价手机市场；越南是核心生产基地，旨在将产品出口到全球市场。

3. 该信息由国际可持续电子回收组织（SERI）在 2013 年 1 月的会议上提供。

第 13 章　中小型企业的追赶与路径创造：从 OEM 到 OBM

（与 J. Kwak 和 J. Song 合著）

13.1　引言

随着新兴经济体的企业在全球崛起，对这些企业国际竞争力的引发机制的研究兴趣也日益高涨。关于大型企业或企业集团在新兴经济体中的作用已有大量研究。Malerba 和 Nelson（2012）以及 Amann 和 Cantwell（2012）对此做了最新研究，后两位学者的著作中包含 Bell 和 Figueiredo（2012）撰写的一个章节，该著作探讨了大型企业面临的若干挑战，包括生产技术的升级（Bell and Pavitt, 1993；Katz, 1987）和技术能力的升级。不过，这些著述对中小型企业面临的陷阱和挑战并没有太多的启示。这一点不足为奇，因为新兴经济体中只有少数中小型企业在全球范围获得了成功。然而，由于新兴市场中的大多数企业都是中小型企业，对这些企业进行理论和实证研究能满足人们理解中小型企业的迫切需求。本章集中探讨来自新兴经济体的中小型企业及其能力升级。

Romijn（1999）是最早致力于研究发展中经济体的中小型企业的作用的学者之一。他研究了没有开展重大技术活动的印度企业。Kim、Song 和 Lee（1993）对韩国中小型企业的统计研究发现，中小型企业的全球竞争力不同于大型企业，因为中小型企业面临着严重的资源短缺。这让数名学者，如 Mathews（2002a）、Hobday（1995a）、Bell 和 Figueiredo（2012），将新兴经济体中的后发企业定义为"资源贫乏的后发者"。当后发者开始从事制造活动时，它们进入的细分市场中的生产价值链已经根深蒂固，也已经被发达经济体的企业所占据（Ernst and Guerrieri, 1998；Sturgeon and Gereffi, 2009）。

Hobday（1994）将 OEM（原始设备制造）定义为一种分包形式，即按照买方的具体要求生产完整的成品。一些 OEM 企业演变成了 ODM（原始设计制造）企业，从事大部分产品设计过程，而让客户企业履行营销职能。从 OEM 到 ODM 再到 OBM（原始品牌制造）是后发企业的一条典型的升级路径。OBM 企业通过设计和制造新产品、对产品和生产过程进行研发、从事销售与分销，致力于自有品牌的全面开发。在 OEM 模式中，后发企业不用承担风险，而是依赖于跨国公司供应商或大型客户企业。尽管从中期来看，这种模式能实现稳定发展，但是采取这种战略的话，企业的未来往往是不确定的，因为能提供更低工资和更低成本的新后发企业从下一梯队的追赶型经济体不断涌现（Lee and Mathews，2012）。本章通过对包括印度尼西亚（Van Dijk and Bell，2007）和马来西亚（Rasiah，2006）在内的若干经济体的案例分析，对 OEM 模式的局限进行了探讨。

尽管后发企业力争升级为 OBM 企业（但极少实现这一目标），对新兴经济体中小型企业的早期研究却只关注企业从 ODM 向 OBM 的转型，或只讨论采取这种策略的风险（Kim and Lee，2002；Berger and Lester，2005；Chu，2009）。对全球生产网络或价值链进行研究的重点大多是协作或分包关系（Ernst and Kim，2002；Sturgeon and Lester，2004；Berry，Rodriguez and Sandee，2002）。新兴市场中小型企业与发达经济体企业展开的竞争与协作，均对其追赶产生了影响。迄今为止，我们对中小型企业追赶中的影响因素、策略和机制所知相对较少，尤其是当这些企业超越了分包的层次，以自有品牌确立全球参与者的地位，从而与在位企业形成竞争关系时。

Chu（2009）列出了企业向 OBM 转型的若干障碍，其结论是如果没有产业政策的支持，中国台湾地区的企业就不可能成功转向 OBM。与之相反的是，本研究证明，几家韩国中小型企业在没有产业政策或现行政策对大型企业有利的情况下，却成功实现了向 OBM 的转型。在较早期的产业政策中，韩国政府在决定是否提供优惠外币贷款或国外技术许可时，常常将企业规模作为一个重要标准（Amsden，1989）。相比之下，众多的韩国中小型企业往往是财阀的分包商。因此，韩国在经济发展过程中常常因青睐少数大型企业、忽略多数中小型企业而受到批评（Nugent and Yhee，2002；Park，2001）。韩国政府实施了几项政策措施来扶植中小型企业，但是多数措施由于种种原因而未见成效（Kim and Lee，2008）。例如，尽管韩国政府希望本国中小型企业生产的机床销量更高、采用者更多，但是大型装配厂往往不会使用这些机床，因为与进口机床相比，它们的质量无法保障（见本书第 10 章）。

因此，本章主要研究中小型企业如何向 OBM 转型，以及在这一转型过程中有何风险。当企业通过采取自己的路径创造式战略而产生结构突变时，这种转型就有可能实现，但是如果企业停留在分包或协作的老路上，这种转型就不可能实现。我们发现，这些中小型企业创造的路径（或产品）并不是全新的，而是建立在对现有路径（产品）重新组合的基础上。这一路径不同于跨入新领域或新兴科技领域（这主要是大型企业采取的路径），也不同于模仿在位企业的技术。

本章余下的内容安排如下：第 13.2 节进行文献综述并提出研究问题。第 13.3 节探讨研究方法论并介绍作为分析案例的企业。第 13.4 节阐述企业从 OEM 向 ODM 以及从 ODM 向 OBM 转型的动态路径。第 13.5 节对研究发现进行综述，描绘出企业向 OBM 转型的五阶段路线图。第 13.6 节对本章内容作出总结。

13.2　文献综述与研究问题

由于规模有限，发展中经济体和发达经济体的中小型企业有几个共同的特点，如经营灵活、专业化程度不高（Tidd, Bessant and Pavitt, 2005）。多项研究认为，发达经济体和发展中经济体的中小型企业不同，后者获取国内技术的资源有限（Mathews, 2002a），并严重依赖国外技术（Amsden and Chu, 2003）。发展中经济体的中小型企业也较晚进入市场，在全球分工中的地位较低。因此，这些企业只能继承发达经济体更先进企业的某些细分市场，或从 OEM 阶段，即技术发展的最低阶段做起（Romijn, 1999；Amsden, 1989）。在一些发展中经济体，在内部大市场销售并（通过 FDI 或贸易）进入世界市场往往被分包或跨国公司主导的出口所取代（Hobday, 1994）。因此，发展中经济体的中小型企业不同于发达经济体的中小型企业，后者往往会利用在本国积累的宝贵知识，启动自身的国际化（Chaminade and Vang, 2007）。

Hobday（1994）追踪了后发企业从 OEM 向 ODM 以及从 ODM 向 OBM 的转型过程。OEM、ODM 和 OBM 企业的核心任务分别是生产、创新和营销。当中小型企业转向高附加值功能时，就实现了功能升级。但这种升级很少发生，因为价值链结构（或买方-分包商关系）往往是分等级的（Bazan and Navas-Aleman, 2004）。Gereffi、Humphrey 和 Sturgeon（2005）认为，相比之下，偏市场导向型和合作型集群中的企业升级到 OBM 阶段的机会更大。中国纺织行业的中小型企业最初似乎很有发展前景，如今却已陷入 OEM 的境地（Tang, 2011）。那些实现功能升级的集群里的中小型企业，如巴西的西诺斯谷（Sinos Valley），也很少升级到 OBM 阶段，这既是因为在位企业限制作为其竞争对手的中小型企业的发展，也是因为政府未能协调利益冲突的多家企业的活动（Schmitz, 1999）。

Chu（2009）认为中小型企业转型失败的原因在于与企业品牌战略相关的各

种困难和风险。中小型企业因规模、技术能力、营销知识和品牌力量相当有限而被禁止进入市场。失去分包订单是这些企业进入市场的又一大风险。Chu（2009）以及 Chen 和 Lien（2013）认为，拥有自主品牌和 OEM 所需的商业模式有着本质区别。对中国台湾地区的宏碁集团（Acer）的个案研究证明了中小型企业走出 OEM 阶段、进入 OBM 阶段时困难重重（Khan，2002）。[1]

但是，我们已经发现，有几家韩国中小型企业在没有产业政策支持、不属于某个合作型集群的情况下，成功实现了从 OEM 向 OBM 的转型。本章旨在研究这种成功转型背后的基本原理。我们对中小型企业的案例研究表明，采取基于现有路径（或产品）的重新组合而非开辟全新路径的路径创造式战略，就可能实现向 OBM 的转型。我们强调新兴经济体中小型企业所采取的独特的路径创造式战略，这些战略往往是对各种现有技术或产品的整合。

因此，中小型企业与大型企业开创的路径不同，后者往往会跨入新领域或新兴技术领域（Perez and Soete，1988），尤其是在范式转变期（见本书第 9 章）。本章强调中小型企业开创的独特路径，因而有别于 Terziovski（2010），他研究了中小型企业对大型企业的战略和结构的模仿。如果只是简单地跟随先行企业的路径或足迹，后发中小型企业将永远落后于在位企业。后发企业采取不同的路径创造式战略也是必要的，因为如果企业生产的"新"产品与现有产品太相似的话，常常会被在位企业起诉侵权。

不过，尝试现有技术的重新组合需要前期的建设能力或吸收能力。没有自主设计能力，企业只能从销售公司获得设计图，陷入现有的低附加值环节或产品的生产中。前期的建设能力或吸收能力是转向 OBM 的条件之一。另一个关键因素是企业进行独立营销的能力。然而，关于后发经济体中小型企业的早期研究大多忽略了这些企业的营销能力。这些中小型企业一般都以分包为主，没有承担营销活动，传统上是把营销业务转给销售公司。对力争进入 OBM 阶段、追赶在位企业并进入国际市场的企业来说，从分包到独立营销的转变是一大挑战。综上所述，中小型企业的路径创造式战略不仅涉及新产品，更涉及新的营销方式。

13.3　研究设计与案例简介

13.3.1　研究方法

在经济增长方面，韩国中小型企业往往落后于大型企业。因此，促进中小型企业发展已经成为韩国公共政策议程中的优先事项。在市场上获得成功的中小型企业常常会被大众传媒报道。我们最初确定了媒体（尤其是一档很受欢迎的电视节目）专题报道的几家中小型企业。[2] 然后我们从中选定了满足下述标准的企业：第一，这些企业必须确立了"独立 OBM 企业"的地位，尽管之前是 OEM 企业、ODM 企业、附属公司或独立分包商。[3] 为了成为合格的 OBM 企业，该企业必须将自有品牌卖给市场上的多家客户企业或消费者；仅作为一家或几家客户企业的下级供应商是不够的。第二，这些企业必须参与所有的核心业务功能，如研发、生产和营销，必须独立执行这些功能，而不依附于其他企业。第三，这些企业必须成功赶上了在位企业，这一点通过考察它们在全球或区域/国家市场上所占的份额即可确定。

考虑到这些样本中小型企业的独特特点，我们通过个案研究法，确定了这些企业获得成功的关键因素（Yin, 2003：40）。鉴于个案研究的探索性质，我们确定了中小型企业获得成功的必要条件而非充分条件，同时也阐述了样本企业取得显著成功的过程。

本研究涉及若干产业部门（如家居和厨房用品、专业或偏好商品、半导体设备和电脑缝纫机）的企业。2006 年，我们组建了一支研究团队，由 6 名成员组成，任务是采访目标公司，收集存档数据，就研究发现合著出书，后来该书以韩语出版（Lee, 2008）。该书包括对目标企业的描述性分析，也是本章的主要信息来源。不过，该书缺少一个理论框架。本章利用截至 2011 年我们采访收集的最新信息，对这些案例进行了理论综合。每家企业至少有两名员工接受了半结构化访谈。八家企业在销售额、员工数量、注册专利数量方面的特点可概括如下：

首先，除韩酷客陶瓷公司（Hankook Chinaware）的员工规模后来稍有增长外，从 1993 年到 2005 年，选定的八家企业的员工人数都在 53 人到 331 人之间，但在 2000 年，员工人数少于或等于 300 人。这样的员工人数是合理的，因为我们对中小型企业的定义就是在韩国员工人数少于 300 人或在他国员工人数少于 500 人的公司。其次，所有选定的中小型企业的销售额均较小，2000 年销售额为 880 万美元至 7 110 万美元。在过去的五年，这些企业在市场上取得了成功，销售额有所增加。除一家生产资本品的企业外，所有选定企业的注册专利数均微不足道，这表明其资源匮乏或依赖于无法体现为专利的隐性知识。表 13.1 提供了这八家企业的基本概况，我们将在下一节进行详细讨论。

表 13.1 八家韩国中小型企业的基本概况

企业	成立年份	产品	在位的竞争对手	学习来源	市场份额表现
福库	1978	电饭煲	象印或松下（日本）	OEM，公司内部研发	自 1999 年以来在韩国排名第一（截至 2005 年，占韩国 70% 的市场份额）
韩酷客陶瓷	1943	陶瓷器皿	威治伍德（英国）；Calvin Klein 或拉夫·劳伦（美国）	OEM，授权许可，公司内部研发	在世界市场排名第三
乐扣乐扣	1985	玻璃器皿	特百惠（美国）	公司内部试错	在韩国排名第一，在世界市场排名第三
吾卢拉世界	1981	玩具	Ty（美国）	OEM，公司内部研发	在北美排名第四，在俄罗斯排名第一
Shimro 乐器	1986	琴弦	铃木（日本）	OEM，向外国专家学习，公司内部试错及研发	在美国排名第一，占日本 15% 的市场份额，占世界 33% 的市场份额
HJC 头盔	1971	头盔	Shoei（日本）或 Bieffe（意大利）	OEM，公司内部研发	自 1992 年起在世界市场排名第一（截至 2006 年，占 70% 的市场份额）
周星工程	1995	半导体和平板显示器的生产设备	AKT（美国）	公司内部研发，与大学协作，授权许可	占世界 33% 的市场份额
日星	1986	缝纫机	田岛（日本）	公司内部研发，比利时公司的授权许可	在世界市场排名第一

13.3.2 样本企业

吾卢拉世界公司（Aurora World，成立于1981年）、Shimro乐器公司（成立于1986年）和HJC头盔公司（成立于1971年）分别生产玩具、琴弦和头盔。这些企业在经过OEM和ODM阶段之后，取得了OBM企业的地位，并追上了全球市场中的领导品牌。吾卢拉世界公司与美国的Ty玩具公司竞争，Shimro乐器公司与日本铃木（Suzuki）乐器公司竞争，HJC头盔公司则与日本的Shoei公司和意大利的Bieffe公司竞争。如今，吾卢拉世界公司在品牌辨识度方面位列北美第二[4]，Shimro乐器公司在美国占据最大市场份额，HJC头盔公司则成为全世界同类公司中最大的一家。

福库电子有限公司（Cuckoo，成立于1978年）、韩酷客陶瓷公司（成立于1943年）和乐扣乐扣有限公司（Lock & Lock，成立于1985年）分别生产电饭煲、陶瓷器皿和玻璃器皿。福库和韩酷客陶瓷最初是OEM企业，但成功进入了OBM阶段。在OEM阶段失败后，乐扣乐扣放弃了旧产品，转而生产新产品，并实施自有品牌战略。这三家企业都赶上了韩国市场上来自发达经济体的国际领先品牌，例如福库赶上了日本的象印（Zojirushi）或松下（Panasonic），韩酷客陶瓷赶上了英国的威治伍德（Wedgewood）或美国的拉夫·劳伦（Ralph Lauren），乐扣乐扣赶上了美国的特百惠（Tupperware），如今都已成为全球市场的成功参与者。

周星工程（Jusung Engineering）有限公司成立于1995年，生产半导体制造所用的原子层沉积设备。日星（SunStar）公司成立于1986年，生产袖珍版的全自动电脑缝纫机（CANEM）。在为大型成品装配企业做了数年的专业化供应商之后，如今周星工程和日星的客户已遍及世界各地。2011年，周星工程占据世界33%的市场份额和全球半球形硅晶粒（HSG）50%以上的市场份额。2005年，日星也占据了该行业最高的世界市场份额。日星的SWF品牌缝纫机占据世界33%的市场份额，超过了日本田岛（Tajima）工具株式会社，田岛的市场份额从1997年的60%降至2003年的27%。

13.4 动态追赶过程：OEM—ODM—OBM

13.4.1 渡过"OBM之河"前

13.4.1.1 在OEM模式中学习

中小型企业往往会采取OEM模式，成为客户企业的分包商，客户企业则负责用自己的品牌，通过自己的销售渠道，进行产品营销。Hobday（1994）以及Kim和Lee（2002）认为，OEM促进了技术学习，因为要按照精确的规格生产产品，而买方企业的代表往往会在生产现场给予具体的指导和传授。这一学习过程提升了技能和生产率。所有的样本企业要么是从OEM起家，要么是单一客户企业的下级供应商。

13.4.1.2 在ODM模式中获取设计能力

Lee（2005a）论述了所谓的"OEM陷阱"。在这种情况下，尽管后发企业在早期很容易就能生产出国外设计的商品，但是当外国企业将生产基地转移到工资更低的地点时，它们就会随之面临严重困难。除非后发企业提升能力，生产并销售自己的品牌和设计，否则就会陷入低附加值环节。因此，我们认为设计能力是可持续追赶战略的一个根基，没有设计能力，后发企业就不可能实现向OBM阶段的转变。但是，这种能力无法在市场上获得。我们的样本案例表明，企业要获得设计能力，就需要将公司内部的试错式研发、相关的指导人员、使用国外技术结合起来。所有的样本企业都通过建立内部研发实验室，从外国企业、大学或公共研究机构聘请教员，通过各种渠道（包括分包、联合生产、授权许可、股权式联盟和联合研发等）使用国外技术，来启动这些措施。

不过，我们注意到，在获取设计技术的过程中有一些变量。如果目标技术是新技术，那么从外部渠道学习（获取显性知识）就至关重要。例如，Shimro乐器公司邀请著名的德国手工艺人向公司传授核心生产技艺。韩酷客陶瓷公司最初向世界顶级骨瓷制造商英国皇家杜尔顿集团（Royal Doulton Group）学习骨瓷生产技术，后来又与韩国Miji Tech株式会社成立了一家合资企业，学习纳米技术应用。该公司随后开发了自己的纳米银骨瓷系列产品。同样，日星在以缝纫机生产商闻名之前，曾向一家比利时企业学习缝纫机制造技术。

同时，如果目标技术需要大量的前期知识基础，积累并应用（内部形成的）隐性知识对于开发新产品就非常重要。HJC头盔、乐扣乐扣和吾卢拉世界通过试错积累了隐性知识，而这些知识有助于培养其创新能力。同样地，日星在多年从事全自动缝纫机制造的过程中，积累了隐性知识，生产了先进的全自动电脑缝纫机。相比之下，尽管周星工程几乎在成立之初就开发了自己的产品，但是公司创始人兼CEO（Hwang）曾为客户企业做过十年的售后维修和维护工程师，由此获得了必要的隐性知识。

13.4.2 渡过"OBM之河"

13.4.2.1 踏上一条新路

作为迈向OBM企业的第一步，企业的最高领导者必须将OBM作为一种新型商业模式。虽然我们没有对什么样的最高领导者会作出如此大胆的决策进行深入研究，但我们认为，如果想让自己的公司转向 OBM 模式，最高领导者都必须制定具体的战略并关注其中的风险。通过开创一条独特的路径或使自有产品区别于先行产品，所有的样本企业都成功实现了追赶。将现有的各种要素进行组合常常能创造出新产品。

例如，经过漫长的试错过程，Shimro 乐器公司创造出自己的混合工艺。该公司能将欧式定制工艺与日式批量生产技术这两种独特的生产方式结合起来。这一策略使该公司创造出新的生产方式和产品，兼具手工制作的高品质和批量生产的实惠价格，满足了客户的双重需求。福库公司将气压技术与传统电饭煲技术有效结合起来，为消费者提供了新产品。因此，该公司生产的饭煲兼具电饭煲的便利和压力锅的品质。HJC 头盔将 ABS（丙烯腈-丁二烯-苯乙烯共聚物）塑料和 PC（聚碳酸酯）塑料混合，开发出一种新型聚合塑料。这种新型塑料将硬度与抗冲击性结合起来，而之前人们认为这两种特性是不相容的。这一特色成为 HJC 头盔的一大卖点。

周星工程和日星这两家资本品公司深知，仅靠模仿在位企业的产品是不够的。客户企业（如三星）不愿在产品装配过程中冒险使用不知名企业未经验证的零部件和原料，因为其最终产品的质量在很大程度上取决于核心中间产品的品质。因此，供应商企业必须创造出"质优价廉"[5]的新产品以促成采购谈判。

在周星工程开发出低压化学气相沉积（LP CVD）法之前，在位企业（日本的东京电子和国际电子有限公司）使用间歇法同时生产数以百计的晶片。虽然这种方法的生产率很高，但是无法保证大容量存储芯片的加工精度。周星工程采用了单晶圆加工法，对每个晶圆单独加工而不降低生产率。这种加工法并不是全新的，且已有应用，但是周星工程率先将这种方法应用于多晶硅的生产。从此，所有大型的存储芯片企业，如三星和 LG，都转而使用周星工程的产品（即 Eureka 2000），因为只有该产品与大容量存储芯片兼容。Eureka 2000 也因此成为周星工程的核心产品，使该公司实现了销售额的初次跃升。

日星在开发出不同于在位企业日本田岛公司的产品之后，销量大增。在第一阶段，该公司开发的 CANSM 在功能和生产能力上与田岛的产品相似。但是，只有在开发出针对美国利基市场的袖珍版 CANSM 之后，该公司的销量才有了跃升。日星还推出了双针缝纫机，能同时缝制两条不同的线迹，也使销量大幅提升。

13.4.2.2 独立营销：迈向 OBM 企业的第二步

在选定了一条路径并开发出独特的产品之后，企业必须致力于在市场上销售该产品。对后发经济体中小型企业的先前研究没有涉及独立营销的问题，因为中小型企业通常以分包业务为主。既然独立营销是 OBM 企业的一项重要要求，我们就研究中小型企业如何超越分包的层次，进入 OBM 阶段。

个案研究表明，实现追赶过程需要将专门技术知识与独立营销结合起来。然而，由于若干因素的限制，中小型企业的战略选择很少。我们的个案研究提供了几种战略选择。样本企业选择先在新兴市场做起，然后再进入发达经济体。这些企业认为新兴市场风险较小，进入成本也较低（因为不同市场之间有共性），而发达经济体则需要更成熟老练的营销策略并直接参与竞争。其他后发企业（如日星）采取了赊销策略，因为它们知道，不采取激励措施，顾客就不会购买不知名企业生产的产品。当后发企业（如吾卢拉世界）进入发达经济体而在当地没有合作伙伴时，在当地聘请营销专家就非常重要。或者，企业也可以考虑采用新的、成本较低的营销方式来吸引顾客。例如，乐扣乐扣就将电视购物作为一种营销渠道。通过采用先行企业未曾使用且成本较低或新式的营销技巧，这些企业成功打入了各自的市场。

13.4.2.3　来自在位企业的攻击：OBM 阶段的风险

虽然建设独立的营销渠道需要大量的资源，往往也是一个极大的挑战，但是其中还有其他风险，例如来自在位企业的干预行为或直接攻击。

第一种风险是老买主"翻脸不认人"，对前供应商（后发企业）加以遏制，限制其发展。前买方企业背弃雄心勃勃的供应商的例子有翔实记录可考[6]，而从 OEM 向 OBM 的转型通常也意味着与拥有领先品牌的买方断绝关系。1991 年，当吾卢拉世界开始销售自有品牌时，在位企业取消并停止了其 OEM/ODM 订单，以阻止该企业成为竞争对手。1991 年吾卢拉世界初次踏上 OBM 之路时，销售额首次下滑，随后 5 年该企业一直停滞不前（见图 13.1）。我们将这一时期称为"OBM 之河"，这是任何想要成为 OBM 企业的公司必须跨越的一个障碍。

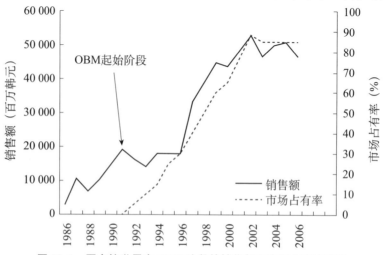

图 13.1　吾卢拉世界在 OBM 阶段的销售额和市场占有率走势

第二种风险是先行企业的倾销或掠夺性定价。在位企业用这种策略来遏制新竞争对手的发展。这种情况在韩国企业的发展史中很常见，尤其是本土发展起来的资本品行业（见本书第 10 章）。如果韩国供应商成功开发出了新产品，取代了之前从在位企业进口的产品，那么在位者就会大幅降低其产品价格，以阻止客户购买新开发的本地产品。[7]

第三种风险也许是最糟糕的，即在位企业的诉讼。吾卢拉世界、日星和周星工程都被竞争对手起诉过。在成功开发并售出了 CVD 之后，周星工程就被 AKT 公司（此前的液晶显示器 CVD 的销售霸主）起诉，以阻止周星产品的销售。图 13.2 表明，周星工程在遭遇知识产权诉讼、客户企业因不满交割价格而撤销订单时，销售额大跌。

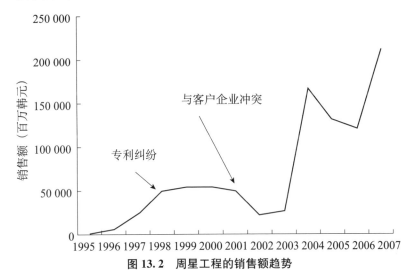

图 13.2　周星工程的销售额趋势

日星从 1999 年开始推出新产品，几年来也一直被竞争对手日本田岛起诉。日星在证明自己并未侵犯在位企业的知识产权之后，才结束了为期 4 年的诉讼。卷入知识产权纠纷的可能性强调了志在独立的后发企业必须开辟自己的道路，开发自己的产品，而不是模仿在位企业的产品。在 2003 年胜诉之前，法院禁止日星在任何市场出售其产品，致使日星的销售停滞不前。图 13.3 显示了日星销售额的变化趋势。

上述经验表明企业在追赶之路上可能面临的挑战和风险。准备不足可能会导致企业过早夭折或破产。吾卢拉世界在转向 OBM 初期曾"隐姓埋名"，用在美国建设销售网络时使用的新名称登记注册。同样，福库从未公开透露其开发新产品的计划。为避开竞争对手的耳目，该公司的研发团队甚至只上夜班。

13.4.2.4　巩固全球生产和营销体系：最后一关

企业还有三个问题必须解决：（1）是否应该实现生产体系的全球化？生产体

系的全球化应该达到什么程度？（2）是否应该在母国之外建立工厂？（3）此举在经济上是不是明智之选？采取这种全球制造模式表明，中小型企业将不再是由地位稳固的跨国公司运营的全球生产网络中的一家本地供应商。这一举措将使这些企业成为类似跨国公司或其他拥有全球生产体系的企业。

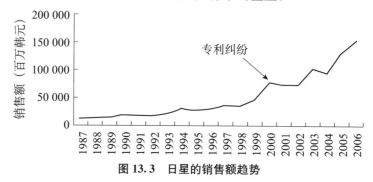

图 13.3　日星的销售额趋势

建立全球生产和营销网络是后发企业追赶先行者并获得独立的最后一步。与先行的跨国公司一样，这些后发企业必须向下一级经济体迁移或开设一些工厂，以利用低工资率并应对母国可能出现的工资率上涨。显然，我们调查的所有消费品类企业都向全球化生产体系迈出了这一步。例如，早在 1988 年，吾卢拉世界就在印度尼西亚建立了第一条生产线，从跨国公司的 OEM 供应商蜕变为一家跨国公司。吾卢拉世界在亚洲有两家工厂，并与印度尼西亚和亚洲的几家分包商或 OEM 供应商有业务联系。

企业升级为 OBM 企业之后，就会把业务迁移到海外。韩国的 OBM 企业通常在国内进行研发，在海外开展生产和销售业务。通过走向世界，这些企业提高了价格竞争力，获得了全球灵活性。例如，1996 年吾卢拉世界在中国建立第二个海外组装工厂时，中国刚作为生产基地对外开放，工资水平低于印度尼西亚。但是近年来，中国的工资率上涨，甚至超过了印度尼西亚。这使韩国企业将在中国的大部分生产业务迁回印度尼西亚，以此保持价格竞争力和高利润率。

作为我们样本企业的韩国企业在其所在的市场向全球支配地位的目标前进时，似乎对两种策略青睐有加。第一种策略是产品细分策略。企业在东南亚经济体制造并销售低端产品，而在发达经济体开发并生产高端产品。例如，Shimro 乐器公司在中国生产圣安东尼奥（St. Antonio）品牌的低端小提琴，并在当地市场销售该产品；与此同时，该公司在德国生产并销售卡尔·海因里希（Karl Heinlich）品牌的高端小提琴。

第二种策略是市场细分策略。尽管这些企业销售的产品大同小异，但是常常会在新兴市场和发达经济体采取不同的营销策略。例如，乐扣乐扣将所有中国制造的玻璃器皿产品出口到美国（据观察，美国消费者对这些产品是中国制造还是韩国制造并不在意）。此外，该公司将韩国工厂生产的产品出口到中国市场销售，因为一些中国消费者很喜欢韩国制造的产品。

13.4.3 渡过"OBM之河"后

一旦后发企业成功转型为OBM企业，并通过建立全球生产和营销网络占据了可观的市场份额，该企业就必须致力于维持当前的地位。

进入门槛高的产业一般是高科技产业或以经验和（或）隐性知识为基础的产业。打破高技术产业的进入壁垒需要获取成本高昂的人力资源并建立最尖端的研究实验室。较之财力有限的小型企业，大型企业更可能实施这一策略。即使中小型企业财源充足，从事技术复杂的工程类产品的生产有时也是高风险之举，因为一旦产品失败，企业就将血本无归。因此，对中小型企业来说，进入以经验或隐性知识为基础的产业似乎是风险较低的选择。较之在严格的科学实验的基础上创造前沿技术，通过试错来形成专有知识或许是中小型企业更切实可行的选择。

我们所有的样本企业都在试错的基础上积累知识，这为其日后提升竞争力奠定了基础，也给潜在的竞争者设立了进入壁垒。例如，福库公司在厂房试验了4 000吨大米后，才找到了蒸米饭所需的最佳压力值。HJC头盔公司尝试了几种合成方法后，才确定了用于塑料合金的两种不同塑胶原料的最佳混合比例。经过长期努力，Shimro乐器公司最终开发出了聚氨酯模具，克服了之前木质模具和铁质模具的缺点。同样，通过不断试验，乐扣乐扣才生产出了一种新型塑料玻璃杯盖，满足了对柔韧性、硬度和耐用性的多重要求。

这些案例表明，最重要的技术知识是通过"干中学"而不是先于经验的研发获得的。获取实战专业知识是一道难以逾越的进入壁垒，他人无法轻易复制。这种专业知识类似于传统的技术知识，即Rosenberg（1982）所谓的不依赖科技而纯凭经验积累的知识。虽然这种知识可以事后整理，却是在试错过程（经验）中潜移默化地形成的。如Koskinen和Vanharanta（2002）所述，较小的企业在隐性知识密集型行业有优势，因为这些企业的人际互动较直接，企业内的部门很少，能轻松地传播隐性知识。因此，让中小型企业发展异于大型企业的知识体系（Bell and Albu，1999）是更明智的选择。

企业可以通过多种方式打破进入壁垒，例如加大在树立企业形象方面的投入，以及获得相关认证或达到质量标准。企业形象往往会在一些行业构成进入壁垒。同时，Shimro乐器公司、HJC头盔公司和福库公司的经验表明，获得认证并达到正式质量标准可以成为应对进入壁垒的一个强有力的策略。头盔生产中的安全标准很重要，小提琴的制作则必须符合著名的斯特拉迪瓦里（Stradivari）

规范。然而，获取必需的安全标准或功能规范认证对市场后进入者极其困难，因此这既能构成进入壁垒，又可作为企业实现追赶之后稳定地位的手段。

13.5 综合：后发中小型企业的动态路径

根据前一节对转型过程的详细阐述，我们从概念上描绘了后发中小型企业从OEM向OBM转型的动态路径。我们假定这一路径包含五个阶段，并用典型的S形曲线加以描绘（见图13.4）。这五个阶段包括进入阶段、渐进追赶阶段、路径创造/危机阶段、快速追赶阶段和后赶超阶段。

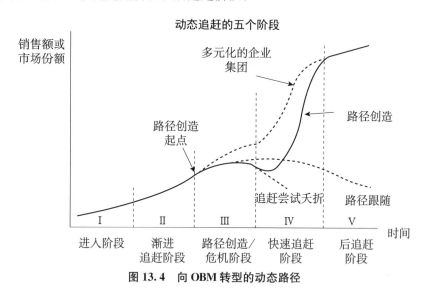

图 13.4　向 OBM 转型的动态路径

第一阶段是进入阶段。中小型企业通过参与低附加值活动或成为一家或多家企业的 OEM 供应商开始创业。创业者通常有在外国企业或进口产品公司做销售或售后服务的经验。[8]小供应商企业在这一阶段的优势是工资成本低。

第二阶段是在学习能力和生产率提高基础上的渐进追赶阶段。在经历了"干中学"（生产）之后，中小型企业新的成本优势凸显出来，且能加以利用。因为成本低，这些中小型企业坚持接外单，并通过提高生产率逐渐提高市场份额。这一举措可看作沿着预设的路径进行追赶的努力，简言之，就是"路径跟随式追赶"（见本书第8章）。随后，成功的企业通过设计出几种此前生产的产品，向ODM转型。资本品企业可能也会转向中等附加值环节，尤其是更精密复杂的零部件和原料的生产。

当中小型企业尝试创新，如开发自有产品并用自有品牌销售时，就进入了第三阶段。独立营销是很困难的，面临着几种风险，其中包括在位企业的攻击，比如突然中断供应商关系、知识产权诉讼、发起价格战和倾销。另外，第三阶段还会因企业发展放缓而延长,这可能会导致销量减少,甚至会引发危机。[9]总的来说,相对于经营结构多元化、子公司之间交叉补贴的大型企业,中小型企业的业绩更易出现波折或动荡(参见图13.4中多元化的企业集团的销售额曲线)。如果企业彻底失败,我们将这一过程归为追赶尝试夭折。后发企业选择不冒风险并决定依赖于一家或多家跨国公司作为供应商也是有可能的。关于这种路径跟随式追赶战略的局限性在文献中有详细分析(Van Dijk and Bell,2007;Rasiah,2006)。这些后发企业最终可能会因下一梯队进入者的崛起而缓慢衰落(见图13.4)。

如果后发企业成功克服了向OBM转型时的各种风险,并成功推出了新产品,销量就会沿着一条陡峭的曲线向上攀升。这一趋势预示着企业在销量和市场份额上进入快速追赶阶段。图13.4显示第四阶段是一条陡峭的曲线。在这一阶段,后发中小型企业巩固了全球生产、营销和研发体系,也因此最终拥有海外营销渠道和生产工厂。一旦后发中小型企业拥有了全球网络,那么全球价值链管理带来的更大灵活性就能让其市场份额增长得更快,利润率更高。显然,此时后发中小型企业变成了小型跨国公司。

最后一个阶段是后追赶阶段。在这一阶段,新晋的OBM企业关注的焦点是维持目前的地位并应对可能的挑战。

本节和图13.4对后发中小型企业转向OBM的动态路径进行了简单的描述。表13.2总结了本研究的主要结果。这些研究结果将渡过"OBM之河"分为三个阶段。在准备"过河"之前,企业必须根据目标技术的性质,利用第13.4节讨论的两种策略之一进行技术能力建设。接着是"过河",这意味着企业将现有产品和技术重新组合并尝试新的营销策略,即创造自己的路径。但是,当企业走到"河心"时,可能会遭遇若干困难,如失去现有客户、掠夺性定价和知识产权纠纷等。因此,中小型企业面临的风险与努力实现跨越的大型企业所遇到的风险不同(见本书第9章)。[10]"过河"之后的最后一关是巩固全球生产和营销体系,这不仅能使生产过程中的成本管理更灵活,也能提升营销能力或实施定制化营销。

表13.2 主要研究结果概要

渡过"OBM之河"前		
	初始条件	进入市场晚,资源贫乏
	先决条件	学习和设计能力建设
	获取先决条件的方式	(A)如果目标技术是新技术,企业应该从外部资源学习(Shimro、韩酷客陶瓷、日星) (B)如果目标技术需要大量的前期知识基础,企业应该通过公司内部的试错过程,积累并应用隐性知识(福库、HJC头盔、乐扣乐扣、吾卢拉世界、日星、周星工程)

(续表)

渡过"OBM之河"	
战略	通过重新组合现有产品/技术（Shimro、福库和HJC头盔）或用新方式利用现有技术以实现显著的技术差异化（周星工程和日星），创造新路径
初期优势	OEM阶段的生产技术（消费类产品）或独家分包（资本品）
业务范围	在技术（所有样本企业）、产品（Shimro）和地理（乐扣乐扣）层面的专业化经营，往往针对利基市场
升级模式	升级为同一产业内的高附加值产品
挑战	品牌力量薄弱、缺少营销专业知识（所有样本企业），在位企业的诉讼（吾卢拉世界、日星、周星工程）
营销策略	赊销（日星），利用网络或电视购物（乐扣乐扣），增聘本地营销专家（吾卢拉世界），最初以新兴经济体市场为目标（除吾卢拉世界外的其他样本企业）
渡过"OMB之河"后	
战略	巩固全球体系，实现成本管理的灵活性，提升营销能力或实施定制化营销（所有样本企业）
业务范围	专业化经营（所有样本企业）
风险	成本更低或采取模仿战略的新进入者的崛起（所有样本企业，尤其是消费品企业）
可持续的定位	在一个狭窄领域内企业特有的专有知识（所有样本企业，尤其是福库、HJC头盔和乐扣乐扣）

表13.2显示了中小型企业的升级模式和业务范围。如Tidd、Bessant和Pavitt（2005：196）所述，中小型企业和大型企业之间的显著区别在于中小型企业倾向于专业化经营。大型企业的多元化与小企业的专业化之间的差异转化为不同的升级模式。大型企业实行多元化经营，并先后进入同一行业内的高附加值细分市场。通过实行多元化和资源共享，后发大型企业（或企业集团）在子公司间建立协作基地（Chang and Hong，2000）。因为财源雄厚，这些企业在获取专有知识时，还采取了基于研发的科学方法。因此，大型企业集团往往会同时参与产业间和产业内升级（Lee and Mathews，2012）。相比之下，中小型企业往往较多地在某个专业化的商业领域参与产业内升级，而较少参与产业间升级。

13.6 结束语

本章分析了后发中小型企业从OEM模式向更独立的模式或OBM模式转型

的动态过程。我们着重分析了八家成功实施追赶战略的中小型企业,并阐述了它们崛起的过程。

首先,这些后发中小型企业没有跟随先行者的路径,而是创造了自己的路径。但是,这些路径并不是全新的,而往往是对现有路径的重新组合。其次,我们确认了路径创造过程中的几种主要风险以及应对措施,这是以往的研究文献中有所忽略的。独立销售产品的营销能力是中小型企业面临的挑战之一。此外,重大风险还包括在位企业的攻击,如突然中断供应商关系、知识产权诉讼、价格战和倾销等。最后,我们发现企业专有且往往是隐性的知识是竞争力的重要来源,也能在实现追赶之后构成进入壁垒,而这种知识主要是通过试错式的试验获得的。

本章的主要贡献如下:

首先,本章证明了中小型企业向 OBM 企业转型时,重新组合现有要素(而不是跨越)的作用和重要性。

其次,本章讨论了追赶过程,重点强调后发企业应积极应对几个关键挑战和风险。然而,本研究的局限性在于只侧重于分析韩国案例和有限的几个行业。对其他经济体的中小型企业和行业进行类似的研究可能会有不同的结果。因此,需要补充一些国际案例之后,才能对新兴市场中小型企业成功的决定因素加以归纳概括。另外,本研究中讨论的成功要素也许并不全面,因为还可能有其他成功路径。因此,我们认为,本章建议的路径是合理的,但并不是通向成功的唯一路径。

最后,本章探讨了对公共政策和企业战略的意义。对于力争实现向 OBM 转型的企业来说,在向 OBM 转型的过程中,企业应做好准备,迎接可能的风险和挑战。本章提供了若干应对措施。如果对这些状况没有事先规划,企业很可能会失败。但是,企业在应对一些重大风险方面可能需要公共政策的帮助。样本企业的案例表明,在位企业可能会利用自身的市场影响力,蓄意阻挠后发企业。当这种行为扰乱公平竞争时,就需要政府干预。不管怎样,任何旨在培育后进入企业的产业政策都应考虑行业差异,否则这些政策的效力就会打折扣。

尽管在(通过"干中学"或试错积累的)隐性知识较多的产业部门,中小型企业的存活率较高,维持市场地位的概率也高,但是很多企业在试错阶段就因资金耗尽而失败了。因此,政府可以选择一些从事试错密集型研发的中小型企业的项目,给予研发资助或补贴,而不是随意资助所有中小型企业开展的研发项目。政府扶持中小型企业的另一个机会是在后进入的中小型企业与在位企业发生知识产权纠纷时,尤其是发生专利"流氓"行为时。韩国政府已采取多项政策措施,如出售防止知识产权诉讼的商业保险，在营销前或出口前阶段对可能产生的法律纠纷提供调查服务，并为被外国企业提起知识产权诉讼的中小型企业提供全面的咨询服务。

注 释

1. 宏碁是中国台湾地区最具代表性的高科技公司。20世纪80年代中期，宏碁开始转向OBM模式，但是在1990—1993年间遭受重大损失后，又不得不从这一模式退回到OEM或ODM模式（Khan，2002）。

2. 如需更多信息，请访问http：//www.kbs.co.kr/end_program/1tv/sisa/sinwha/index.html。

3. Amann和Cantwell（2012）认为OBM企业和其他独立企业是七种创新型企业中的第四类。

4. 该信息由吾卢拉世界公司董事长提供，可参见韩国《今日体育》2011年4月20日的一篇新闻报道（http：//stoo.asiae.co.kr/news/stview.htm？idxno=2011041923515182537）。

5. 周星工程CEO（Hwang）强调，后发企业要推出质优价廉的差异化产品。

6. 参见Giuliani、Pietrobelli和Rabellotti（2005），Bazan和Navas-Aleman（2004）以及Chu（2009）。

7. 工业机器人就是一个典型的例子，2005年4月韩国贸易委员会（KTC）认定工业机器人行业存在倾销行为。

8. 吾卢拉世界和周星工程的创始人曾在外国企业当过本地销售员或维护工程师。

9. 除乐扣乐扣的销量持续稳定增长外，几乎所有的样本企业都曾因在位企业的攻击而经历过发展放缓的时期（见表13.2）。

10. 跨越式发展的风险往往是从众多备选方案中选错了技术或标准，或企业开发的先驱性新产品并未产生相应的需求。对中小型企业来说，其新产品并非彻底的创新，往往是对现有产品的重新组合。因此，中小型企业在初始市场需求和技术选择上面临的风险较小。

第 14 章 在华韩国中小型企业的循序国际化
(与 H. Lee 和 J. Kwak 合著)

14.1 引言

关于企业的国际化行为有几种理论,包括 Dunning(1981,1988,2000)的折中理论、Kojima(1973,1982)的宏观经济理论,以及 Johanson 和 Vahlne(1977)的国际化过程模型。这些理论适于解释传统跨国公司的外商直接投资(FDI),但似乎不太适合解释中小型企业,尤其是新兴经济体中的中小型企业的国际化行为(Ruzzier, Hisrich and Antoncic, 2006)。例如,最早关于韩国企业国际化的一项研究(1987 年 6 月)称这种国际化是反向直接投资,是"防守性的""不成熟的",因为这些海外投资的目的不是利用企业特定的垄断优势,而是保护其出口市场。另外,对中小型企业国际化过程的研究,特别是对 20 世纪 80 年代新兴经济体中的中小型企业国际化过程的研究发现,这一过程往往表现出"不对称"的特点,即在工资较低的国家建立海外工厂,而这些国家却不是其最终产品销售的目标市场(Lee, 1994; Park and Lee, 2003)。这是因为动态新兴经济体中的企业倾向于从劳动密集型产品起步,当本国工资上涨时就寻找海外工厂,而其产品市场大多是发达国家。这与用固定模式理解发达国家企业的"对称"国际化形成了鲜明对比:这些企业往往会设立海外工厂,其主要目的是在同一市场销售产品。

同时,以大型企业为中心的方法在理解 FDI 时有若干局限性。与大型企业相比,较小的企业通常适应性更强,但这些小企业在东道国市场高度网络化关系中确立自身地位时可能受到更多的限制(Johanson and Mattson, 1988; Chen and Chen, 1998),在资源方面所受的限制也可能更多。因此,较小的企业往往会寻找并采用不同类型的进入模式,而折中理论试图从整体上确定 FDI 成功的必要条件,因此无法涵盖各种情况。

Kojima 的假说未解释收入水平相近的发展中国家的 FDI。Johanson 和 Vahlne(1977)提出的国际化过程模型以进入外国市场的企业为中心。但是,Hennart（2009）认为，该模型从进入外国市场的企业的角度切入，由此假定其企业特定优势是固定的。而现实的情况是，企业特定优势会随着时间的推移而变化，而企业特定优势的不断变化对FDI有着重要的影响（例如，当子公司在本地积累学习能力却面对更强大的本地竞争对手时，采取循序进入模式）（Chandrashekhar，2006）。这意味着一个更集大成的模型尚有待研究，该模型能对各种FDI模式作出解释，而这正是本章的重点。

本章调查了20世纪90年代或21世纪初进入中国的18家韩国中小型企业的FDI情况。此项调查旨在"破译"韩国母公司与中国子公司之间的"分工密码"。我们发现了一种循序国际化模式，即母公司和子公司之间从基于产品的分工发展为基于价值链的分工，最后发展为基于市场的分工。在第一阶段，韩国中小型企业将低端商品的生产迁移到中国工厂，然后再将产品出口到韩国或第三国。在第二阶段，虽然韩国的母公司仍然负责研发和营销及一些高端产品的生产，但是中国工厂开始同时参与低端和高端商品的生产。在第三阶段，随着中国本地市场的重要性日益凸显，中国的子公司也参与到营销以及专门针对中国本地市场的研发中来。这种逐渐加大投入、不断变化的模式可称为"循序国际化"。

与大型企业的"同步国际化"相比，我们用"循序国际化"来更具体地说明中小型企业的国际化特征。正如Lee、Kim和Kwak（2012）的研究所示，韩国的大型企业或财阀在中国的资源或价值链配置上往往没那么循序渐进；例如，现代汽车从一开始就在中国建立了所有的价值链，覆盖了从当地营销到生产设施以及最终针对当地消费者需求的研发。而且，根据本书第11章的分析，三星对中国显示器市场的进入可谓非常同步或非常果断，因为三星仅用了两三年时间就在电子行业的主要分支机构中建立起一个垂直整合网络。相比之下，中小型企业的循序或谨慎的行为是可以理解的，因为与大型企业相比，它们面临的资源限制更多。

综上所述，本章将第一梯队新兴经济体中的中小型企业的国际化描述为"不对称的循序国际化"，这一国际化应该与新兴经济体或发达经济体中的大型企业的国际化区别开来。我们还将探讨中小型企业的国际化最终是否可能变得更加均衡，因为东道国的性质和作用可能会改变，比如东道国可能会从生产基地变为重要市场。换言之，随着本地市场的增长，中小型企业最终往往会向本地市场出售本地生产的商品，而这一阶段实际上是中小型企业循序国际化的最后阶段。如果这一动态模式是有规律的，那么我们可以考虑将"循序性"而非"不对称性"作为中小型企业国际化的一个更鲜明的特点。

以上是第一梯队新兴经济体中的中小型企业进入更强大的新兴经济体的国际

化过程，这一描述很笼统，还可能有一些"中国特定"因素的影响，例如中国本土企业强势崛起并最终成为外国企业的竞争对手。中国市场提供了一个独特的研究环境，因为这一动态的商业环境是与政策的模糊性、复杂性和不灵活性相结合的（Yeung and Mok，2002）。根据 Mu 和 Lee（2005）的分析，政策的模糊性、复杂性和不灵活性有时候会成为本地企业崛起的根源。在这种情况下，外国企业和中国本地企业在企业特定优势方面呈现出来的多样化互动关系和潜在竞争关系至关重要，因为后者的能力可能会持续提升。这是小型企业国际化不同于大型企业国际化的另一个方面。与小型企业相比，大型企业相对于本地企业的特定优势不会轻易改变（Chen and Ku，2002）。有时，外国大型企业甚至会给东道国市场的本地企业制造障碍，增加其获取宝贵的本地资源的难度，并策划迁移生产网络，使之对己有利（Chen and Ku，2002）。

第 14.2 节回顾了现有的三种国际化理论；第 14.3 节提出我们的中小型企业国际化概念框架；第 14.4 节对研究设计进行了解释，并为本章使用的样本企业提供了描述性分类；第 14.5 节从理论上解释了在华投资样本企业的国际化过程；第 14.6 节对本章内容进行总结，并讨论了研究结果的含义。

14.2　现有理论回顾与新理论的提出

14.2.1　折中理论

折中理论被认为是最著名的国际化理论。Dunning（1981）提出的折中理论是前人研究成果的集大成者，例如 Hymer（1960/1976）和 Caves（1971，1974）提出的市场力量理论以及 Buckley 和 Casson（1976）提出的内部化理论。Dunning（1981）认为，企业要想成功 FDI，就必须具备三种优势：所有权优势、区位优势和内部化优势。本章的 FDI 是指子公司在东道国从事生产和营销。该理论同样也解释了其他类型的外资进入模式，如出口和许可（Anderson and Gatignon，1986）。根据这一理论，当企业只具备企业特定优势时，许可是合适的进入模式；当企业具备企业特定优势和内部化优势但不具备区位优势时，出口是有效的进入模式。

许多论点都支持折中理论的有效性。例如，Buckley（1988）认为，内部化优势和区位优势足以说明企业的 FDI 情况。研究者们（Autio，Sapienza and Almeida，2000；Knight and Cavusgil，2004）对"天生国际化"企业调查之后断言：这些企业前往海外寻求并建立企业特定优势。但是，本章对折中理论持反对意见，主要基于以下两个理由：首先，进入模式可以是更多样化的。因为折中理论是以交易成本经济学为基础的，所以该理论试图从整体上确定FDI成功的必要条件，因此其所建议的进入模式非常有限（Buckley and Casson，1998）。在交易成本经济学建议的进入模式之外，还有几种模式可供选择。例如，工业组织将进入模式分为面向上游的进入和面向下游的进入。其次，折中理论认为企业特定优势是固定的。因为企业是在综合考虑所有权优势、区位优势和内部化优势之后才能作出进入国外市场的决定，该理论并未指出进入国外市场之后如果企业的所有权优势或区位优势弱化，会发生什么情况。

14.2.2　关于FDI的宏观经济理论

本研究的调查对象都是韩国企业，而且这些企业的国际化动机与20世纪60年代和70年代日本企业的国际化动机非常相似。众所周知，Kojima（1973，1982）的宏观经济理论能有效地解释20世纪60年代和70年代日本企业的FDI。他认为，关于FDI的决策应考虑母国和东道国的宏观经济形势。按照他的说法，应该将FDI投资到在母国处于劣势而在东道国具有比较优势的行业中。他认为与市场力量理论（Hymer，1960/1976）或折中理论（Dunning，1981）相比，他的理论能更好地解释日本企业的国际化。更具体地说，他支持以寻求自然资源为目标的FDI、从母国向东道国的技术转让，以及FDI流入发展中国家而非发达国家。

Kojima的理论或观点在几个方面受到批评。首先，该理论以发展中国家和发达国家的概念为中心，并且仅考虑发达国家对发展中国家的FDI。在现实中，发展中国家的FDI也是有可能的且正在发生。其次，由于该理论立足于宏观经济层面，并不适合解释单个企业的行为。有些企业在海外拓展的产业甚至不属于发达国家的边缘产业，因此无法用这一理论加以充分解释。最后，日本企业如今在发达国家投资，因此不再属于Kojima假设的企业类型。

虽然Kojima的理论存在上述局限性，但它有助于解释本章中韩国企业的在华投资。通过个案研究可以明显看出，许多属于边缘产业的韩国企业投资中国的最初目的是节省人工成本，Kojima的理论可以有效地解释这种现象。虽然该理论有很强的解释力，却不能用来解释本研究涉及的所有案例，对此我们将在下文继续加以探讨。

14.2.3　国际化过程模型

折中理论以确定每种进入模式的条件为重点，而根据Johanson和Vahlne

(1977)最早提出的模型，国际化过程模型关注国际化过程随着时间推移发生的变化。Johanson 和 Vahlne（1977）发现，这些企业的国际化过程如下：从国内营销开始发展为通过代理出口，然后转向成立销售子公司，进而建立自己的生产子公司。他们将国际化过程解释为企业在国外市场上学习和逐步积累知识，并对国外市场进行投入建设的过程。一般而言，国际化过程模型很适合解释跨国公司的行为；然而，在解释那些倾向于跳过某些国际化阶段的"天生全球化"企业的行为时，这个模型遇到了困难（Knight and Cavusgil, 2004）。

国际化过程模型的核心概念是在东道国的学习和投入建设（Johanson and Vahlne, 2009）。根据在东道国市场学习和投入建设的速度和类型，后进入外国市场的企业可能会跳过某些阶段，或表现出不同于先进入企业的国际化过程模式（Lee, Abosag and Kwak, 2012）。由于学习和投入建设是在外来企业与当地业务参与者的互动情境下加以讨论的，因此该模型的有效性得到了全球化跨国公司经验的广泛支持。但是从理论上讲，大型企业仍然是主要进入者，而且它们愿意也能有效地吸收当地知识，再进一步回馈当地市场。由于中小型企业在本地学习和投入建设方面受到的限制，它们的进入模式往往是由关系链（即商业伙伴、朋友或亲属）决定的（Chen and Chen, 1998）。

在东道国市场，中小型企业往往受到与大型企业关系的进一步影响。大型企业（通常来自同一母国市场）有时会制造障碍以占据当地的宝贵资源，并实施垂直整合，以遏制来自中小型企业的竞争（Chen and Ku, 2002）。同时，中小型企业与大型企业合作时，其国际化水平和类型取决于它们与大型企业之间关系链的本质，比如联系的多样性或强度（Tseng, 2011）。如日本企业的经验所示，如果东道国市场上的企业间有很强的联系，那么企业在东道国市场往往较少进行研发投入（Cantwell and Zhang, 2006）。

14.3　中小型企业循序国际化模型

当前关于企业国际化的大部分研究都侧重于企业进入模式的选择：出口、许可和 FDI（Anderson and Gatignon, 1986）。这些进入模式之间的差异取决于企业在国外市场参与活动的程度（Bartlett and Ghoshal, 1989）。例如，销售子公司的出口资料表明，其在东道国只进行了最低限度的营销，而研发和生产活动则在母国进行。根据同一原理，进入模式的选择与母公司（在母国）与子公司（在东道国）之间的分工密切相关（Tomassen, Benito and Lunnan, 2012；Ojala, 2009）。

更具体地说，我们的理论框架采用 Porter（1985）提出的价值链模型。Porter（1985）将企业具有战略意义的重要活动分解为价值活动。企业价值活动的总和即为价值链，企业的价值链嵌在价值体系这一更大的活动之中。他还进一步将价值活动分为主要活动（如入境物流、运营、出境物流、宣传和销售以及服务）和支持活动（如公司基础设施、人力资源管理、技术开发和采购）。在这些活动中，运营（生产）、宣传和销售（营销）以及技术开发（研发）是国际化过程中涉及的主要活动。

由于进入模式的传统分类过于宽泛，且以交易为基础，因此我们无法描述国外子公司价值活动的详细变化，即使它们采用的是同一类型的 FDI。了解到这一局限性后，一些学者从另一个角度来解读企业国际化的模式。例如，Buckley 和 Casson（1998）提出了一个基于工业组织经济学的国际化模型，该模型的一个特色在于区分了生产子公司和销售子公司。外国企业会根据当地竞争对手的竞争力选择进入模式。

此外，人们往往会以出口到许可再到 FDI 这样的线性顺序来考虑国际化，但是现实情况更加复杂，而且随着企业特定优势的变化，其国际化过程甚至可能是非线性的。例如，如果当地企业成功实现了追赶并提升了其创新能力和品牌力量，那么外国企业的技术能力就会下降。在这种情况下，外国企业可以考虑由原来的全资子公司转变为与当地公司组建合资企业，这样就能在已经改变的环境中继续保持竞争力。

作为对上述讨论的简单概括，我们提出了一种对企业国际化活动进行分类的新方法。我们认为企业的国际化是母国的公司总部与全球东道国子公司之间的分工问题。接着我们将从这个角度分析韩国企业进入中国的国际化过程。

就 GDP 而言，2011 年韩国是世界第十二大经济体，而且是第一梯队新兴经济体之一。韩国企业在外个行业（包括电子、电信、汽车和钢铁等行业）表现出强大的竞争力。自 20 世纪 70 年代以来，三星电子和现代汽车之类的公司已经在全球范围内扩大了活动规模，成为跨国公司。它们的国际化进程主要从出口开始，并建立了自己的生产基地和全球营销渠道。虽然大型企业对韩国经济发展作出了贡献，但是中小型企业对韩国经济发展的贡献也不可磨灭，尤其是通过成为大型企业的供应商或满足大型企业未发现的利基市场需求来支持大型企业的发展。此外，韩国的一些中小型企业在早期就通过出口来开拓国外市场，由于韩国工资上涨，它们早在 20 世纪 80 年代中后期就将工厂迁移到东南亚经济体（Lee，1994）。1992 年韩国与中国建立外交关系之后，中国作为韩国中小型企业的新生产基地迅速崛起，在一定程度上取代了东南亚经济体，韩国中小型企业将中国制造的产品再出口到美国之类的第三国市场。韩国企业在中国的 FDI 与美国企业在中国的 FDI 或中国香港企业在中国内地的 FDI 略有不同。美国对华 FDI 往往是资本密集型投资,而中国香港对内地 FDI 则是劳动密集型投资,韩国对华 FDI 似乎介于美国对华 FDI 和中国香港对内地 FDI 之间(Park and Lee,2003)。除 FDI 的行业分布外,在投资动机、所有权优势、公司治理以及与当地企业的联系方面,韩国对华 FDI 也介于美国对华 FDI 与中国香港对内地 FDI 之间(Park and Lee,2003)。

相比之下,作为大型企业供应商或面向韩国国内市场的中小型企业,只要其客户企业在韩国境内继续从事生产活动或者只要国内市场没有受到外国竞争者的威胁,它们就不觉得非在国外开展业务不可。然而,从 20 世纪 90 年代开始,特别是在 21 世纪初,后一类中小型企业的商业环境不像以前那么稳定了,要想适应新环境,国际化变得至关重要。如今,中国市场和企业处于不断变化之中,这既给韩国中小型企业带来了机遇,也构成了威胁。从威胁的角度来看,中国企业(包括跨国公司的中国子公司)在世界市场乃至韩国国内市场都已成为韩国企业强大的竞争对手。但从另一方面看,中国开始为韩国企业提供庞大的消费市场。为应对威胁并迎接机遇,许多韩国中小型企业不得不将业务扩展到中国。同时,随着学习和品牌建设,越来越多的中国企业已经演变为韩国企业的竞争对手。这种情况不仅对韩国中小型企业的可持续竞争力构成了挑战,也要求在中国开展经营的韩国中小型企业重新考虑合适的国际化模式(Lee,Kim and Kwak,2012)。

在这一背景下,应该考虑韩国母公司与中国子公司在价值活动中的分工情况。可以进一步考虑在产品类型方面的分工模式,而且应以在两国生产和销售的产品性质为中心。结合这些想法后,我们给出了如下几种国际化建议。但是,在我们的知识范围内,基于多年的观察,我们发现表 14.1 中的以下三个阶段占主导地位,对韩国中小型企业来说尤其如此。[1]

表 14.1 中小型企业循序国际化模型的三个阶段

	产品类型	母公司	子公司
第一阶段:基于产品的分工	高附加值产品 低附加值产品	研发、生产、营销 研发、营销	无角色 生产
第二阶段:基于价值链的分工	高附加值产品 低附加值产品	研发、(生产)*、营销 研发、营销	生产 生产
第三阶段:基于市场的分工	高附加值产品 低附加值产品	研发、(生产)*、营销 研发、营销	生产 营销

* 括号中任务的运营情况尚不清楚。这种运营可能会完全或部分出现,也可能不出现。

基于产品的分工:基于产品的分工出现在国际化的早期阶段。在这种情况下，企业在中国建立生产子公司的目的主要是节省制造低附加值产品的成本。中国尚未成为产品市场，在中国生产的产品在韩国总部的控制下用于再出口。设在中国的生产子公司承担最低程度的工艺开发，韩国的母公司承担所有产品的研发和营销，从而生产高附加值的产品。

这种情况与 Kojima（1973，1982）假设的情况非常相似。但是，不同之处在于：它关注的是公司内部价值活动的分配，而 Kojima 的假设则强调不同国家在产业部门之间的分工。在我们的案例中，韩国母公司生产低附加值产品的效率已经不高了，因此，母公司希望在中国实现低成本的生产。只要在韩国生产高附加值产品仍具有相对竞争力，那么这种类型的国际化就会继续。

基于价值链的分工：一旦母公司的生产部门在高附加值产品领域也失去竞争力，该公司就要将其所有制造能力转移到中国。然后，就会出现基于价值链的分工。在这种类型的国际化中，无论增值水平如何，子公司都承担了整个产品线的生产。中国尚不是本地生产产品的市场，这些产品往往会在韩国母公司的控制下，出售到中国之外的第三国市场。母公司主要负责研发和营销。母公司有可能会保留部分生产设施；然而，在很多情况下，其生产活动的目的是对新开发产品进行试产。

基于市场的分工：随着中国国内市场的扩大，我们可以看到分工进一步发生变化，从基于价值链的分工发展为基于市场的分工。在基于市场的分工中，母公司和子公司都负责营销。这种国际化得以实现的原因是在对所销售产品的购买力方面，中国市场已经变得足够大了。现在子公司不仅从事生产还开展国内营销活动。此外，子公司还承担着某些研发任务，以改善低附加值或以本地市场为导向的产品。子公司致力于针对中国市场的营销（包括对在华经营的韩国企业的销售），而母公司根据全球市场营销活动开展面向韩国市场的营销活动。虽然母公司的主要功能仍然是研发和营销，但是可以继续从事高附加值产品的生产。

上述国际化的三个阶段是用于构建理论的理想情形。在现实中，由于种种原因（包括公司破产），这三个阶段可能不会完全按照上述顺序，也可能会在中间阶段停止。在下文中，我们将研究韩国中小型企业国际化的实际过程，并讨论我们提出的三阶段模型的有效性。

14.4　研究设计与样本企业概况

为开展这项研究，我们于 2004 年 7 月参观了位于中国山东省（包括烟台、威海和青岛等城市）和天津市的 19 家企业[2]；这些企业都是韩国制造企业的子公司。我们选择了山东省，尤其是较大的青岛市。山东省位于黄河流域，制造业历史悠久。尤其为人熟知的是，由于山东省在地理位置上与韩国接近，海外的中国朝鲜族人口多，山东省对在华投资的韩国中小型企业颇具吸引力。天津是北京附近的一个大都市，以制造业为基础，是中国第六大城市。2012年6月，我们通过访问这些企业的网站、参阅其他在线资源和直接联系的方式，更新了相关信息。由于其中一个案例分类模糊且信息量不足，我们予以弃用，所以在最终的分析中仅使用18个案例。

我们研究的韩国母公司是小型企业或中型企业，员工人数都不足300人，因此可称之为中小型企业。[3]我们也可以按照母公司的商业模式将其分为如下五种类型：(1) "品类杀手"（category killer，简称CK），即具有一定品牌力量、拥有专业系列产品的企业；(2) 独立制造商（independent manufacturer，简称IM），即拥有专业系列产品，但在品牌或技术方面的竞争力低于"品类杀手"的企业；(3) 大型韩国企业的供应商（supplier to large Korean firms，简称SK）；(4) 大型非韩国企业的供应商（supplier to large non-Korean firms，简称SN）；(5) 合约制造商（contract manufacturer，简称CM）。我们也可以将这五类重新分成如下三个亚类。前两类企业在营销方面更加独立，且具有不同程度的品牌力量；第三类和第四类企业则是一家或少数几家大型客户企业的供应商；最后一类企业也是合约供应商，但它们是几家（或多家）客户企业的供应商，因此更独立一些。

我们在参观这些企业时，采访了这些企业在华子公司的高管。每次访谈的时间为两到三个小时，按照预先准备好的问题进行。我们试图确定母公司的战略、截至参观时的国际化过程、总部与子公司之间在价值活动中的分工演化模式、子公司的战略和组织结构等一系列问题。表14.2给出了受调查企业的概况。[4]

14.4.1 "品类杀手"

"品类杀手"是长期专营某一类商品，并以此保持在世界市场的竞争力的企业。通过建立强大的品牌力量或与众不同的技术能力，企业就能成为"品类杀手"。在本章的样本企业中，CK1、CK2、CK3和CK4企业属于这一类别。

表14.2 企业案例概况

企业类型	企业代码	产品或营业范围
"品类杀手"（CK）	CK1	自有品牌毛绒玩具
	CK2	自有品牌婴儿用品
	CK3	自有品牌塑料密封容器
	CK4	振动电机和采用核心技术的其他产品

（续表）

企业类型	企业代码	产品或营业范围
独立制造商（IM）	IM1	医疗产品
	IM2	玻璃切割机
	IM3	包袋布料
	IM4	保温杯
	IM5	三聚氰胺涂层板
大型韩国企业的供应商（SK）	SK1	为韩国汽车公司提供汽车零部件
	SK2	为韩国大型重型设备制造商提供叉车
	SK3	为韩国手机制造商提供手机电池组
	SK4	为韩国手机制造商提供手机外壳
	SK5	为韩国手机制造商提供手机外壳
大型非韩国企业的供应商（SN）	SN1	为日本企业提供佛坛
	SN2	为美国企业提供防水帆布产品
	SN3	为日本电子企业提供激光头
合约制造商（CM）	CM1	分包

CK1企业成立于1981年，主要生产和销售毛绒玩具。该企业生产各种非动漫人物毛绒玩具、礼品和指定商品。20世纪80年代末，该企业在印度尼西亚建立了一家生产子公司，从此开始拓展海外业务。如今，该企业的所有最终产品都在中国和印度尼西亚生产，并销往美国和欧洲。1996年CK1企业在青岛建立了一家制造子公司，进入中国市场。在国际化或工厂迁移的初期阶段，其高附加值产品依然在韩国生产，因此是基于产品的分工。然而，随着韩国工资水平的上涨，CK1企业的整个生产活动转移到了中国或印度尼西亚工厂。因此，该企业进入了基于价值链的分工，韩国总部则以研发和营销为主。从2011年起，该企业开始在中国当地市场销售产品，营业部和商店的数量增多了，虽然知识产权保护比较薄弱。

CK2企业是一家经营各种婴儿用品的公司。自1979年成立以来，该企业便通过国内销售和出口（主要是出口到美国市场）拓展业务。截至2011年，该企业约70%的销售额来自韩国市场，其余的来自出口。就在华业务来说，该企业先后于1994年和1996年分别在上海和烟台开设了一个区域办事处和一家服装制造子公司。子公司的目的是生产低附加值服装，表明这是基于产品的分工。后来，该企业开始向本地市场销售，先在青岛开设了一家连锁店，接着又在1998年成立了一家销售子公司，并最终于2002年与制造子公司合并。CK2企业50%

以上的产品仍在韩国生产。因为中国人口众多（而韩国人口减少），该企业积极开拓中国当地市场，目前处于基于市场的分工阶段。

自1985年成立以来直至1997年，CK3企业一直生产各种家用塑料产品。之后，该企业便专营自有品牌塑料密封容器。在改变战略之后，该企业发展迅速，目前已成为全球密封容器市场的第三大企业。该企业在韩国从事生产，国内外销量不断扩大。2011年，出口至五十多个国家的产品销售额约占其总销售额的40%。2004年，CK3在中国的上海和威海分别成立了一家销售子公司和生产子公司。虽然在中国工厂生产节约了成本，但是韩国工厂和中国工厂的产品质量差别不大，因为其生产对设备的依赖程度很高。该企业对中国市场高度重视，直接转向了基于市场的分工。目前，该企业是中国市场上销量排名前五位的企业之一。

CK4企业生产各种电子零部件，其中几款产品已具有全球竞争力。该企业的产品并不只出售给一家客户企业，而是出售给各种电子装配厂，包括三星电子。虽然该企业是装配厂供应商，但仍能归为"品类杀手"，因为该企业专营为数不多但竞争力强的产品。过去，这些产品是在韩国生产的。不过，2011年时，该企业在中国天津和马来西亚依然设有海外生产子公司。1995年CK4企业在天津建立了一家生产子公司，由此进入中国。当时，该企业参与基于产品的分工，韩国工厂负责高端产品的生产，中国工厂则负责低端产品的生产。如果把所有的产品考虑在内，基于产品的分工模式依然延续，但是在特定产品的层面，该企业已经处于基于价值链的分工阶段。例如，自1999年以来，该企业的振动电机的生产就全部在中国工厂进行；韩国母公司一直负责研发和销售，大多数产品则出口到中国境外。在与中国市场结合得更紧密之后，该企业如今销售为中国客户定制的自有品牌产品。

14.4.2 独立制造商

独立制造商与"品类杀手"类似，两者都聚焦于某个专业化的产业部门，但区别在于前者不具备全球竞争力。在本研究提供的案例中，IM1、IM2、IM3、IM4和IM5企业均属于这一类。IM1企业专营医疗产品，如手术用手套、导管和吸管。该企业成立于1969年，生产各种满足国内外需求的医疗产品。1995年IM1企业在青岛成立了一家生产子公司，由此进入中国市场。这不只是为了节约生产成本，还为了满足中国市场不断增长的需求。该子公司最初生产低附加值产品，并在韩国总部的控制下出口，韩国工厂则生产高附加值产品。这是典型的基于产品的分工。自2004年经中国政府批准在当地销售相关医疗产品以来，该子公司已开始通过代理制将产品销往中国当地医院。随着时间的推移以及客户医院数量的激增，该企业也一直在华积极开展业务。2012年，该企业似乎已经进入基于市场的分工阶段。

IM2企业成立于1980年，主营玻璃切割机。该企业如今是韩国的市场领导者。1998年IM2企业在北京附近成立了一家生产子公司，由此进入中国市场。起初，该子公司只生产低附加值产品，并出口到韩国和其他国家，母工厂则负责高附加值产品的生产。这是基于产品的分工。但是，当韩国工厂的价格竞争力下降时，该企业改变了战略。自2005年起，韩国总部专门从事研发和营销，中国子公司则负责生产。这是基于价值链的分工。

IM3企业成立于1983年，专营包袋布料。该企业为韩国包袋类制造商提供布料，大部分最终产品出口到海外。由于韩国包袋类制造商无法将生产设备留在本国，而是将其迁往中国，布料生产商也被迫将工厂迁到中国。IM3企业跟随这一路径，于2003年在青岛建立了一家布料生产子公司。21世纪初，母公司重点生产高端布料，子公司则生产普通布料。这是一种基于产品的分工。随着时间的推移，其生产职能逐渐从韩国迁移到中国。从2011年起，母公司专门从事研发和营销。这是基于价值链的分工。

IM4企业自1965年成立以来即生产金属餐具及相关产品。为节约生产成本并开拓潜在的中国市场，该企业于1998年在青岛建立了一家子公司，以生产保温杯为主。当时，韩国母公司生产高端保温杯，子公司则生产低端保温杯。1998年，母公司受到亚洲金融危机的冲击，在中国的子公司获得经济独立。尽管如此，母公司和子公司之间依然保持业务关系。在保温杯业务方面，中国子公司依然负责各种保温杯的生产。所以，如果只考虑保温杯业务，可以说基于价值链的分工模式已经建立。该子公司后来开始在中国当地市场进行营销。然而，由于几家中国本地企业制造和销售的产品与之相似，该企业在华业务下滑，并最终于2009年倒闭。

IM5企业于1978年开始制造模具，1988年转向生产三聚氰胺涂层板，从此便以自有品牌拓展国内外市场。该企业于2000年开始在华开展业务。与其他案例不同的是，其进入中国市场的目的不是节约生产成本，而是赢得中国客户。其中国子公司生产的产品中约有90%在当地市场出售，仅有5%出口到韩国。另一方面，韩国母公司继续从事生产，产品销往国内和出口海外市场。IM5企业是一个有趣的案例，因为它从一开始就以基于市场的分工模式进入中国。

14.4.3　大型韩国企业的供应商

对中小型企业来说，一个前瞻性的商业模式是通过成为大型企业的OEM或

ODM供应商来确保稳定的需求。如果能与韩国大型企业建立密切联系,那么当大型企业在外国设立生产中心时,这种联系也能随之转移。SK1、SK2、SK3、SK4和SK5企业的国际化就属于这一类。

SK1企业成立于1973年,最初是一家汽车零部件企业,现已发展为一家综合性汽车零部件制造商。近年来,该企业扩大了生产范围,增加了产品种类。其主要客户是汽车企业或电子企业,如现代汽车、三星电子等。其国际化过程与客户的国际化过程同步。该企业在中国成立了三家生产子公司,在印度尼西亚成立了两家生产子公司,还在发达国家设立了海外办事处。其中,青岛子公司成立于1992年,是其第一家海外子公司。SK1企业进入中国市场的最初目的是生产低附加值和劳动密集型产品并出口到韩国。这是一种基于产品的分工。但是自2000年起,该公司的许多客户纷纷在中国建立工厂以获取一定的市场份额,SK1企业的中国子公司也开始承接这些工厂的订单。2004年,中国当地的销售额占该子公司总销售额的一半,这表明其分工模式由基于产品的分工转向基于市场的分工。但是,随着具有技术竞争力的中国企业数量的增加,该子公司的利润率下滑,开始陷入财务困境。截至2012年,该子公司仅运营一个技术与研发实验室,旨在针对中国客户的需求改进产品。

SK2企业专营叉车及其零部件的生产。自1988年成立以来,该公司的主营业务一直是给韩国大型叉车和挖掘机制造商供应叉车零部件。当某客户企业在烟台建立了一家子公司以在中国本地市场立足时,SK2企业追随其后,于2002年在该子公司附近设立了一个工厂。近年来,SK2企业的子公司作为OEM供应商,为当地客户提供整装叉车,而韩国母公司则为韩国客户提供叉车零部件。这是中小型企业从一开始就以基于市场的分工进行国际化的案例。

SK3企业成立于1989年,自成立以来,主要通过为韩国电子企业(尤其是大型企业)提供各种电子元件来拓展业务。该企业早期主要生产变压器,后来开始生产手机电池组。1997年,该企业在中国的威海设立了一家变压器工厂,开启了国际化进程。当时它进入中国的目的是降低低附加值产品的生产成本。这是一种基于产品的分工模式。此后,其主要客户企业在烟台成立了一家生产手机的子公司,SK3企业的子公司就开始生产手机电池组,供应给该客户企业及当地其他客户企业。由此,SK3企业在手机电池组业务方面形成了基于市场的分工。

SK4企业成立于1981年,其主营业务是为大型电子企业提供各种电子零部件。这种供应关系(尤其是与一家大型韩国电子企业的关系)建立于1984年,从此SK4企业就为该企业提供各种零部件。SK4企业1993年开始制作手机外壳,目前手机外壳生产成为该企业的主营业务之一。当某主要客户企业在天津建立了一家手机工厂时,其在华业务也几乎同步开启。2002 年,SK4 企业还在该客户企业的手机工厂附近建立了一家手机外壳加工厂。2004 年,SK4 企业的韩国工厂为韩国的客户企业提供手机外壳,中国工厂则为中国的客户企业提供手机外壳。这意味着该企业从一开始就以基于市场的分工进行国际化。然而,截至 2012 年,来自中国对手的激烈竞争使该企业关闭了几家中国工厂,并将其转移到越南。

SK5 企业成立于 1977 年,在制造通信产品(如普通电话、无线电话和手机)上积累了核心竞争力。其主要客户企业一直是一家大型韩国电子企业。SK5 企业进入中国的原因与 SK4 企业相同。2002 年,SK5 企业在其主要客户企业的天津手机工厂附近设立了一家工厂。其韩国工厂则为其韩国的主要客户企业供应手机外壳。该企业从一开始就选择了基于市场的分工,这与 SK4 企业的情况相似。

14.4.4　大型非韩国企业的供应商

此类韩国中小型企业为非韩国企业提供产品,其客户是最终产品装配企业或零售企业。SN1、SN2 和 SN3 企业属于这一类。

SN1 企业成立于 1975 年,制造日式佛坛,承接日本佛坛厂商的订单,因为该企业的创始人与这些日本企业有私人关系。由于该行业属于劳动密集型行业,加之韩国的工资水平上涨,1977 年该企业在青岛设立了一家生产子公司。起初,韩国母公司生产高端佛坛,中国子公司则生产低端佛坛,这是基于产品的分工。随着韩国工厂成本竞争力的下降,2001 年,该企业将韩国的制造设备全部转移到中国子公司。目前,包括创始人在内,仅有少数人留在母公司,主要负责营销和财务;中国子公司则负责所有的生产活动。至此,分工模式转变为基于价值链的分工。

SN2 企业成立于 1992 年,专营防水帆布业务。该企业在韩国工厂生产防水帆布产品,大部分产品出口至以美国为主的世界市场。随着韩国工厂成本竞争力的下降,1977 年,该企业在青岛设立了第二家工厂,生产较低端的产品。如今,该企业的韩国母公司负责研发、生产和营销,其产品销往国内外市场;中国工厂则仅负责生产,其产品在总部控制下,出口给国外客户,如美国的沃尔玛和家得宝。这依然是基于产品的分工。

SN3 企业成立于 1976 年,1984 年与一家大型日本电子企业缔结了业务关系,从此成为该日本客户企业的供应商。其主营业务是 CD 机和 DVD 机的激光头和其他电子元件。2000 年,该企业在青岛成立一家生产子公司,生产激光头和表面贴装技术(SMT),开始进入中国市场。起初,该中国子公司生产相对低端的产品,韩国母公司则生产高端产品。然而,截至 2012 年,该公司将全部生产职能转移到中国子公司,研发和营销职能则留在韩国总部。这是基于价值链的分工。尽管该企业正考虑开拓中国当地市场,但基于市场的分工尚未形成。

14.4.5 合约制造商

合约制造商是专业化的分包商(中小型企业)。合约制造商与SK(大型韩国企业的供应商)或SN(大型非韩国企业的供应商)的区别在于它们并不与大型客户企业保持排他性的依赖关系。美国的旭电(Solectron)和中国台湾地区的富士康(Foxconn)等企业也是合约制造商,尽管其规模比本节涉及的韩国中小型企业大得多。在我们的案例中,CM1企业属于这一类。

CM1企业成立于1968年,从事精密加工业务。如今,该企业承接各种生产加工服务的分包业务,如注塑成型、冲压、注入和装配。到2004年为止,CM1企业已在韩国及国外成立了17家生产中心。各子公司的业务类型很相似,基本上都是分包。从20世纪90年代起,随着客户企业在低成本国家设立海外工厂,该企业开始大力推进国际化,在海外成立子公司,其中就有1994年在天津成立的生产子公司。该子公司最初的目的是节约成本并从韩国公司接单。这是基于成本的分工。随着越来越多的客户企业在中国设立工厂,如今该子公司接收的大多数订单来自当地客户企业(主要是韩国或日本企业在中国的子公司)。我们把该子公司的客户企业看作本地参与者,因此新的分工模式是基于市场的分工。

14.5 解释国际化过程

本章中研究的所有企业虽然业务类型不尽相同,但都通过满足本国市场的需求,在韩国开始创业并在增长阶段向海外扩张。正像大多数韩国企业的国际化是从出口起步一样,本章中研究的企业也从出口起步。这些企业的大部分出口商品销往发达国家。至少在20世纪90年代中期以前,中国并不是韩国企业的主要出口市场。在这一背景下,本章侧重于识别中小型企业进入中国市场的循序国际化过程。表14.3对我们案例分析的研究结论进行了总结。

表14.3 国际化过程概述

企业类型	企业代码	国际化过程
"品类杀手"(CK)	CK1	国内→产品→价值链→市场
	CK2	国内→产品→—→市场
	CK3	国内→—→—→市场
	CK4	国内→产品→价值链→市场

（续表）

企业类型	企业代码	国际化过程
独立制造商（IM）	IM1	国内→产品→—→市场
	IM2	国内→产品→价值链
	IM3	国内→产品→价值链
	IM4	国内→产品→价值链→破产
	IM5	国内→—→—→市场
大型韩国企业的供应商（SK）	SK1	国内→产品→—→市场
	SK2	国内→—→—→市场
	SK3	国内→产品→—→市场
	SK4	国内→—→—→市场*
	SK5	国内→—→—→市场
大型非韩国企业的供应商（SN）	SN1	国内→产品→价值链
	SN2	国内→产品
	SN3	国内→产品→价值链
合约制造商（CM）	CM1	国内→—→—→市场

注："—"的意思是该企业跳过了这一特定阶段，或不清楚该企业是否经过了这一特定阶段。
＊该企业将主要生产设施转移到了其他国家。

一般而言，韩国母公司与中国子公司之间的分工往往会从基于产品的分工发展到基于价值链的分工，再到基于市场的分工（允许稍有变化）。虽然我们的循序国际化模型能解释本研究中的所有案例，但是并非所有企业都经历了这三个阶段。我们发现了使企业的国际化路径有所差异的几个决定因素。我们的研究结论可总结如下：

第一，我们发现产业特征影响基于价值活动的循序国际化模式。寻求节约成本资源的企业以基于产品或基于价值链的分工开启国际化，并停留在其中一个阶段。在本研究中，这类企业要么是劳动密集型企业，要么是在20世纪90年代进入中国。而且，偏劳动密集型的企业会更快地转向基于价值链的分工。相比之下，进入外国寻找市场的企业往往会从一开始就选择基于市场的分工（例如CK3企业）。在本研究中，此类企业要么是技术密集型设备生产商，要么是进入中国寻找新的客户群。最后，一些企业在初期寻求节约成本的资源，但后来转向寻找市场（因为随着时间的推移，中国本地市场也在扩大）；它们是拥有强大的品牌力量或营销能力的劳动密集型企业，如"品类杀手"类型的企业。相比之下，那些品牌力量薄弱的独立制造商类型的企业往往不会进入基于市场的分工这一最后阶段；有些甚至在失去与中国本地企业的竞争能力之后破产了，IM4企业就是一个典型的例子。

第二，我们发现关系链使企业的循序国际化路径出现差异，这与 Chen、Chen 和 Ku（2004）的观察一致。这些企业是在大型客户企业的强烈要求下，被引入中国的供应商。因为存在这条关系链，大型韩国企业的供应商不必经历基于价值链的分工，而是可以直接进入基于市场的分工。相比之下，大型非韩国企业的供应商与非韩国母公司之间的联系似乎与之不同，因为非韩国母公司有更灵活的选择，既可以选择以前的供应商，也可以在其他地点选择其他企业作为其供应商。所有选择都受到中国本土企业竞争力不断提升和中国工资率上涨的影响。因此，这一类型的某些企业在中国变得很脆弱。

第三，我们发现企业技术或品牌营销能力的初始水平是决定中小型企业国际化过程的一个重要因素。"品类杀手"往往会完整地经历三个阶段，并最终走向基于市场的分工，这一事实与该阐释一致。这种模式似乎是由这些企业技术能力或品牌营销能力的初始水平决定的。换言之，"品类杀手"是具有这些能力的，这与独立制造商形成了对比，后者进入中国时并没有强大的营销竞争力。独立制造商很快就面临来自中国新兴竞争对手的激烈竞争。相比之下，"品类杀手"却平稳地生存下来，甚至还生意兴隆，吸引了当地消费者。最典型的案例之一是作为毛绒玩具制造商的 CK1 企业，它曾主要将中国视为生产基地，但近年来（从 2011 年起）开始向中国消费者销售产品。因为该企业已在海外成功构建了品牌影响力，也就能在中国市场充分运用强大的企业特定优势。另一个耐人寻味的案例是 CK3 企业，一家塑料密封容器生产商。该企业在中国和韩国设立了工厂，并采取了同时针对全球及中国消费者的最优化战略。它抓住了中国部分消费者偏好韩国制造的高品质产品的心理，开始在中国销售韩国制造的产品；同时又将中国制造的产品出口到美国市场，因为美国消费者对于该产品是韩国制造还是中国制造并不敏感。

第四，我们发现东道国及本地企业的不断变化也是充满活力的新兴经济体中的中小型企业国际化过程的一个主要决定因素。中国从世界工厂到世界市场、从低工资国家到较高工资国家的蜕变迫使这些企业快速调整在中国市场的策略。可以说，任何流入有快速并成功发展潜力的新兴经济体的 FDI，都体现出这一普遍模式。如 Lee、Jee 和 Eun（2011）所述，如今中国独有的特色就是具有竞争力的本土企业的崛起，这就进一步促使中国的外国企业对战略作出调整。这种情况可以说是中国特有的，因为中国是为数不多的、实施了一系列产业政策以促进本土企业发展的新兴经济体之一（Mu and Lee，2005；Lee，Jee and Eun，2011）。

第五，如果说基于市场的分工是经历了国际化过程的企业的最终宿命，那么这也是一个从开始的不对称变成最终对称的过程。换言之，尽管这些企业最初在第三国而非市场所在国设立工厂，最后却也在第三国销售产品并拥有工厂和市场。如果这一动态模式是可程式化的，那么我们的研究结果表明，可以考虑将"循序性"而非"不对称性"作为中小型企业国际化的一个更鲜明的特点。

14.6　总结与结束语

本章研究了在华韩国中小型企业的国际化过程。在对现有的国际化理论，例如 Dunning（1981）的折中理论、Kojima（1973，1982）的宏观经济理论以及 Johanson 和 Vahlne（1977）的国际化过程模型进行述评之后，本章提出了集三种理论视角于一体的新的循序国际化模型。该模型的核心概念是母公司和子公司之间在价值活动上的分工，分工模式可能会随着时间的推移，依据企业资源在东道国的循序投入而改变。企业资源的循序投入反映出典型的中小型企业面临的资源限制及其相对于本土企业不断变化的企业特定优势。从这一概念出发，我们提出了分工的三个阶段：基于产品的分工、基于价值链的分工和基于市场的分工。

在实证检验中，我们调查了 18 家韩国中小型企业的案例，并对每家企业的国际化过程进行评述。接着，我们试图用所提出的循序国际化理论来解释企业行为。这一关于市场进入和国际化的循序模型也许能用来解释不具备可持续企业特定优势的企业（主要是发展中国家的企业）的国际化，其所在东道国（包括中国、印度和印度尼西亚）的本地市场很大而且在不断增长。然而，考虑到本章仅对一个特定地区数量相对较少的企业进行个案研究，因此应慎重对待这一框架的普遍适用性。今后还需进一步研究，包括面板数据分析、从大量随机样本中采集数据等，以扩展分析的范围并对其普遍适用性进行检验。

注　释

1. 最早对国际化的三个阶段作出阐释的是 K. Lee（2005b）。
2. 我们对不同企业的具体参观日期有所不同，但首次参观日期都在 7 月 21 日至 7 月 28 日之间。
3. 按照韩国的分类体系，中小型企业是指员工在 300 人以下的企业。
4. 关于这些企业的详情参见 K. Lee（2005b）中的第 5 章。

参考文献

Abramovitz, M. (1986), Catching up, forging ahead, and falling behind, *Journal of Economic History*, 46 (2): 385 – 406.

Acemoglu, D., S. Johnson, and J. Robinson (2001), Colonial origins of comparative development, *American Economic Review*, 91 (5): 1369 – 1401.

Adner, R. and D. A. Levinthal (2002), The emergence of emerging technologies, *California Management Review*, 45 (1): 50 – 63.

Advisory Committee on Public Interest Obligations of Digital Television Broadcasts (1998), *Charting the Digital Broadcasting Future*, Washington DC.

Albert, M. (1998), *The New Innovators: Global Patenting Trends in Five Sectors*, US Department of Commerce, Office of Technology Policy.

Amann, E. and J. Cantwell (eds.) (2012), *The Innovative Firms in the Emerging Market Countries*, Oxford: Oxford University Press.

Amsden, A. (1989), *Asia's Next Giant: South Korea and Late Industrialization*, New York: Oxford University Press.

Amsden, A. and W. Chu (2003), *Beyond Late Development: Taiwan's Upgrading Policies*, Cambridge, MA: MIT Press.

Amsden, A. H. and T. Hikino (1994), Project execution capability, organizational know-how and conglomerate growth in late industrialization, *Industrial and Corporate Change*, 3 (1): 111 – 147.

Anderson, A. and H. Gatignon (1986), Modes of foreign entry: A transaction cost analysis and propositions, *Journal of International Business Studies*, 17 (3): 1 – 26.

Antonelli, C. (1997), *Localized Technological Change, New Information Technology and the Knowledge-based Economy: The European Evidence*, Laboratorio di Economia dell' Innovazion, Universita di Torino, Turin.

Aoki, M. and M. Okuno-Fujiwara (eds.) (1996), *Comparative Institutional Analysis: A New Approach to Economics Systems*, Tokyo: University of Tokyo Press (日文版).

Autio, E., H. J. Sapienza, and J. H. Almeida (2000), Effects of age at entry, knowledge intensity, and imitability on international growth, *Academy of Management Journal*, 43 (5): 909 – 924.

Bae, Yong-Ho (1995), Technology absorption and R&D in the Korean semiconductor industry: The case study of Samsung Electronics Co., PhD dissertation, Korea: Seoul National University.

Bank for International Settlements (BIS) (2008), *Principles for Sound Liquidity Risk Management and Supervision*, September.

Bank of Korea (2006), Economic Statistic System Website, http://ecos.bok.or.kr/, downloaded June 30, 2006.

Bank of Korea (2002), *The Significance of North Korea's Recent Economic Measures and the Future Prospect*, Seoul: Bank of Korea (韩文版).

Bartlett, C. A. and S. Ghoshal (1989), *Managing Across Borders*, Boston, MA: Harvard Business School Press.

Baumol, W. J., B. S. A. Blackman, and E. N. Wolff (1989), *Productivity and American Leadership*, Cambridge, MA: MIT Press.

Bazan, L. and L. Navas-Aleman (2004), Upgrading in global and national value chains, in H. Schmitz (ed.), *Local Enterprises in the Global Economy*, Cheltenham, UK and Northampton, MA: Edward Elgar, pp. 110–139.

Becker, Sascha O. and Marc-Andreas Muendler (2008), The effect of FDI on job security, *B. E. Journal of Economic Analysis and Policy*, 8 (1), DOI: 10.2202/1935-1682.1770.

Bell, M. and M. Albu (1999), Knowledge systems and technological dynamism in industrial clusters in developing countries, *Research Policy*, 27 (9): 1715–1734.

Bell, M. and P. Figueiredo (2012), Building innovative capabilities in latecomer emerging market firms, in E. Amann and J. Cantwell (eds.), *The Innovative Firms in the Emerging Market Countries*, Oxford: Oxford University Press, pp. 24–112.

Bell, M. and K. Pavitt (1993), Technological accumulation and industrial growth, *Industrial and Corporate Change*, 2 (1): 157–210.

Berger, S. and K. R. Lester (eds.) (2005), *Global Taiwan*, Armonk, NY: M. E. Sharpe.

Berry, A., E. Rodriguez, and H. Sandee (2002), Firm and group dynamics in the small and medium enterprise sector in Indonesia, *Small Business Economics*, 18: 141–161.

Besson, F., C. Durand, and S. Miroudot (2013), How much offshoring matters?, in A. Bardhan, D. Jaffee, and C. Kroll (eds.), *The Oxford Handbook of Offshoring and Global Employment*, pp. 122–155.

Bhagwati, J. (1998), The capital myth: The difference between trade in widgets and dollars, *Foreign Affairs*, 77 (3): 7–12.

Bolton, M. K. (1993), Imitation versus innovation, *Organizational Dynamics*, 21 (3): 30–45.

Borensztein, E., J. Gregorio, and J. Lee (1998), How does foreign direct investment affect economic growth?, *Journal of International Economics*, 45 (1): 115-135.

Branscomb, L. and Y.-H. Choi (1996), *Korea at the Turning Point: Innovation-based Strategies for Development*, USA: Praeger.

Breschi, S., F. Malerba, and L. Orsenigo (2000), Technological regimes and Schumpeterian patterns of innovation, *Economic Journal*, 110 (463): 388-410.

Buckley, P. J. (1988), The limit of explanation: Testing the internalization theory of the multinational enterprise, *Journal of International Business Studies*, 19 (2): 181-193.

Buckley, P. J. and M. C. Casson (1998), Analyzing foreign market entry strategies: Extending the internationalization approach, *Journal of International Business Studies*, 29: 539-562.

Buckley, P. J. and M. C. Casson (1976), *The Future of the Multinational Enterprise*, London: Macmillan.

Callon, M. (1992), The dynamics of techno-economic networks, in R. Coombs, P. Saviotti, V. Walsh (eds.), *Technical Change and Company Strategies*, London: Academy Press, pp. 72-102.

Camagni, R. (1991), Local "milieu", uncertainty and innovation networks: Towards a new dynamic theory of economic space, in R. Camagni (ed.), *Innovation Networks: Special Perspective*, London and New York: Belhaven Press, pp. 121-142.

Campbell, J., K. Medeiros, and L. Viceira (2007), Global currency hedging, NBER Working Paper No. 13088.

Cantwell, J. and Y. Zhang (2006), Why is R&D internationalization in Japanese firms so low? A path-dependent explanation, *Asian Business and Management*, 5: 249-269.

Cargill, C. F. (1989), *Information Technology Standardisation: Theory, Process and Organisations*, Bedford, MA: Digital Press.

Carlsson, B. and R. Stankiewitz (1995), On the nature, function and composition of technological systems, in B. Carlsson (ed.), *Technological Systems and Economic Performance*, Dordrecht: Kluwer Academic Publishers, pp. 21-56.

Caves, R. E. (1974), Multinational firms, competition and productivity in host country markets, *Economica*, 41: 176-197.

Caves, R. E. (1971), Industrial corporations: The industrial economics of foreign investment, *Economica*, 38: 1-17.

CCID (2003), Former general manager's statement on the cooperation with HuaQi (meige qian zongjingli jiu yu huaqi hezuo qingkuang fabiao shengming), CCIDNET, April 7, http://www.ccidnet.com/news/industryexpress/2003/04/07/81_85640.html.

Chaminade, C. and J. Vang (2007), Innovation policies for Asian SMEs, in H. Yeung (ed.), *Handbook of Research on Asian Business*, Cheltenham, UK and Northampton, MA: Edward Elgar, pp. 381-408.

Chandrashekhar, G. R. (2006), Examining the impact of internationalization on competitive dynamics, *Asian Business and Management*, 5: 399–417.

Chang, H.-J. (1994), *Political Economy of Industrial Policy*, New York: St. Martin's Press.

Chang, H.-J. and J. Shin (2002), Restructuring "Korea Inc."—evaluating the post crisis corporate restructuring in Korea, paper presented at the 10th Seoul Journal of Economics International Symposium on the Socio-Economic Roles of Firms and Chaebols, Seoul, Korea, August 29.

Chang, S. (2003), *Financial Crisis and Transformation of Korean Business Groups*, Cambridge: Cambridge University Press.

Chang, S. and J. Hong (2000), Economic performance of group-affiliated companies in Korea, *Academy of Management Journal*, 43: 429–448.

Chen, C. and N. Lien (2013), Technological opportunism and firm performance, *Journal of Business Research*, 66: 2218–2225.

Chen, H. and T.-J. Chen (1998), Network linkages and location choice in foreign direct investment, *Journal of International Business Studies*, 29: 445–468.

Chen, Mingchen (2001), It is service behind the brand, http://210.77.144.163/yeppsamsung/cjk/show.php3?id=43, March 30, 2001.

Chen, T.-J., H. Chen, and Y.-H. Ku (2004), Foreign direct investment and local linkages, *Journal of International Business Studies*, 35: 320–333.

Chen, T.-J. and Y.-H. Ku (2002), Creating competitive advantages out of market imperfections: Taiwanese firms in China, *Asian Business and Management*, 1: 79–99.

Cho, L.-J. (1994), Culture, institutions, and economic development in East Asia, in L.-J. Cho and Y. H. Kim (eds.), *Korea's Political Economy: An Institutional Perspective*, Boulder, CO: Westview Press, pp. 3–41.

Cho, M., et al. (2003), *Prospects for North Korea's Economic Reform: A Study on the July 1st Economic Adjustment and Its Performance*, Seoul: Korea Institute for International Economic Policy.

Choh, K. (1999), Innovation and standardization in technological trajectories: A Schumpeterian perspective and three models of standardization in the information technology industry, Proceedings of the International Conference on Standardisation and Innovation in Information Technology, Aachen: Germany.

Choi, Y. (2001), The patent system and its practices in ROK, seminar on the Intellectual Property Right System, Daejon, International Intellectual Property Training Institute, ROK International Cooperation Agency.

Choo, K., K. Lee, K. Ryu, and J. Yoon (2009), Changing performance of the business groups over two decades: Technological capabilities and investment inefficiency in Korean chaebols, *Economic Development and Cultural Change*, 57 (2): 359 – 386.

Chow, H.-K. (2007), Singapore's exchange rate policy: Some implementation issues, *Singapore Economic Review*, 52 (3): 445 – 458.

Chu, W. (2009), Can Taiwan's second movers upgrade via branding?, *Research Policy*, 38: 1054 – 1065.

Chung, Duck-Koo and B. J. Eichengreen (2009), *Fostering Monetary and Financial Cooperation in East Asia*, World Scientific.

Chung, Duck-Koo and B. J. Eichengreen (eds.) (2004), *The Korean Economy beyond the Crisis*, Cheltenham, UK and Northampton, MA: Edward Elgar.

Clark, K. B. (1985), The interaction of design hierarchies and market concepts in technological evolution, *Research Policy*, 14: 235 – 251.

Coe, David T. and Se-Jik Kim (2002), *Korean Crisis and Recovery*, Seoul: International Monetary Fund and Korea Institute for International Economic Policy.

Colander, D. (ed.) (1984), *Neo-Classical Political Economy*, Cambridge, MA: Ballinger.

Consumer Electronics Association (CEA) (2000), *DTV Guide*, March.

Credit Lyonnais Security Asia (CLSA) (2001, 2002, 2004, 2007), *CG Watch: Corporate Governance in Emerging Markets*, Hong Kong: Credit Lyonnais Security Asia.

Dahlman, C. J., B. Ross-Larson, and L. E. Westphal (1987), Managing technological development, *World Development*, 15: 759 – 775.

Dahlman, C., L. E. Westphal, and L. Kim (1985), Reflections on acquisition of technological capability, in N. Rosenberg and C. Frisctak (eds.), *International Technology Transfer: Concepts, Measures and Comparisons*, New York: Praeger, pp. 167 – 221.

Dosi, G. (1982), Technological paradigms and technological trajectories: A suggested interpretation of the determinants and directions of technical change, *Research Policy*, 11 (3): 147 – 162.

Dunning, J. H. (2000), The eclectic paradigm as an envelope for economic and business theories of MNE activity, *International Business Review*, 9 (2): 163 – 190.

Dunning, J. H. (1988), The eclectic paradigm of international production: A restatement and some possible extensions, *Journal of International Business Studies*, 19 (1): 1 – 31.

Dunning, J. H. (1981), *International Production and the Multinational Enterprise*, London: Allen & Unwin.

Duysters, G. (1996), *The Dynamics of Technical Innovation: The Evolution and Development of Information Technology*, Cheltenham, UK and Brookfield, VT: Edward Elgar.

Eads, G. and K. Yamamura (1987), The future of industrial policy, in K. Yamamura and Y. Yasuba (eds.), *The Political Economy of Japan, Vol. I: The Domestic Transformation*,

Stanford, CA: Stanford University Press, pp. 423 - 468.

Eatwell, J. and L. Taylor (2000), *Global Finance at Risk*, New York: The New Press.

Edison, H., M. W. Klein, L. Ricci, and T. Slok (2002), Global account liberalization and economic performance: Survey and synthesis, NBER Working Paper No. 9100.

Edquist, C. (ed.) (1997), *Systems of Innovation: Technologies, Institutions, and Organizations*, London: Pinter Publishers.

Edwards, S. (2001a), Capital mobility and economic performance: Are emerging economies different?, NBER Working Paper No. 8076.

Edwards, S. (2001b), Capital controls, capital control flow contractions, and economic vulneralibility, NBER Working Paper No. 12852.

Eichengreen, B. (2001), *Capital Account Liberalization: What Do the Cross Country Studies Tell Us?*, Berkeley, CA: University of California.

Eichengreen, B. (2000), Taming Capital Flows, *World Development*, 28 (6): 1105 - 1116.

Electronics Industries Association in Korea (2003), *Export of Digital TV in* 2002, Electronics Industries Association in Korea, Seoul (韩文版).

Emery, R. F. (2001), *Korean Economic Reform: Before and since the* 1997 *Crisis*, Aldershot, UK: Ashgate.

Epstein, G. (2009), Should financial flows be regulated? Yes, DESA Working Paper No. 77.

Epstein, G., I. Grabel, and K. S. Jomo (2003), Capital management techniques in developing countries: An assessment of experiences from the 1990s and lessons for the future, PERI Working Paper No. 56.

Ernst, D. and P. Guerrieri (1998), International production networks and changing trade patterns in East Asia, *Oxford Agrarian Studies*, 26: 191 - 212.

Ernst, D. and L. Kim (2002), Introduction: Global production networks, information technology and knowledge diffusion, *Industry and Innovation*, 9: 147 - 153.

European Monitoring Centre on Change (EMCC) (2006), *Restructuring and Employment in the EU: Concepts, Measurement and Evidence*, European Foundation for the Improvement of Living and Working Conditions, Luxembourg: Office for Official Publications of the European Communities.

Fanelli, J. and G. McMahon (2005), *Understanding Market Reforms*, Vol. 1, New York: Palgrave.

Fanelli, J. and V. Popov (2005), On the philosophical, political and methodological underpinnings of reform, in J. Fanelli and G. McMahon (eds.), *Understanding Market Reforms*, Vol. 1, New York: Palgrave, pp. 29 - 77.

Federation of Korean Industries (FKI) (2004), *The Survey to Improve the Cooperation of Conglomerates and SMEs* (韩文版).

Ferrari-Filho, F. and L. Paula (2008), Exchange rate regime proposal for emerging countries: A Keynesian perspective, *Journal of Post Keynesian Economics*, 31 (2): 227-248.

Financial Stability Forum (FSF) (2008), Strengthening liquidity standards, December.

Fisher, S. (1998), Capital account liberalization and the role of the IMF, *Princeton Essays in International Finance*, 207: 1-10.

Frank, R. (2005), Economic reforms in North Korea (1998-2004): Systemic restrictions, quantitative analysis, ideological background, *Journal of the Asia Pacific Economy*, 10 (3): 278-311.

Freeman, C. (1995), The information economy: ICT and the future of the world economy, in S. A. Roseu (ed.), *Changing Maps: Governing in a World of Rapid Change*, Ottawa: Carleton University Press, pp. 163-186.

Freeman, C. (1989), New technology and catching up, in R. Kaplinsky and C. Cooper (eds.), *Technology and Development in the Third Industrial Revolution*, London: Frank Cass & Co., pp. 85-99.

Freeman, C. (1987), *Technology and Economic Performance: Lessons from Japan*, London: Pinter Publishers.

Freeman, C. and C. Perez (1988), Structural crises of adjustment, in G. Dosi, C. Freeman, R. Nelson, G. Silverberg, and L. Soete (eds.), *Technical Change and Economic Theory*, London: Pinter Publishers, pp. 38-66.

Freeman, C. and L. Soete (1997), Development and the diffusion of technology, in C. Freeman and L. Soete, *The Economics of Industrial Innovation*, Milton Park, Abingdon, UK: Routledge, pp. 351-365.

Gereffi, G., J. Humphrey, and T. Sturgeon (2005), The governance of global value chains, *Review of International Political Economy*, 12 (1): 78-104.

Gerschenkron, A. (1963), The early phases of industrialization in Russia and their relationship to the historical study of economic growth, in *Conference on the Economics of the Take-off into Sustained Growth*, Konstanz, September 2-11.

Gerschenkron, A. (1962), *Economic Backwardness in Historical Perspective*, Cambridge, MA: Belknap Press.

Giachetti, C. (2013), *Competitive Dynamics in the Mobile Phone Industry*, Houndmills, Basingstoke, UK: Palgrave Macmillan.

Giachetti, C. and G. Marchi (2010), Evolution of firms' product strategy over the life cycle of technology-based industries: A case study of the global mobile phone industry, 1980-2009, *Business History*, 52 (7): 1523-1550.

Ginarte, J. and W. Park (1997), Determinants of patent rights: Crossnational study, *Research Policy*, 26: 283-301.

Giuliani, E., C. Pietrobelli, and R. Rabellotti (2005), Upgrading in global value chains, *World Development*, 33 (4), 549–573.

Glaeser, E., R. Porta, F. Lopez-de-Silanes, and A. Shleifer (2004), Do institutions cause growth?, *Journal of Economic Growth*, 9: 271–303.

Glick, R., X. Guo, and M. Hutchison (2006), Currency crises, capitalaccount liberalization, and selection bias, *Review of Economics and Statistics*, 88 (4): 698–714.

Granstrand, O. (1999), *The Economics and Management of Intellectual Property*, Cheltenham, UK and Northampton, MA: Edward Elgar.

Greenwald, B. and J. Stiglitz (2014), Industrial policy, creation of a learning society and economic development, in J. Stiglitz and J. Lin (eds.), *Industrial Policy Revolution I*, New York: Palgrave Macmillan, pp. 43–71.

Greif, A. (1994), Cultural beliefs and the organization of society: A historical and theoretical reflection on collectivist and individualist societies, *Journal of Political Economy*, 102 (5): 912–950.

Grenville, S. (2000), Exchange rate regimes for emerging countries, *Reserve Bank of Australia Bulletin*, November.

Grilli, V. and G. M. Milesi-Ferretti (1995), Economic effects and structural determinants of capital controls, *IMF Staff Papers*, 42 (3): 517–551.

Grimme, K. (2002), *Digital Television Standardization and Strategies*, Norwood, MA: Artech House.

Guan, J. (2002), Marketing records: Background of the Philips withdrawing LCD strategy, *China Computer Daily*, February 22.

Guillen, M. (2000), Business groups in emerging economies: A resourcebased view, *Academy of Management Journal*, 43 (3): 362–380.

Hadley, E. (1970), *Antitrust in Japan*, Princeton, NJ: Princeton University Press.

Haggard, S. (1990), *Pathways from the Periphery: The Politics of Growth in the NICs*, Ithaca, NY and London: Cornell University Press.

Hanson, G. H., R. J. Mataloni, and M. J. Slaughter (2005), Vertical production networks in multinational firms, *Review of Economics and Statistics*, 87 (4): 664–678.

Harrison, A. and M. McMillan (2011), Offshoring jobs? Multinationals and US manufacturing employment, *Review of Economics and Statistics*, 93 (3): 857–875.

Hausmann, R., J. Hwang, and D. Rodrik (2007), What you export matters, *Journal of Economic Growth*, 12 (1): 1–25.

He, X. (2003), Dynamic capabilities for expansion in China: The case of the multinationals in monitor industry, PhD dissertation, Graduate School of Business, Seoul National University.

Helfat, C. and M. A. Peteraf (2003), The dynamic resource-based view: Capability lifecycles,

Strategic Management Journal, 24 (10): 997-1010.

Hennart, J.-F. (2009), Down with MNE-centric theories! Market entry and expansion as the bundling of MNE and local assets, *Journal of International Business Studies*, 40: 1432-1454.

Hijzen, A. and P. Swaim (2010), Offshoring, labour market institutions and the elasticity of labour demand, *European Economic Review*, 54 (8): 1016-1034.

Hijzen, A. and P. Swaim (2007), Does offshoring reduce industry employment?, Leverhulme Centre GEP Research Paper 2007/24, University of Nottingham.

Ho, S. (1978), *Economic Development of Taiwan 1860-1970*, New Haven, CT: Yale University Press.

Hobday, M. (2000), East versus Southeast Asian innovation systems: Comparing OEM- and TNC-led growth in electronics, in L. Kim and R. Nelson (eds.), *Technology, Learning and Innovation*, Cambridge: Cambridge University Press, pp. 129-169.

Hobday, M. (1995a), East Asian latecomer firms, *World Development*, 23 (7): 1171-1193.

Hobday, M. (1995b), *Innovation in East Asia: The Challenge to Japan*, Aldershot, UK and Brookfield, VT: Edward Elgar.

Hobday, M. (1994), Export-led technology development in the four dragons, *Development and Change*, 25: 333-361.

Hofheinz, R. and K. Calder (1982), *The Eastasia Edge*, New York: Basic Books.

Hong, K., J. Lee, and C. Rhee (2004), Recurrence of financial crises: Cross country patterns and implications for Korea, in D. K. Chung and B. J. Eichengreen (eds.), *The Korean Economy beyond the Crisis*, Cheltenham, UK and Northampton, MA: Edward Elgar, pp. 290-316.

Hooley, R. and J. Yoo (eds.) (2002), The post-financial crisis challenges for Asian industrialization, *Research in Asian Economic Studies*, Vol. 10, Amsterdam and London: Elsevier Sciences.

Hoopes, D. G., T. L. Madsen, and G. Walker (2003), Why is there a resource-based view? Toward a theory of competitive heterogeneity, *Strategic Management Journal*, 24 (10): 889-902.

Hughes, T. P. (1984), The evolution of large technological systems, in W. Bijker, T. Hughes, and T. Pinch (eds.), *The Social Construction of Technological Systems*, Cambridge, MA: MIT Press, pp. 51-82.

Hymer, S. (1960/1976), The international operations of national firms: A study of direct investment, PhD dissertation, MA: MIT Press.

Institute of Intellectual Property (2000), *The Experience of Japan*, Tokyo.

Jacobides, M. G. and S. Billinger (2006), Designing the boundaries of the firm: From "make, buy, or ally" to the dynamic benefits of vertical architecture, *Organization Science*, 17 (2):

249-261.

Jang, Ha-sung (2003), Corporate restructuring in Korea after the economic crisis, in Korea Economic Institute (ed.), *Raising the Bar: Korea as a Global Economic Player*, Joint US-Korea Academic Studies, 13, pp. 147-160.

Jiang, H. (1997), Back of the bright scene: Interview to the general manager Frank Deng of MAG, *China Computer Daily*, October 20.

Johanson, J. and L. G. Mattson (1988), Internationalization in industrial systems: A network approach, in N. Hood and J. E. Vahlne (eds.), *Strategies in Global Competition*, London: Croom Helm, pp. 303-321.

Johanson, J. and J. E. Vahlne (2009), The Uppsala internationalization process model revisited: From liability of foreignness to liability of outsidership, *Journal of International Business Studies*, 40: 1411-1431.

Johanson, J. and J. E. Vahlne (1977), The internationalization process of the firm: A model of knowledge development and increasing market commitments, *Journal of International Business Studies*, 8: 23-32.

Johnson, C. (1987), Political institutions and economic performance: The government-business relationship in Japan, South Korea, and Taiwan, in F. Deyo (ed.), *The Political Economy of the New Asian Industrialism*, Ithaca, NY and London: Cornell University Press, pp. 136-165.

Johnson, C. (1982), *MITI and the Japanese Miracle*, Stanford, CA: Stanford University Press.

Johnstone, B. (1993), Keeping an eye out, *Far Eastern Economic Review*, 12: 59-62.

Jones, L. and I. Sakong (1980), *Government, Business, and Entrepreneurship in Economic Development: The Korean Case*, Cambridge, MA: Harvard University Press.

Jun, Y. (1987), The reverse direct investment: The case of the Korean consumer electronics industry, *International Economic Journal*, 1 (3): 91-104.

Jwa, S.-H. (2003), In search of "global standards": The fallacy of Korean's corporate policy, *Harvard Asia Quarterly*, 7 (2): 45-52.

Kang, H. (2006), Fluctuations in real estate prices and monetary policy counter measures, *Monthly Bulletin*, Bank of Korea (韩文版).

Kang, J. (1996), *Samsung Electronics: Myths and Secret*, Seoul: Koyowon.

Kang, M.-K. and H. Wagner (1995), *Germany and Korea: Lessons in Unification*, Seoul: Seoul National University Press.

Kang, S.-J. (2004), *Study on the North Korean Strategy for Building a "Strong and Prosperous Country"*, Seoul: Hanwool Academy (韩文版).

Katz, J. (1987), *Technology Generation in Latin American Manufacturing Industries*, Palgrave Macmillan.

Keynes, J. M. (1936), *The General Theory of Employment, Interest and Money*, Macmillan.

Khan, H. (2002), Innovation and growth, *Oxford Development Studies*, 30 (3): 289-306.

Khanna, T. and K. Palepu (2000), The future of business groups in emerging markets: Long-run evidence from Chile, *Academy of Management Journal*, 43 (3): 268-285.

Kim, B.-Y., S. Kim and K. Lee (2007), Assessing the economic performance of North Korea, 1954-1989: Estimates and growth accounting analysis, *Journal of Comparative Economics*, 35 (3): 564-582.

Kim, C. (1997), A study on the relationship between technology and industrial pattern: An evolutionary economic analysis, PhD dissertation, Seoul National University (韩文版).

Kim, C. (1994), The entry strategy in the semi-conductor industry: The experience of Hyundai Electronics, HRI Forum, Fall (韩文版).

Kim, H., R. Hoskisson, L. Tihanyi, and J. Hong (2004), Evolution and restructuring of diversified business groups in emerging markets, *Asia Pacific Journal of Management*, 21 (1-2): 25-48.

Kim, J. (2001), The intellectual property development and its policy direction in ROK, seminar on the Intellectual Property System, Daejon, International Intellectual Property Training Institute, ROK International Cooperation Agency.

Kim, K.-H. (2008), National land and real estate, presentation at the Korean Economy 60 Years conference.

Kim, K.-H. (2007), Structural changes in the housing market and government policy: Before and after the outbreak of the Asian currency crisis of 1997, *Kyong Je Hak Yon Gu*, 55 (4): 369-399 (韩文版).

Kim, K., B. K. Kim, and Y. Suh (2009), Opening to capital flows and implications from Korea, IMER Working Paper, Bank of Korea.

Kim, K. and C. Song (2007), Foreign exchange liberalization and its implications: The case of the Korean won, HKMA Conference on Currency Internationalization: International Experiences and Implication for the Renminbi, Hong Kong, October 15-16.

Kim, K. (1994), The mechanism of the growth of the Korean automobile industry from the technological point of view: The case of Hyundai, *Sa-hoi Kyung-Jai Pyung-Ron* 7 (韩文版).

Kim, L. (1997a), *Imitation to Innovation: The Dynamics of Korea's Technological Learning*, Boston, MA: Harvard Business School Press.

Kim, L. (1997b), The dynamics of Samsung's technological learning in semi-conductors, *California Management Review*, 39 (3): 86-100.

Kim, L. (1980), Stages of development of industrial technology in a developing country: A model, *Research Policy*, 9 (3): 254-277.

Kim, Y. (1997), Technological development in Korean consumer electronics industry in Korea, in K. Lee et al. (eds.), *Technological Capabilities and Competitiveness of Korean Industry*, Seoul: Kyungmoon-sa（韩文版）.

Kim, Y. (2006), The middle-income trap and technological catch-up in the machine tool industry, *Gi-sul-hyuk-sin-yon-gu*, 14 (1): 147-175（韩文版）.

Kim, Y. and Keun Lee (2008), Sectoral innovation systems and a technical catch-up: The case of the capital goods industry in Korea, *Global Economic Review*, 37 (2): 135-155.

Kim, Y. (1998), Global competition and latercomer production strategies: Samsung of Korea in China, *Asia Pacific Business Review*, 4 (2/3): 84-108.

Kim, Y. (1993), A study on the diversification and control structure of Samsung chaebol, PhD dissertation, Department of Economics, Seoul National University.

Kim, Y. and B. Lee (2002), Patterns of technological learning among the strategic groups in the Korean electronic parts industry, *Research Policy*, 31: 543-567.

Kim, Y. and K. Lee (2008), Sectoral innovation system and a technological catch-up: Capital goods industry in Korea, *Global Economic Review*, 37: 135-155.

Kim, Y., K. Song, and L. Lee (1993), Determinants of technological innovation in the small firms of Korea, *R&D Management*, 23: 215-226.

Kindleberger, C. P. (1984), *A Financial History of Western Europe*, London: Allen & Unwin.

Klein, M. and G. Olivei (1999), Capital account liberalization, financial depth and economic growth, NBER Working Paper No. 7384.

Klepper, S. (1996), Entry, exit, growth, and innovation over the product life cycle, *American Economic Review*, 86 (3): 562-583.

Knight, G. A. and S. T. Cavusgil (2004), Innovation, organizational capabilities, and the born-global firm, *Journal of International Business Studies*, 35: 124-141.

Ko, K. (2004), *IT Strategy of North Korea*, Seoul: Communication Books（韩文版）.

Kock, C. J. and M. F. Guillen (2001), Strategy and structure in developing countries: Business groups as an evolutionary response to opportunities for unrelated diversification, *Industrial and Corporate Change*, 10 (1): 77-113.

Kojima, K. (1982), Macroeconomic versus international business approaches to foreign direct investment, *Hitotsubashi Journal of Economics*, 25: 1-19.

Kojima, K. (1973), A macroeconomic approach to foreign direct investment, *Hitotsubashi Journal of Economics*, 14: 1-21.

Kong, C. and Y. Han (2009), Analysis of the different impacts of interest rates and exchange rates across business cycles, *Monthly Bulletin*, Bank of Korea（韩文版）.

Korea Chamber of Commerce and Industry (2006), *A Report on the Gaesung Industrial Park*,

Seoul: Korea Chamber of Commerce and Industry(韩文版).

Korea Development Bank (1997), *Industry in Korea*.

Korea Development Bank (1994), *Korea Industry in the World*.

Korea Electronics Technology Institute (KETI) (2000), White Paper on HDTV, Korea Electronics Technology Institute, Seoul(韩文版).

Korea Health Industry Development Institute (KHIDI) (2007), *Impact of Korea-US FTA on Pharmaceutical Industries and Development Strategies*, Korea.

Korea Machine Tool Manufacturers Association (1996-97), *Machine Tool Statistics Handbook*.

Korean Trade Commission (KTC) (2004), *Handbook of the Measures the Trade Dispute Settlement*(韩文版).

Kose, M. A, E. S. Prasad, K. Rogoff, and S. J. Wei (2006), Financial globalization: A reappraisal, IMF Working Paper WP/06/189.

Koskinen, K. and H. Vanharanta (2002), The role of tacit knowledge in innovation processes of small technology companies, *International Journal of Production Economics*, 80: 57-64.

Kraay, A. (1998), In search of the macroeconomic effects of capital account liberalization, World Bank Working Paper.

La Croix, S. and Y. Xu (1995), Political uncertainty and Taiwan's investment in Xiamen's special economic zone, in S. La Croix, M. Plummer, and K. Lee (eds.), *Emerging Patterns of East Asian Investment in China*, New York: M. E. Sharpe, pp. 123-142.

Lane, P. R. and G. M. Milesi-Ferretti (2007), The external wealth of nations mark II revised and extended estimates of foreign assets and liabilities, *Journal of International Economics*, 73 (2): 223-250.

Lange, O. (1937), *On the Economic Theory of Socialism*, Minneapolis, MN: University of Minnesota Press.

Langlois, R. N. and P. L. Robertson (1989), Explaining vertical integration: Lessons from the American automobile industry, *Journal of Economic History*, 49 (2): 361-375.

Lee, C. (1992), The government, financial system, and large private enterprises in the economic development of South Korea, *World Development*, 20 (2): 187-197.

Lee, C. and C. H. Lee (2008), The miracle to crisis and the mirage of the post-crisis reform in Korea: Assessment after ten years, *Journal of Asian Economics*, 19 (5-6): 425-437.

Lee, C., K. Lee, T. Jinn, Y. Kim, and S. Cho (2007), Global standards vs. local specificity in corporate restructuring: Lessons from Korea, *Korea Social Science Journal*, 4 (1): 1-34.

Lee, Hong Yung (1991), *From Revolutionary Cadres to Party Technocrats in Socialist China*, Berkeley, CA: University of California Press.

Lee, Hong Yong and Keun Lee (1992), States, markets, and economic development in East Asian capitalism and socialism, *Development Policy Review*, 10 (2): 107-130.

Lee, J.-W., I. Abosag, and J. Kwak (2012), The role of networking and commitment in foreign market entry process: Multinational corporations in the Chinese automobile industry, *International Business Review*, 21: 27-39.

Lee, J., Z. Bae, and D. Choi (1988), Technology development processes: A model for a developing country with a global perspective, *R&D Management*, 18 (3): 235-250.

Lee, Keun (2013), *Schumpeterian Analysis of Economic Catch-up: Knowledge, Path-creation and Middle Income Trap*, Cambridge: Cambridge University Press.

Lee, Keun (2008), *Economics of Inter-Firm Catching up (gi-up-gan chugyeg-eui gyung-je-hak)*, Seoul: Book21 (韩文版).

Lee, Keun (2006), The Washington consensus and East Asian sequencing: Understanding reform in East and South Asia, in J. Fanelli and G. McMahon (eds.), *Understanding Market Reforms*, Volume 2, London: Palgrave Macmillan, pp. 99-140.

Lee, Keun (2005a), Making a technological catch-up: Barriers and opportunities, *Asian Journal of Technology Innovation*, 13 (2): 97-131.

Lee, Keun (2005b), The middle-income trap and strategies to achieve 20,000 $ per capita income in Korea, Seoul: IssueToday (韩文版).

Lee, Keun (1999), Economic reform and system transition strategy in North Korea: An assessment of the socialist open economy, *Studies of North Korean Issues*, 2 (2): 313-334 (韩文版).

Lee, Keun (1997), Between collapse and survival in North Korea: An economic assessment of the dilemma, *MOCT-MOST: Economic Policies in Transition Economies*, 7 (4): 155-172.

Lee, Keun (1996), Economic reform, structural changes, and regional economic growth in China: Cross-province regressions, *Asian Economic Journal*, 10 (3): 225-237.

Lee, Keun (1994), Structural adjustment and outward direct foreign investment in Korea, *Seoul Journal of Economics*, 7 (2): 179-211.

Lee, Keun (1993), *New East Asian Economic Development: Interacting Capitalism and Socialism*, New York: M. E. Sharpe.

Lee, Keun and B. Y. Kim (2009), Both institutions and policies matter but differently for different income groups of countries: Determinants of long-run economic growth revisited, *World Development*, 37 (3): 533-549.

Lee, Keun, B. Kim, C. Lee, and J. Yee (2008), Visible success and invisible failure in post-crisis reform in Korea, *Development and Society*, 37 (1): 23-53.

Lee, Keun and X. He (2009), The capability of Samsung group in project execution and vertical integration: Created in Korea, replicated in China, *Asian Business and Management*, 8: 277-299.

Lee, Keun, M. Jee, and J. Eun (2011), Assessing China's economic catchup at the firm-level and beyond: Washington consensus, East Asian consensus and the Beijing model, *Industry* and *Innovation*, 18 (5): 487-507.

Lee, Keun, M. Kim, and J. Kwak (2012), Places for Korean firms in China: Looking for a viable international division of labor in 1990-2010, *Journal of the Asia Pacific Economy*, 17 (1): 4-21.

Lee, Keun and S. Kim (2000), Characteristics and efficiency of the venture companies in Korea: Comparison with chaebols and other traditional firms, *Seoul Journal of Economics*, 13 (3): 335-360.

Lee, Keun and Y.-K. Kim (2010), IPRs and technological catchup in Korea, in H. Odagiri, A. Goto, A. Sunami, and R. Nelson (eds.), *Intellectual Property Rights, Development, and Catch Up: An International Comparative Study*, Oxford: Oxford University Press, pp. 133-162.

Lee, Keun and C. Lim (2001), Technological regimes, catch-up and leapfrogging: Findings from Korean industries, *Research Policy*, 30 (3): 459-483.

Lee, Keun, C. Lim, and W. Song (2005), Emerging digital technology as a window of opportunity and technological leapfrogging, *International Journal of Technology Management*, 29: 40-63.

Lee, Keun, J. Y. Lin, and H. Chang (2005), Late marketization vs. late industrialization: Convergence or divergence in East Asia, *AsiaPacific Economic Literature*, 19 (1): 42-59.

Lee, Keun, S. Mani, and Q. Mu (2012), Explaining divergent stories of catch-up in the telecommunication equipment industry in Brazil, China, India, and Korea, in F. Malerba and R. Nelson (eds.), *Development as a Learning Process*, Oxford: Oxford University Press, pp. 21-71.

Lee, Keun and J. Mathews (2012), Firms in Korea and Taiwan: Upgrading in the same industry and entries into new industries, in J. Cantwell and E. Amann (eds.), *The Innovative Firms in the Emerging Market Economies*, Oxford: Oxford University Press, pp. 223-248.

Lee, Keun, D. Park, and C. Lim (2003), *The Role of the IPRs and Technological Development in the Republic of Korea*, Geneva: WIPO Publications.

Lee, Keun, W. Shin, and H. Shin (2014), How Large or Small is the Policy Space? WTO Regime and Industrial Policy, *Seoul Journal of Economics*, 27 (3): 307-348.

Lee, S.-Y. (2009), Controversy persists over foreign bank control, *Korea Times*, December 30, section 6.

Lee, Y. and D. R. Yoon (2004), The structure of North Koran's political economy: Changes and effect, Korea Institute for International Economic Policy, Discussion Paper 04-03, Seoul (韩文版).

Leem, K. H. (2001), Back to the future: The politics of reform under the Kim Dae-Jung presidency, *Journal of East Asian Studies*, 1 (1): 53-90.

Leff, N. (1978), Industrial organization and entrepreneurship in developing countries: The economic groups, *Economic Development and Cultural Change*, 26 (4): 661-675.

Lim, C. (1997), *Sectoral Systems of Innovation in the Period of Cluster Forming-the Case of the Korean Machine Tool Industry*, Science Policy Research Unit, University of Sussex, Brighton.

Lim, E. (2006), Kaesong industrial complex: Pending issues and the task of industrial cooperation, paper presented to the 2nd International Symposium on North Korean Development and International Cooperation, Kyung-nam University, Seoul, Korea, July 4.

Lim, E. (2005), *Welcome to Gaesung Industrial Complex: Its History, Issue and Tasks*, Seoul: Haenam(韩文版).

Lim, H. (1985), *Dependent Development in Korea, 1963-1979*, Seoul: Seoul National University Press.

Lim, Y. (1981), *Government Policy and Private Enterprise: Korean Experience in Industrialization*, Korean Research Monograph No. 6, Berkeley, CA: Institute of East Asian Studies, University of California.

Lin, J. Y. (2012), *New Structural Economics: A Framework for Rethinking Development and Policy*, Washington DC: World Bank.

Lin, J. Y. and J. B. Nugent (1995), Institutions and economic development, in J. Behrman and T. N. Srinivasan (eds.), *Handbook of Development Economics*, Vol. IIIA, Amsterdam: Elsevier, pp. 2301-2370.

Lindblom, C. (1977), *Politics and Market*, New York: Basic Books.

Livingston, J., J. Moores, and F. Oldfather (eds.) (1973), *Imperial Japan, 1800-1945*, New York: Pantheon Press.

Lundvall, B. A. (ed.) (1992), *National Innovation Systems: Towards a Theory of Innovation and Interactive Learning*, London: Pinter Publishers.

Luo, Y. (2001), *Strategy, Structure and Performance of the MNCs in China*, Westport, CT: Quorum Books.

Magud, N. and C. Reinhart (2006), Capital controls: An evaluation, NBER Working Paper No. 11973.

Mahoney, R., Keun Lee, and M. Yoon (2005), Intellectual property, drug regulation, and building product innovation capability in biotechnology: The case of Hepatitis B vaccine in Korea, *Innovation Strategy Today*, 1 (2): 33-44.

Malerba, F. (2004), *Sectoral Innovation System*, Cambridge: Cambridge University Press.

Malerba, F. (2002), Sectoral systems of innovation and production, *Research Policy*, 31 (2): 247-264.

Malerba, F. and S. Breschi (1997), Sectoral innovation systems: Technological regimes, Schumpeterian dynamics, and spatial boundaries, in C. Edquist (ed.), *Systems of Innovation: Technologies*,

Institutions, and Organizations, London: Pinter Publishers, pp. 130 - 156.

Malerba, F. and R. Nelson (eds.) (2012), *Economic Development as a Learning Process*, Cheltenham, UK and Northampton, MA: Edward Elgar.

Malerba, F. and L. Orsenigo (1995), Schumpeterian patterns of innovation, *Cambridge Journal of Economics*, 19: 49 - 65.

Malovic, M. (2007), Exchange rate regimes and monetary policies in emerging markets: A showdown for few theoretical misconceptions, CSGG Discussion Paper No. 42 2007.

Mani, S. (2005), The dragon vs. the elephant: Comparative analysis of innovation capability in the telecom industry of China and India, *Economic and Political Weekly*, 40 (39): 4271 - 4283.

Mardon, R. (1990), The state and the effective control of foreign capital: The case of South Korea, *World Politics*, 43 (1): 111 - 138.

Mathews, J. A. (2006), Catch-up strategies and the latecomer effect in industrial development, *New Political Economy*, 11 (3): 313 - 336.

Mathews, J. A. (2005), Strategy and the crystal cycle, *California Management Review*, 47 (2): 6 - 31.

Mathews, J. A. (2003), Competitive dynamics and economic learning: An extended resource-based view, *Industrial and Corporate Change*, 12 (1): 115 - 145.

Mathews, J. A. (2002a), Competitive advantage of the latecomer firm, *Asia Pacific Journal of Management*, 19: 467 - 488.

Mathews, J. A. (2002b), The origins and dynamics of Taiwan's R&D consortia, *Research Policy*, 31: 633 - 651.

Mathews, J. A. and D. S. Cho (2000), *Tiger Technology: The Creation of a Semiconductor Industry in East Asia*, Cambridge: Cambridge University Press.

Meliciani, V. (2002), The impact of technological specialization on national performance in a balance-of-payments-constrained growth model, *Structural Change and Economic Dynamics*, 13 (1): 101 - 118.

Ministry of Commerce, Industry, and Energy (n. d.), Parts and material industry statistics DB, www. pmsd. or. kr.

Ministry of Unification (2008), *Monthly Report of Inter-Korean Interchange and Cooperation*, No. 204, June, Seoul: Ministry of Unification (韩文版).

Moon, C. (1994), Changing patterns of business - government relations in South Korea, in Andrew MacIntyre (ed.), *Business and Government in Industrializing Asia*, St. Leonards, NSW: Allen & Unwin, pp. 332 - 359.

Moran, T. H., E. M. Graham, and M. Blomströme (2005), *Does Foreign Direct Investment Promote Development?*, Washington DC: Institute for International Economics.

Morrow, D. (2006), Possible World Bank assistance to North Korea: Issue and challenges, paper presented at the 2nd International Symposium on North Korean Development and International Cooperation, KyungNam University, Seoul, Korea, July 4.

Mu, Q. and Keun Lee (2005), Knowledge diffusion, market segmentation and technological catch-up: The case of the telecommunication industry in China, *Research Policy*, 34 (6): 759-783.

Myrdal, G. (1968), *Asian Drama: An Inquiry into the Poverty of Nations*, New York: Pantheon Press.

Nam, J. (2005), *Trans-border Economic Cooperation between South and North Koreas in Gaeseong Industrial Complex*, Seoul: Seoul National University (韩文版).

Nam, S.-W. (2002), *The Strategy of IT Industry Development and Building of Strong State in North Korea*, Seoul: Hanwool Academy (韩文版).

Nelson, R. (1993), *National Innovation Systems: A Comparative Analysis*, Oxford: Oxford University Press.

Nelson, R. (1956), A theory of the low-level equilibrium trap in underdeveloped economies, *American Economic Review*, 46 (5): 894-908.

Nelson, R. and S. Winter (1982), The Schumpeterian tradeoff revisited, *American Economic Review*, 72 (1): 114-132.

Noland, M. (2003), Famine and reform in North Korea, Institute for International Economics Working Paper 03-5, Washington DC.

Nonaka, I. (1994), A dynamic theory of organizational knowledge creation, *Organizational Science*, 5 (1): 14-37.

Nonaka, I. (1988), Creating organizational order out of chaos: Selfrenewal in Japanese firms, *California Management Review*, 30 (3): 57-73.

North, D. C. (1998), Economic performance through time, in M. C. Brinton and V. Nee (eds.), *The New Institutionalism in Sociology*, New York: Russell Sage Foundation, pp. 247-257.

North, D. C. (1981), *Structure and Change in Economic History*, New York: W. W. Norton.

Nugent, J. and S.-J. Yhee (2002), Small and medium enterprises in Korea, *Small Business Economics*, 18 (1-3): 85-119.

O'Donnel, B. (2001), Financial openness and economic performance, Unpublished, Trinity College Dublin.

Ocampo, J. A. (ed.) (2005), *Beyond Reforms: Structural Dynamics and Macroeconomic Stability*, Stanford: Stanford University Press for ECLAC.

Odagiri, H., A. Goto, and A. Sunami (2008), Catch-up process in Japan and the IPR system, paper presented at Tokyo Meeting on IPRs and Technological Catch-up held by National Graduate Institute for Policy Studies, Tokyo, Japan.

Oh, S.-Y. (2003), Changes in North Korea economy: New policies and limitation, in Korean Economic Institute (ed.), 2003 *Korea's Economy*, Seoul: Korean Economic Institute, pp. 72 – 81.

Oh, S. -Y. (2001), The current framework of inter-Korean economic cooperation and its prospects, *Asian Perspectives*, 25 (2): 153 – 176.

Ojala, A. (2009), Internationalization of knowledge-intensive SMEs: The role of network relationships in the entry to a psychically distant market, *International Business Review*, 18 (1): 50 – 59.

Olson, M. (1982), *The Rise and Decline of Nations*, New Haven, CT: Yale University Press.

Organisation for Economic Co-operation and Development (OECD) (1998), *Corporate Governance*, Paris: OECD.

Organisation for Economic Co-operation and Development (OECD) (1996), *Reviews of National Science and Technology Policy: Republic of Korea*, Paris: OECD.

Organisation for Economic Co-operation and Development (OECD) (1992), *Technology and Economy: The Key Relationships*, Paris: OECD.

Ostry, J. D., A. R. Ghosh, K. Habermeier, M. Chamon, M. S. Qureshi, and D. B. S. Reinhardt (2010), Capital inflows: The role of controls, IMF Staff Position Notes, SPN/10/04 (Feb. 19).

Ouyang, C. (2001), Crisis of MAG in highend market, http://www.163.com, September 6.

Park, B. and Keun Lee (2003), Comparative analysis of foreign direct investment in China, *Journal of the Asia Pacific Economy*, 13 (1): 57 – 84.

Park, C. and A. Kim (2008), An analysis of the relation between the Korea – US policy rate gap and KRW/USD exchange rate, *Monthly Bulletin*, Bank of Korea (韩文版).

Park, H. (2001), Small business in Korea, Japan and Taiwan, *Asian Survey*, 41 (5): 846 – 864.

Park, K. -S. (2006), Modes of financing for medium or long term cooperation between South and North Koreas, paper presented to the 11th Policy Seminar on Government Policies toward North Korea and the Future of the South North Cooperation, Seoul, Korea, June 6 (韩文版).

Park, K. and Keun Lee (2006), Linking technological regimes and technological catch-up: Analysis of Korea and Taiwan using the US patent data, *Industrial and Corporate Change*, 15 (4): 715 – 753.

Park, S. -S. (2000), *North Korean Economy in Transition*, Seoul: Bank of Korea (韩文版).

Park, Y. C. (1990), Development lessons from Asia: The role of government in South Korea and Taiwan, *American Economic Review*, 80 (2): 118 – 121.

Pavitt, K. (1984), Sectoral pattern of technical change: Towards a taxonomy and a theory, *Research Policy*, 13: 343 – 373.

Penrose, E. T. (1959, revised 1995), *Theory of the Growth of the Firm*, Oxford: Oxford University Press.

Perez, C. (2008), A vision for Latin America: A resource-based strategy for technological dynamism and social inclusion, Globelics Working Paper No. WPG0804.

Perez, C. (2002), *Technological Revolutions and Financial Capital*, Cheltenham, UK and Northampton, MA: Edward Elgar.

Perez, C. (1988), New technologies and development, in C. Freeman and B. Lundvall (eds.), *Small Countries Facing the Technological Revolution*, London and New York: Pinter Publishers, pp. 85–97.

Perez, C. and L. Soete (1988), Catching-up in technology: Entry barriers and windows of opportunity, in Giovanni Dosi, Christopher Freeman, Richard Nelson, Gerald Silverberg, and Luc Soete (eds.), *Technical Change and Economic Theory*, London: Pinter Publishers, pp. 458–495.

Poon, G. P. (1999), Public television's digital future, in D. Gerbarg (ed.), *The Economics, Technology and Content of Digital TV*, Boston, MA and London: Kluwer Academic Publishers, pp. 237–272.

Porter, M. (1992), *The Competitive Advantage of Nations*, New York: Free Press.

Porter, M. (1990), The competitive advantage of nations, *Harvard Business Review*, 68 (2): 73–93.

Porter, M. (1985), *Competitive Advantage: Creating and Sustaining Superior Performance*, New York: Free Press.

Pyo, H. (2004), Interdependency in East Asia and the post-crisis macroeconomic adjustment in Korea, paper presented at the Conference on Contemporary Economic Policy Issues in Asia, Seoul National University, Seoul, Korea, February.

Quinn, D. (1997), The correlation of change in international financial regulation, *American Political Science Review*, 91: 531–551.

Rahn, G. (1983), The role of industrial property in economic development: The Japanese experience, *International Review of Industrial Property and Copyright Law*, 14 (4): 449–492.

Rasiah, R. (2006), Electronics in Malaysia, in V. Chandra (ed.), *The How and the Why of Technology Development in Developing Economies*, Washington DC: World Bank, pp. 127–162.

Reinhart, C. and K. Rogoff (2009), The aftermath of financial crises, *American Economic Review*, 99 (2): 466–472.

Robertson, P. L. and R. N. Langlois (1995), Innovation, networks, and vertical integration, *Research Policy*, 24 (4): 543–562.

Rodrik, D. (2006), Goodbye Washington consensus, hello Washington confusion? A review of the World Bank's economic growth in the 1990s: Learning from a decade of reform, *Journal of Economic Literature*, 44 (4): 973–987.

Rodrik, D. (1998), Who needs capital account convertibility?, *Essays in International Finance*

(No. 207).

Rodrik, D. (1996a), Coordination failures and government policy: A model with applications to East Asia and Eastern Europe, *Journal of International Economics*, 40 (1-2): 1-22.

Rodrik, D. (1996b), Understanding economic policy reforms, *Journal of Economic Literature*, 34 (1): 9-41.

Rodrik, D. and A. Subramanian (2009), Why did financial globalization disappear?, *IMF Staff Papers* 56 (1): 112-138.

Rodrik, D., A. Subramanian, and F. Trebbi (2004), Institutions rule: The primacy of institutions over geography and integration in economic development, *Journal of Economic Growth*, 9 (2): 131-165.

Rodríquez-Clare, A. (1996), The division of labor and economic development, *Journal of Development Economics*, 49 (1): 3-32.

Rogoff, K. (1999), Monetary models of dollar/yen/euro nominal exchange rates: Dead or undead?, *Economic Journal*, 109 (459): 655-659.

Romer, P. (1990), Endogenous technological change, *Journal of Political Economy*, 98 (5, Part 2): S71-S102.

Romijn, H. (1999), *Acquisition of Technological Capabilities in Small Firms in Developing Countries*, London: Palgrave Macmillan.

Rosenberg, N. (1982), *Inside the Black Box*, Cambridge: Cambridge University Press.

Ruis, A. and N. van de Walle (2003), Political and cultural institutions and economic policy reform, paper presented at the Global Development Network Workshop on Understanding Reform, Cairo, Egypt, January 16-17.

Ruzzier, M., R. D. Hisrich and B. Antoncic (2006), SME internationalization research: Past, present, and future, *Journal of Small Business and Enterprise Development*, 13 (4): 476-497.

Ryou, S. and S. Park (2008), An analysis of the efficiency and stability of Korea's foreign exchange and swap market, *Monthly Bulletin*, Bank of Korea (韩文版).

Sabel, C., E. Fernandez-Arias, R. Hausman, A. Rodríguez-Clare, and E. Stein (eds.) (2012), *Export Pioneers in Latin America*, Washington DC: IDB.

Samsung Group (Headquarters) (1998), 60 *Year History of Samsung Group*, Seoul: Samsung Group (韩文版).

Samsung SDI (1990), 20 *Year History of Samsung SDI*, Seoul: SDI (韩文版).

Samsung SDI, SSDI, TSDI, DSDI (2004), http://www.samsungsdi.co.kr, May 30, 2004.

SC (Samsung Corning) (1994), 20 *Year History of Samsung Corning*, Seoul: SC (韩文版).

Schmitz, H. (1999), Global competition and local cooperation: Success and failure in the Sinos Valley, Brazil, *World Development*, 27 (9): 1627-1650.

SEC (Samsung Electronics) (1999), 30 *Year History of SEC*, Seoul: SEC (韩文版).

SEC (Samsung Electronics) (1989), *20 Year History of Samsung Electronics*, Seoul: SEC (韩文版).

SEM (Samsung Electro-Mechanics) (1998), *25 Year History of Samsung Electro-Mechanics*, Seoul: SEM (韩文版).

Seo, J.-J. (2004), *Changes after July First Economic Reform: Socialism Reform from the Bottom*, Seoul: Korea Institute for National Unification (韩文版).

Seo, J.-J. (2001), *From Food Shortage to IT Industry: North Korea in Transition*, Seoul: Future Human Power Research Institute (韩文版).

Seol, C. and K. Go (2004), The import of technology by North Korea and suggestions for the South-North cooperation, *Korea Eximbank North Korea Economy*, Fall, pp. 54–76 (韩文版).

Shapiro, C. and H. R. Varian (1999), *Information Rules: A Strategic Guide to the Network Economy*, Boston, MA: Harvard Business School Press.

Song, J. (2006), Intellectual property regimes, innovative capabilities, and patenting in Korea, *Seoul Journal of Business*, 12 (2): 57–75.

Song, J. and H.-H. Shin (2006), *The Evolution of Corporate Patent Strategy in Korea*, Seoul: Seoul National University Press.

Song, W. (1999), *The Process of Development of Mobile Communication Technology: Interaction between Technology Politics and Technology Learning*, Science and Technology Policy Institute.

Spence, M. (2008), *The Growth Report: Strategies for Sustained Growth and Inclusive Development*, Washington DC: World Bank, Commission on Growth and Development.

Srinivasan, T. N. (1985), Neoclassical political economy, the state and economic development, *Asian Development Review*, 3 (2): 38–58.

SSG (SEG Samsung Glass Co. Ltd) (2004), http://www.samsungcorning.co.kr May 30, 2004.

State Statistical Bureau (SSB) of China (2002), *China Statistical Yearbook*, Beijing: SSB Press.

State Statistical Bureau (SSB) of China (1997), *China Statistical Yearbook*, Beijing: SSB Press.

State Statistical Bureau (SSB) of China (1992), *China Statistical Yearbook*, Beijing: SSB Press.

State Statistical Bureau (SSB) of China (1988), *China Statistical Yearbook*, Beijing: SSB Press.

State Statistical Bureau (SSB) of China (1983), *China Statistical Yearbook*, Beijing: SSB Press.

State Statistical Bureau (SSB) of China (1981), *China Statistical Yearbook*, Beijing: SSB Press.

Steel, P. (1999), The path from analog HDTV to DTV in Japan, in D. Gerbarg (ed.), *The Economics, Technology and Content of Digital TV*, Boston, MA and London: Kluwer Academic Publishers, pp. 275–285.

STEM (2004), http://www.sem.samsung.co.kr, May 30, 2004.

Stigler, G. (1951), The division of labor is limited by the extent of the market, *Journal of Po-

litical Economy, 61: 185-193.

Stiglitz, J. E. (2010), Global crisis and a crisis-resilient macro-financial system, *Seoul Journal of Economics*, 23 (3): 321-339.

Stiglitz, J. E. (2000), Capital market liberalization, economic growth, and instability, *World Development*, 28 (6): 1075-1086.

Sturgeon, T. and G. Gereffi (2009), Measuring success in the global economy: International trade, industrial upgrading, and business function outsourcing in global value chains, *Transnational Corporations*, 18 (2), 1-36.

Sturgeon, T. and R. Lester (2004), The new global supply-base, in S. Yusuf, M. Altaf, and K. Nabeshima (eds.), *Global Production Networking and Technological Change in East Asia*, Washington DC: World Bank, pp. 35-88.

Summers, L. H. (2000), International financial crises: Causes, prevention and cures, *American Economic Review*, 90 (2): 1-16.

Swann, P. and J. Gill (1993), *Corporate Vision and Rapid Technological Change: The Evolution of Market Structure*, London: Routledge.

Tang, H. (2011), The route choice of the brand creation of Chinese textile original equipment manufacturers in the post-financial crisis era, IEEE Proceedings of 2011 Conference on Management and Service Science (MASS).

Taylor, L. (1998), Capital market crises: Liberalization, fixed exchange rate, and market-driven destabilization, *Cambridge Journal of Economics*, 22 (6): 663-676.

Teece, D. J. (2007), Explicating dynamic capabilities: The nature and micro foundations of (sustainable) enterprise performance, *Strategic Management Journal*, 28 (13): 1319-1350.

Teece, D. J. (2000), Firm capabilities and economic development, in L. Kim and R. Nelson (eds.), *Technology, Learning and Innovation*, Cambridge: Cambridge University Press, pp. 105-128.

Teece, D. J. (1996), Firm organization, industrial structure and technological innovation, *Journal of Economic Behavior and Organization*, 31 (2): 193-224.

Teece, D. J., G. Pisano, and A. Shuen (1997), Dynamic capabilities and strategic management, *Strategic Management Journal*, 18 (7): 509-533.

Terziovski, M. (2010), Innovation practice and its performance implications in SMEs in the manufacturing sector, *Strategic Management Journal*, 31 (8), 892-902.

Tidd, J., J. Bessant, and K. Pavitt (2005), *Managing Innovation*, 3rd edn, Chichester, UK: John Wiley & Sons.

Tomassen, S., G. R. Benito, and R. Lunnan (2012), Governance costs in foreign direct investment: A MNC headquarters challenge, *Journal of International Management*, 18 (3): 233-246.

TSED (Tianjin-Samsung Electronics Display Co. Ltd) (2004), http://www.sec.co.kr/index.jsp, May 30, 2004.

Tseng, C.-H. (2011), Subsidiaries' local linkage characteristics and R&D assignments in a small developing economy, *Asian Business and Management*, 10: 209-232.

Tushman, M. L. and P. Anderson (1986), Technological discontinuities and organizational environments, *Administrative Science Quarterly*, 31: 439-465.

UN Commission (led by Stiglitz) (2009), *Report of the Expert on Reform of International Monetary and Financial System*, New York: UN.

UNCTAD (2009), *Trade and Development Report* 2009, New York: UN.

United Nations (1989, 1992, 1995), *International Trade Statics Yearbook*.

Utterback, J. (1994), *Mastering the Dynamics of Innovation*, Boston, MA: Harvard Business School Press.

Utterback. J. M. and W. J. Abernathy (1975), A dynamic model of process and product innovation, *Omega*, 3 (6): 640-656.

Van Dijk, M. and M. Bell (2007), Rapid growth with limited learning: Industrial policy and Indonesia's pulp and paper industry, *Oxford Development Studies*, 35: 149-169.

Vernon, R. (1966), International investment and international trade in the product cycle, *Quarterly Journal of Economics*, 80: 190-207.

Verspagen, B. (1993), *Uneven Growth between Interdependent Economies: The Evolutionary Dynamics of Growth and Technology*, Aldershot, UK: Avebury.

Wade, R. (1990), Industrial policy in East Asia: Does it lead or follow the market?, in G. Gereffi and D. Wyman (eds.), *Manufacturing Miracles: Paths of Industrialization in Latin America and East Asia*, Princeton, NJ: Princeton University Press, pp. 231-266.

Wade, R. (1988), The role of government in overcoming market failure: Taiwan, Republic of Korea, and Japan, in H. Hughes (ed.), *Achieving Industrialization in East Asia*, Cambridge: Cambridge University Press, pp. 129-163.

Wallenstein, G. (1990), *Setting Global Telecommunications Standards: The Stakes, the Players and the Process*, Norwood, MA: Artech House.

Wang, C., et al. (2004), *FDI and China's Domestic Innovation Abilities*, Xue Shu Dong Tai, 11, pp. 1-35.（王春法等，《利用外资与提高我国自主创新能力研究》，《学术动态》2004年第11期，第1—35页。）

Wang, Y. K. (2008), Flexible BBC exchange rate system and exchange rate cooperation in East Asia, KIEP Working Paper 08-03.

Wang, Z. (ed.) (1996), *Korea Firms Investment in China*, Beijing: China Economy Press.（王志乐，《韩国企业在中国的投资》，中国经济出版社1996年版。）

Westphal, L. E. (1982), Fostering technology mastery by means of selective infant industry protection, in M. Syrquin and S. Teitel (eds.), *Trade, Stability, Technology, and Equity in Latin America*, New York: Academic Press, pp. 255-279.

Williamson, J. (1999), *Crawling Bands or Monitoring Bands: How to Manage Exchange Rates in a World of Capital Mobility*, Washington DC: Institute for International Economics.

Williamson, O. E. (1985), *The Economic Institutions of Capitalism: Firms, Markets, Relational Contracting*, New York: Free Press.

Williamson, O. E. (1975), *Markets and Hierarchies: Analysis and Anti-Trust Implications*, New York: Free Press.

Wilson, P. (2009), Monetary policy in Singapore: A BBC approach, in W. Chia and H. Sing (eds.), *Singapore and Asia in a Globalized World*, Singapore: World Scientific.

World Bank (2005a), *Economic Growth in the 1990s: Learning from a Decade of Reform*, Washington DC: World Bank.

World Bank (2005b), *World Development Indicators* 2005, *CD-ROM*, Washington DC: World Bank.

World Bank (1993), *The East Asian Miracle: Economic Growth and Public Policy*, New York: Oxford University Press.

Yamashita, N. and K. Fukao (2010), Expansion abroad and jobs at home: Evidence from Japanese multinational enterprises, *Japan and the World Economy*, 22 (2): 88-97.

Yang, W. (2006), *Transition of North Korean Economic System: From Plan to Market*, Seoul: Hanwool Academy/Sejong Research Institute (韩文版).

Yang, Y. and H.-L. Lee (2008), An analysis of the attractions of arbitrage transactions and of domestic bond investment by foreigners and Korean branches of foreign banks, *Monthly Bulletin*, Bank of Korea (韩文版).

Yeung, G. and V. Mok (2002), Government policy and the competitive advantages of foreign-financed firms in Guangdong Province of southern China, *Asian Business and Management*, 1: 227-247.

Yin, R. (2003), *Case Study Research*, 3rd edn, Thousand Oaks, CA: Sage.

Yoo, S. M. (2001), Evolution of government-business interface in Korea: Progress to date and reform agenda ahead, in L.-J. Cho, Y. H. Kim, and C. H. Lee (eds.), *Restructuring the National Economy*, Seoul: Korea Development Institute, pp. 351-401.

Yoon, S. and J. Bae (2007), Analysis of factors affecting inflows and outflows of foreign capital for stock investment, *Monthly Bulletin*, Bank of Korea (韩文版).

You, Y. and N. Yi (2001), Former top managers left MAG after taken over by EMC, *China Youth Daily*, September 3.

Young, A. (1928), Increasing returns and economic progress, *Economic Journal*, 38: 527-542.

Yun, Y. (2005), Samsung Electronics, in D. M. Arnold, P. Williamson, F. J. Richter, and

P. C. M. Mar (eds.), *Global Future: The Next Challenge for Asian Business*, Singapore: John Wiley & Sons (Asia) Pte. Ltd., pp. 54 – 73.

Zhang, L. (2001), Listed companies invest positively on forthcoming mainstream LCD, http://www.etnet.com.cn. July 26, 2001.

Zysman, J. (1983), *Government, Markets, and Growth: Financial Systems and the Politics of Industrial Change*, Ithaca, NY and London: Cornell University Press.